中国地方社会科学院学术精品文库·浙江系列

中国地方社会科学院学术精品文库·浙江系列

美国对华政策与美国国内政治（1941~1950）

U.S. Policy toward China and American Domestic Politics, 1941-1950

● 于英红 / 著

社会科学文献出版社
SOCIAL SCIENCES ACADEMIC PRESS (CHINA)

本书由浙江省省级社会科学学术著作
出版资金资助出版

打造精品　勇攀“一流”

《中国地方社会科学院学术精品文库·浙江系列》序

光阴荏苒，浙江省社会科学院与社会科学文献出版社合力打造的《中国地方社会科学院学术精品文库·浙江系列》（以下简称《浙江系列》）已经迈上了新的台阶，可谓洋洋大观。从全省范围看，单一科研机构资助本单位科研人员出版学术专著，持续时间之长、出版体量之大，都是首屈一指的。这既凝聚了我院科研人员的心血智慧，也闪烁着社会科学文献出版社同志们的汗水结晶。回首十年，《浙江系列》为我院形成立足浙江、研究浙江的学科建设特色打造了高端的传播平台，为我院走出一条贴近实际、贴近决策的智库建设之路奠定了坚实的学术基础，成为我院多出成果、快出成果的主要载体。

立足浙江、研究浙江是最大的亮点

浙江是文献之邦，名家辈出，大师林立，是中国历史文化版图上的巍巍重镇；浙江又是改革开放的排头兵，很多关系全局的新经验、新问题、新办法都源自浙江。从一定程度上说，在不少文化领域，浙江的高度就代表了全国的高度；在不少问题对策上，浙江的经验最终都升华为全国的经验。因此，立足浙江、研究浙江成为我院智库建设和学科建设的一大亮点。《浙江系列》自策划启动之日起，就把为省委、省政府决策服务和研究浙江历史文化作为重中之重。十年来，《浙江系列》涉猎领域包括经济、哲学、社会、文学、历史、法律、政治七大一级学科，覆盖范围不可谓不广；研究对象上至史前时代，下至21世纪，跨度不可谓不大。但立足浙江、研究浙江的主线一以贯之，毫不动摇，为繁荣我省哲学社会科学事业积累了丰富的学术储备。

贴近实际、贴近决策是最大的特色

学科建设与智库建设双轮驱动，是地方社会科学院的必由之路，打造区域性的思想库与智囊团，是地方社会科学院理性的自我定位。《浙江系列》诞生十年来，推出了一大批关注浙江现实，积极为省委、省政府决策提供参考的力作，主题涉及民营企业发展、市场经济体系与法制建设、土地征收、党内监督、社会分层、流动人口、妇女儿童保护等重点、热点、难点问题。这些研究坚持求真务实的态度、全面历史的视角、扎实可靠的论证，既有细致入微、客观真实的经验观察，也有基于顶层设计和学科理论框架的理性反思，从而为"短、平、快"的智库报告和决策咨询提供了坚实的理论基础和可靠的科学论证，为建设物质富裕、精神富有的现代化浙江贡献了自己的绵薄之力。

多出成果、出好成果是最大的收获

众所周知，著书立说是学者成熟的标志；出版专著，是学者研究成果的阶段性总结，更是学术研究成果传播、转化的最基本形式。进入20世纪90年代以来，我国出现了学术专著出版极端困难的情况，尤其是基础理论著作出版难、青年科研人员出版难的矛盾特别突出。为了缓解这一矛盾和压力，在中共浙江省委宣传部、浙江省财政厅的关心支持下，我院于2001年设立了浙江省省级社会科学院优秀学术专著出版专项资金，从2004年开始，《浙江系列》成为使用这一出版资助的主渠道。同时，社会科学文献出版社高度重视、精诚协作，为我院科研人员学术专著出版提供了畅通的渠道、严谨专业的编辑力量、权威高效的书稿评审程序，从而加速了科研成果的出版。十年来，我院一半左右科研人员都出版了专著，很多青年科研人员入院两三年左右就拿出了专著，一批专著获得了省政府奖。可以说，《浙江系列》已经成为浙江省社会科学院多出成果、快出成果的重要载体。

打造精品、勇攀"一流"是最大的愿景

2012年，省委、省政府为我院确立了建设"一流省级社科院"的总体战略目标。今后，我们将坚持"贴近实际、贴近决策、贴近学术前沿"的科研理念，继续坚持智库建设与学科建设"双轮驱动"，加快实施"科研立院、人才兴院、创新强院、开放办院"的发展战略，努力在2020年年底总体上进入国内一流省级社会科学院的行列。

根据新形势、新任务，《浙江系列》要在牢牢把握高标准的学术品质不放松的前提下，进一步优化评审程序，突出学术水准第一的评价标准；进一步把好编校质量关，提高出版印刷质量；进一步改革配套激励措施，鼓励科研人员将最好的代表作放在《浙江系列》出版。希望通过上述努力，能够涌现一批在全国学术界有较大影响力的学术精品力作，把《浙江系列》打造成荟萃精品力作的传世丛书。

是为序。

张伟斌

2013年10月

目　录

引言

关于1941～1950年的美国对华政策，美国学界的传统论点认为美国决策者从一开始就制定了一项自相矛盾、充满悖论的政策，此后一直把自己困在里面，最终限制了美国对新中国成立做出现实主义的回应。这种论点批评美国决策者遵循着最初的政策立场，将美国与中国国民政府捆绑在一起，没有能够根据中国国内政治的实际情况对政策进行现实主义的调整，从而失去了与新中国建立关系的历史性机会。[①]

国内学界对此研究已涌现出很多高水平的著述。大量档案的解密为这一研究提供了非常充实的一手资料。大致说来，已有研究主要集中在两个阶段：一是从太平洋战争爆发到抗战结束，二是从抗战结束到解放战争结束后。这两个阶段实际是一个有机的整体，前一个阶段美国对华政策的演进为后一个阶段的政策奠定了基础，也指引了大致的方向。因此，对前一阶段政策的认识直接影响到对后一阶段政策的理解。已有研究对战后一些问题开展的争论，很大程度上与研究者对抗战结束前美国对华政策的理解有关，比如关于美国确立扶蒋反共政策的争论，不少研究者认为，赫尔利使华，标志着美国扶蒋反共政策

① 迈克尔·沙勒：《美国十字军在中国（1938—1945年）》，郭济祖译，商务印书馆，1982；孔华润：《美国对中国的反应》，张静尔译，复旦大学出版社，1989。

的确定[1]；也有研究者认为，马歇尔调停失败后，随着冷战展开，美国国内反共情绪高涨，美国才卷入扶蒋反共政策。[2] 上述结论直接影响着研究者对其他重大历史事件的理解。假若抗战结束前后就已经确定扶蒋反共的对华政策，那么马歇尔调处就变得动机不纯了，这种理解显然与马歇尔调停的政策初衷是相悖的。由此可见，对政策性质的理解，是非常关键的。

就抗战结束前夕的对华政策而言，国内学者的争议主要集中在美国确立扶蒋反共政策的时间点，近年来出现一些修正性观点，认为抗战结束马歇尔调停失败后才确立扶蒋反共政策。这种观点的支持者不多。主流观点仍然认为：美国在抗战结束前夕就已经确定扶蒋反共政策，立论依据主要是赫尔利在国共调停中最终采取全面支持蒋介石的立场，国内学者大都将其视为美国确立扶蒋反共政策的标志，而罗斯福在史迪威指挥权危机中最终做出的妥协——同意召回史迪威，被作为辅助性的依据，来证明罗斯福在国共之间最终放弃与中共合作的可能。有研究者认为，罗斯福曾经同意史迪威提出的政策建议：使用包括中共在内的所有军队进行对日作战，这只是战时的权宜之计，当在中国沿海登陆作战的行动计划被取消时，美国与中共进行合作的可能性几乎为零。因此，不应过高估计罗斯福一开始支持史迪威的政策建议的政治寓意[3]，客观而论，该论点对重大事件的分析是正确的，但是最终得出的结论有待商榷。诚然，史迪威指挥权危机中罗斯福最终做出的决定让美国失去一次与中共进行军事合作的机会，但是此时谈论美国支持还是反对中共执政为时过早。美国仍然希望中国国共两党

---

① 陶文钊：《赫尔利使华与美国扶蒋反共政策的确定》，《近代史研究》1987 年第 2 期。

② 资中筠：《追根溯源：战后美国对华政策的缘起与发展：1945——1950》，中国社会科学出版社，2007，第 4 页。

③ 陶文钊：《赫尔利使华和美国扶蒋反共政策的确定》，《近代史研究》1987 年第 2 期。

通过政治方式解决矛盾，实现和平统一，从这点来看，到抗战结束时，美国对中共仍然是持正面看法的，美国还不想与中共为敌。因此，不能断定美国此时已经确立扶蒋反共的对华政策。从赫尔利使华到马歇尔调停，其政策的出发点是希望促成中国实现和平统一，对美国来说，支持蒋介石和反对中共不是一个有着必然联系的问题。研究者之所以会得出扶蒋反共的结论，与其对抗战结束前后美国对华政策战略目标的理解有关。

关于抗战结束前后的美国对华政策目标，在近三十余年的研究发展中，学界的观点也在变化，意识形态干扰的因素逐渐减少。20 世纪 80 年代，有研究者提出美国欲变中国为殖民地的论点，《中国近代对外关系史资料选编》提出，“1944 年下半年以后，美帝国主义公开走上扶蒋反共道路，妄图取日本而代之，在战后变中国为它的独占殖民地”。[①] 认为美国对华政策转折的标志，是撤回史迪威，任命赫尔利为驻华大使。这个结论的依据在于史迪威曾提出使用中共军队，以扭转中国战区的颓势，罗斯福当时迫于战时的军事需要，支持史迪威的这一提议，罗斯福还致电蒋介石，“我认为目前的危急形势要求把权力委托给一人，让他组织所有在中国的同盟国军事力量，包括中共部队在内”，他建议由史迪威担任此职。因此，当罗斯福最终对蒋介石做出妥协时，意味着他放弃了与中共进行军事合作的想法，决心走上扶蒋反共的道路。

事实上，这一论断有失客观。第一，取代日本，变中国为美国的殖民地论点，不符合历史事实。罗斯福构建的战后世界秩序蓝图，其中非常重要的一项就是去殖民化，为此，英国和美国在亚洲的利益是有分歧

① 王建辉：《抗战胜利前夕美国对华政策的转折——与项立岭同志商榷》，《世界历史》1982 年第 3 期。

的。当罗斯福力推中国成为四强之一时，丘吉尔就一直怀疑美国想拉拢中国，试图肢解英国的海外殖民地。美国战后崛起为世界超级大国，自然不会再因为殖民问题损害自己的形象和威望。罗斯福倡导集体安全理念来维护国际和平，美国作为倡导者，如果奉行老牌殖民主义，欲变中国为殖民地，自然不足以建立自身的影响力。第二，调回史迪威，任命赫尔利，不足以成为扶蒋反共政策确立的依据。在史迪威指挥权危机的整个过程中，罗斯福曾经对蒋介石深感失望，一次次的电报中语气日益严厉，以至于让蒋介石感到大国元首的尊严受到了冒犯，但是这种失望与严厉并不意味着美国打算与蒋介石决裂。同理，在美国和中共之间，最初支持使用中共军队，他只是从军事价值的角度考虑认为这是尽快打败日本的一种办法，但是经过与蒋介石的拉锯战，罗斯福最终放弃这一思路，这也并不代表罗斯福放弃此前对中共已经建立起来的正面认识。在这个意义上，我们才能够理解为什么后来美国想方设法想让国共和解，赫尔利调停和马歇尔使华以及后来司徒雷登敦促国民政府改组，都是这一思路的延续。如果此时已经确立扶蒋反共的政策，美国后续采取的行动，以及 1945 年美国国务院反复申明自己的政策——不支持国共内战，就变得没有必要了。杜鲁门政府基本上沿袭罗斯福的对华政策，尽管到后期，中国的大国地位似乎遥不可及，但是让中国成为远东的稳定因素至少对美国的利益是有利的。

此外，关于抗战结束前的美国对华政策，学界对一些问题仍存争议。第一，开罗会议和德黑兰会议是不是美国对华政策的分水岭？转折前后的政策如何？时殷弘教授认为：在开罗会议之前，美国对华政策呈现出“把中国当大国对待为核心的形态”，开罗会议之后，美国“不再支持中国成为世界大国”。[①] 德黑兰会议后，美国对华政策呈现

① 《世界历史》编辑部编《欧美史研究》，华东师范大学出版社，1989，第 73 页。

出“以促进苏蒋接近和国共军政统一为特征的形态”。[①] 事实上，美国著名史学家罗马纳斯和桑德兰以及巴巴拉·塔奇曼认为开罗会议是中美关系史的分水岭或转折点，应当是从军事意义上来分析的。开罗会议上，罗斯福努力争取英国的赞同，将中国推上四强之一的大国地位，会后，马上变卦，这一理解是不合乎逻辑也违背史实的。罗斯福之所以将中国推上大国地位，既有军事上的考虑，鼓励中国继续抗战；也有战后世界秩序建构这一政治上的安排。在开罗会议上，罗斯福的确对中国深感失望，中国在他心目中预期的军事价值大打折扣。在德黑兰会议上，英美国家取得苏联的保证：愿意参加远东作战，在一定程度上削弱了中国的军事价值。德黑兰会议后英美军政首脑返回开罗召开的第二次开罗会议上，取消第一次开罗会议上商定的中缅印地区联合作战计划，更是大大降低了中国的军事价值。但是这些并不能归结为美国放弃中国的大国地位。当时，能够充当美国在远东利益的堡垒的国家，除了中国，其他选项还没有出现。再者，苏联参战意味着苏联在远东战后的政治地位也有所提升，罗斯福假若此时便放弃中国的大国地位，便失去制衡苏联的远东盟友，这与美国一直奉行制衡俄国的政策是相悖的。因此，开罗会议后，美国使中国成为大国的政策，依然没有改变。

既然美国使中国成为大国的政策没有改变，抗战结束前后进行的国共调停就变得容易理解了，到抗战结束前夕，美国越来越希望能够使中国成为大国的政策与促成中国和平统一的政策结合起来。抗日同盟期间的经历证明：唯有如此，中国才有可能成为美国所希望的远东大国，成为能够维护美国在远东利益的盟友，并能够在美国构建战后世界新秩序的过程中更为有力地支持美国的行动。

---

① 时殷弘：《美国与现代中国》，《历史研究》1995年第2期。

另外，苏联在远东地位的提升，会对美国的对华政策产生重要影响，美国想方设法想让苏联参战，但又不希望苏联在远东的影响过分膨胀，以至于损害美国在该地区的利益。基于这层考虑，美国更不可能放弃支持中国成为大国的政策。这时候，如何使苏联成为对美国在远东利益更为有利的一股力量，变得非常重要。在美国决策者看来，蒋介石需要改善与苏联的关系（1940年，《日苏互不侵犯条约》签订后，中苏关系冷淡），与此同时，美国也希望国共问题得到解决，避免苏联干预。从这个意义上说，“促进苏蒋接近和国共军政统一”的判断是对的，但是这只是美国对华政策的手段，而不是最终目的。通过这种方式，美国希望解决中国国内矛盾，在此基础上，中国崛起为远东一个真正意义上的大国。只有这样，中国才能够充当维护美国远东利益的可靠而有力的盟友，才能够在美国构建的战后国际秩序中发挥重要作用。过去百余年的历史经验已经证明，一个虚弱的中国，是无助于美国在华利益的，更不用说在远东制衡苏联。

针对这个问题，陶文钊教授提出不同的看法，他认为，开罗会议后，美国使中国成为大国的政策并没有改变，美国对华政策在抗战时期可以概括为扶蒋容共抗日，在解放战争时期可以概括为扶蒋反共（或曰支蒋反共）。美国对华政策的转变是“在1944年9月到1945年4月之间发生的”。[①] 其间有一系列重大事件：史迪威被召回，魏德迈根据罗斯福和马歇尔的命令，对驻华美军人员与中共合作意向进行调查，美军改组延安观察组，赫尔利与职业外交官的争论，等等，其中心问题是赫尔利的调处。

上述两种理解，都会指向一个结论，即美国在抗战结束后执行扶蒋反共政策。细想起来，似乎存在矛盾之处，既然美国想让中国成为

① 陶文钊：《开罗会议是美国对华政策的转折点吗》，《历史研究》1995年第6期。

大国的政策在抗战结束后没有出现改变，扶蒋反共无疑走向这一政策目标的反面，即便扶蒋反共政策能够获得成功，最终结果也只能是削弱中国的实力，而中国在抗战中已经严重受损。

对此，赵志辉教授提出争鸣性的论点，他认为，开罗会议后美国支持中国成为大国的政策并没有改变，只是中国的战略地位有所下降，中国的军事价值大打折扣，但是作为战后远东地区盟友的价值没有受到损害，美国对华政策与美国对国共两党的政策之间有联系也有区别。美国对华政策是美国制定对国共两党政策的指导思想，而美国对国共两党的政策是为美国实现其对华政策目标服务的。国内许多学者提出的1944年9月至1945年4月这个时间界标实际上是美国对国共两党政策或态度的转折点，而不是美国对华政策的转折点。如前所述，太平洋战争时期美国对华政策的基本目标没有改变。[①]

何志功教授认为：美国对华政策从战时到战后的转变，是因为对华战略目标发生变化，战后对华战略目标逐渐转向使中国成为"稳定亚洲"、抗衡苏联的主要力量，并要把中国变为美国的商品、资本市场和原料产地。战略目标的改变引起对华政策的相应转变。如果说美国在战时需要利用中共的军队以对付日本，那么，在战后，美国希望由国民党政府来充当"稳定亚洲"的角色。[②] 随着国民党政府崩溃局势的明朗化，美国考虑与中共的关系问题。美国国务院倾向于与中共建立一定的联系。他们认为，尽管中共与苏联关系密切，但如果美国做出一些努力，也许能使中共不完全倒向苏联。国务院希望通过在中共和苏联之间打进楔子，这样，美国就可能利用中苏分裂来达到阻止苏联势力扩展的目的。但杜鲁门和美国军方不同意这种看法，国会和院

---

① 赵志辉：《也谈开罗会议与美国对华政策的转折》，《世界历史》2000年第2期。
② 何志功：《试评1945——1949年的美国对华政策》，《近代史研究》1985年第1期。

外援华集团更是强烈反对，国务院的看法未能成为主流。

事实上，美国希望中国成为稳定亚洲的角色，并不必然是以排斥中共为基础的。所以美国介入国共调停，希望促成中国的和平统一。《1948 年援华法案》实际上是政府对国会中的挺蒋派妥协的结果，以换取国会对援助欧洲项目的支持。而且在 1948～1949 年国共内战见分晓的历史时刻，美国国务院执行的尘埃落定政策得到杜鲁门总统的支持，军方也意识到要尽最大努力规避美国对华政策带来的风险。

笔者认为，这是站在我们自身的政策语境里思考问题，研究美国对华政策，我们还需要从美国的决策过程来探究。就战后美国的实际情况来看，美国无力对蒋介石做出扶蒋反共的承诺。第一，它需要在国际承诺与国内能力之间做出平衡。战后美国面临自身重建，帮助欧洲复兴，接手中东，美国不可能做出扶蒋反共的政策承诺，这也是战后美国一直实行有限度的援蒋政策的原因。第二，这种政策忽略了苏联政策的制约作用，欧洲被美国和苏联视为战略重点地区，美苏双方都不想在亚洲激烈对抗，《雅尔塔协定》引入苏联参加对日作战，从苏联因素对美国的制约意义上讲，美国此时不可能走上无条件援蒋反共的道路，因为那样做会招致苏联的介入和干预，甚至更有可能会将美苏引入直接对抗的境地，这是美国一直试图避免的。因此，美国在设计对华政策时极力避免苏联介入国共矛盾，这也是美国在调停国共矛盾时一直试图取得苏联的支持和谅解的原因。

值得注意的是，该时期美国对华政策最终的结局，存在一种非常有趣的解释，认为美国失去了中国，在很长一段时间里美国甚至为此寻找替罪羊，归咎于一些外交官、杂志编辑或者学者身上。这种论点在美国学界支持者众。事实上，外交政策是一个复杂的动态过程，可以对其施加影响的因素很多，单单是几名外交官、杂志编辑或者学者就可以对政策产生决定性的影响，这是不可能的。正如同我们将赫尔利使华作为美国对华政策定性的标志性事件之一一样，夸大了具体事件对政策的影响力。这些人与事件之所以被夸大了作用，是因为他们当时处在外交场域的现地，因而具有标志性的意义，但实际上，他们并不能起到扭转政策的全局性作用。

关于美国和新中国交恶的过程，近年来，冷战史研究学者给出了理性的分析，叶江等教授认为，中苏同盟的建立导致美国对华政策的演变，“直到《中苏友好同盟互助条约》缔结，美国一直致力于阻止中苏过于接近以防止新中国成为苏联扩张的工具”，但是美国军方和院外援华集团对中共充满仇视，随着中苏同盟的建立和1950年上半年中苏同盟关系的顺利发展，美国决策层对中美关系的争论最终取得共识，“形成在中国大陆周边构建战略防御墙的对策”。[①] 叶教授等将美国与新中国交恶纳入冷战的国际关系格局中进行分析，并剖析美国国务院和国会在面对中苏同盟关系发展过程中的不同反应，为我们认识这个过程提供了细致而又客观的论述，但是他们忽略了朝鲜战争在这个过程中所产生的关键性影响。

牛军教授从冷战在欧洲大陆截然不同的开展形式来分析为什么冷战在亚洲以热战的形式体现，他认为，在美苏两国对抗的中心地带欧洲，不但欧洲的两大军事集团之间没有爆发战争，美苏之间也没有出现热战。而在未被美苏视为核心地区的亚洲，却持续不断地爆发热战，4年的中国国共内战，3年的朝鲜战争，8年多的法越战争，几乎每次战争美苏两个大国都有不同程度地卷入。在欧洲奏效的大国协调和军事同盟体系在亚洲却未能阻止战争爆发，主要原因之一是“东亚国家

① 叶江、李少丹：《试论中苏同盟建立前后美国对华政策的演变（1949——1950年）》，《上海师范大学学报》2006年第5期。

有着与欧洲国家不同的国际与国内政治进程，东亚一大批新兴国家面临彻底结束殖民统治和建设现代化国家的历史性任务，这是各国政治集团做出重大决策的决定性动力”。[①] 因此，牛教授得出结论美苏冷战与东亚国家为建国而展开的内外部斗争的两个历史进程共同塑造了东亚国际秩序。

华庆昭教授在其论著《从雅尔塔到板门店》中，从多种角度剖析影响杜鲁门政府对华政策的诸多因素，包括美国传统外交、罗斯福、国内经济的发展、传统盟友英国、对手苏联、麦卡锡主义以及联合国等多种因素，最终促使美国在对华政策上完成从雅尔塔会议到板门店会议的演变。[②] 这种思路与资中筠教授在《追根溯源——美国战后对华政策的缘起与演变》中提出的合力影响论点有异曲同工之妙。不过《从雅尔塔到板门店》作为一部国际关系著作，更多地关注中、美、苏、英四大国在关键的历史时期博弈的过程，对美国外交政策在该时期的国内政治过程不得不进行从略处理，而这也正是笔者要在本书中着重进行探讨的内容。

关于美国外交政策的国内形成过程，现有代表性的论著主要集中在从总统和国会之间职能博弈的角度、从国会的角度来研究影响美国外交政策的国内因素，汪熙教授的《美国国会与美国外交政策》为我们了解美国国会在外交政策的形成过程中如何发挥作用提供了详尽的论述。但是，对华政策只是美国外交政策中的一部分，因此在该专著中只能作为个别案例处理。日本学者山极晃的《中美关系的历史性展开：1941——1979》注意到美国政府的不同机构在对华政策上的意见

① 牛军：《从开罗到万隆：战后东亚秩序的缘起（1943——1955）》，《史学集刊》2015 年第 6 期。

② 华庆昭：《从雅尔塔到板门店：中、美、苏、英 1945——1953》，中国社会科学出版社，1992。

分歧，但是作者认为国务院、军方在战时的对华政策上分歧不大，白描式的写作方式难于覆盖各个方面的信息。这本书是将写成的论文集合成书的，缺少系统性和连贯性，一些具有重大意义的历史问题比如史迪威指挥权问题、马歇尔赴华使命、美国对华贸易管制、承认新中国、朝鲜战争等问题都未能得到充分的覆盖，总体性的论述唯有序言一章。孙哲教授的论著《美国国会与中美关系——案例与分析》以新中国成立以来美国国会的所作所为为例，来阐述国会对新中国存在的诸多误解。上述研究为笔者的写作提供了重要的借鉴和参考。

关于美国和新中国交恶，还有一个非常重要的原因，容易被研究者忽略。这种原因，在很大程度上，也是美国与世界上诸多发展中国家关系紧张的一个重要隐性因素，这也是美国在世界上很多国家有过巨大的投入，却最终落得个双方关系紧张的结局的原因。正如马克·赫兹伍德在其著作《鹰的阴影》中所阐述的那样，“美国既令人着迷又遭人痛恨”。[①] 这一点在美国反思与新中国交恶的历史性争论中也充分地体现出来。美国学界一直盛行美国失去中国这一结论。

而这一结论本身，折射出美国作为一个超级大国在与中国打交道时始终抱有的一种家长制情怀，也就是我们耳熟能详的大国强权政治思维。正如汉斯·摩根索所评述的那样，这是美国自己制造的一个神话，对美国人的集体意识而言，这种提法加剧了创伤体验，它迎合美国人情感上的需要，却无助于进行冷静而又客观的判断，更不利于在此基础上采取行动。[②] 二战以来，美国一直陷于一种神话之中，也一直在试图寻找答案：美国是否能够凭借自身的优势地位按照自己的政

① 马克·赫兹伍德：《鹰的阴影》，李建华译，东方出版社，2003，第1页。

② 邹谠：《美国在中国的失败（1941——1950年）》，王宁、周先进译，上海人民出版社，2012，第Ⅲ页。

治蓝图去改造其他国家，或者说是利用自身的影响力对其他国家施加影响，促成美国所希望出现的那种变化。这种神话一直困扰着美国的决策者。

从1949年司徒雷登曾经委托罗隆基转达给中共高层领导人的口信中，我们也可以从中看到这一理念的端倪。只要中共不亲苏，美国愿意提供给新中国巨额贷款，其中隐含的目标是避免中国加入苏联阵营，哪怕新中国仅仅是成为一支中间力量。而中共的主要目标之一就是领导全中国，彻底摆脱百年来饱受帝国主义压迫的阴影，美国试图扭转新中国未来的发展道路，对其施加影响，是中共不可能接受的。因此，即便是罗隆基将这一口信带到，对美国与中共建立联系，也毫无裨益。

美国到底应该以怎样的方式对其他国家的事务施加影响？约翰·昆西·亚当斯在面对美国国内提出干预外国独立战争的要求时，曾表示"美国不会去国外寻找怪兽并将之摧毁"，"免得美国深陷一切因利益和阴谋或者因为个人的贪婪、嫉妒和野心而引发的战争而无法解脱，因为那样做是多管闲事而篡改了自由的标准"。[①] 亚当斯总统所处的时代，美国自身尚处于上升阶段，那时，美国尽管有着"山巅之城"的光荣与梦想，但是还没有人敢于设想20世纪40年代亨利·鲁斯所预言的"美国世纪"。二战结束后，美国崛起成为超级大国，美国具备了优势地位，也有志于改变世界秩序和国际关系规则，倡议建立联合国，欧洲复兴，插足中东和非洲，在权衡价值和现实之间，如何界定合理的准则，变得非常重要。

作为超级大国，美国实行全线战略收缩，两耳不闻窗外事，是不

① Dennis Merrill, Thomas G. Paterson eds., *Major Problems in American Foreign Relations, Volumel: to 1920*, Seventh Edition, Wadsworth Cengage Learning, 2010, p. 142.

可能的了。当各国利益日益紧密地联系在一起时，独善其身无助于维护自身的利益。恐怖主义、疾病防控、气候变化等非传统安全领域的威胁，意味着美国从自身的国家利益考虑时，也必须要对世界上其他国家的事情做出应对。而且至少在当下，美国仍处于优势和主导地位，作为展示领导力的一部分，美国不可能对世界上其他地区发生的大事袖手旁观，它需要借此提高威信，并促成它所希望的变化，建立对它更为有利的秩序。实际上，这取决于美国如何界定领导力和优势地位，如果能够提供更多更可靠的公共服务产品，让所有国家从中获益，从而建立起自身的威信和号召力，也可以避免更多的冲突。但是这种方式是否适用于复杂的环境，是个未知数。这在很大程度上依赖于其他国家是否具有稳定的政治环境，让这些公共服务产品有机会产生影响。比如二战后西欧和中国出现截然不同的情形，欧洲复兴计划取得成功的一个重要因素是政治环境稳定，给这种方式提供了实施的空间和机会。而中国深陷国共内战之中，即便是美国将中国视为战略重点地区，对蒋介石提供更多的援助，也无法产生欧洲复兴计划的成效。从这个意义上说，有研究者将国民政府溃败的主要原因归结为美援太少，是不具有说服力的。而且，如果美国面对的竞争对手不吃这一套，比如冷战中的苏联，苏联不想加入美国成立的国际机构，从苏联自身的政治经济体制出发，苏联从美国倡导的自由贸易秩序中得不到多少好处，此外，苏联想建立它所希望的世界秩序，这种特例也对这种方式的有效性和适用性提出了挑战。

在承认新中国的问题上，国内学者的研究大都强调美国毫不妥协的一面，陶文钊教授认为，1949 年 11 月 17 日，国务卿艾奇逊与总统杜鲁门的谈话中提到美国对华政策有两个目标：一个是反对共产党政权，骚扰它，刺激它，如果有机会就力图推翻它；另一个目标是力图使它脱离从属于苏联的地位，在一段时间内鼓励那些可以使之变得温和的充满朝气的势力。并通过分析美国在承认新中国问题上的立场，来论证美国在力求实现第一个政策目标。陶文钊教授认为，美国国务院明确表示反对承认中国新政权，艾奇逊在1949年5月多次指示司徒雷登："我们应当强烈反对对中共政权无论是事实上还是法律上的承认。因为事实上的承认可能发展为法律上的承认，给予中共政权以事实上的承认将从政治上鼓励共产党，使国民政府沮丧。"①

要厘清此时美国的对华政策立场，我们需要回到美国国安会的一份政策文件，这份文件也正是陶文钊教授所引用的，这就是NSC41号文件，在末尾的结论部分，对几种政策的可行性进行了评估：

> 第一，在目前的形势下，美国对华政策的主要目标是防止中国成为苏联的附庸；第二，通过恫吓或者直接经济威胁的手段，与中共公开进行对抗的政策，将是不切实际的。会增加美国在日本的开支负担，并且有将中共推向完全臣服于苏联的巨大危险。除非在其他路径已经彻底宣告失败的情况下，我们迫不得已才有可能采取这种政策。第三，美国政府应该保留政策上的自由，这种政策致力于扩大那些能够在中共和莫斯科之间制造严重矛盾的势力。②

可见直接对抗的政策，并没有被作为具有可行性的政策建议被采纳，更谈不上是政策的一个方面。

---

① 陶文钊：《1949——1950年美国对华政策与承认问题》，《历史研究》1993年第4期。

② "NSC41 Draft Report by the National Security Council on United States Policy Regarding Trade with China," in *Foreign Relations of the United States, 1949, the Far East: China*, Volume Ⅸ, Washington: U. S. Printing Office, 1949, pp. 832 - 833.

此时，这份报告通篇显示出美国在探讨如何谨慎地应对中国将要发生的政权更迭，此时他们想尽一切方法避免诉诸激进政策，因为这将会推动中共做出激进的反应。此时无论是从驻华外交军事官员以及在华美侨的生命安全抑或是美国过去一个多世纪以来在华的辛苦经营考虑，美国都是不会诉诸激进政策的。在承认新中国的政策立场上，从美国国务院最终讨论出的结果，我们也可以看出美国的政策是非常现实的。

关于承认新中国，我们有必要回顾一下美国国务院在这个问题上的立场，5 月 5 日，司徒雷登在给国务院的电报中请求国务院提供政策指南，并表示在南京的英国和法国大使都有此意，他们的母国想知道美国在承认问题上的立场。1949 年 5 月 13 日，艾奇逊致电司徒雷登，就承认新中国问题提出一些原则：

> 根据国务院的一般立场，承认一个新政府应以下列三个因素为依据：a. 该政府事实上控制该国领土和行政机构，包括维持公共秩序；b. 该政府有能力并愿意履行其国际义务；c. 其掌权得到国内人民普遍的接受。
>
> 另外，除非在对美国国家利益有好处的特殊情况下，不把承认作为政治武器扣住不给。关于承认中共在事实上而不是法律上控制国家的问题，可以参照以下几条：a. 美国最近承认以色列临时政府为事实上的统治者，并在给予法律承认之前，双方互换代表。b. 根据奥本海默《国际法》第一卷第七段，承认事实上的统治者可以在不撤销对于法律上的政府的承认的情况下进行，这是合法的。c. 承认中共为事实上的统治者，从政治上讲，将鼓励共产党而贬抑国民政府。d. 泰国的銮探隆政权取代銮披汶政权成为

事实上的统治者之后，通过要求，我们取得它将履行国际义务的保证，因而没有取消承认。阿尔巴尼亚拒绝做出同样的保证，因而美国没有承认它。

在考虑承认中共为事实上的统治者的可能性时，应当考虑以下几个问题：a. 承认其为事实上的统治者是否会使中共对美国在华官方人员及美国的权利和财产采取比较理性的态度，还是会让他们变得更加狂妄？b. 承认是否能够为保护美国利益带来更大的希望？c. 在被承认为事实上的统治者后，中共是否会马上要求给予法律上的承认？美国在没有获得履行国际义务的保证之前，不打算给予法律上的承认。[①]

从这份电文中，我们可以清楚地看到，美国一开始是打算将事实上的承认和法律上的承认分开处理，一方面，美国有先例可循；另一方面，从现实的立场考虑，美国在政策制定上深知需要对中国的政治现实做出理性的应对，以便最大限度地保护美国在华人员的安全以及一个多世纪以来的在华经营。因此，对美国对华政策起着决定性作用的是现实利益，而不是意识形态。从意识形态的角度来看，通过驻华外交官员长期的观察，美国决策者认为中共有独立于苏联的一面，美国仍寄希望于中国成为南斯拉夫的铁托。从贸易管制政策也可以看出美国仍然为双方建立关系预留了一条后路。美国允许日本对中国出口不属于非战略性和军事用途的民用物资。

在这个立场上，为中共不可能接受的也恰恰是这一点——将事实

① FRUS893.01/5-549 "Telegram the Secretary of State to the Ambassador in China (Stuart)", Washington, May 13, 1949, in *Foreign Relations of the United States*, *1949*, *the Far East*: *China*, Volume Ⅸ, Washington: U. S. Printing Office, 1949, pp. 22-23.

上和法律上的承认分开处理。这样一来，美国既保留对国民政府的承认，同时又承认新中国，这是中共无法接受的。1949 年 1 月，在西柏坡召开的中共中央政治局会议上通过的毛泽东起草的《目前形势和党在一九四九年的任务》中，提出“打扫干净屋子”和“另起炉灶”的对外政策思路，中共预料到美国或许会采取分开处理的方式，并且提高了警惕性。

至于承诺履行国际义务，1943 年，美国与中国签订《关于取消在华治外法权及处理有关问题之条约与换文》，美国放弃根据不平等条约获得的权利。1946 年，美国和中国签订《中美友好通商航海条约》，这项条约美国和中国获得的权利是对等的，权利也不具有排他性，符合美国一直以来倡导的门户开放、机会均等原则，但是就中国当时的经济条件和技术水平，中国无力在美国境内享受对等的权利，因此，也具有一定的不平等性质。新中国要和帝国主义彻底决裂，以区别于国民政府，因此，不可能承认这项条约。由此可见，美国的政策力求进行稳中渐进式的调整，但是新中国希望美国能够改弦更张，在国民政府和新中国之间做个非此即彼的抉择。双方的分歧是根深蒂固的。

客观而论，上述论点从不同角度来说各有其价值，但是忽视了美国决策者多次试图从现实主义立场调整对华政策的努力，以及这些努力在美国国内政治的框架中如何遭到削弱，在这个过程中，国际上发生的重大事件也起了非常重要的作用。实际上，从抗战中期开始，美国就试图调整对华政策，从史迪威指挥权危机，美军观察组到延安，再到赫尔利建立联合政府，马歇尔调处，司徒雷登支持国民党自由派的思路，再到新中国成立前后的尘埃落定政策，美国多次想扭转对华政策的方向，规避原有政策对美国长期战略目标的负面作用。然而一次次燃起的希望，最终都在各种因素的合力作用下化为泡影。本书试图从影响美国对华政策的国内因素入手，分析美国决策层如何一次次开启现实主义政策的努力，并探索这些努力最终收效甚微的原因。

要研究这一时期美国对华政策失败的原因，有一点非常重要，但很容易被各位研究者忽略。那就是美国对中国特殊情感的历史性缘起，对美国对华政策的影响。这份特殊的情感与其说是对中国的，倒不如说是美国自己的。这种情感不仅给了美国自信，也最终将美国推向自以为是的危险境地，让它误以为它可以凭借善意和自身政治经济制度的吸引力去改造一个国家。因此，这种情感对于美国的影响要远远大于对中国的影响。这种特殊情感用在英国、法国等老牌资本主义国家身上，倒不会遇到多大的挫折。但是对于饱受列强侵略、自尊心非常强烈的中国来说，无疑充满了冒犯和越位之嫌。

1941～1950 年，两任美国总统罗斯福和杜鲁门都受到这种特殊情感的影响。百余年来的历史性因素奠定了整个美国对华政策的底色。自 1784 年美国商人远涉重洋来到广州开启美国对华贸易开始，到 1941 年太平洋战争爆发前夕，对崇高理想、现实国家利益的追求贯穿美国对华政策的始终，这种理想主义、现实主义杂糅的外交理念必然将美国对华政策从开拓通商传教之路引向门户开放、均势战略再到与中国结盟的道路。门户开放政策将自身的理想与利益巧妙地包裹到政策中，在维护中国的领土和主权完整的道德旗帜下，维护并扩大美国的在华利益。

到 20 世纪 20 年代，美国越来越意识到，在列强觊觎中国的环境中，一个贫弱的中国对美国的在华利益是不利的，因为出于理想主义和道义上的目标，美国不愿意在远东赤膊上阵争取殖民利益，这与美国一直以来追求的道义目标相悖。与此同时，美西战争后，美国在远东获得立足点，同远东的贸易额也在增长之中，美国需要保护其既得利益。在这种情况下，如果中国能够自立自强，摆脱列强的控制和干预，那么崇尚自由贸易的美国会在中国获得比其他国家更为优越的地位。因此，国民政府让美国看到这种希望，当蒋介石治下的国民政府表现出亲西方的倾向时，美国宣布废除不平等条约以对新政权表示善意的支持。在美国看来，表现出亲西方的中国国民政府，迫切需要美国的指导，才能走上正确的发展道路。美国也负有当然的责任来引导它。

这段经历，让美国感觉到它在中国俨然是以道德楷模的形象出现，并似乎感觉到与中国已建立起特殊的感情关系。在美国看来，它从未对中国出兵来获得利益。尽管此前美国炮舰也驻在中国，但美国认为那是为了保护侨民的利益，主要目标不是用来对付中国。门户开放政策的提出以及在实践中不断加以充实并实施，也赋予美国强烈的道德优越感。

在上述情感和利益的共同作用下，当20世纪30年代，日本日益暴露出对中国的野心时，美国意识到过去二十多年来一直实行的以日本制衡俄国的战略失效了。而当时，苏联已经苏维埃化，美国从意识形态上不能接受苏联。既要不损害其理想，又要维护在华利益，为此，美国调整自己的政策方向，在不触怒日本的情况下（继续对日本出售废钢），暗中制约日本，支持中国。到1941年太平洋战争爆发时，美国在中国的利益与中国的利益连为一体，结盟成为必然。在这种特殊情感的指引下，与中国成为盟国的美国，越来越希望按照美国的政治框架来改造中国，这种改造遭到国民政府的强力抵抗，国民政府不但通过外交途径来抵制美国的改造计划，还借助美国国内政治的决策过程为己所用。

美国外交政策与国内政治之间的紧密关系在其外交中体现得非常

明显，美国外交政策通常是由以总统为核心的决策层作出的，但是美国的政治体制设置使国内政治可以从各种途径对外交政策施加强大的影响和制约。一方面，民选政治把政客置于公众意见的影响之下，总统大选和国会参众两院的选举让政客不得不重视公众意见，而注重国内事务和眼前看得见的利益一直是美国选民关注的焦点，在这种情况下，政客想要说服选民支持政府的计划——用纳税人的钱包维持强大的军事能力，以备战时需要，实属不易。如果再要说服选民支持政府对其他国家做出承诺，就更加困难。另一方面，在美国分权的政治体制中，做出国际承诺和兑现国际承诺，这两种权力分别属于不同的机构。总统拥有做出国际承诺的权力；但是总统要兑现这些承诺，需要军方等相关机构制订行动计划并付诸实施；而批准条约和拨款的权力则掌握在国会手中。这种政治架构迫使美国总统在做出对外承诺时，不得不谨慎小心，避免出现威尔逊总统所遭遇的困境。1918 年，时任美国总统伍德罗·威尔逊带着他精心构建的“十四点和平原则”奔赴巴黎，筹建国际联盟，但是威尔逊签署的加入国联条约没有能够获得美国国会的批准，威尔逊本人也在参议院与议员的激烈论辩中，突然中风昏倒。

在 20 世纪 30～40 年代，法西斯势力正在集结，法西斯带来的安全威胁日益加大，美国外交中这一根深蒂固的矛盾依然困扰着美国的外交决策者们。当 1938、1939 年希特勒对捷克、波兰动手时[①]，罗斯福看到了日益迫近的安全威胁，当捷克和波兰的盟友——英国向美国寻求帮助时，罗斯福对英国驻美大使林赛说，美国只能提供有限度的支持，而且不能完全保证，罗斯福还要求谈话内容必须绝对保密，否

① 1938 年，英法和德意签署条约，把捷克苏台德地区割让给德国，史称“慕尼黑阴谋”。1939 年 3 月，德国撕毁条约，入侵并占领波兰。

则会使他遭到国内弹劾。罗斯福只能依靠向国会兜售纯粹的防御计划，以换取国会支持以谨慎的步伐增加国防开支，通过积跬步的方式强化军事能力，为可能的军事卷入做准备。希特勒深谙困扰美国外交的这一软肋，当罗斯福在1940年对德国发出警告时，希特勒回应说这是“唬人的政治把戏”。的确，当1941年珍珠港军事基地遭日军轰炸，美国宣布对日作战时，美国政界还在为是否也对德国、意大利宣战争论、犹豫。

应该说，1941年日军轰炸美国在太平洋上的海军基地珍珠港，为美国的决策者们打破僵局提供了具有说服力的理由。珍珠港事件动摇了美国人以两大洋的庇护和防御为主的安全战略信念，为决策者开展国内战争动员提供了强大的动力。1941年，国内公众和政府、国会、军方等国内机构短时期内达成空前一致的认识：美国要让入侵者付出惨重的代价。但随后的进展说明，这种团结一致只是暂时的，只是针对共同的作战目标。对于如何实现这一目标，国内各种政治派别再次各抒己见，因此，即便在全美上下同仇敌忾，一致对付法西斯时，在做出国际承诺与兑现承诺所必需的国内支持之间，依然存在着巨大的差异。这导致美国在参加太平洋战争后，外交政策依然呈现出很不协调的状态。

按照美国国际政治学者帕特南提出的“双重博弈”理论，决策者在制定外交政策时，需要同时面对国内、国际两个棋盘，在这个过程中，观念认知、战略目标、国家利益以及利益集团的博弈都会对决策产生影响。首先，决策者在对别国作出承诺时，需要一定的信息来源，在此基础上形成一定的认识，从而为外交决策者制定整体性外交目标和为实现这一目标所采取的行动奠定一定的认识基础。1941年太平洋战争爆发，中美结为盟友，美国总统罗斯福凭借太平洋战争之前形成的对中国模糊的好感与同情，设想着中美在反法西斯战争中建立的友谊，以及此前美国通过退还庚子赔款以来传递的善意，会催生一个符合美国利益和价值体系的中美同盟，中国将成为美国在亚洲地区的盟友。中美在亚洲战场上的协作使美国增加了进一步了解中国情况的渠道。驻华军事武官、在华外交人员、记者、传教士成为美国政府获取一手信息的来源。他们写给陆军部和国务院的报告成为决策者进行判断的重要依据。这些报告的作者们对于中国事务的看法基本上可以分为两种：一种是以传教士为代表的乐观派，蒋介石夫妇虔诚的宗教信仰让他们看到了希望：自18世纪90年代美国人登陆中国一百多年来未曾实现的福音梦想在中国国民政府治下有了新的进展。普通民众面对苦难所表现出来的隐忍也让教会人士看到这个民族的未来。另外一种是驻华军事武官和在华外交人员，他们因为搜集信息任务的需要，长期奔走于中国各地，为了获取真实的信息，很多人抛开国民政府官方的安排，另辟渠道，这种方式让他们了解到和国民政府的描述不一样的中国，也让他们有机会了解中国共产党的情况，直到抗战胜利，美国官方对中国共产党积累起了比较正面的认识。根据报告描述，中国共产党是一个和国民政府相比更能够代表民意且享有广泛支持的、更具有进取意识的政治势力，国民政府抗战不力让罗斯福越来越失望，他开始考虑其他更具有作战能力的力量，况且如果共产党得到广大中国民众普遍的支持，那么战后的中国就不可能将这一政治势力排斥在政治之外。于是罗斯福希望能够从中调解，但是这一意图遭到了国民政府的断然拒绝，罗斯福遂以军事需要为由，要求允许美军观察组前往延安，国民政府不得不放行。这次直接接触增强了美国对共产党的正面认识，军方出现了直接派发军事物资给延安的提议，导致国民政府与美国之间本来就很紧张的盟友关系骤然出现冲突白热化的紧张局面，最终以调回美国驻中国战区司令史迪威来暂时平息了冲突。而这些不同的认知在美国国内决策机构中都有相应的支持者，因此这些认识之间的相互冲突会在决策过程中以不协调的方式呈现出来。可悲的是，对中国而言，这些不协调的方式都代表着美国官方的意志，而中国任何政治力量对美国任何一个官方机构的强烈抨击，都会被美国的个别官方机构视作强化自己政见的机会。

在实际的决策过程中，由于美国宪法规定财政预算权赋予立法机构国会，而外交政策中开展的对外行动、计划需要财政支持，国会由此获得影响外交决策的权力。院外游说集团也基于各种价值偏好、亲身感受、利益考量对国会的相关讨论产生影响，上述两类不同的看法在这些机构和院外游说集团中都有着广泛的支持者。在 1941 年太平洋战争刚刚爆发时，乐观看法占据了上风，亨利·鲁斯等传教士向美国人展示了一片希望的乐土，宋美龄亲赴美国国会发表演说，她所描述的中国军民众志成城抗战的决心感动着国会议员，让美国决策者意识到中国是值得援助的盟友。罗斯福表示，“要以上帝允许的速度向中国运送军火”，对华援助经费在国会获得两党一致支持。陆军部也派来了被视作最优秀的美国军官史迪威，提供技术和战略上的指导。

然而，正在中国发生的情况，让进入其中的美国人感到失望。军用物资被囤积起来或者转到黑市上高价出售，在前方的普通士兵却得不到应有的给养和医疗用品，蒋介石装备精良的嫡系部队被部署在共产党军队沿线地区，将得不到良好装备的、与自己关系疏远的军队派往战场与日军作战。滇缅印战区作战中蒋介石所提供的表面上的、虚与委蛇的支持和对普通士兵表面上的关心让美国军官看到了这个政权非常自私和短视的一面。进入延安的美军观察组提交的报告显示共产党军队具有较强的军事能力，百般无奈的史迪威提出建议：以军事需要计，援助共产党军队，增强对日作战能力。这引爆了中美官方之间的剧烈冲突，此前史迪威提出的不分亲疏远近平等装备国军的建议，已经让蒋介石感到非常恼火，援助共产党军队的建议让他对史迪威再也不能容忍，他要求罗斯福必须调回史迪威，陆军部长马歇尔相信史迪威的品质和能力，在蒋介石视作中美友谊障碍的史迪威指挥权危机中，马歇尔坚定地站在史迪威一边。但是为了保持中美抗日同盟，罗斯福最终退却了，改派被蒋介石看好的魏德迈。但是在对华援助上，马歇尔和财政部长摩根索不那么热诚了，这次冲突导致中美抗日同盟出现前所未有的裂痕：双方在目标和实现目标的路径上都存在巨大差异，美国希望对所有具有军事能力的势力提供装备和物资援助，加速结束对日作战。蒋介石则希望在对日作战中依靠美援增强自身实力，以便在战后驾驭国民政府内其他政治势力并积累足够的力量对付共产党。于是中国国情成了横亘在中美之间难以逾越的高山。而最终罗斯福立场的退让，不但为消除之前的冲突留下负面隔阂，还加剧了中国共产党对美国的不信任感。延安感到自己通过美军观察组向罗斯福传达的善意被随意抛弃了。抗战结束后，国民政府向美国继续索要援助，但是却等来了魏德迈考察团。考察团飞往中国各地考察结束后，蒋介石发现他安排的路线魏德迈基本没有采用，得出的报告自然不会符合蒋的意图。告别晚宴上考察团的演说让考试院长痛哭流涕，认为这有辱蒋总统的威信。这样的考察报告自然不会说服美国决策者给予国民政府援助。但是国民政府成功地将这次尴尬的要求援助的结果营造了对自己有利的舆论氛围，这加深了中国其他政治力量对美国意图的反感。

此外，国际上发生的重大事件也深刻地影响着美国对华政策。在这方面，和美国秉持不同意识形态的苏联和1946年后开启的冷战对美国的对华政策影响很大。对于苏联的对华意图，早在1941年中美结盟之前就一直是美国决策者关注的问题。但是早期美国在华外交官对中国共产党的观察说明中国共产党与苏联共产党存在本质上的区别，这让美国决策者认为中国共产党并不是苏共潜在的同盟。而且彼时苏联与国民政府的关系更为密切，但苏联在中国建立的影响力让美国感到很不舒服。面对法西斯的扩张，美苏也在斗智斗勇，美国希望苏联在中国的影响能够成为制约日本在亚洲扩张的阻力，同时将德国祸水东引。但是苏联为了减轻自身压力，通过签订《苏德互不侵犯条约》与德国达成暂时谅解，以争取备战时间。1941 年日本袭击美国在珍珠港的军事基地让苏联甚感愉悦，终于有美国加入对付亚洲的法西斯势力。到抗战结束前，苏联的立场是精明而圆滑的，这为其准备了宽松的转身空间。苏联愿意看到美国进入亚洲战区作战，为了避免美国的猜疑，苏联对中国共产党采取了模糊态度，到重庆谈判前毛泽东仍然不能确定苏联的立场是支持国民政府还是站在共产党一边。在与美国的表态中，苏联表示愿意支持罗斯福的加速结束对日作战目标和对战后中国秩序的构想，这让罗斯福感到非常满意。于是出现了雅尔塔会议上以中国国家利益换取苏联出兵参加对日作战的谈判。苏联在抗战胜利后与国民政府一度拉近距离，斯大林向美国驻华大使表态对国民政府的期许，让美国重新燃起对国民政府的期望。既然中国共产党的目标主要在于改善民众境遇，与苏共亦没有从属关系，那么国民政府如果能够实现真正意义上的民主化改革，成为符合中国民意的政府，中国的问题就会得到解决。然而，国民政府启动的装修门面式的国府改革并不能让美国满意。特别是美国国务院的中国事务专家大都亲自前往中国了解情况，马歇尔调停国共冲突失败后回美国担任国务卿，蒋介石的虚与委蛇让他非常反感。因此当蒋介石认为自己满足了美国要求的“根据表现给援助”的要求进行政府改革，并要求美国驻华大使向华盛顿汇报催促援助时，马歇尔并没有回应。

但是国际形势对中国国民政府有利，冷战的威胁让美国在世界各地致力于抵制苏联扩大影响力，欧洲复兴计划正是这一努力中的一环。但是欧洲复兴计划需要国会提供预算支持。国会中有许多中国国民政府的支持者，院外游说集团也趁机对杜鲁门政府发起强大攻势：既然杜鲁门在演说中表态美国愿意给所有抵抗苏联威胁的国家提供援助，那么中国的国民政府为何不在援助名单上？国会以实行财政紧缩预算为由，卡住了马歇尔倡导的欧洲复兴计划的实施。而在马歇尔和国务院外交事务专家看来，美国在中国的利益远没有欧洲、中东重要，国务院中的大西洋主义者占据了上风，他们认为战争结束后，美国的核心利益仍然在大西洋而非太平洋地区。而战后的欧洲急需美国的重建援助，该地区事关美国的核心利益，因此在国会的压力下，国务院放行了对华援助，以换取国会对欧洲复兴计划的财政支持。但是这批援助对日后中美关系结局的影响是非常明显的。中国内战正酣，美国在此时提供的援助与抗战时期提供对华援助的性质截然不同，为 1949 年后中美结下梁子加上了浓重的一笔。而这笔援助也未能让国民政府感到满意，他们抱怨滞留在中国的美国军人不作为，没有在关键时刻对国民政府提供帮助。当国共在战场上胜负已成定局时，中美关系也基本定格了。国会的压力让杜鲁门政府不得不与退守台湾的蒋介石政权保持联系，以避免背上背信弃义的恶名。

与此同时，苏联表面上的不干涉政策对美国对华政策形成强大的制约，从避免苏联公开干涉的角度考虑，抗战胜利后，美国一直力求避免卷入中苏冲突和中国内战。太平洋战争时期，蒋介石竭力试图将美国拖入与共产党的对抗之中，这既包括国内的中国共产党，也包括苏联。在这两点上，蒋介石可谓抓住了美国对华政策中最为敏感的神经：对苏联的戒备，对中共的怀疑。然而直到抗战胜利后，美国一直努力避免在中国事务上与苏联正面对抗。雅尔塔会议上，罗斯福还在构想战后美苏合作的愿景。至于中共问题，罗斯福设想中共大概和俄克拉荷马州的反对党差不多，应当可以通过政治路径解决。但是政策的其他方面比如驻华军事顾问团、海军陆战队以及出售太平洋各岛上的剩余物资给国民政府，却又在损害着美国的不干涉政策。

在这诸多因素的共同影响下，美国多次开启了以现实主义立场重新审查美国对华政策的努力，但屡屡又在国内政治因素以及国际因素的作用下归于失败。

1945 年，抗战以来多年的中美同盟纠葛，使美国决策者对中国是否能够承担起维护美国东亚利益的中流砥柱这一关键角色开始怀疑。美国决策层中出现这样一种声音：以日本替代中国在美国东亚战略中的角色。1944 年，国务卿赫尔还信誓旦旦地表示，美国“在做任何安排时，都应该使中国位于中心位置”，但他也意识到中国只有一半的机会成为大国。1944 年，赫尔卸任国务卿，格鲁担任代理国务卿，格鲁曾经担任较长时间的驻日大使，持有公开的亲日情绪。他认为如果中国不能够胜任其在美国东亚战略中的角色的话，那么一个复兴的日本可以完成这一使命。这种论调，在美国军界不乏知音。1945 年，海军部长弗雷斯特（James Forrestal）问国防部长史汀生，针对苏联在远东扩大影响力，我们的政策是什么？是不是希望有一个对抗这种影响的抗衡者？这个抗衡者是中国还是日本？1945 年，在波茨坦会议上，杜鲁门坚持反对任何形式的大国分区占领日本的处置办法，力主应该由美国单独占领日本，可谓为日后做准备。1947 年 5 月，在应给予援助国家顺序表中，参谋长联席会议已经把中国放在非常靠后的位置。1947 年下半年，美国决策者越来越意识到，将日本重建为美国在亚洲的战略基地，比对中国实施政治干预，成本要低得多，而且获得成功的把握也越大。这一时期美国对华政策的短期目标是结束对日作战，长期目标是出现一个和平民主统一而强大的中国，尽管这种措辞听上去冠冕堂皇，但最终的出发点和立足点仍然是美国的国家利益，一个强大的中国会成为协助美国维护东亚战略的得力助手，一个民主中国的出现，意味着与美国政治价值观相同，在 20 世纪国际关系理论中，一个被广泛认可的原则是同样实行民主制度的国家，不太容易发生战争，其根本的逻辑是民主制度受选民意愿制约，而民众是天生热爱和平反对战争的。当然 20 世纪后期的许多案例不断颠覆着这一“理论”的合理性，民主国家之间爆发战争也是有可能的。

国共内战结束前夕，美国国务院多次重新评估它的对华政策，来自现场的报告说明蒋介石政权颓势已定，这使美国意识到与国民政府的盟友关系或许会在不久之后成为中美关系的羁绊。但是要从整体战略上进行调整难度很大，这不但割裂政策的连续性，而且无法向国内民众解释美国在过去的几年里为什么和一个腐朽的政权捆绑在一起。这种现实主义的考虑，催生了艾奇逊的“尘埃落定”政策，既保持政策的连续性，又保持一定的灵活性，但是朝鲜战争再次打破这种幻想。朝鲜战争爆发，美国决策者马上将对华政策纳入到美苏在亚洲展开冷战的政策框架中考虑，对华政策的灵活空间已然消失殆尽。

综上所述，1941～1950 年的美国对华政策在很大程度上受制于国内政治的影响。分析美国国内政治因素对其外交政策的影响，能够帮助我们厘清一系列问题，比如 1941 年太平洋战争爆发后中美结盟直到 1950 年，美国对华政策为什么以损害中国也不利于美国利益的方式匆忙收尾？在这 10 年里，美国何以对中国投入大量的人力物力，覆盖了从军事、民用物资到具体的教育、技术，却自始至终落得两边不讨好，国民反美情绪高涨的结果？为什么罗斯福总统确立的将中国视作美国在远东的盟友这一构想，竟然最后以中美关系冰冻二十余年的结局收场？这对关系非常棘手的盟友，双方在对华军事、财政援助上始终斗智斗勇，冲突与妥协萦绕着盟友关系始终，是怎样熬到1950年的？当抗战胜利后，美国将日本确立为亚洲盟友的培植对象后，在他们看来既棘手又表现不佳的中国国民政府对美国的价值和意义已经受到极大地削弱，美国何以将这一关系继续撑持到内战结束？

值得注意的是，美国对华政策的长期目标之一——使中国成为大国，最终以美国不曾预料的方式得以实现，朝鲜战争后，中国作为一个大国在东方屹立，而美国却成就了中国的这一历史性崛起。从1943年开罗会议始，罗斯福一直想把中国提到大国的位置，以便中国在战后承担重任，一直未能如愿。但是当中国真的以大国面目出现时，却是以美国不希望看到的姿态。

历史与现实往往存在惊人的相似之处，过去总会以这样或者那样的形式显现出来，那些过去曾经困扰着美国决策者的难题同样是当下和未来的决策者们需要思考的重要问题，同样，也是和美国打交道的那些国家需要考虑的问题。知己知彼，方能百战不殆，了解美国外交决策形成和实施的过程中重要的国内政治制约，不但可以避免误判，而且可以将美国国内政治对国际事务的投射转化为对自身有益的因素。因此，了解过去有助于我们更好地理解现在，也能够帮助我们更为理性地应对现在和未来的挑战。

第一章
影响美国外交决策的国内政治

关于外交政策与国内政治之间的关系，一种观点认为，外交政策完全不受国内政治的影响；另外一种观点认为，外交政策取决于国内政治。这两种观点实际上都是根据个别的历史事件推演出的一种论点，并将其推向一个极端。因此它们都只能被用来解释外交事务中的个别现象，具有一定的局限性。英国国际政治学者克里斯托弗·希尔(Christopher Hill)在上述两种论点之间找到一种平衡性的解释，他认为，对外政策有着深刻的国内根源，国内政治也会影响到外交政策的结果。[①] 这种论点不但避免将外交与内政完全对立起来，也没有混淆外交、内政，更为理性地思考外交政策与国内政治之间的关系，因而得到其他国际政治学者的广泛认同。

如果我们将希尔的观点运用于美国外交决策过程，就会发现外交并不完全是总统及其核心决策层运筹帷幄的结果，它实际上是一个极为复杂的国内政治过程。与此同时，国际因素也会对国内因素产生影

① 克里斯托弗·希尔：《变化中的对外政策政治》，唐小松、陈寒溪译，上海人民出版社，2007，第255页。

响。因此，我们不但需要研究外交政策的行为体，还需要分析影响对外政策决策的国内政治过程。

美国的政治架构为国内政治影响外交政策提供制度基础。美国宪法将外交权赋予总统，但是在外交政策的制定过程中，总统及其核心决策圈子绝非孤独的骑兵，他们会受到各种国内政治因素的制约，这些制约因素尽管隐在幕后，但是在很多时候会产生关键性的影响。美国宪法将拨款的权力交给国会，总统实施诸多外交政策都需要国内财政的支持，国会通过控制财政权，从而在某种程度上赢得左右外交政策的权力。因此，决策者在制定外交政策的过程中，需要考虑到国内民意、政策制定机构和实施机构之间的意见平衡，在原则和妥协中寻求一种谨慎的平衡，而在这一过程中，难免会出现外交政策目标和手段相背离的情况。

在1941~1950年间，美国国会多次与总统和国务院制定的对华政策唱反调，先是反对参加对日作战；太平洋战争后，又主张无条件援助蒋介石；抗战胜利后，反对政府采取灵活的现实主义对华政策，极力主张援蒋打内战。在欧洲与亚洲的战略优先考虑之间，杜鲁门政府东奔西突，为了维护更具有紧迫性的欧洲利益，不得不在亚洲事务的一些原则上对国会做出妥协。而这一妥协对双边关系带来的破坏性影响是难以估量的。1949年新中国成立后，又极力阻止政府承认新中国。这一时期的美国对华政策深陷国内政治的漩涡，1947年，范登堡参议员明确表示应将对华政策排除在两党意见一致的议题范围之外。《普罗维顿斯日报》的记者弗雷德里克·柯林斯认为，“亚洲为政府的挑战者共和党人提供理想的机会，而共和党人也积极地利用这个机会。政府自然在做出反应时采取守势”。①

① 转引自罗斯·凯恩：《美国政治中的“院外援华集团”》，张晓贝译，商务印书馆，1984，第11页。

与此同时，国际上发生的重要事件也会对外交决策过程产生重要的影响。国际因素的微妙性和不可预知性，让决策者对它既爱又恨。一方面，一些国际事务会帮助决策者打破一直困扰他们的僵局，为他们启动某项政策提供最好的支持理由，比如日本偷袭珍珠港，帮了罗斯福总统的大忙，此前他受困于美国国内弥漫的孤立主义情绪，小心谨慎地应付着法西斯国家破坏国际秩序的行动。而希特勒也正好切中美国的外交软肋，变本加厉。珍珠港事件给了美国决策者一个绝好的理由，进行战争动员。另一方面，对于别国外交意图和别国实际情况的理解往往充斥着各种相互冲突的看法，这些看法在参与政策制定和实施的各个机构中都有对应的支持者，因此，在决策过程中，占据优势地位的机构会对决策产生更大的影响。1941～1950年间，美国对中苏关系的理解、美国对中国局势的认知，分别出现两种相去甚远的看法，国务院、军方和国会就分别属于两条线。国务院、军方因为外交、军事事务需要，能够获得更多的一手资料，对中国、中苏关系有着更为客观理性的认识。而国会因为远离中国现场，又无法获得来自中国的第一手情报资料，落入院外游说集团的影响之中，蒋介石的国民政府的外交公关在美国国会内外培养了一批热忱的支持者。而国会通过财政权对杜鲁门政府施加压力。

哈佛大学国际政治学者罗伯特·帕特南（Robert Putnam）将决策者面临的对外决策任务称为“双重博弈”（double game），他认为决策者如同一位在同时对付两个棋盘的棋手，他需要关注国内和国际两个方向。[①] 他不但要确保将有限的资源投放到更加紧迫、更为重要的外

① Robert D. Putnam, “Diplomacy and Domestic Politics: The Logic of Two-Level Games,” in Peter B. Evans, Harold Karan Jacobson, Robert D. Putnam eds., *Double-edged Diplomacy: International Bargaining and Domestic Politics* (Berkeley: University of California Press, 1993), pp. 431 - 432.

交领域；而且需要凝聚国内的支持。美国国内的支持，一方面包括选民的支持，选民的意见可以通过国会议员换届选举和总统大选体现出来，也可以通过利益集团的院外游说来体现。另一方面包括参与外交政策制定和实施的国内政治机构的支持，这里指国务院、军方、国会等机构。

在上述两个棋盘的双重博弈过程中，美国决策者不得不面对兑现国际承诺与国内能力之间存在差距和矛盾，毕竟，要想兑现国际承诺，必须获得国内的支持，包括政策和实施能力上的支持。这里就出现一个投入与产出期望相符的问题，美国决策者希望在国外的投入能够被卓有成效地利用，最终出现一个他们期望的结果。在 1941 ~ 1950 年，围绕这个问题，美国决策者们与蒋介石斗智斗勇，最终还是对蒋介石做出了妥协，结果被证明是一笔收益率最低的投入。先是战时的对华援助，美国政府认为应该是看表现给援助，而且援助应该按照美国指定的用途使用。但是从国民政府的立场来看，它对美国做出的许多承诺都被证明是空头支票。蒋介石认为美国承诺的援助应该是没有任何条件的，中国在太平洋战场上为美军顶住压力，美国付出这些是应该的。但是在延安的共产党人看来，美国是不值得信赖的国际力量，因为一方面美国倡导民主和平，却与不民主的蒋介石政权为友，并对蒋介石提供援助，而后者利用这些援助来对付共产党。抗战结束后，美国再次面临国际承诺和国内能力之间的矛盾，在全球范围内抵制苏联的扩张，是美国冷战时期的头等外交政策目标，但是美国既要在欧洲与苏联抗衡，又接手英国无力顾及的希腊和土耳其，再要兼顾亚洲，负担太重。两相权衡，欧洲和中东的利益对于美国和西方世界更重要，因此，在中国问题上，美国只能退而求其次，先是与苏联合作，后又极力求得脱身。由此出现的结果是，一方面，美国与国民政府争吵不休，如对于美援的使用，如何尽快结束对日作战，如何解决国共问题等各执一词，各自怀着满腔怒火；另一方面，共产党认为美国面孔伪善，在国共之间拉偏架。由此看来，美国对华政策出现与目标、手段相去甚远的结局，是结构性的问题使然，而结构性问题意味着具有持久性和延续性，它将会一直困扰着美国的外交决策者和需要与美国打交道的国家的决策者们。

第一节　决策层的认知及其战略、政策选择

关于观念对一国外交政策的影响，在国际关系研究学界一直存在两种论点，一种论点以美国政治学者罗伯特·达尔（Robert Dahl）为代表，认为观念对制定外交政策和国际关系起着至关重要甚至是决定性的作用，他认为，“信念和观念常常是一个独立的重要变量，那么忽略观念、意识形态和态度的变化，就是置某些重要的东西于不顾”。[①] 达尔的论点在冷战史研究学界支持者众，认为意识形态冲突是“二战”后两极格局的决定性根源。另外一种论点恰恰相反，以肯尼思·沃尔兹（Kenneth Waltz）为代表的结构现实主义，尽量想弱化观念对外交的影响，将政治、经济和军事能力作为决定外交政策和国际关系的关键变量。实际上，两种论点都有其合理性，并不存在非此即彼的关系，但是两种论点都将各自的观点推向极端，以至于忽视对方论点的价值。任何一项外交政策或者国家安全战略的制定，既离不开观念的影响，也需要考虑到政治、军事和经济能力的实际情况，这是外交决策过程不可或缺的环节。

---

① 约翰·米勒：《观念对大战略的影响》，载理查德·罗斯克兰斯、阿瑟·斯坦主编《大战略的国内基础》，刘东国译，北京大学出版社，2005，第48页。

观念影响外交政策有多种方式。第一，决策者的思想、理念会影响他如何认识现存的世界秩序以及他对未来秩序的构想。世界秩序是所有国家在其中赖以生存的大环境，如何看待自身与这个大环境之间的关系，以及自身想对大环境产生什么样的影响，使其对自身的发展更为有利，几乎是有史以来所有决策者在思考的问题，美国也不例外。自美国建国以来到二战以前的绝大部分美国总统都没有表现出要改变现存国际秩序的强烈意愿，但这并不意味着美国完全将自己隔离起来，孤立于世界秩序之外。实际上，他们从未采取过完全的孤立主义外交，这不符合一个以商业立国的国家的发展需要，他们千方百计与世界各国尽可能地建立联系。即便对有些历史时期的秩序心存微词，但他们宁愿让别的国家去承担筚路蓝缕的重任，自己跟在后面坐收渔利。等找到有利的时机，他们顶多只想对其进行小范围的修补，避免美国的利益遭排挤，比如19世纪末门罗主义和门户开放政策都体现了这一思路。带有强烈的现实主义色彩。

只有两位总统是个例外，一位是伍德罗·威尔逊，一位是富兰克林·罗斯福，他们有着强烈的理想主义情结，想以美国为主导改变世界秩序。威尔逊与罗斯福都是热情的“国际主义”倡导者，认为美国应该在促成世界和平和构建新的世界秩序中发挥更大甚至是主导性的作用。与此同时，罗斯福对美国政治制度的优越性有着坚定的自信，虽然“山巅之城”的号召力一直是美国建国以来执政者坚信的理念，但是在此之前，还没有出现一位总统想将美国政治制度推广到世界上其他国家，他们大都坚信这一山巅之城的自然吸引力，其他国家将会主动向美国靠拢，学习美国的政策制度。在这方面，罗斯福开了先河。二战之前，美国经历了大萧条，当很多美国人对美国的政治经济制度深表怀疑时，罗斯福发表“四大自由”演说，阐述他坚信美国的政治制度有其自身的价值。二战时期，罗斯福建议设立专门的委员会，以四大自由和战后世界秩序作为研究议题，探索构建战后世界秩序和美国大战略的选择。

罗斯福的“国际主义”视角及其对政治制度与国际秩序的理解，在很大程度上奠定了1941～1950年美国对华政策的基调。罗斯福希望将中国培植成美国在远东地区的盟友，并希望中国在政治发展道路上学习美国经验，将各个派别、利益团体纳入到政治过程中来，互相抗衡、制约和妥协。如果说第一点还可以被中国国民政府所接受的话，那么第二点与蒋介石之《中国之命运》设想的中国秩序存在本质上的冲突。尽管按照罗斯福的世界秩序构想，这两点目标是互为促进、相辅相成的，只有当美国和中国志同道合之时，友谊才能够持久稳固。但是在中国国民政府看来，这两个目标之间有着根深蒂固的内在矛盾，美国要想成为中国的盟友，就应该尊重中国的内政。只有尊重中国对内部事务的自由选择权，才有可能成为中国的朋友。

第二，外交政策的制定离不开决策者对别国情况的认识，这一认识会直接影响决策者在对外决策中所采取的态度和行动。而决策者对别国的认知是建立在多种信息来源理解和思考的基础上的，包括决策者本人的外交视野和知识储备，各种驻外机构和军情机构发回的报告，政策研究机构提交的政策报告等。而情报人员的观察，本身存在各种不同的，有时候甚至是互相矛盾的看法。决策者需要从这些繁复的信息源和政策报告中，解读别国的行为并推断对方的意图。值得注意的是，不但总统等核心决策层需要经历这一重要的筛选抉择过程，对外交政策有着重要影响的其他政府机构比如国会，也需要经历这一从认知、概念转化为外交实践的过程。在这一过程中，观念的差异是不可避免的，在某些时候甚至会演变成针锋相对的观点，观念的冲突顺着美国国内那些对外交政策有着重要影响的机构延伸开去，最终会导致外交政策出现严重不协调的状况。国际关系研究领域有一个著名的“谢林猜想”（Schelling Conjuncture），该理论认为国家内部的意见分歧会让国家在国际谈判中赢得更多的优势。其他学者在上述理论的基础上进一步提出信息在跨越国界时产生的差异对国际合作和外交政策会产生重要的影响，其影响好坏，学者也有争论。米尔纳认为信息的不均衡并不总是会产生负面影响，对于不关心国际事务的议员而言，这种对信息的不完全掌握，反而会有助于议案的通过，从而对国际合作是有利的。帕特南等学者认为，“我们最初的预期是可得信息在跨越国界时将严重恶化……我们的错误是高估了国家边界对信息的作用。领导人对自己国内政治中什么政策会得到批准的估计常常发生错误……对其他国家国内政治的估计也常发生错误，但是同其对自己政治的估计相比，错误远非经常发生……国内政治的内部误读要为国家间协定的失败负责”。[①] 上述理论提出的国内机构之间的互动、利益集团施加的影响、信息分布不均衡以及由此造成的误判，都深刻地影响着1941~1950年间的美国对华政策。驻华外交军事官员对中国的认识与美国国内民众以及议员的对华认识存在相当大的差异，国务院在获得信息方面掌握主动权，因而对中国有相对理性而客观的认识。国会在获得一手信息方面远远滞后于国务院，容易落入利益集团的游说之中，因此，在亲蒋议员提出的援蒋游说中，国会议员表现得更为积极。赫尔利进行的国共调处深刻体现了决策和执行之间的不协调情况，制定政策的国务院与在中国现场执行政策的大使赫尔利对政策的

---

① 海伦·米尔纳：《利益、制度与信息：国内政治与国际关系》，曲博译，上海人民出版社，2010，第67页。

理解相互冲突。尽管国务院采取措施对赫尔利进行控制，但其产生的负面影响难以消除。

美国外交史学者曾根据从认知到外交实践的转化过程，将美国总统分为两类：一类是圣战者，这一类决策者带有强烈的理想主义情结，他们有着传教士般的热忱，想要将世界按照他们的构想变得“更好”，他们倾向于根据其预设的理念、价值观，而不是依据事实和经验。即便眼前有其他更为现实的政策选项，他们也会对这些视而不见。另一类是现实主义者，他们会依据特定情况下的事实与经验，而不是他本人的愿望和未经事实检验的构想……因此，通常情况下，这类决策者具有很强的灵活性，不会固守一项失败的外交政策，他们会改变方向，再次尝试。① 如果说将拒绝在美国加入国联案上做任何妥协的威尔逊总统归入第一类圣战者的话，那么绝大部分总统实际上都属于二者兼而有之的类别，1941～1950 年之间的两任美国总统罗斯福和杜鲁门，尽管两人在国际视野和认知上存在很大差异，但是在外交上，他们都融合了预设的理念同事实与经验二者之间的关系，懂得处理坚守原则与适时妥协之间的关系。这种应对模式，有些时候可以成为非常理性的范例，对外交具有积极意义。但是在有些时候，会形成反作用，特别是处理与国内政治交错复杂的中国外交关系时，这种应对方式意味着对中国国民政府让步，会直接对中国其他政治派别的利益构成损害，因此，最终会对后来的中美外交形成反冲力。罗斯福和杜鲁门在对华政策上都做过此种意义的妥协。倒是在 1946～1950 年，美国国会可以被归入第一类。国会因为其彼时本身可以得到的信息源有限，缺少对中国事实和经验的

① James M. McCormick ed., *The Domestic Sources of American Foreign Policy Insights and Evidence* (Lanham, Maryland: Rowman & Littlefield Publishers, Inc., 2012), p. 16.

全面了解，因而更容易受到院外集团的游说，从而成为意识形态的主战场。

应该说在基本理念、目标和价值观上，罗斯福、杜鲁门和国会之间，不存在根本上的冲突。但是在实现目标的手段上，他们有着很大的分歧。一个重要的原因在于，他们处理信息的方式（cognitive style）、获取信息的渠道差别很大。总统可以通过国务院、军方的驻华人员获取范围广泛的情报，驻华外交官和军事官员因为工作便利，可以去中国各地调查情况，可以接触到各个阶层和利益团体，更容易全面地了解中国的实际情况。而且罗斯福喜欢派出总统特使，为他掌握一手信息增加一条灵活的渠道。而国会在没有建立起独立的信息和政策分析机制以前，依赖国务院分享信息，即便在建立起自己的信息和政策分析机制后，国会因为财力和工作原因，不可能向国外大规模派驻外交官和军事官员，因而，获取的信息毕竟是有限的。在这种情况下，国会容易落入外国官方政府的强势公共外交的影响之下。应该说，1941～1950 年，中国国民政府开展的公共外交是卓有成效的，彼时，在国会内外培养起了一批积极的同情者和支持者。

第三，决策者对实现战略目标和具体政策目标之间关系的理解会对外交政策产生影响。在外交决策过程中，决策者对长期战略目标的定义以及对战略目标与政策目标之间关系的理解，都会对外交政策产生重要的影响。战略目标通常是指决策者根据本国的国家利益和国家长期的战略规划界定的长期目标，它通常会将一些重要的因素考虑在内，包括国家的核心利益、本国所珍视的价值观、安全繁荣，以及在该地区的国家利益、本国在国际秩序中的地位等。和战略目标不同的是，政策目标是指为达到某一短期目标而确定的具体目标。在外交决策过程中，政策制定者希望出现的理想状态是政策目标对实现战略目标起积极作用。但实际情形并不总是如此。当1941年，美国对日宣战与中国结为盟友，罗斯福希望中国在战后成为美国的亚洲盟友，但是当时更为迫切的目标是尽快从军事上击败日本。为了打败日本，美国对中国进行援助，但是国民政府对援助物资的使用方式——反共，让罗斯福非常不悦。针对援助物资的使用，罗斯福与蒋介石之间的争执，也让蒋介石感到其统治者的威严受到冒犯，罗斯福敦促国民政府改革、国共和谈，让蒋介石感到美国是在干涉中国内政。而援助物资的使用方式对共产党的生存和发展构成威胁。这种两边不讨好的局面意味着这一时期的政策目标不可避免地会出现与战略目标相去甚远的结局。杜鲁门总统上任后，他和国务卿艾奇逊以及后来的贝尔纳斯都是大西洋主义者，他们认为美国的核心利益在欧洲，而不是亚洲，既然亚洲战场的反法西斯战事结束了，美国的战略中心应该回到大西洋这边来。在这一战略思维的指引下，杜鲁门政府不希望在亚洲投入过多的精力，海军陆战队接到的命令是保护侨民，而不是帮助中国国民政府。

第二节　总统与国会在外交政策中的角色

一　国会对总统外交权的制度性制约

按照美国宪法，总统是武装部队的总司令，掌握着军权，但是决定战争与和平的权力应该掌握在更接近民意的立法机关——国会手中。因此，总统在涉及参与对外战争以及开展外交行动所需要的经费，都需要获得国会的支持。在美国历史上，1789～1950年，几乎所有的重大军事行动都是由国会做出决定的，总统向国会提出动议，国会在讨论通过后，正式对外宣战或者通过立法授权总统使用武力。[①] 宣战和拨款的宪法性权力让国会获得影响对外事务的重要制度性筹码。

美国总统外交权的这种内在的制度性制约根源于美国宪法。在美国的制宪者看来，总统相当于民选的国王（elective kingship），他承担着护卫国家的宪法责任，他需要拥有签订条约、派驻大使、调用军队和发动军事行动等必要的权力，开展必要的行动，以完成他所承担的使命。但是总统在行使这些权力时并不是不受限制的，1787 年，在费城制宪会议上，在外交权和对外战争权上，各州派出的代表辩论的一个核心主题就是：刀剑和钱包是否应该放在一个人的手中？在批准宪法的辩论战中，这一问题再次激起热烈的讨论。最终达成的共识是，国家需要一个强有力的行政首脑来履行其责任和使命，但是国家是否卷入一场对外战争，需要听从民众的意见，而立法机关——国会是一个最为接近民意的机构。正如来自宾夕法尼亚的代表詹姆斯·威尔逊（James Wilson）所言：

> 这种制衡制度让我们不至于匆忙卷入一场对外战争，它可以被用来防止美国卷入战争，总统个人无权将国家引向巨大的灾难

---

① 以 1950 年为分界线，是因为在 1950 年，成立于 1945 年的联合国第一次在朝鲜半岛问题上启动联合国决议程序，授权多国军事行动，这为美国总统提供了一条避开本国国会的合法渠道。此后在涉及参与对外战争的权力上，总统与国会之间的关系有所变化，在此后半个多世纪里，总统可以找到其他路径赋予其对外军事行动以合法性支持，比如在国际上，可以获得联合国决议和北大西洋公约组织的授权；在国内，可以通过美国宪法中武装部队总司令的条款。即便如此，只有两个例外，总统没有获得国会的授权发动对外军事行动，分别是 1950 年卷入朝鲜战争，1999 年南斯拉夫战争。当然，在国际组织授权与本国国会授权的优先级别上，1945 年，美国参议院在批准美国签署《联合国宪章》时，时任总统杜鲁门从波茨坦发回一份措辞准确的电报，表示所有涉及联合国指派的美国出兵使命，都必须通过美国参众两院的批准。

之中，因此，如此重要的宣战权力应该放在国会手中。[①]

但是国会因为存在会期上的限制，无法应对突然袭击带来的安全威胁，因此，国会只是拥有宣战的权力，宣战后启动对外军事行动的权力仍然属于总统。此外，基于民选的精神，只有立法机关才有权力控制钱包，国会掌握着课税和铸造货币的权力。

由此看来，总统开展对外军事行动所需要的经费支持，必须争取到国会的支持。既然国会获得影响对外事务的权力，那么国会就需要了解外交议题所涉及的国际事务，在充分了解和理性分析的基础上，做出政策评估和价值判断。为了完成国会承担的这一使命，在1816年国会首批设立的十个委员会中，就包括八个与外交政策有关的委员会：参议院外交关系委员会、众议院国际关系委员会、参众两院拨款委员会、军事委员会和情报特设委员会等。其中前面四个委员会对外交政策的影响最为重要。

（一）参议院外交关系委员会

参议院外交关系委员会（the Senate Foreign Relations Committee）自成立以来，对美国外交政策产生过非常重要的影响。在20世纪80年代全球化时代到来之前，参议院外交关系委员会在国会中当属声望很高的委员会，吸引着国会里最优秀的议员加入其中，在国会的对外政策上占据一言九鼎的地位，被认为是参议院中最重要的委员会。

外交关系委员会主要承担的职责包括：引领参议院对重大外交事务议题开展讨论；审理对外援助项目（并不管理）；审理对盟国的武器出售和训练项目；负责对国务院中的高层职位召开任命听证会

① James M. McCormick ed., *The Domestic Sources of American Foreign Policy Insights and Evidence* (Lanham, Maryland: Rowman & Littlefield Publishers, Inc., 2012), p. 191.

(confirmation hearings)，对有关外交事务的高层官员任命掌握着投票批准的大权，以及批准条约。其中，上述职责赋予外交关系委员会在几乎所有对外事务上以重要的发言权，其对外交事务的影响，不仅仅限于立法权制约和监督职能，因此，其重要性远远超过其他委员会，正因为如此，该委员会的主席一直被视为国会的重要人物。

从一开始，参议院外交关系委员会的主席就立志不做总统外交政策的橡皮图章，冲突似乎一直是委员会与行政机构之间关系的主流。尽管在机构发展史上，委员会与行政机构之间关系密切，甚至有密集的人员流动，有6位总统和19位国务卿曾经服务于该委员会，这种关系似乎有助于强化两个机构之间在外交事务上的协作关系，但是这并不影响两个机构在一系列外交议题上意见相左。该委员会的成员常常由意志坚决、态度强硬的角色担当，比如1825~1829年北卡罗来纳州的纳瑟内尔·梅肯（Nathaniel Macon）几乎对所有联邦政府扩大权力范围的议案投了否决票；1861~1871年，美国政府主要关注南北内战和战后重建议题，而马萨诸塞州的查尔斯·萨姆纳（Charles Sumner），率领其麾下的委员会对外交事务倾注大量心力，成功阻挡了格兰特政府（Ulysess S. Grant）吞并圣多明各的努力。但是此举也造成他与政府之间很大的裂痕，共和党党团会议（Republican Caucus）投票将其免职。

19世纪后期，参议院外交关系委员会多次通过批准和否决条约来践行其影响外交事务的权力。根据美国宪法，总统签订的条约需要提交参议院批准，需要获得三分之二的多数票，才能通过生效。这一程序给条约批准增加了很大难度。1860~1897年，委员会否决了10项国际条约。国务卿海约翰（John Hay）曾评论道：

> 一份需要提交给参议院批准的条约恰如一头正要走上角斗场的公牛，没有人知道最后一击会在何时、将以怎样的方式落到头上。但是有一点是可以肯定的，角斗场上从来不会留下活口。①

委员会也因此落下“国际条约墓地”（graveyard of treaties）的恶名，尽管实际上绝大多数的条约还是被参议院批准通过了。

鉴于参议院外交关系委员会与总统在外交政策领域的张力，绝大部分美国总统从中领悟到一条执政真理：如果行政机构拒绝与委员会做适当妥协的话，那么总统在外交事务上很难获得成功。在美国历史上，参议院外交关系委员会与总统之间最具有里程碑意义的激烈冲突当属1919年威尔逊总统遭遇的《凡尔赛条约》批准战役。1919年，在马萨诸塞州参议员亨利·卡伯特·洛奇（Henry Cabot Lodge）担任主席任内，委员会同意将条约提交参议院投票，但亨利要追加十四条保留意见条款，威尔逊拒绝作任何妥协，他带着自己签订的条约文本到全国各地进行旅行演讲，这期间出现中风。但是在1919～1920年，参议院始终未曾批准《凡尔赛条约》，也没有同意美国加入国联。如果威尔逊愿意与外交关系委员会做一些妥协的话，让自己签署的条约瘦身通过委员会的审理，他可以部分地完成他的国际秩序构想：让美国加入国联。

一战结束后，美国人怀有深深的孤立主义情绪，参议院外交关系委员会引领的一些外交事务讨论反映了这一情绪，给这一时期的美国外交政策打上了深深的“拒绝卷入”烙印。20世纪20年代，爱达荷州的威廉·博拉（William B. Borah），这位曾经挫败威尔逊总统加入国

---

① David P. Auerswald and Colton C. Compbell eds., *Congress and the Politics of National Security* (Cambridge, New York: Cambridge University Press, 2012), p. 25.

联努力的委员此时已担任主席，再次成功抵制美国加入国际法院。20世纪30年代，内华达州的凯伊·皮特曼（Key Pittman）倡议通过中立性法案，禁止武器和军火输出，从而避免美国卷入欧洲纷争，该项倡议最终在1935年获得国会通过，成为《中立法案》。根据该法案，当法西斯力量正在集结，实施吞并计划时，美国却将侵略国和被侵略国不加区别地对待，坐观法西斯增长实力。因此，避免卷入实际上给后来的不得不卷入增加了应对敌人的难度。截至1940年，德国已攻下捷克、波兰，拿下英、法，进攻苏联，希特勒的迅猛攻势说明继续实施绥靖政策无异于助纣为虐，参议院外交关系委员会的国际主义声音开始增强，在佐治亚州的华特·乔治（Walter George）和得克萨斯州的汤姆·康纳利（Tom Connally）的倡议下，国会通过了《租借法案》(Lend-Lease Act)，支持被侵略国家抵抗法西斯。但是1947年范登堡担任主席期间，他借助马歇尔计划要挟杜鲁门政府，将中国也纳入援助名单，最终迫使政府在《1948年援华法案》上做出让步。

既然参议院外交关系委员会拥有如此重要的权力，来左右美国的对外政策，那么委员会对与外交政策议题有关的事务进行了解，在知情的基础上进行政策讨论和价值判断，就显得非常重要。在1946年之前，外交关系委员会主要从国务院获取有关国际事务的信息，但这种信息自愿共享受制于国务院愿意分享信息的程度。鉴于历史上外交关系委员会与行政机构之间的紧张关系，很多时候，国务院在与外交关系委员会分享外交事务信息时保持着谨慎态度。1941年12月15日，范登堡致信总统罗斯福，对委员会在外交事务上的信息匮乏状况深感失望，他建议在国会中成立军事协作委员会，借此在行政机构与国会之间建立一个可靠的外交事务信息共享平台。但是，在珍珠港事件之前，共和党参议员范登堡持续抵制罗斯福的“国际主义”努力，这段经历让总统对这一建议充满着疑虑。在1941年之前，范登堡是参议院外交关系委员会里坚定的孤立主义拥护者，强烈反对美国卷入对希特勒的战争。在外交事务上，罗斯福自始至终都是一个坚定的“国际主义者”，他认为积极参与比避免卷入更有助于捍卫美国的国家利益。尽管在珍珠港事件后，范登堡迅速转身，成为一个“国际主义者”，支持美国加入对法西斯作战，但是罗斯福仍然怀疑范登堡提议背后可能隐含的制约，在一封措辞谨慎的回信中，罗斯福表示：

> 我非常赞同这一建议想要实现的目标，但是如果它的目的是让我去和这个军事协作委员会商量，而不是像以往那样咨询参众两院的政党领袖和各个常设委员会的主席，那么国会应当申明它的意图。①

罗斯福对共享信息所表现出的不太热诚，并没有让范登堡就此罢手。他和国会中的其他共和党同僚继续推动此事，将这一建议提交给外交关系委员会主席康纳利，康纳利与总统罗斯福同是民主党人，他的加入让共享信息的建议少了些党派色彩，罗斯福同意指派国务卿考代尔·赫尔（Cordell Hull）定期派国务院的代表前往国会，与外交关系委员会分享一些外交事务的信息与政策分析，使后者享有知情权。1942年1月6日，助理国务卿代表国务院参加与外交关系委员会的第一次会议，由此，国会与国务院之间建立了初步的信息共享沟通机制。1946年范登堡在担任外交关系委员会主席期间，借1946年国会机构

① Philip J. Briggs, *Making American Foreign Policy*: *President-Congress Relations from the Second World War to the Post-Cold War Era*, the Second Edition (Lanham, Maryland: Rowman & Littlefield Publishers, Inc., 1994), p. 17.

重组的机会，在委员会增加外交事务专家的位置，为立法机关提供外交事务咨询。此举改变以往委员会主要依赖国务院了解外交事务的状况，正如首位受聘的外交事务专家弗朗西斯·威尔考克斯博士(Francis O. Wilcox) 所言，"以往外交关系委员会提交给参议院审议的报告，都是由行政机构草拟，缺少一套机制，外交事务专家的设置让国会可以独立开展活动，也可以让国会从专业人士那里得到有用的建议和分析"。[①] 独立获取信息和政策分析建议意味着委员会在对外事务上可能会采取比以往更加独立于政府行政机构的看法和政策主张，这一变化无疑将增加委员会在对外事务上与行政机构对峙的概率。

机构本身承担的重大职能，以及由机构调整而有所增强的独立性，赋予参议院对外关系委员会以很强的积极性，二战结束后，该委员会在外交事务决策中的权力有所增强。在冷战初期，委员会以意识形态为准绳，以积极的姿态，对美国的外交政策发挥着影响力。但是国会同总统及其他决策机构相比，在对外交事务进展的知情权上明显缺少优势，尽管它逐步建立起自己的政策分析机构，也吸收了专家意见，但是外交事务的发展充满着变化，对事务的看法和理解也是多方面的，应该对多个不同的甚至是相互冲突的观察视角，以及事务的发展演进过程进行综合分析判断，才能够得出更具有平衡性的政策分析，国会在这方面显然不具有优势。因此，国会更容易陷入观念的影响之下，从而有选择性地锁定外交事务事实，论证其论点的可靠性，更容易走向偏颇，对外交产生负面影响。从这个意义

① Committee on Foreign Relations, *Committee on Foreign Relations United States Senate Millennium Edition 1816 - 2000*, 105th Congress 2d session Document No. 105 - 128 (Washington, D. C.: U. S. Government Printing Office, 2000), p. 7.

上说，参议院外交关系委员会应该实现职能转变，成为国会和行政机构之间的联络角色[①]，让国会对外交事务享有更多的知情权。

（二）其他委员会

众议院国际关系委员会（House Committee on International Relations）对外交事务也有一定的管辖权[②]，不过，和参议院外交关系委员会相比，众议院国际关系委员会对外交的影响较弱，这与其承担的机构职责有关。该委员会主要负责审理与外交有关的法案，主要是草拟对外援助法案；就有关外交事务问题启动问询听证会。有限的职责意味着委员会对外交事务的影响也非常有限。在20世纪70年代众议院国际关系委员会机构改组之前，该委员会在对外事务中一直扮演着有限角色。[③]

参众两院拨款委员会掌握着国会的财权，在参众两院各有一个拨款委员会，通常拨款委员会根据授权委员会设立的拨款上限，进行拨款。不过在没有授权的情况下，拨款委员会发挥着更大的作用。拨款委员会可以通过以下几种方式影响对外政策，一是控制开支额度，这会直接影响美国对外援助的力度；二是指定用途（earmark）和追加限制性条件。在拨款委员会看来，他们掌握着如何花费纳税人钱袋子的钱的权力，因而他们应当做好守财者的角色，让钱花在能够促成他们所乐见成效的事业上。但是，这一点对于那些更为重视国家主权和执政者统治权的国家而言，这种意义上的援助让他们感到是在干涉内政。抗战时期，蒋介石治下的国民政府与美国就美国对华援助一直争

① Eleanor E. Dennison, *The Senate Foreign Relations Committee* (California: Stanford University Press, 1942), p. 147.

② 后来更名为众议院外事委员会（House Committee on Foreign Affairs）。

③ 20世纪70年代后，全球化使全球经济的联系越来越紧密，美国选民不得不比以往更为关注国际事务，这一变化在国会中得以体现，众议院国际关系委员会在对外事务中的权力出现一股强劲的复兴势头。

吵不休，此为其根源之一。

和参议院外交关系委员会一样，上述委员会尽管掌握着程度不等的权力来对外交政策施加影响，但是它们都受制于国会议员固有的缺陷：即议员更长于关注国内事务，在对外事务上，很多议员都缺少相应的知识储备和政策理解分析能力。特别是在 20 世纪 70 年代国会机构和制度改革之前，情况尤其如此。因此，委员会容易落入一些强有力的大佬议员的意见影响之下。

二　总统与国务院：外交政策的主导者和行动者

总统是美国外交政策的主导者，也是行动者，这既是宪法权力使然，也是外交政策领导权这一特殊使命的必然要求。美国宪法将外交首长和武装部队总司令的权力赋予总统。与此同时，外交事务要求政府迅速做出反应，总统比机构庞杂、程序繁复的国会更适合这一职责的需要。在政策制定和实施过程中，总统是最为重要的角色，在世界上代表美国的声音和利益，但是总统需要整合政府机构内的决策资源体系，来共同完成这一过程。

在 1947 年，国安会（National Security Council）设立之前，在相当长的一段时间里，国务院在对外事务上是总统的左膀右臂。有时候，总统与国务院在对外事务上也会出现一些龃龉，但和总统与国会之间时常出现的紧张关系相比，二者之间的关系融洽得多。国务院是处理外交事务的联邦政府机构，相当于世界上其他国家的外交部。一战和二战给美国提出前所未有的挑战，两位美国总统威尔逊和罗斯福发起的高层外交给国务院提供很好的机构发展机遇和动力，而国务院也由此对美国的外交政策产生日益重要的影响。

国务院影响对外政策的方式主要有以下几个方面：受总统之命进

行外事访问，威尔逊和罗斯福总统任内拉开高层外交的序幕，国务卿及国务院其他高层官员就有关外交事务可以出访；派出驻外使节，驻外使节定期对驻在国的情况草拟报告或者提出政策建议，发回国务院，为政策分析提供第一手的观察资料作为参考。20世纪30年代后期，欧洲战争如火如荼，为了应对日益繁重的外交任务，国务院设立了一系列具有研究性的分支机构，就有关外交政策议题进行分析。1941～1945年，国务院进行大规模的机构调整，成立联络办公室，负责对外交、军事事务进行协调。还成立由副国务卿和两位助理国务卿组成的三人委员会，负责对那些在国外的非国务院人员制订计划，方便他们开展活动。此外，由副国务卿负责与国会之间的联络，还设立了战后外交政策顾问委员会，为战后政策提供可选项。

在机构管理上，二战爆发后，国务院根据地区设立司级管理机构，其中远东司（Far Eastern Affairs Division）主要负责包括中国在内的远东外交事务。在母国与驻外使节之间有效地传递报告、文件等公函，也是国务院承担的一项重要职能。历史上，临时信使、邮差、军方人员都曾经承担完成过这一职责。① 罗斯福总统任内建立国务院专属的邮差渠道，1941年太平洋战争爆发后，美国将这一渠道扩大到中国、日本，以提高沟通的效率。另外，机构调整后，职业外交官制度逐步完善，吸引了大批有志于外交事业、具有一定的国际视野的专业人士加盟，这些为提高外交决策的能力和水平奠定了重要的基础。

这些委员会和司、办等机构及人员储备为外交政策的制定和实施提供了丰富的决策资源，使节报告意味着国务院站在信息的最前沿，

① Elmer Plischke, *U. S. Department of State: A Reference History* (Westport, Connecticut: Greenwood Press, 1999), p. 311.

便于在第一时间获知对外事务的最新进展情况，因此，比国会等其他机构具有更大的决策资源优势，来接近事件本身的实际情况。研究型的委员会为国务院提供了理性的外交政策分析平台。因此，和国会相比，总统更倾向于倚重国务院来制定外交政策。

此外，总统可以对国防、情报机构发布命令，寻求它们的配合和建议，来推动某项外交政策进程。国防部、情报部门素有尊重、支持总统在外交事务领域领导权的传统。美国中情局是1947年才设立的情报机构，在此之前，美国的情报工作主要由外交官和军方外派官员承担。在战时，国防部对美国对外政策的影响非常重要。除了搜集情报外，对外军事行动需要由军方来实施完成，派驻外国的军官与驻在国之间的关系，以及驻外军队的表现都会影响到国家的对外关系。

在实际的外交决策过程中，总统个人偏好的管理模式会影响到总统如何充分调集这些机构的决策资源，以及资源的整合利用效率，因此会影响到外交政策。罗斯福总统时期的外交具有强烈的个人色彩，很多时候他喜欢绕开正规的渠道，倚重他信赖的个人或者直接的渠道去完成一些外交任务。此外，总统还可以有其他的渠道与外国发生直接联系，比如全权大使、总统特使等。二战时期，罗斯福总统喜欢通过此类渠道，倚重他信赖的个人比如哈里·霍普金斯（Harry Hopkins），绕开国务院与外国建立联系，此举也让总统回避了参议院所掌握的对任命高层外交官的投票批准程序。总统派出的特使无须向国务院进行工作汇报，直接与总统进行沟通。对于国会对外交政策的体制性制约，罗斯福说，他下定决心要找到一种规避国会的方式来运作外交政策。[①] 1940年，罗斯福暂时取得了成功，他希望对被希特勒

① Philip J. Briggs, *Making American Foreign Policy*, 1994, p. 4.

侵略的英法等盟友提供援助，但是国会笼罩在孤立主义情绪之中，不可能支持总统的援助计划，为了规避国会对签订国际条约的制约，他采取签订行政协定的方式，将驱逐舰借给英国使用，增强英国的抵抗力量。但好景不长，1943 年，当罗斯福试图再次通过行政协定的方式加入联合国善后救济总署（UNRRA）时，国会在参议员范登堡的倡议下，强烈要求罗斯福将行政协定同样按照国际条约的批准程序，提交给参议院批准方能生效，双方僵持不下，民主党参议员康纳利提出一个折中决议：要求涉及对外援助的行政协定，也需要按照国际条约的批准程序，提交参议院投票审议，不过放松了宪法规定的国际条约需要三分之二的投票门槛限制，只是要求达到简单的多数票，就可以通过。①

第三节　院外游说集团影响外交政策

美国外交政策的国内决策过程，让院外游说集团获得很大的活动空间去影响外交政策。从理论上说，院外游说集团可以对行政机构和立法机构进行游说，但实际上，通常是国会而不是行政机构，更容易受到游说集团的影响。它们对政策施加影响的方式大致分为两种：一种是直接游说议员，直接推动政策议程；一种是通过媒体等多种渠道引导公众意见，从而间接对政策施加影响。

宪法赋予国会以广泛的外交权力，包括掌握纳税人的钱袋；批准条约；宣战；高层外交官员的任命批准等。这意味着总统在制定外交政策时，特别涉及需要向国外投放兵力和经济援助时，国会握有很大

① Philip J. Briggs ed., *Politics in America: Readings and Documents* (New York: MSS Information Corporation, 1972), p. 211.

的权力来左右外交政策。对于游说集团来说，要找到总统、国务卿等行政机构的官员相对难度较大，但是找到议员不是件困难事。议员因为对所在选区的选民负有政治责任，接近选民并倾听他们的意见，这也是议员承担的责任之一。

而且国会的委员会制度增加了游说集团影响决策的空间。根据国会总统共享外交权的宪法权力，国会有自己特定的机制来完成所承担的这一使命。通常情况下，总统向国会提交某项外交政策动议，国会里具体的委员会将负责草拟议案，比如涉及某项外交政策议题，通常由参议院外交关系委员会引导政策辩论或者草拟议案，如果该项政策涉及对外援助，会有众议院国际关系委员会和参众两院的拨款委员会参与到议案的拟定和审议程序中来，最终定稿的议案，才能提交到参众两院的全体大会上投票表决。如此一来，无论是在议案草拟阶段还是在各个相关的委员会传阅议案文本审议过程，还是最后的投票表决大会，所有过程都会将几乎全部议员囊括在决策过程之中。院外集团可以通过大范围地约见议员，向后者推销自己的政策主张。

对议员来说，院外游说集团代表它所属选区的一部分选民的集体性的声音，重视这部分声音既是议员的政治职责，也是维持自身政治生命的需要。院外游说集团通常是以共同的政治、宗教、经济利益或者志趣和价值取向为共同目标，形成一个利益团体，它们背后大都有利益相关的力量提供支持，因此，视其背后的支持度大小不同，游说集团的规模、影响力都存在差异。不过议员未必会接受所有的声音，并让这些声音在其参与的国会辩论、草拟议案或者大会投票工作中得以体现。因为多元化的利益集团之间存在一个博弈制衡的过程。通常情况下，只有那些政策主张包装和兜售工作到位，影响力更强的利益团体才有可能会对外交政策产生实质意义上的影响。

这种游说方式，和后面将会提到的间接游说方式相比，耗资较少，游说集团会选出一位公关能力较强、具有一定社会影响力的成员，负责去和议员沟通，陈述该游说集团的意见、看法和政策倾向。通常，这位沟通使者需是一位非常理性而不是一位感性化的人，受过良好的教育，具有良好的判断力、较高的道德水准和良好的适应性①，能够与不同的人进行有效的沟通。除了游说现任议员之外，一些游说集团还会去游说前议员，前议员因为与现任议员之间存在共事等关系，有些时候现任议员会相对尊重前议员的看法，因此，院外游说集团也会发掘利用前议员的影响力，来间接影响现任议员。

引导公众舆论是院外游说集团的一种曲线影响外交政策的方式。主流媒体是它们喜爱的传播媒介。因为主流媒体不但在普通选民中受众范围广，在政客中也拥有大量的读者。这是一项游说集团背后靠山资金大比拼的任务，为了推销一项政策主张，在美国主流媒体发表一篇文章，耗资不菲。但是对于那些推动对外政策议程的游说集团来说，它们通常会有来自国外的和国内的相关利益方的重金支持，筹集资金并不困难。

通常游说集团需要将其政策主张精心地包装在媒体刊发的文章中，主要有三种方式：展现善意，塑造良好形象，对未来可能的政策选项做铺垫；进攻式策略，揭露坏的一面，以激起公众的厌恶心理；防御性策略，反击其背后利益团体的负面信息。亨利·鲁斯的《时代》以及美国来华传教士团体进行的中国报道就属于第一类策略。

通过这种方式影响外交政策，尽管显得很间接，但是产生的效果

① Ronald J. Hrebenar, *Interest Group Politics in America* (Armonk, New York: M. E. Sharpe, Inc., 1997), p. 80.

未必比直接游说议员差。因为直接游说议员实际上存在很多不确定的因素，一个利益集团不可能向所有的或者绝大部分议员兜售政策主张，而且在一些外交政策议题上，国会里的政党领袖会主导本党议员投票。但是影响公众舆论，则让游说集团获得了影响所有议员权力来源——选民的制动权。一旦公众被广泛动员起来，就会对所有议员产生具有说服力的压力，即便是能够主导投票的国会政党领袖也不得不考虑公众舆论的指向。

第四节　国际因素产生的国内影响

按照罗伯特·帕特南的“双层博弈”理论，外交政策的制定者是同时在国际和国内棋盘上博弈，而两个棋盘的布局是互相影响的。美国的民选政治意味着总统在制定和实施外交政策时，需要争取国内选民的支持，以保持和提高自己和本党的支持率。由此，也赋予公众意见（public opinion）以影响外交政策的权力。尽管在绝大部分时期，美国选民自身的特点导致公众意见运用这一权力的机会很少，即便产生影响也是不明显的，但是在共同利益受到来自国外的强烈威胁时，公众意见就会以非常显著的方式对外交政策施加影响。

一　不关心国际事务的选民

美国的选举政治留给选民以很大的空间去影响外交政策。按照民主政治的逻辑，见多识广的选民是社会的主体部分，他们有各个领域相应的知识储备，积极关心并愿意参与到公共事务中去，对决策者制定内外政策施加影响。而决策者有了理性的公众意见做监督并提供建议，会制定理性的公共政策。

但实际上，绝大部分美国选民是非常本土化的，他们只关心与他们切身利益最直接相关的事务。在国内事务上，他们更为关心本州、本市和所居住社区的事务，而不是操心国家大事；在国际事务上，只有当国际事务对他们的生命财产构成潜在的或者是迫在眉睫的威胁时，他们才会忽然变得喜欢关心国际大事。民意调查数据充分证明了这一点。在全球化将世界变成一个地球村的今天，大部分美国人仍然对国际事务保持着漠不关心的淡定态度，1976 年后，盖洛普和其他民意调查机构进行的调查结果显示，外交事务依然未能引起绝大部分美国人的关注。[①] 2002 年，芝加哥外交关系学会的一项民意调查结果显示，只有 33% 的受访者表示平时会经常留意国际新闻，更多人表示只会关心那些会影响到他们经济利益的国际事务。[②] 但是选民对国际事务了解的匮乏并不妨碍他们对外交政策施加影响，总统选举和议员选举都是选民表达自己看法的机会。选民会使用选票来惩罚那些在外交政策上表现不佳的政客，或者警告那些在外交政策领域投入过多关注忽略了国内领域的政客。

从认知规律来说，一个视野狭隘的人，更容易根据一些已有的经验和情感，对自己面对的信息和事实进行选择性的取舍，从而形成自己的看法。这种看法一经形成，便具有很强的持久性。这种具有强烈惰性的观念和认知难免会存在偏见和短视性特点。这种意义上的公众意见对外交政策施加影响，存在很大的风险。

1922 年，瓦尔特·李普曼（Walter Lippmann）批评了过度本土化所带来的认知上的风险：

---

① Lawrence Davidson, *Foreign Policy Inc. Privatizing America's National Interest* (Lexington, Kentucky: The University Press of Kentucky, 2009), p. 1.

② Howard J. Wiarda, *The Crisis of Foreign Policy: The Effects of a Divided America* (Lanham, Maryland: Rowman & Littlefield Publishers Inc., 2006), p. 50.

我们每个人只是在地球表面上的一小部分生活和工作，在一个小范围内活动……然而，我们的观念不可避免地会占据更大的空间、更长的时段，会涉及更为广泛的事务，所有这些都远比我们所能直接观察到的要多得多。因此，这些观念必然来自其他人的观念和我们自己的想象。①

一个长期只关心自己周边事务的人，对国际事务的了解和认知就会缺乏基本的分析和判断，于是，他们就会依赖媒体和感性印象成为公众摄取国际事务知识的主要来源。但是正如李普曼所言，新闻报道与事实并不总是一致的。媒体上的信息是经过撰稿人的思维对资料进行加工取舍而成的，不可避免地会带上撰稿人在观察和判断时的立场、价值观和观念的烙印。

1941～1950年，普通美国人对中国的认识，在很大程度上来源于来华传教士的著述和国民政府成功的公共外交塑造的认识。外交报告的机密性决定它不可能提供给公众阅读。对传教士而言，国民政府是他们传播福音的希望；国民政府也深深懂得传教士在树立国民政府的良好国际印象中的重要作用，传教士在国民政府受到很高的礼遇。这让一直很难在中国这片土地上推进福音事业的传教士们倍感欣慰。因此，在他们的观察中，尽管中国或许存在一些治理上的问题，但是这些并不影响他们认为国民政府代表着未来的希望。但是他们塑造的中国政府形象难免与事实存在很大的出入。另外，国民政府成功的外交公关给美国国民留下了良好的印象。这些印象一经定格，就会出现很强的惰性。

---

① Walter Lippmann, *Public Opinion* (Mineola, New York: Dove Publications, 2004), p. 79.

二 重大国际事件的国内影响

通常情况下选民对国际事务漠不关心，但一旦国际事件直接或者间接地对其生命财产利益构成威胁时，美国选民会突然开始密切关注国际事务。但是由于长久以来的认知储备匮乏以及由此而来的判断力受限，再加上有时候为了聚拢民意对政策的支持，执政者会夸大安全威胁，这些因素导致选民并不总是能做出理性的回应来应对面前的安全威胁。

在面对显而易见的安全威胁时，公众意见会迅速统一起来，以应对共同的威胁。1941 年珍珠港袭击给美国的外交政策制定者提供了一个很好的凝聚公众支持的机会。之前罗斯福这位非常渴望美国在世界上发挥更为积极角色的总统，一直困守在国内弥漫的孤立主义情绪之中，无法施展其“国际主义”抱负。当法西斯力量迅速集结时，美国无论在军事还是国内经济上都处于准备不充分的状态。罗斯福非常希望能增强国内军事力量，进行必要的战前准备。但是国会里同样弥漫着孤立主义情绪，议员们反对增加国防开支。

对于日本在远东、德国在欧洲发起的强烈攻势，罗斯福只能小心谨慎地应付着。国会和公众强烈地拒绝卷入国外事务的意见，意味着总统在外交上不能轻易树敌，所以罗斯福还不敢轻易惹恼日本和德国。但是如果继续以往的对侵略国和被侵略国不加区别地对待，从长远看，无疑会损害美国的国际威望，这对于有着“国际主义”情结的罗斯福而言，国际威信也是他非常珍视的国家利益之一。因此，罗斯福在东方和西方两条战线，同时展开与法西斯国家虚与委蛇、暗中协助被侵略国的外交努力。在亚洲，为了进行一定的军事能力准备，1938 年罗斯福不得不通过向国会兜售纯粹的防御计划来劝说国会议员增加军费开支。就是这样的计划，仍然遭到强烈的反对，反对美国卷入世界事务是主要声音，他们反对重新武装国家，担心这种做法会招致打击。国会对总统使用这些军事能力充满着警惕。对于罗斯福来说，他不但想增强国内军事能力，还想使用这些能力，来扩大美国的海外承诺，这正是国会想极力避免发生的。罗斯福只好小心翼翼地两边周旋，两边表达着各种具有矛盾性的信号。

但是，对被侵略国而言，这些行动的支持力度毕竟有限，没有国会的支持，总统能够使用的行动资源有限。1941 年，机会终于来了。日本为罗斯福解了围。美国从国会到公众，众志成城，一致主张共同对敌。总统赢得空前广泛的政策支持。这次转变为美国与中国建立盟友关系奠定了坚定的民意基础。1941 年是中美关系的分水岭，此后中美成为亚洲战场上的盟友。在这种情况下，公众意见会成为一种积极的动力，助推外交政策向着更为有利的方向转变，但是仅限于这种迫在眉睫的、出现在地平线上的安全威胁。

三 政客夸大威胁的政治策略

在应对那些不那么显而易见的安全威胁时，政客为了获得公众对某项外交政策的支持，通常会有意识地去引导公众意见，夸大安全威胁是非常有效的策略，能够为政客在短时间内实现一个高效率的政策动员，但是也需要承担这一官方意志主导下的民意动员会产生的副作用。杜鲁门政府的冷战动员为他赢得公众对冷战政策的支持，但是最终导致他只能在对华政策上对国会做出妥协。

“二战”结束后，普通的美国人认为和平时期终于到来，希望士兵复员回家，过上和平时期的正常生活，并不希望与苏联进入一场热战或者冷战。但是执政者认为和平的威胁仍然存在，只不过先前的威胁来源是法西斯三国轴心，现在变成了苏联。二战摧毁了英国作为帝国老大的地位，美国崛起为一个世界性大国。早在二战后期，美国就开始规划战后的世界秩序，美国的执政者无论是罗斯福还是杜鲁门都希望美国成为战后世界秩序的主导者。英法等国也希望美国承担起这一任务。二战以来，国会也比20世纪20年代、30年代更愿意参与世界事务。与此同时，苏联也在二战中崛起成为一个世界性大国，苏维埃十月革命以来苏联一直有着将其政治制度和生活方式推广到全世界的政治愿景。二战期间，苏联在扩大其影响的范围，这让美国的执政者感到其影响受到威胁。但是对于这种威胁，公众是没有概念的，因此，杜鲁门政府发起官方动员。

用时任助理国务卿迪安·艾奇逊（Dean Acheson）的话说，我们需要“将整个故事整合到一个官方口径中来”。在杜鲁门和艾奇逊看来，建立一个以美国为主导的自由世界秩序和抵制苏联扩大其卫星国范围是一个问题的两面，虽然最终要实现的目标是前者，但是后者是实现目标道路上必须要完成的任务之一。但是如果单纯以缔造自由世界秩序来动员公众的话，向国外和国内国防投放大量的资源，难以获得公众的支持。官方需要塑造一个强大的敌人，让公众意识到威胁的存在，政策动员就会容易得多。

1946年，苏联在希腊、土耳其的活动，验证了美国政府中一些苏联事务专家的看法，认为苏联的目标是要在全世界扩大其政治制度和生活方式。1947年2月21日，希腊、土耳其的传统盟友英国正式通知美国，英国已无法继续履行对希腊、土耳其的传统责任，希望美国能挑起这个担子。这些新情况让杜鲁门政府坚信其一直在酝酿的美国战后政策是正确的。

1947年，杜鲁门与国务卿乔治·马歇尔在与国会里的政党领袖会面后，确信抵制苏联将会获得国会的支持。右翼共和党参议员范登堡是一个狂热的反共分子，在罗斯福总统任内，他与罗斯福之间关系疏远，难以获得建言的机会。杜鲁门当上总统后，范登堡终于获得这个机会。他建议杜鲁门用“恫吓”（scare）的方式点燃公众心中的恐惧。[①] 在助理国务卿迪安·艾奇逊的安排下，杜鲁门政府开始紧锣密鼓地草拟分别针对国会和公众的讲话，艾奇逊认为，“传达的信息清晰明确比事实更为重要”。在这些讲话中，杜鲁门将苏联比作是“赤色的法西斯”，将以美国为代表的政治制度描述成法治、秩序、繁荣与安全的自由世界，把以苏联为代表的政治体系描画成腐败、颠覆和恐怖的温床，并借助公众对法西斯仍然记忆犹新的恐惧感，警告对苏联绥靖将会导致再次陷入二战的悲剧，因此美国需要从一开始就进行抵制。一些政客认为这些演说中的有些表述言过其实，苏联事务专家凯南彼时在国防大学授课，在受邀参加国务院组织的政策讨论会上，他认为草稿中关于中东的描述言过其实了。3 月，当国务院把杜鲁门主义的发言稿传给凯南时，凯南认为杜鲁门混淆了希腊和土耳其的区别。而且在语气表述上也富有攻击性。

凯南提出的不同意见实际上说明了杜鲁门主义的政策动员中存在夸大威胁的情况。前国务卿奥尔布赖特（Madeleine Albright）曾坦言，“艾奇逊后来承认，在冷战一开始，为了把公众的注意力吸引到苏联带来的安全威胁上来，的确夸大了事实”。[②] 对于执政者来说，清晰地界定威胁来源，是一个非常便捷的政策动员方式。如果杜鲁门政府当初没有走捷径，而是按照建构均势格局的思路，或者再与打造资本主

---

① James M. McCormick ed., *The Domestic Sources of American Foreign Policy Insights and Evidence* (Lanham, Maryland: Rowman & Littlefield Publishers, Inc., 2012), p. 60.

② William O. Walker, *National Security and Core Values in American History* (Cambridge, New York: Cambridge University Press, 2009), p. 310.

义世界阵营的思路合并一起，或许由此而来的对外投放资源，在战后同样亟须发展经济的美国，未必能赢得参众两院和公众对一系列冷战计划的一致支持。

但是杜鲁门和他的冷战政策助手们没有想到的是，公众的恐惧一旦被官方动员点燃，就会释放出巨大的力量，和二战前美国公众力求避免卷入世界事务带来强大的政策压力一样，现在，迫切要求介入并主导世界事务的要求同样会造成强大的政策压力。而且公众意见中的这种倾向，容易被对外交政策施加影响的政府机构利用，来推动政策议程。这就是杜鲁门和他的助手们在冷战初期遭遇的困局。当杜鲁门和政策设计师们不加区别地把希腊、土耳其归入一类时，他们没有意识到自己为外交决策过程中的一些激进分子提供了一个可供借鉴的先例。而且激进分子会推动政策走向更为激进的方向，他们掌握着一个看上去无可辩驳的逻辑：既然苏联带来的威胁如此令人生畏，那么美国为什么不采取更为严厉的战略和政策来捍卫国家利益？共和党人麦卡锡提出一个忠诚计划，根据这项计划，要对政府里的所有工作人员进行忠诚调查，清除政府里潜藏的特务以及同情共产党的人士。这项计划，杜鲁门一直没有批准，因为这项计划会牵连到大批在罗斯福政府内从事外交、军事和情报工作的同僚。

1947 年，杜鲁门想谋求竞选连任，但是他时不时地会听到共和党人在喧嚣美国政府内潜藏着为外国共产党工作的大批“特务”，杜鲁门也因此被一些激进的政客贴上“对共产主义持温和态度”的标签。[①] 在杜鲁门的新殖民主义纲领（被称为杜鲁门主义）公布后的一周里，又签署了第 9835 号行政命令，即忠诚调查计划。由此，杜鲁门在对华

① Gary A. Donaldson, *Truman Defeats Dewey* (Lexington, Kentucky: The University Press of Kentucky, 1999), p. 55.

政策上已经坐上了身不由己的战车。忠诚调查计划牵连到大批罗斯福时期来华工作的外交、军事领域的官员，大批中国事务专家被迫离开工作岗位，他们的离去意味着杜鲁门在对华政策上少了可靠的左膀右臂和更为理性的声音。

而国会里的大佬们则借助已经被官方广泛动员起来的公众恐惧感，将所有与苏联有疑似关联的地区都列入美国冷战计划覆盖的名单之内。此外，杜鲁门初任总统是根据美国宪法获得总统职位的，罗斯福突然在任上病逝，根据美国宪法，副总统可以不经选举就任总统。而且和罗斯福相比，杜鲁门外交经验不足。国会希望自己在外交政策中发挥更大的作用，以弥补总统外交资历的不足。这使杜鲁门更容易受制于国会外交权的制度性制约。这种国内外交决策环境造成二战结束后杜鲁门政府在对华政策上出现前后不协调甚至相互矛盾的情况。

正如历史学家孔华润（Warren Cohen）所言：

> 一旦被夸大的苏联威胁这一观念生了根，就会反过来将杜鲁门、艾奇逊等政策制定者困在其中。①

在这种情况下，不能不说国际事件在国内转化为一种反作用力时，会对外交政策议程产生消极影响。国会借助政府煽动的公众恐惧感，来主导外交政策议程，让行政机构不管是为了明哲保身，还是为了推动其更为关注的政策议程，都不得不对国会外交权做出更大的让步。

综上所述，1941～1950 年，国会在对华政策上起到的制约作用，

---

① Robert Litwak, *Rogue States and U.S. Foreign Policy: Containment after the Cold War* (Baltimore: John Hopkins University Press, 2000), p.88.

在很大程度上阻碍了行政部门根据政策判断和军事能力评估做出政策抉择，从而最终限制了美国实现其长期的对华战略目标。在中国抗战迫切需要美国援助的时候，国会没有做好基本的心理准备援助中国。当国会终于与行政部门取得一致立场，将《租借法案》适用于中国时，行政部门却未能有效地约束对华援助的使用。冷战开始后，中国国民政府在国会和军方的支持者们强烈建议对国民政府做出安全承诺，但是因为受到国内能力的限制、对中国局势的认识，以及苏联政策等其他国际因素，国务院极力避免对国民政府扩大承诺，用国务卿贝尔纳斯的话说，他“不想拿着一根小木棒去高声吓唬人”。然而国会拒不放行援助欧洲的马歇尔计划，迫使行政机构在对华援助上让步。最终再次打断行政机构开启的现实主义政策努力，造成美国对华战略处于一种没有条理甚至互相矛盾的状态。

第二章
太平洋战争爆发前美国对中国的政策

探讨太平洋战争爆发之前的美国对华政策，是因为美国对华政策模式具有很强的连续性。这种连续性对1941～1950年的美国对华政策所产生的影响，不仅表现在过去一个多世纪以来的对华认知积累，也体现在持续影响政策模式的诸多因素上。这些认知一直鼓励着美国怀着崇高的理想，即便在追求自身利益的同时也不忘记高举“理想”的大旗，使自身的政策显得不那么唯利是图、咄咄逼人。在政策模式上，美国倾向于将理想和利益巧妙地交融，以最低的代价实现利益的最大化。这些因素在太平洋战争爆发后依然左右着美国的对华政策。

对美国而言，中国承受着殖民地半殖民地的苦痛，这让同样有过被殖民经历的美国感同身受；中国在探索着适合自己的政治道路；而在内忧外患中生存的国民虽然没有宗教信仰，却保留着清教徒式的隐忍和坚强。对美国的传教、商业和外交事业来说，这样的中国意味着无限的机会与希望，因此，美国对中国的持续关注，既充满着改革者满腔的理想，也伴随着传播基督教的福音热情，更包含着对中国近四亿人口的潜在市场的向往。但是自1784年第一艘美国商船“中国皇后号”登陆广州以来，直到20世纪30年代后期之前，美国要实现这一宏伟的抱负，不但缺少外在环境的支持，而且找不到内在的动力，更不具备相应的能力作为实现理想的坚实后盾。

美国从《望厦条约》获得的通商、传教等权利，在其后近一个世纪里多次受到在华其他列强的威胁：第一次是19世纪末爆发的列强瓜分中国狂潮，第二次是1931年日本进攻中国东北三省，第三次是1937年日本全面侵华。在这些发生在中国的、涉及美国利益的事件中，来自政治、军事和外交领域的美国观察者们每次都发出警告，告诫美国应该采取更为积极的政策来捍卫其在中国的利益。但是这些充满警惕性的声音每每都被淹没在距离产生的淡漠和审慎之中。这在很大程度上归因于美国对在华利益重要性的认识程度。

在1938年日军席卷东南亚的计划直接危及美国的欧洲盟友利益之前，美国简直找不到迫切的内源性动力来积极介入中国发生的事情。毕竟中国的机会和希望都还是潜在状态的，对华贸易额在美国对外贸易总额中所占比例不足4%。当1937年12月12日，日本飞机击沉美国海军停泊在长江上的“帕奈号”时，民意测验显示，大部分美国人希望从中国全部撤出，避免再次出现冲突。在1938年之前，美国不希望在中国与其他国家发生冲突，但是为了守住既得的殖民利益，它宁愿站在较高的“道义”立场上构建自己的政策。从“门户开放”政策，到以“不承认主义”为特点的史汀生主义，美国都在反复重申要维护中国的领土和主权完整，事实上，中国的领土和主权完整只是争取美国利益使用的媒介，美国从来没打算付诸行动来帮助中国实现这一目标。无论是门户开放政策中的分割殖民利益，还是史汀生主义中拒绝日本挤压美国的在华利益，都是以与列强共同损害中国的领土与主权利益为代价的，是与门户开放政策所宣称的崇高道义包装背道而驰的。为了契合自己的理想，美国极力证明自己与其他帝国主义国家是不同的，美国把自己的利益精心包裹在较高的“道义”标准里，尽管美国从未打算以实际行动取代空谈，去实现它们。19 世纪末美国实行的“门户开放”政策几乎奠定了此后直至 1938 年美国对华政策的指导原则：积极介入但不作为，尽可能避免对抗。

但是从另外一个角度看，同样有着被殖民经历的美国，希望中国能够维护自身领土和主权的完整，走上独立自主的发展道路。毕竟，一个自强的中国能够摆脱列强在华缔造的各种形式的垄断，这对于倡导自由贸易政策的美国是有利的。出于对自身理想、历史经验和利益的一片关切之情，美国不断深化对中国的认识。而在认识过程中，美国一直在自身理想、经验和利益交织而成的透视镜里观察中国，应该说所有的美国观察者在理想和利益上不存在分歧，但是在如何实现理想和利益这一问题上，却意见分歧很大。

总体而言，对美国来说，中国意味着无限的机会，但它的重要性仍然没有以显著的形式表现出来，因此不值得为了维护在华利益而大动干戈。

第一节　通商之初中国对美国的价值：商业和传教事业

贸易开路，传教跟进，宗教和商业利益互为促进。这成为 18、19 世纪美国认识世界上其他国家的主要途径。自 1784 年第一艘美国商船“中国皇后号”登陆广州以来，美国对中国的认识，主要沿着英国政治思想家约翰·阿特金森·霍布森（John Atkinson Hobson）所称的“上帝与财富”的联合这条路径展开，1844 年中美签订《望厦条约》，美国与清政府建立正式意义上的官方联系，此后增加外交、文化交流和慈善等多种渠道。笼罩在基督教家长制作风和自由贸易理念下的“上帝与财富”并进的愿望，奠定了美国对中国认识的基本底线。

从1784年到19世纪末，商人和传教士塑造了美国对中国的认识，并对政策产生关键性的影响。在1856年美国派出第一位带薪专职领事之前，驻华领事皆由商人或者传教士充任，商人山茂召（Samuel Shaw）和传教士伯驾（Peter Parker）都曾充任过这一职位。此外，通商和传教是美国在华主要利益所在，因此，商人、传教士获得塑造认识和左右政策的空间。

商人和传教士使美国人对中国的认识从满怀敬畏之心演变为掺杂着敬畏、鄙视和怜悯等多种情感的复杂心态。到广州之初，美国人非常仰慕中国悠久的历史、文化和艺术。塞勒姆定期举行的中国艺术品展览会，让人们感到能够创造出如此精湛艺术的民族必定是智慧超群的。从早期天主教在西方的传播者对中国的印象中，美国人得知中国是一个富庶的东方国家，对于建国之初急于开拓商路的美国来说，中国是一个令人向往的地方。到达广州后不久，商人们发现之前的梦想在现实面前大打折扣。在美国人抵达广州之前，清政府谕令仅限广州一口通商，并且制定一套繁琐的行商制度，管理对外贸易。这些管理制度对于崇尚自由贸易的美国商人来说，是难以容忍的。很快他们发现，中国虽然有四亿左右的人口，但是人们生活贫困，购买力低。况且在行商制度下，洋人必须与政府指定的行商进行贸易，不得与行商之外的散户或者平民直接进行贸易。

然而在美商来华之初，美国政府未能对其给予支持。当时美国的在华利益主要为私人的商业利益，政府仅仅通过税收优惠给予一定的政策鼓励，并允许商人推举产生一位领事，政府不发放薪水。官方在对华政策上的立场仅仅停留在关注和观望的程度。官方力量支持的缺位，迫使商人必须自谋出路。他们不得不与新近独立战争中交恶的敌人——英国商人合作，与清政府妥协，通过遵守既有的各种秩序来培植良好的印象，以拓展贸易。

彼时，扩大贸易是美国商人的重要目标，为此，在广州，他们避免卷入欧洲与清政府之间发生的政治纠纷，即便遇到纠纷，也大事化小。虽然广州贸易体系给他们设置诸多障碍，但他们仍不想去冲撞它。英国怡和洋行的老板威廉·渣甸（William Jardine）曾抱怨说，他们曾在1839年向美商提出联合采取行动，向清政府施加压力，要求改变广州贸易体系，为扩大贸易提供方便，但是这一要求被美国同行"固执地拒绝了"。[①] 至于拒绝的理由，当时的一篇文章做了说明。1839年，《广州纪事报》刊登了一篇署名为"一名美国人"的文章，"美国政府要求我们遵守居留国家的法律，因此，我们认为自己应该遵守中国的法律。其他国家的人们也许会对他们的责任做不同的解释，其母国政府或许会支持其子民采取的抵制性行动……我们清楚地知道我们是在什么条件的基础上获得许可来此地经商的"。[②]

但是为了保护其人身安全和商业利益，在1815年之前，美商多次吁请国会：希望政府能够派驻带薪领事或者官方代表常驻广州，但未能得到回应。1821年德兰诺瓦事件[③]说明美商自知势弱，审时度势，

---

① Michael Greeberg, *British Trade and the Opening of China 1800 - 1842* (Cambridge, New York: Cambridge University Press, 1969), p. 73.

② Michael Greeberg, *British Trade and the Opening of China 1800 - 1842* (Cambridge, New York: Cambridge University Press, 1969), p. 73.

③ 德兰诺瓦事件：1821年，美国商船"艾米丽"号上的意大利籍水手弗兰西斯·德兰诺瓦（Francesco Terranova）在临近的小船上买水果（一说为买酒）时，与卖主——一名中国妇女郭梁氏发生争执，为避免争吵声被船长听到，德兰诺瓦向郭梁氏投掷瓦罐，导致后者落水而亡。因为"艾米丽"号商船装载的是鸦片，美国驻广州领事威尔考克斯（B. C. Wilcox）极力想以经济赔偿的方式淡化处理这桩刑事案件。但是最终被总督发现，也惊动了朝廷，要求按照大清律例处置。美国领事想按照美式的审判程序来听取证词，在定罪前，被指控的嫌疑人被视作无罪。而按照大清律例则要直接登船抓捕，船长想方设法想要保护德兰诺瓦，最终两广总督下令关闭美商在广州的所有贸易，导致美国商人出现意见分化，最终交出德兰诺瓦，按照大清律例处决。

必须妥协，在美国商船“艾米丽”号上的意大利水手德兰诺瓦按照大清律例被处死后，美国政府甚至都没有表示抗议。德兰诺瓦事件让美商深刻地意识到官方支持对于保护他们利益的重要意义。他们持续呼吁国会保护他们在中国的利益。1822 年，门罗总统致信粤总督，要求两国签订条约，这封信委托美国商船代转。

后续跟随商船来华的传教士，遇到和商人同样的挫折后，也加入到吁请母国给予官方支持的行列中。来华之前，传教士对没有宗教信仰的中国国民寄予很大的期望，正如蒲安臣所言，传教士要“将十字架悬挂在中国的每一个山坡上”。1829 年，裨治文（Elijah Bridgman）、雅裨理（David Abeel）跟随美国商船到达广州，几年后，卫理公会的伯驾也来到广州，之后陆续有传教士搭乘美国商船来华。但是清政府禁止传教，传教士通过广州有影响力的行商向官府解释，他们是商馆的随员，才获准留下。

和商人相比，传教士在中国的事业遭遇更为强大的、自发的敌意。上层精英人士认为中国的儒家文化更为优越，不需要引入基督教。对于普通民众来说，基督教不能容忍中国传统的风俗习惯，比如祖先崇拜、神灵保佑，似乎成为信徒，会俨然放弃自己作为中国人的特性。再加上，有时候地方无赖会遁入教会，寻求庇护，这让中国人对教会印象不佳。在最初的五年里，传教士未能发展一个信徒入会。早期发展的信徒主要有两种人：为饥饿所迫而皈依的“大米基督徒”（Rice Christians）和触犯法律需要寻求庇护的人。就宗教使命来说，顾盛评价说，早期美国的传教事业“处于落水狗的境地”。[1] 但是在增进美国对中国的认识上，商人、传教士都发挥着关键性的作用。

---

① Foster Stockwell, *Westerners in China: A History of Exploration and Trade, Ancient Times through the Present* (Jefferson, NC: McFarland Company, Inc., Publishers, 2003), p. 97.

总体而言，商人和传教士将先前美国对中国持有的正面印象逐渐转变为负面印象。

他们主要通过两种渠道塑造中国的形象，一是商人与美国国内的书信往来，二是传教士定期发回给所属差会的报告和宗教出版物，这些渠道不但介绍中国的风土人情，还大篇幅地描述在中国遇到的种种挑战。在美国官方还没有任命正式的外交人员常驻中国之前，这些成为美国人认识中国的最重要的信息渠道。

传教士因为有所属的宗教机构为依托，在塑造中国印象方面起到了比商人更为重要的作用。19 世纪 30 年代以来，华南公理会（South China Mission for American）充当先驱者的角色，向广州差遣传教士。差会要求传教士定期报告驻在国的语言、历史、人文等情况，发回差会的报告成为美国海外差会重要的信息源之一。此外，华南公理会传教士在广州创办发行的月报《中国丛报》（*The Chinese Repository*）是另外一大重要信息源，自 1832 年首期发行到 1851 年最后一期，有 300 多篇文章谈及中西方之间在外交、贸易和宗教领域出现的冲突。每期报纸都会经回程的美国商船带给所属海外差会，差会将其中的内容剪辑、散发。备受美国读者欢迎的文学杂志《北美评论》（*North American Review*）不定期地摘登《中国丛报》的内容。差会根据这些来自中国的书信、报告和报纸等资料，定期编辑出版物，如《传教士先驱报》（*The Missionary Herald*）是当时非常受欢迎的教会出版物，在 1830 ~ 1860 年，每年的发行量在 22000 份以上，刊登内容从最初摘登《中国丛报》的文章到后来选择性地刊登传教士发回差会的信件和报告。

差会在筛选信息源时，以拓展传教事业作为指导原则。他们致力于塑造一个“道德败落亟待启蒙的中国，人们智力超群，如果晓之以道，他们是愿意接受基督信仰的。但是人们却被一个专制的政权治理着。传教士已经证明他们有足够的能力采用灵活手段推进他们的事业”。传教士团体经过分析得出结论，“清政府要么屈服，要么被打败”，别无选择。但是鉴于过去半个世纪以来清政府特别是地方官员在处理“夷务”上所体现的“排外情绪和背信弃义的行为”①，“美国应该使用军事手段对付清政府”。② 对19世纪美国对华政策具有重要影响的传教士雅裨理曾提出政策建议，“上帝经常会使用世俗的强力手段，为打造自己的上帝之城开路”。③

这些书面媒介塑造的印象和政策建议，经亲历中国的传道人演讲印证，得以强化。传教士定期回国休假，他们利用这段时间到美国各地进行演说旅行，甚至和政府官员见面，陈述自己的看法。伯驾和卫三畏（Samuel Wells William）等人都在休假期间进行具有外交价值的布道旅行。他们经常会收到来自各地受众的演讲邀请函，他们的演讲还受到政界人士的关注。顾盛曾致信卫三畏，嘉奖后者愿意前往各地发表演说，增强美国人对中国的认识。

商人和传教士建立在自身利益基础上的认识、申诉和政策建议，潜移默化地扭转了美国决策者对中国的认识，促使其对政策进行一些调整。从1819年开始，“国会号”抵达伶仃洋巡逻，保护在华贸易，此后美国兵船多次到达广州，由于广东地方政府禁止给西洋兵船补充给养，只好驶离广州。到19世纪30年代，商人持续的申诉终于在政界产生反响。杰克逊总统（Andrew Jackson）对中国的贸易兴致勃勃，

① *The Chinese Repository*, Volume Ⅹ, from January to December, Canton 1841, p. 296.

② Jonathan Goldstein et al., *America Views China: American Images of China Then and Now* (Bethlehem, PA: Lehigh University Press, 1991), p. 74.

③ G. R. Williamson ed., *Memoir of the Rev. David Abeel* (Wilmington, Delaware: Scholarly Resources, 1972), p. 215.

在1831年致国会的年度国情咨文中，他提到在中国的贸易，“依靠商人自己的信誉和资本，美国在中国的贸易持续增长”。[①] 1832年，他派遣罗伯特（Edmund Roberts）出使远东，试图与东亚国家缔结条约。其间，罗伯特到达广州，尽管未能成功签订条约，但是说明美国政府对远东事务的兴趣正在逐渐觉醒之中。

1839～1842年鸦片战争，美国政府逐渐燃起的对华热情终于落实为具体的政策。但美国政府此时对中国事务的认知，正如美国历史学家泰勒·丹涅特（Tyler Dennett）所言，仍然是贸易和传教利益，“美国人在广州只有一个愿望：保持贸易按照他们的竞争者们所享有的同样有利或更加有利的条件继续开放给美国人，所谓竞争者们主要是指英国人”。[②] 此时，美国的决策者们仍然不主张使用武力解决问题，这一时期在任的三位美国总统范布伦（Martin Van Buren）、哈里森（William Harrison）和泰勒（John Tyler）密切关注着鸦片战争的进展。当时美国对鸦片战争的主导性意见是，“这为英国践踏人性的目录又增加一桩悲惨的案例”。[③] 当然也有支持英国的声音，1841年12月，约翰·昆西·亚当斯（John Quincy Adams）在马萨诸塞州历史学会（Massachusetts Historical Society）发表演讲时，试图为英国对清政府开战寻找合理性依据。在当时，这种看法仍属少数。1839年5月25日，鸦片战争在即，广州的美国商人对其人身和财产安全深感焦虑，遂吁请国会，提出三项建议：与英国和其他国家进行有限度的合作，迫使清政府缔结条约；任命官方代表来华与清政府签订通商条约；派遣海

① Andrew Jackson, *Annual Messages*, *Veto Messages*, *Protest of Andrew Jackson*, *President of the United States* (Baltimore: Edward J. Coale Co., 1835), p. 77.

② 泰勒·丹涅特：《美国人在东亚——十九世纪美国对中国、日本和朝鲜政策的批判的研究》，姚曾廙译，商务印书馆，1959，第61页。

③ Jonathan Goldstein et al., *America Views China*: *American Images of China Then and Now* (Bethlehem, PA: Lehigh University Press, 1991), p. 91.

军来华保护侨民的人身和财产安全。然而1840年初，在波士顿和塞勒姆等地与中国贸易有关的美国商人却对国会提出警告，“任何过激的行动都有可能会惹恼清政府，最终损害美国在中国的贸易”。他们建议，“政府应该派遣一小股海军到广州，但不能授予这股海军力量以介入战事和与清政府谈判的权限”。这项建议得到采纳。海军中将噶尔尼（Lawrence Kearny）被派往广州。

至此，美国意识到，需要与清政府缔结条约，以保护并扩大在华利益。此时，美国羽翼尚未丰满，仍需要在不明显触怒清政府的情况下，跟在列强后面，分得一杯羹。

第二节　不平等条约基础上美国的对华政策：与列强联手争取利益

1842年《中英南京条约》的签订，给美国对中国的认知施以强大的推动力。在这个条约签订前，从实用主义的角度考虑，美商还能够接受在没有条约的基础上发展在华贸易，但是条约缔结之后，意味着英国较以往获得更为有利的地位，为了确保其已有的贸易和传教利益不受英国新获得的权力的干扰，美国需要获得同样的权力。

此时，伯驾等传教士团体也展开密集的游说，1841～1843年，丹尼尔·韦伯斯特（Daniel Webster）连续担任哈里森和泰勒两位总统任内的国务卿，伯驾与韦伯斯特是姻亲关系，因此，伯驾所主张的“不屈服就打败”的观点促成顾盛使团的修约之旅。1843年泰勒总统建议国会派遣使团来华，得到国会的批准。1844年，顾盛与清政府签订《望厦条约》，60年来在华美侨孜孜以求的签约努力取得阶段性的成果。

此后，直到19世纪50年代中期，美国政府借改组领事机构的机会，任命正式的带薪驻华领事，1856年，伯驾被任命为领事。这一时期的领事密切观察着中国局势的发展与美国在华利益之间的关系。19世纪50年代初期，太平天国运动兴起，而1850年登基的咸丰帝放弃其前任道光帝对西方实行的怀柔政策，转向对抗性政策，美国与朝廷之间关系的曲折，一度让美国人对具有某种耶稣教色彩的太平天国运动寄予期望。但是很快，美国领事官员和商人都意识到，太平天国运动无论是从短期还是从长远看都不可能符合西方人的利益，两害相权取其轻，支持清政府，使其免遭垮台才是美国的利益所在。而最初想借助太平天国打击洋人的清政府，也意识到太平天国运动最终会颠覆朝廷的统治。与此同时，欧洲列强也意识到太平天国对其利益带来的威胁。因此，美国、英国和清政府第一次寻找到利益的契合点：共同对付内乱。1856年8月，伯驾在致信英国驻中国全权公使包令（John Bowring）的领事函中写道："现在，大清国的统治者意识到，国内的动荡使国家陷入空前衰弱的境地，……我完全可以断定：清政府已经在酝酿借助外国的帮助镇压国内的敌人。"①

当太平天国逼近上海时，为了保护租界的安全，美国与英国联合。此时麦莲（Mclane）接替马沙利担任公使，马沙利主张追求独立于英国的政策，以证明美国作为正在奋力崛起中的潜在大国有着自己独立的对华政策，而麦莲认为，在中国，美国应该与英国保持合作。应当说这两种政策方向都在不同的历史背景中为美国实现了利益最大化的目标。

---

① "Peter Parker to Sir John Bowring", Dispatch No. 23, Shanghai, August 12, 1856, in *The Executive Documents*, *Printed by Order of the Senate of the United States 1858 - 1859* (Washington: William A. Harris Printer, 1859), p. 928.

19 世纪 50 年代的另外一件大事也促使英美走向联合，如果说此前美国还需要维持自己独立的立场，使自己与英国人区别开来，以获得清政府的好感，在缺少母国力量支持的情况下，必要时可以寻求清政府的保护以对付英国人①，那么 19 世纪 50 年代在修约上，美国决定与英国联手对付清政府。根据 1844 年中美签订的《望厦条约》，12 年后将修订条约。这意味着修约年份应是 1856 年。但是 1843 年中英签订的《虎门条约》《中英五口通商章程》作为 1842 年《南京条约》的附件，有一个最惠国待遇条款（the most favored status），根据这一条款，英国可以同样享有美国根据《望厦条约》而享有的修约权利。由此，1854 年，英国可以要求清政府修订 1842 年《南京条约》。而美国也享有最惠国待遇条款，既然英国在 1854 年修约，美国也可以要求在 1854 年修订《望厦条约》。

当时，清政府疲于对付太平军，并不想提前修约。主要依靠善于搪塞西方要求的广东巡抚叶名琛应付周旋，尽可能拖延，以推迟修约时间。但是 19 世纪 50 年代中期并不是对清政府有利的时机，英国从克里米亚战争中脱身，有足够的精力来对付清政府。1856 年当清政府在广州缉拿海盗时，拦下一艘悬挂英国国旗的船只进行盘查，并从船上带走几名中国海盗。英国感到帝国的威信受损，遂以此为契机炮击广州城和要塞。11 月，美国也找到类似的机会，起因是一艘开往广州的美国船被从中国要塞中发出的炮火击中，驻广州的美国海军随即连续炮轰要塞，攻克要塞后迫使拆除所有大炮。尽管阿姆斯特朗在没有得到批准的情况下诉诸军事手段，遭到皮尔斯总统（Franklin Pierce）

① 1812~1814 年第二次英美战争期间，在广州海岸，英国人不但经常以搜捕逃兵为由，登上美国商船，强征美国水手当兵，还试图将美国商人驱离中国海岸。美国商人向清政府地方官员寻求保护，清政府及时制止了英国商人的行动。

和马西国务卿的批评，但这一举动的确对后续的修约很有帮助。

1857 年上任的布坎南总统（Buchanan）任命列卫康（W. Reed）担任驻华公使。国务卿卡斯（L. Cass）向列卫康提出几点政策原则：第一，美国对中国没有领土要求，反对诉诸军事方式解决问题；第二，美国赞同英法等国的修约要求，美国同样坚持要求修约；第三，美国愿意在清政府与英法之间以中立者的身份进行协调。上述政策原则说明，美国试图退回到之前商人开启、政府跟进的政策思路：保持独立的立场，争取获得清政府的好感，不充当英国的小伙伴。但是这种原则仅仅停留在口头上，当 1858 年美国公使和以舰队为后盾的英法俄等国共同北上，强迫清政府修约时，美国不充当小伙伴的独立立场成为不可能之事。1858 年，美国成功实现修约，强迫清政府签订《天津条约》。

从《望厦条约》到《天津条约》，在政策层面，美国对中国的认知基本成型：美国的在华利益以贸易和传教等利益为主，要扩大上述利益，美国需要获得和其他列强均等的机会。为了实现这一目标，美国需要保持相对独立，必要时也需要和其他国家联合，清政府、英国都曾成为值得合作的伙伴。此时，美国对中国还没有产生政治目标。

第三节　帝国主义时代美国的对华政策：门户开放、机会均等

19 世纪末 20 世纪初列强掀起瓜分中国的狂潮，争相划分势力范围，这不可避免地会挤压到美国在中国的既得利益和权力。而内战后的美国工业迎来工业化迅速发展的时期，美国需要中国潜在的巨大市场。此外，1898 年美国赢得美西战争的胜利，通过与西班牙签订《巴

黎条约》，美国获得菲律宾。美国成为菲律宾的宗主国，大大提高了中国的战略价值。有了菲律宾做立足点，海军想在中国建立加煤站。那些希望在中国扩大贸易和建立军事基地的人们持续吁请国会，采取行动。然而远东的事业不值得美国诉诸强硬手段解决，美国也不具备这个能力。美国在19世纪与列强在华打交道的经历中悟出一点：列强愿意让美国分一杯羹。美西战争期间，麦金莱总统书面照会列强，在其势力范围内不得损害美国的利益，列强给予了保证。但是这种口头保证不能抚慰在华经营者的焦虑，而且到19世纪末，美国已崛起成为一个工业化国家，在菲律宾的立足点意味着美国作为一个西方大国出现在亚洲。美国需要一项能够和大国地位相称的对华政策。

与此同时，这一时期对美国政界具有重要影响的国际关系学者在中国事务上取得共识：中国在世界权力均势中发挥着重要作用，并在美国试图维持的远东均势中具有重要价值。艾尔弗雷德·马汉（A. Mahan）强调维持东亚权力均势的重要性。而要维持这一均势，一个四分五裂濒临被列强肢解的中国，是难以保持这一权力均势的。曾担任美国驻华公使秘书的柔克义（William W. Rockhill）敏锐地意识到，“一个有能力在其国境内维持秩序的、独立自主的中国，对于维持亚洲均势是必需的”。[①] 曾担任中国海关官员的英国人贺璧理与柔克义在中国工作期间，保持了较为密切的关系。贺璧理卸任后赴美拜访柔克义，二人对美国对华政策认知进行长谈，贺璧理认为，各国争相划分势力范围最终会将清政府的海关排斥在外，从而导致清政府丧失唯一一份可靠的财政来源，对清政府原本就不那么有效的统治会产生严重的威胁。1899年8月，担任菲律宾使团主席的雅各布·古尔德·

① David L. Anderson, *Imperialism and Idealism: American Diplomats in China, 1861 – 1898* (Bloomington: Indiana University Press, 1985), pp. 175 – 177.

舒曼（Jacob Gould Schurman）返回美国，他深得美国决策层的信任，他提交一份政策报告指出，“中国需要维持它独立的地位，但是其国门必须保持开放状态”。①

国务卿海约翰采纳远东事务专家的意见，1899年8月24日，他指示柔克义起草一份文件，照会英、德、俄、法和日本。柔克义与贺璧理频繁通信讨论中国问题，柔克义将贺的来信传递给国务卿海约翰和总统麦金莱阅览，得到他们的肯定。柔克义起草了一份后来成为“门户开放政策”的备忘录文本。

1899年9~11月，海约翰将这份“门户开放政策”的备忘录分别照会给列强。门户开放政策的基本原则有二：一是贸易机会均等，二是维护中国的领土和主权完整。尽管门户开放政策在某种意义上支持了中国，但是这一原则只是用来服务于美国，使其在华利益免受列强瓜分中国狂潮的损害。中国成为潜在的受益者只是门户开放政策偶然的副产品。实际上门户开放政策默认列强在华划分的势力范围，美国只是需要保持其原有的贸易等权利，并未损害列强的根本利益，所以得到列强的认可。

此后直到20世纪30年代，列强在华通过各种途径，试图建立或者强化其对某一利益的垄断，美国针对局势的最新进展情况，对门户开放政策进行灵活解释，用以保护美国的利益。当20世纪初，俄国人试图控制东北，消除清政府对该地区的控制能力时，美国将门户开放政策解释为反对任何国家独占开矿和修建铁路的特权，并反对任何形式的贸易垄断。1902年2月1日，美国照会列强，称“任何一份关于中国把开矿、修建铁路的特权或者其他在满洲里（东北）发展工业的

① Thomas J. McCormick, *China Market: America's Quest for Informal Empire 1893 - 1901* (Chicago: Quadrangle Books, 1967), p. 140.

权力，都受到美国政府的深切关注。它构成垄断……严重影响到美国公民的利益”。[①] 1903 年 4 月，俄国人向清政府提出：“未经俄国同意，不得在满洲开埠、设领。”美国对俄国提出抗议，表示此举违背门户开放政策，也损害美国的在华利益。其后的半年里，美国致力于与清政府签订商约，以保护其利益不受俄国的损害。10 月 8 日，中美签订第一个商约《中美通商行船续订条约》，根据条约，清政府开放奉天（今辽宁沈阳）、丹东（今辽宁丹东）为通商口岸。美国对俄国试图独占东北三省所做出的回应，再次说明门户开放政策中所谓维护中国领土和主权完整只是捍卫美国在华利益的工具性原则，即便是为了维护自身利益，美国也不愿意以在东北与俄国公然对抗的方式来坚持其门户开放政策，而是对清政府施压，签订不平等条约。此时，中国作为美国门户开放政策的偶然受益者，却成为为美国门户开放政策买单的国家。

1904～1905 年日俄战争期间，美国呼吁交战双方尽量克制其军事行动，并尊重中国的“局外中立”立场和作为行政实体的职能，1905 年，日俄在朝鲜半岛和日本本州之间的对马海峡进行的一次海战中，俄军惨败。美国对中国局势又有了新的看法。在 19 世纪末以来美国决策层希冀的远东均势战略中，日俄双方势均力敌是一种相对安全的局面，因此此前俄国和日本任何一方企图独占满洲（东北）的努力都会遭到美国的反对。而对马海战削弱了俄国对日本的制衡力量，日本占据优势会再次挤压美国的利益。1908 年，美日签订《鲁特—高平协议》（The Root-Takahira Agreement），根据该条约，美国承认日本在朝鲜、满洲的既得地位，日本承诺不侵犯菲律宾，并遵守门户开放政策。

① Chao-ying P'an, *American Diplomacy Concerning Manchuria* (Washington, D. C.: Catholic University of America, 1938), p. 99.

然而日俄在东北日益加强的垄断地位，让美国感到其在该地区的机会受到排斥，1909 年，塔夫特总统和诺克斯国务卿认为，日俄争夺路权，损害门户开放政策，遂提出“东北铁路中立化计划”，这一方案遭到日、俄的断然拒绝，日、俄以此为契机，于 1910 年 7 月和 1912 年 6 月签订协议，强化其在满洲的优势地位，竭力将其他国家从满洲排斥出去。

1915 年，日本向中国抛出“二十一条”，美国国务卿布莱恩（Bryan）照会日本驻美大使，回顾了美国门户开放政策的历史，并指出日本的行为违背此前做出的关于中国领土和主权的承诺，并表示美国不会对其他国家在中国占据政治、经济和军事优势视而不见。1915 年 5 月，国务卿布莱恩同时照会日本和中国，称“美国不会承认中日之间签署的任何有损于美国及其公民在华获得的条约权利，以及损害中华民国领土主权完整和众所周知的门户开放政策的条约”。[①] 1922 年，美国与列强签订《九国公约》，列强承认美国的门户开放政策。

可见，门户开放政策的缘起和发展，体现出美国在对华政策上逐渐开始摆脱英国的羽翼，逐渐追求符合自身理想和利益的政策，与此同时，又避免对当时的国际秩序构成大幅度的冲击，招致列强的反感。门户开放实现了上述多重功能，它是一项开放性的、具有包容性的政策，强调自由、反对垄断，同时又倡导维护中国的领土和主权完整，这符合美国的理想，作为新兴的资本主义国家，美国想和初到中国时一样，继续表现出不同于老牌资本主义国家的一面，从而使自身争夺殖民利益的行为变得不那么面目可憎。

① United States Department of State, *China White Paper*, Volume 1 (Stanford: Stanford University Press, 1987), p. 8.

第四节　门户开放政策面临新的机遇与挑战

美国精心设计的门户开放政策，巧妙地在列强争雄的环境当中维护并扩大自身殖民权益，但好景不长，这种局面不久即被日本打破。1931～1933 年，日本侵占中国东北三省，建立伪满洲国时，美国时任总统赫伯特·胡佛实行“不承认”政策，1932 年 1 月 7 日，时任国务卿史汀生同时照会日本和中国，宣布美国不会承认用武力造成的任何领土变化：

> 美国不会承认任何已成既成事实之局势的合法性，也不打算承认政府间签订的任何有可能会损害美国的条约权利和在华公民利益的条约、协议，这包括那些涉及中华民国的主权、独立和领土、管辖权的任何条约、协议，以及那些违背众所周知的关乎中国问题的国际准则——门户开放政策的条约。[①]

这次照会继承了门户开放政策所坚守的两条原则，一是申明捍卫中国领土和主权完整的崇高道义标准，二是强调任何改变现状的行为均不得损害美国的在华利益。这种口头警告对改变局势无关痛痒。

在日本没有流露出继续向南进军的军事意图时，美国感受不到迫在眉睫的威胁。美国根本没打算付诸行动将照会中的目标和原则加以落实。因为那样会使美国站在与日本明确对立的位置上，这是美国不愿意看到的。实际上，从草稿拟定到最终递交照会文书，美国一再软

① United States Department of State, *China White Paper*, Volume 1 (Stanford: Stanford University Press, 1987), p. 13.

化自己的立场。早在史汀生草拟不承认政策的文本时，他与国务院亚洲事务专家斯坦利·项白克（Stanley Hornbeck）在探讨政策草稿时，项白克强烈反对史汀生使用“绝不承认”这一字眼，他试图说服史汀生接受这一现实，“世界上充满着流氓无赖，不承认政策起不到任何作用”。[①] 而且使用这样具有绝对意义的字眼将使美国没有回旋余地。尽管史汀生对项白克的“无赖世界”说法感到恼火，但在最后的政策文本中，他还是采纳了项白克的建议，将“绝不承认”改为“不打算承认”。在政策文本上，美国从先前的立场已经退了一大步。

当史汀生递交照会文书给中国、日本驻华盛顿的外交人员时，他表示，“美国无意于触及中日两国将来缔结的任何协议条款，除非这一协议损害了美国享有的在华权利，或者违背了《凯洛格公约》”。[②] 史汀生没有提及九国公约和门户开放。事实证明，在当时，史汀生主义确实未能激起一丝涟漪。和英国相比，美国的审慎和小心翼翼还是显得过于急躁了些，在东南亚和中国有着更为广泛殖民利益的英国，做出的回应仅限于签署了一项备忘录，宣称，在日本多次保证愿意遵守门户开放政策后，英国没有必要向日本政府递交美国那样的外交照会。

在罗斯福的第一任期里，他仍然坚持胡佛总统的对华政策立场。1937 年日本发动卢沟桥事变，并迅速攻占华北、沿海地区和内河口岸。10 月 5 日，罗斯福在芝加哥发表的一次著名演说中，仍然坚持了先前口头持异议的立场，只是语气稍微严厉了些。这次演说被称之为“检疫隔离演说”（Quarantine speech）。罗斯福说，全世界爱好和平的

① Shizhang Hu, *Stanley K. Hornbeck and the Open Door Policy, 1919 – 1937* (Westport, Connecticut: Greenwood Press, 1995), p. 139.

② Shizhang Hu, *Stanley K. Hornbeck and the Open Door Policy, 1919 – 1937* (Westport, Connecticut: Greenwood Press, 1995), p. 140.

国家将被迫对侵略国实施检疫隔离，就像卫生机构对传染病人实施隔离那样。这种态度在公众中引起一阵不甚强烈的批评，人们批评政府对被侵略者的麻木不仁。但实际上，美国连检疫隔离的程度都没有做到。1938 年之前，美国一直在不受任何限制地对日本出售废钢和石油，国内资源匮乏的日本正是依靠来自美国的关键性军事物资来运筹对中国发动的战争。

1938 年初，美国派代表团参加为解决远东危机而召开的布鲁塞尔会议，这是 1922 年九国公约签字国召集的协商性质的会议，这次会议的主题是探讨签字国能够做什么和应该做什么以抵制日本对中国的侵略。但是在这次会议上，美国没有做出任何对日实施经济制裁的承诺。在代表团出发前，罗斯福已经打了预防针，禁止与会代表带头发起倡议，反对日本。总统的指示也同时传达给美国驻日大使约瑟夫·格鲁，日本通过格鲁也得到这一消息。这犹如给日本吃下一颗定心丸，它可以放心并无忧无虑地继续使用美国提供的战略物资。此时美国国务院中有一种具有代表性的意见，认为对日实施制裁反而会把日本逼向“掠夺性的帝国主义”，日本政界的右翼会以美国制裁为借口，变本加厉，从而让温和派无法发声。[①]

在这种背景下，太平洋战争爆发前，美国袖手旁观的孤立主义政策变得非常容易理解，当美国作为新成员加入到在华的列强队伍的时候，其他国家已经形成一定的秩序，美国要融入秩序，只能做到不明显损害现存秩序的利益攸关国家的利益，以换取它们的谅解，分得一杯羹。在这个过程中，美国自身的实力在快速增长，美国不断重新发现在中国的机会，从商业利益到文化利益，再到宗教事业，无论是在

---

① Justus D. Donecke and Mark A. Stoler, *Debating Franklin D. Roosevelt's Foreign Policies, 1933 - 1945* (Lanham, Maryland: Rowman & Littlefield Publishers, Inc., 2005), p. 138.

18 世纪广州贸易体系下的贸易机会还是在 19 世纪末 20 世纪初各殖民帝国切割殖民利益的狂潮，美国都不想被落下。但是美国又不想和老殖民国家一样表现得唯利是图，它想要向世人证明美国是有理想的，有着自己的道义标准。而门户开放政策可以使美国以成本最低的方式，既兼顾理想，又维护并扩大其在华利益。这种巧妙的不干涉政策对后来的美国对华政策影响深远。在太平洋战争爆发之前，要想让美国在中国采取积极措施，抵制其他帝国主义国家在华的行动，是不可想象的。美国宁愿采取积极的不作为态度，尽可能依托现存的秩序维护并扩大美国在华利益。美国对华政策的这种特点，在太平洋战争爆发后，继续影响着美国对华政策。二战结束后，为了使中国成为维护美国远东利益的堡垒，美国再次设计出一个理想与利益相结合的政策，促成中国实现和平统一，但是在实现这一政策目标的道路上，美国希望与苏联合作，至于苏联与中国在主权利益上的纠葛，美国尽管不赞成，但它不想干预，只要苏联支持美国的对华政策，相互合作是符合美国利益的。

第三章
美国对中国的认识（1941～1950年）

在1938～1941年通向太平洋战争的几年里，日本日益暴露出对东南亚的野心，不但危及美国在菲律宾的利益，而且侵占英法的东南亚殖民地将会对英法在欧洲战场的抵抗产生更大的压力。此时，美国基于对自身的理想、历史经验和国家利益的不断体认，再加上驻华外交、军事、媒体各界人士对中国的认识，奠定了美国对华政策的认知基础。这时，美国对中国的认识和态度突然发生转变，中国由此前对它无关紧要的国家，成为在亚洲起稳定作用的国家，中国的价值和重要性得到显著提高。

第一节　美国对国民政府的认识

美国对国民政府及其治下中国的认知，同样是在其自身理想与利益的映衬下建立的。在门户开放政策的指引下，美国发现，一个强大的中国政府的出现，对美国在远东的利益是有利的。在这种情况下，美国从政治、军事和经济等方面对国民政府进行了全面而又细致的观察。

20 世纪初，美国成为一个工业化国家，它在远东的理想与利益随着自身实力增长也做了一些调整。而中国也出现美国所希望的变化：中国国民政府具有一些美国所希冀的民主外观，也不反对传播基督教，这让美国认为国民政府是可以接触的政权。随着美国实力的日益增长，远东的利益在其全球战略中受到越来越多的关注，而中国作为远东地区的大国，如果其政治经济能够向着美国期望的方向发展的话，那么中国可望成为一个符合美国地区利益的亚洲大国。如果说在 20 世纪之前，美国因为在其自身能力尚且有限的情况下，还没有将基督教的福音热情充分发挥到其在中国的政治事业上的话，那么太平洋战争爆发后，美国的宗教热情在对华政策上终于找到施展的机会。

美国对中国国民政府的认识经历过一个发展和演变的过程。草创阶段的国民政府并不为美国所看好，时任总统西奥多·罗斯福更注重强权政治，1911 年辛亥革命后成立的国民政府和当时掌握实权的袁世凯相比，处于明显的劣势。袁世凯在北方确立实质意义上的首脑地位，背后有其一手创建的、现代化的北洋军做军事后盾，而革命党人成立的国民政府手中没有军队，只有一个构想中的政治机制。驻华的美国外交人员和其他外国人一样，都还在观望之中。正如美国驻华公使嘉乐恒（William J. Calhoun）所言，“在华的外国外交官们如同一部演出中的观众，观察着并想弄明白这部还没有结尾的戏剧下一个情节会是什么”。[①] 此时，美国并没有认为国民政府是其日后值得与之合作的盟友。1912 年，当国际银行团强迫中国接受湖广铁路（今粤汉铁路）的贷款时，美国也在四国银行团之列。

① James Reed, *The Missionary Mind and American East Asia Policy, 1911 - 1915* (Cambridge, MA: Council on East Asian Studies, Harvard University, 1983), p. 111.

1913年3月，出现一丝转机，伍德罗·威尔逊就任总统。威尔逊认为，美国应该在较高的道义基础上认识中国并处理与中国的关系。威尔逊认为海约翰的门户开放政策树立了一个道德的榜样，但事实上，海约翰的政策初衷并非如此。从美国传教士传递的信息来看，威尔逊认为，中国正在向着政治现代化的方向迈进，然而此时袁世凯已于1912年获取辛亥革命的成果，当了总统。3月，为了打击国民党在议会选举中获得的选票优势，袁世凯策划刺杀宋教仁，充分暴露出他反对议会政治的倾向。当美国银行家们询问威尔逊是否支持他们参加国际银行团在中国的投资时，威尔逊找到一个表达立场的机会。[①] 在没有按照惯例预先通知列强的情况下，威尔逊径直向媒体宣布，美国政府不再支持参加国际银行团的银行家们。1913年5月，威尔逊政府宣布承认中华民国，通过退出国际银行团和承认中华民国，威尔逊政府向中国传递了善意。但这并不影响美国在门户开放政策的原则下继续与列强在中国进行利益博弈。1917年的《蓝辛石井协定》、1921～1922年的应对山东问题和1921年的《九国公约》[②]都是这一博弈的成果。美国在这些问题上的态度无一例外地体现着美国对华认知的延续性：继续在门户开放政策的道路上维护或扩大在华利益。

20世纪20年代，中国的国民革命运动如火如荼地进行，美国人感到既兴奋又有些担忧。1924年召开的国民党一大宣言明确提出：一

① 还有一种说法认为，美国退出国际银行团是因为未能获得监督官的位置。

② 1917年日美签订《蓝辛石井协定》，相互承认在华权益，美国承认日本在中国拥有特殊权益，日本承认美国的门户开放政策，并保证享有工商业机会均等的权利。1921年美国与英国、日本、法国、意大利、荷兰、比利时、葡萄牙、中国签订《九国公约》，通过该条约，美国获得各国对门户开放政策的承认，缔约各国保证在任何区域内不得歧视他国获取商务及经济发展权利，而中国政府保证在铁路使用管理上对各国公平对待。两项条约都强调维护中国领土和主权完整，实际上美国只是借此维护并扩大自身的在华权益。

切不平等条约“皆当取消，重订双方平等、互尊主权之条约”。[①] 当国民党领导北伐战争力图统一中国时，美国政界正在密切关注着中国的进展。随着北伐的推进，反帝爱国运动迅猛发展，各界要求反帝、收回租界的呼声日益高涨。自1844年以来，美国一直是各项不平等条约的受益国，因此中国的民族主义运动让美国感到其既得利益可能将受到威胁，从不平等条约中获得的在华传教等各项权利也将受到限制。1927年，蒋介石与接受美国教育并且信奉基督教的宋美龄联姻，并皈依基督教，打消了美国政界特别是基督教团体的忧虑。此后，基督教团体成为国民政府坚定的支持者。

一 基督教团体的乐观看法

在塑造美国对中国的认识上，基督教团体功不可没。自19世纪30年代到20世纪初，美国宗教团体大都放弃其本应该持有的不过问政治的立场，积极支持帝国主义的扩张行动，借助不平等条约，它们在华的传教事业也在逐渐扩大。虽然为了推进其传教活动，宗教团体在中国教育、医学、农业等具有实用价值的领域中做了诸多有益于社会发展的努力，但是宗教团体的在华事业与帝国主义在华扩张之间有着密切的联系，这也是20世纪20年代国民革命运动中反基督教的呼声非常强烈的主要原因。

1927年定都南京的国民政府所表现出来的亲美、亲基督教的倾向，赢得宗教团体的好感。基督教团体、人士陆续出版的畅销读物、杂志共同打造出国民政府的正面形象。此外，1931年、1937年日军发动的两次侵华战争不但加剧了中国人的苦难，也在某种程度上损害了

① 《中国国民党第一次全国代表大会宣言》，《孙中山全集》第5卷，中华书局，1986，第122页。

传教士在华的权益，日军侵占中国的主要城市正是美国传教士们在中国传教活动活跃的地区，因此，无论从道义立场还是从其自身在华权益的角度考虑，传教士都无一例外地站在反对日本的立场上。

在20世纪20年代后期及其后的时间里，传教士对外交政策的影响有增无减，这一时期的传教士和他们早期来华的同工们影响外交政策的方式不同，早期传教士比如伯驾直接为美国决策者提供政策建议，而20世纪20年代后期的传教士们则主要通过影响决策者的看法和塑造公众意见（public opinion）来推动外交决策。国务院曾对影响决策者认知和公众意见的意见领袖（opinion leader）的信息源进行分类统计，结果显示，传教士、宗教工作者和驻华公使对公众意见产生的影响远远大于商人、法律人士、学者等其他行业。其中，传教士成为美国人认识中国的主要信息源。

在中国的大约2500名美国传教士“为激发美国人形成深切同情中国的公众意见做出了巨大的贡献”。①“他们在中国的传教情况，通过报告和信件，几乎能传遍住在这片社区里的每一位居民”。1936年，曾担任国务卿、后来担任陆军部长的亨利·史汀生（Henry Stimson）在其著作《远东危机——反思与观察》（*The Far Eastern Crisis—Recollections and Observations*）中写道：

> 这些年，在美国东北部和中西部州，几乎每一个中等规模的社区都坐落着一个或几个差会，每一个差会都会资助一位或者几位赴海外传道的传教士，而在这些海外传教人员中，绝大部分人都前往中国。通过他们发回的报告和书信，他们在中国的见闻传

① Jeffrey Record, *A War It Was Always Going to Lose: Why Japan Attacked America in 1941* (Washington, D. C.: Potomac Books Inc., 2011), p. 30.

遍差会所在社区的几乎每一个角落。①

关于中国事务的意见领袖所持观点的信息来源

信息源的职业	所占比例
传教士	47%
商人	17%
律师	9%
学者	5%
编辑或记者	4%
其他	9%
不可识别的	9%

资料来源：美国国家档案 NA893.00/634。

二 赛珍珠及其《大地》的影响

在这些传教士中，有两个家喻户晓的名字：赛珍珠（Pearl Buck）和亨利·鲁斯（Henry Luce）。他们以各自擅长的方式对塑造美国人眼中的中国印象发挥着关键性的作用。赛珍珠的成长经历赋予她以近距离的视角观察中国。1892年9月，出生3个月的赛珍珠跟随父母来到中国，她的父母都是传教士。因为父母传教工作的原因，赛珍珠跟随父母先后在淮安、镇江、宿州、南京、庐山等地度过自己的童年和青少年时代。从1921年开始，赛珍珠受聘于金陵大学（1952年，并入南京大学）任教，讲授英文。1931年，赛珍珠的《大地》由美国沃尔什图书公司出版，该书一经出版，连续两年荣列美国畅销书名单。1932年，该书获得普利策小说奖，1938年，荣获诺贝尔文学奖。据出

① Jeffrey Record, *A War It Was Always Going to Lose: Why Japan Attacked America in 1941* (Washington, D.C.: Potomac Books Inc., 2011), p. 30.

版商统计，该书达到200万册的销量。《大地》中塑造了中国农民王龙一家的形象，他们“努力劳作、坚强、有毅力，能够熬过几乎是最为艰难的困境，他们喜爱孩子，尊敬老人”。[①] 在艰辛的生活境遇里，他们对家庭生活、对土地、对人生的态度与价值取向，让美国人感到，中国人和美国人同属一个世界，他们积极拼搏的精神和坚忍的毅力等品格，让美国人找到情感上的认同，从感情上拉近美国人和中国人的距离。对美国人来说，中国不再是先前的地图上一个遥远的、拥有众多人口的国家，而是变成一个个情感丰富的、栩栩如生的众多正常人。年轻时代的赛珍珠对国民政府寄予厚望，呼吁美国援助中国抗战。[②]

三　亨利·鲁斯对中国的认识

如果说赛珍珠通过《大地》等文学作品将一个有血有肉的中国人的形象呈现在美国人面前的话，那么亨利·鲁斯则引领美国人从美国外交视野中观察中国。和赛珍珠不同的是，亨利·鲁斯从未意识到自己的观点需要修正，相反，他越来越坚定地支持国民政府。

1937～1948年，是鲁斯卷入中国事务最为密集的时期，中国抗战爆发后，他力主美国援助中国，强烈谴责美国出售废钢和石油等战略物资给日本。随后他成为一个“先亚后欧”主义者，认为美国应该将反法西斯战争的主要精力放在亚洲而非欧洲，这与以罗斯福为首的美国决策层一直秉持的“先欧后亚”思维是有分歧的。当中国的抗日民族统一战线分化为国民政府和共产党两大主要政治力量时，他站在国

① Harold Robert Isaacs, *Scratches on Our Minds: American Views of China and India* (Armonk, New York: M. E. Sharpe, Inc., 1980), p. 157.

② 1943年，赛珍珠对亨利·鲁斯在美国鼓吹蒋介石的做法深感不满，她说，“中国已经被鼓吹成完美之国家，而在我们容易犯错误的人类当中，不可能存在这样的人，我们需要有一点常识”。见 James L. Baughman, *Henry R. Luce and the Rise of the American News Media* (Baltimore, MD: Johns Hopkins University Press, 1987), p. 140。

民政府一边。1948 年，当美国决策层决意从中国激烈的国共冲突中抽身，而迟迟不愿放行对华援助时，鲁斯致信国会参议院主导外交关系委员会的参议员范登堡，成为美国院外援华集团的中坚力量。鲁斯的立场源于他对美国在华角色的认知以及他对中国的认识。

鲁斯不像在华的美国基督徒那样主要从拓展宗教事业的角度来看待美国与中国的关系，他将美中关系置于美国在华乃至远东利益的视角中进行观察，这在传教士团体中实为罕见。20 世纪 40 年代初，鲁斯利用他创办的时代公司旗下的杂志，表述自己的外交构想。早在 1940～1941 年，鲁斯就率先提出“美国世纪”的概念，鲁斯认为，罗斯福在美国面临前所未有的机遇时却表现出不适当的过分谨慎。1941 年 2 月，鲁斯在其时代旗下的《生活》（*Life*）杂志上撰文提出：

> 现在，我们必须开始成为全世界的撒玛利亚人，养育全世界那些饥寒交迫的人们是美国的天定命运……美国当前所处的主要困境是当它已经成为世界最强大、最重要的国家时，美国人却未能从物质和精神上适应这一事实……20 世纪已经成为美国的世纪，美国人必须全身心地接受美国作为一个世界性强国所承担的责任和面临的机遇，以我们认为适当的方式，为了实现我们认为适当的目标，对世界施加我们的影响。①

1941 年，美国外交界出现一种论点，认为美国应该和英国一道，来应对世界事务。鲁斯反对这一论点，他认为美国的经济和政治实力决定它不再是一个小国家，即便英美同盟，那么美国也应该在其中占

① James L. Baughman, *Henry R. Luce and the Rise of the American News Media* (Baltimore, MD: Johns Hopkins University Press, 1987), p. 130.

据主导地位。在鲁斯看来，美国影响世界的方式，在于将美国独特的政治制度推广到全世界，而在这一过程中，贸易得以扩展，美国可以成为经济上的受益者。中国正是这样一个充满潜力的地方，对美国来说意味着“每年四十亿、五十亿甚至上百亿美元的利益”。更何况，鲁斯认为，对美国而言，当时的中国正值历史上的黄金时期，国民政府的领袖及其夫人心向民主制度，笃信基督教，在外交理念上持亲美立场，美国应该借助这一大好机遇，和中国建立特殊的关系。而在当下，美国需要做的是援助中国的抗战。

当时，美国正笼罩在强烈的厌战情绪之中，美国人希望借助两洋的屏障安然躲过正在蔓延的法西斯威胁。美国决策层受制于这一公众舆论的制约，也不得不谨慎行事，极力避免与法西斯开战。1940 年 12 月，罗斯福在广播演说中表示：

> 我们的政策，唯一的目的是使战争远离我们的国家和人民……美国唯一能做的是充任全世界民主国家的军火库。①

为了扭转美国公众的看法，时代公司旗下的几本杂志《时代》《财富》《生活》和新闻纪录片《时代在前进》，以各自见长的形式，向美国读者展示鲁斯想让他们了解的中国。

大致说来，这几个媒体关于中国的报道着力于以下三个方面：一是报道日军在中国的暴行，以激发美国读者情感上的共鸣。以现场新闻图片见长的《生活》杂志经常刊登日军轰炸后的断壁残垣、成为废

① “Radio Address Delivered by President Roosevelt from Washington, December 29, 1940,” in U. S. Department of State ed., *Peace and War: United States Foreign Policy, 1931 - 1941* (Washington, D. C.: U. S. Government Printing Office, 1943), pp. 598 - 606.

墟的城镇的照片。1937年，一期《生活》杂志刊登的一张照片深深地震撼着美国读者的心，照片上一个面带惊恐的中国儿童坐在车站的废墟里，无助地哭泣。二是面对日军的侵略，中国人表现出顽强的生命力。这些报道描述中国工厂的南迁，叙述中国的教育、卫生等各项事业在如此艰苦的情况下仍然有条不紊地进行着。三是中国军民面对日本侵略所表现出来的无所畏惧的高昂士气，是因为中国有一位堪称伟人的卓越领袖。塑造蒋介石和国民政府的正面形象是鲁斯中国报道的重中之重。从1938年开始，蒋介石先后六次登上《时代》杂志的封面，在关于蒋介石的正面报道中，鲁斯力求强调一点：无论对于中国的未来还是对于美国在华利益的未来，蒋介石都是不可替代的角色，他具备担当时代重托的各种优秀品质：虔诚的基督信仰、令人敬畏的个人威信，《财富》杂志宣称，蒋介石就是“旧约全书式的基督徒”。况且蒋介石有志于日后在中国建立自由市场经济，而这正是一百多年来追求自由贸易的美国人孜孜以求的目标。因此，鲁斯断定，美国世纪不能没有中国，更不能没有蒋介石。①

为了全力打造蒋介石的伟大形象，鲁斯过滤掉驻华记者发回报道中的杂音，为此，他不惜与多年来倚重的前方记者结怨。鲁斯任用持强烈反共理念的钱伯斯担任国际新闻编辑，保证发稿的观点与自己一致。1942年，白修德（Theodore Harold White）深入河南，报道河南饥荒的凄惨状况，这次经历彻底改变了白修德对蒋介石和国民政府的看法，继河南灾荒的报道后，白修德开始致力于报道蒋介石和他的政府如何腐化堕落，置民众疾苦于不顾，这些负面报道让白修德与鲁斯之间的关系越来越紧张，及至后来白修德前往延安，写下《中国的惊

① James L. Baughman, *Henry R. Luce and the Rise of the American News Media* (Baltimore, MD: Johns Hopkins University Press, 1987), p. 140.

雷》。

如果说 1938 ~ 1945 年，鲁斯着力打造的蒋介石及其国民政府形象具有进步意义的话，那么 1945 年后鲁斯的坚持，就不免过于僵化和违背中国事实了。1945 年之前，在中日民族矛盾凸显的时代背景中，鲁斯的做法符合中国的民族利益。然而，1945 年抗战胜利后，鲁斯深深卷入了中国国共两党之间的政治斗争，时代公司的媒体将着力点放在褒蒋贬共的意识形态之争。这也是国民政府一直非常欣赏鲁斯的地方。抗战胜利后，美国各个领域的驻华人员将国民政府的负面信息带回美国，对国民政府构成一定的舆论冲击。为了扭转局面，1946 年，蒋介石、宋美龄邀请鲁斯来华，帮助国民政府打赢这场公关战。

鲁斯对美国政界和公众有着强大的影响力。罗斯福曾说，“我不停地阅读、倾听、倾听、阅读，没有人的话比鲁斯对我的触动更深”。罗斯福的表述有些言过其实，因为罗斯福是一个典型的大西洋主义者，他主张先欧后亚，他之所以瞩目中国，是因为日军对亚洲战场的威胁，威胁到美国的利益，当中国战场对欧洲的价值日渐减弱时，罗斯福对中国的兴致明显减退。而鲁斯依然坚守他强烈的先亚主义论点，认为中国而不是欧洲，是实现“美国世纪”最为理想的地方。后来二者的分歧越来越大。但是毫无疑问，鲁斯对战时中国所做的正面宣传以及对蒋介石个人坚强领袖形象的塑造，对美国政界和公众产生了重要的影响。在媒体还不是非常发达的年代，鲁斯经营的时代旗下各个媒体成为美国公众认识中国的一个主要窗口，以至于抗战结束后，自由中国的认识已经深深植入美国公众的观念里，以至于他们认为帮助蒋介石继续保持政权是在拯救中国，对国务院试图调整对华政策保持灵活性的努力起到一定的制约作用。

第二节　美国对中国共产党的观察

1941年12月太平洋战争爆发，以蒋介石为首的国民党领导下的国民政府成为美国的盟友。这时与中国协同作战的美国，不得不面对中国复杂的国内政治，特别是国民党与共产党之间的宿怨。在此之前，美国对1921年成立的中共已有初步认识，尽管这一认识在某些年月有所变化，也存在分歧，但总体而言，美国对中共的性质和力量做了相对正面的评价。这为太平洋战争爆发后美国希冀与中共扩大接触范围，甚至希望在北方与中共进行军事协作奠定了认知基础。

一　在华人员对中国共产党的观察

在中共成立初期，美国对中共的反应非常平静并充满同情。其间有个别在华外交人员提醒总统警惕共产主义在中国的扩展，可能会出现不利于西方利益的后果。这种意见既未能成为主流，也没有能够在华盛顿诸多需要优先关注的事项中占据重要地位。1924年，美国公使舒曼（Jacob Gould Schurman）提醒柯立芝总统，“中国的动乱可能会产生一个非西方化的政府……苏联的合作社形式可能适合中国的村庄格局”。[①] 但他同时认为这一预见未必准确，“共产主义与中国人的生活、情感和社会结构是格格不入的，无产阶级专政与像蜂巢一样遍布整个国家的家长制家族式的自治民主完全是相抵触的”。[②] 之

---

① Warren I. Cohen, *America's Response to China—A History of Sino-American Relations*, 3rd Edition (New York: Columbia University Press, 1990), p. 136.

② Warren I. Cohen, *America's Response to China—A History of Sino-American Relations*, 3rd Edition (New York: Columbia University Press, 1990), p. 136.

后，美国从国民政府北伐中看到中国不可能走上苏联道路的希望。来华的大部分外交人员、陆海军军官以及访问学者都从积极翻译马列著作并试图从中寻求救国之道的青年学生身上看到了高涨的爱国热情。

在他们看来，中共的产生是中国社会混乱、贫穷产生的结果，对于国民政府声称的中共是混乱产生的根源这一说法，不太赞同。1930年当共产党武装与长江上保护侨民的美国军舰发生冲突时，国务卿史汀生要求美国驻北京公使馆提供新的权威性解释，反对用贴标签的方式描述事件。约翰逊（Nelson Johnson）大使对中共情况进行分析后向国务院汇报说：

> 在1925～1928年间中国确实存在着一个受苏联鼓动的、活跃的共产党，但是在此之后使用共产党和赤色分子这些词时，一定要牢记这些词很少按照其本意被使用，而是含糊地泛指在中国各地兴起的反对执政当局的人。①

因此约翰逊大使得出结论，中国“所谓的共产主义”实际上是聚集在共产主义旗帜下农村困苦的集中体现，一旦国民政府矢志于土地改革，共产主义在中国就失去了生存条件。因此，国民政府在20世纪30年代启动的有限的农村建设运动让美国人感到宽慰。

1935年，日本人借助反共旗号试图排斥苏联以扩大自身在华势力的做法，让美国人深感不能取信日本人的宣传来理解中共的性质。1935年中共呼吁建立抗日民族统一战线，日本人把自己打造成亚洲反

① Warren I. Cohen, *America's Response to China—A History of Sino-American Relations*, 3rd Edition (New York: Columbia University Press, 1990), p. 137.

共旗手，为其在华帝国主义行动寻找合理性解释。1935年12月，约翰逊大使给美国报业发行人霍华德写信说，“日本人把他们反对的一切事物都贴上共产党标签，玩弄这招是很巧妙的”。[①] 1936年9月，史迪威担任陆军部驻华武官，他在东北旅行时也证实了他此前的猜测，即日本人确实有吞并中国的企图。史迪威约见伪满洲国副外交部长大桥（Ohashi Chuichi）先生，这位日本人表示，“俄国人打算在亚洲进一步扩张，因此日本面临着一场极大的危机，……我们都在阻止俄国实现把亚洲苏维埃化的目标”。[②] 史迪威就这次约谈写给军事情报处的报告在美国政府内分发传阅。这些报告使华盛顿的官员们确信不应该过多渲染中共的意识形态特点。

这一时期蒋介石本人为了避免刺激日本采取大规模军事行动，也避免西方国家接受日本的反共借口，开始模糊先前对中共的定性。尽管日本的反共宣传对国民政府有一定吸引力，但蒋介石不得不考虑如果与日本结成反共联盟会招致国民反弹，从而损害其作为国家领导人的地位和威信。

西安事变后国共两党经过若干次谈判后，1937年7月15日，中共发表《中国共产党为公布国共合作宣言》，提出发动全民族抗战、实行民主政治和改善人民生活等三项基本要求。作为回应，1937年9月23日蒋介石发表《对中国共产党宣言的谈话》，他说：

> 此次中国共产党发表之宣言中所举诸项，如放弃暴动政策与赤化运动，取消苏区与红军，皆为集中力量，救亡御侮之必要条

① Warren I. Cohen, *America's Response to China—A History of Sino-American Relations*, 3rd Edition (New York: Columbia University Press, 1990), p. 137.

② Barbara W. Tuchman, *Stilwell and the American Experience in China, 1911 - 1945* (New York: The Macmillan Company, 1971), p. 166.

件，且均与本党三中全会之宣言及决议案相合，而其亦称愿为实现三民主义而奋斗，更足证明中国今日只能有一个努力之方向。[①]

1939 年，蒋介石对一名德国记者说，“中国现在已经没有共产党人了”。[②]

在此期间，美国也从各种渠道获取关于中共的一手资料，中共从高层将领到普通士兵的精神状态、战略思维及其在民众中的受欢迎程度，都给近距离观察他们的美国人留下了良好的印象。从总统特使卡尔逊，到驻华武官史迪威，再到到达苏区的斯诺和史沫特莱，以及太平洋战争后期的美国观察组，从不同角度向美国人展示了具有正面形象的中共。

1936 年，史迪威在受命了解国民政府对日作战战备情况时，开始搜集到一些共产党军队的情况。1936 年共产党军队在山西发起一场进攻，史迪威亲赴太原和汾州实地调查，尽管他最终发现这一仗是因为“山西缺少粮食”[③]，但是共产党军队的战斗表现给史迪威留下了深刻的印象。他在日记中写道：

共产党人那里有某种精神上的支持……情报工作做得很好，组织健全，战术高明。他们不要大城市，甘愿在农村过艰苦生活。

① Annex 37 “Statement by Generalissimo Chiang Kai-shek on Kuomintang-Communist Unity”, September 23, 1937, in United States Department of State, *United States Relations with China, with Special Reference to the Period 1944 - 1949* (Washington, D. C.: Government Printing Office, August 1949), p. 525.

② Barbara W. Tuchman, *Stilwell and the American Experience in China, 1911 - 1945* (New York: The Macmillan Company, 1971), p. 221.

③ Barbara W. Tuchman, *Stilwell and the American Experience in China, 1911 - 1945* (New York: The Macmillan Company, 1971), p. 168.

他们的武器和装备很差，却把政府吓得够呛。[①]

自 1911 年来华长期奔走于中国各地的史迪威对中国农民的苦难深表同情，和约翰逊大使一样，他把中共的出现归结为遭受压迫的自然结果，他写道：

> 农民因为深受饥荒、旱灾、重税和高利贷之苦，自然渴望能改变土地所有制，这使他们成了共产党人。共产党人顶多是他们的一种标签。他们真正追求的是在合理条件下拥有土地。[②]

担任第十五步兵团团长的乔治·林奇少校曾经在江西见到共产党军队，非常欣赏他们的组织纪律，"他们不抓壮丁，给士兵发饷，禁止他们欺负百姓"。[③] 1934 年驻云南副领事阿瑟·林沃尔特看到了经过西南的长征队伍，他惊讶于"他们所表现出来的高昂士气和几乎是不可思议的目标一致"。[④]

1937 年日本侵华加剧，美国在华外交、军事官员对美国在华前途做出了不同判断，约翰逊认为，美国迟迟未对国民政府提供实质性援助，苏联已经向国民政府提供贷款和设备，美国在中国前途未卜。而亚洲舰队司令亚内尔认为打败日本的唯一办法是援助蒋介石，维护其地位。罗斯福总统在外交事务上有一个特点，即他不会完全依靠正规

---

① Barbara W. Tuchman, *Stilwell and the American Experience in China, 1911 – 1945* (New York: The Macmillan Company, 1971), p. 169.

② Barbara W. Tuchman, *Stilwell and the American Experience in China, 1911 – 1945* (New York: The Macmillan Company, 1971), p. 169.

③ Barbara W. Tuchman, *Stilwell and the American Experience in China, 1911 – 1945* (New York: The Macmillan Company, 1971), p. 169.

④ Barbara W. Tuchman, *Stilwell and the American Experience in China, 1911 – 1945* (New York: The Macmillan Company, 1971), p. 170.

的机构、渠道获取信息，避免受到各种观念或利益的牵制，特别是对于棘手地区的事务，他喜欢派出一些专业背景多元化的人担任特使，这些人可以把报告不经过任何政府机构筛选而直接传给总统。从1937年到1945年，罗斯福先后派出十多位特使，埃文斯·卡尔逊上尉是最早的一位。卡尔逊决定调查中国战争中最具神秘色彩的部分——中共，1937年11月，他分别通过斯诺和蒋介石的澳籍顾问端纳的帮助获取共产党和国民党方面的许可，得以进入延安。他向总统发回大量报告，讲述他从共产党人身上看到的与国民党军队截然不同的昂扬斗志和勤俭节约，在描述延安见闻那部分，他使用“中国自由之源泉”[①]做小标题，他在报告中写道：

> 共产党人无疑是社会革命家，又是真诚的民族主义者，他们渴望与美国合作以挫败日本并重建中国，因此援助共产党人将有助于打败日本，并获得中国最生气蓬勃和最进步的政治组织的友谊。[②]

在20世纪30年代进入共产党区域的两位美国记者先后出版一些介绍延安情况的著作：埃德加·斯诺的《西行漫记》和史沫特莱的延安系列丛书《中国红军在前进》《中国人民的命运》《中国在反击》《中国的战歌》，向美国人介绍另一个他们所不知道的中国。罗斯福总统成为斯诺迷，斯诺也曾多次被邀至白宫讲述中共情况。

对中共进行近距离观察的这些人写出的报告和著作增强了中共在美国人心目中的正面印象。很多在美国国内出于意识形态界限本能地

① Barbara W. Tuchman, *Stilwell and the American Experience in China, 1911 – 1945* (New York: The Macmillan Company, 1971), p. 209.

② 迈克尔·沙勒：《美国十字军在中国（1938—1945年）》，第24页。

反对中共的人，到中国后很快改变看法，认为“所谓的中共”其实是“有卓越见解的”改革者。①

这些报告描述的中共战斗精神之高昂和组织之严密对美国军政官员很有吸引力，他们一直希望避免美国力量过多介入，尽量让中国人去打仗以挫败日本。太平洋战争爆发后，担任中缅印战区美军司令官的史迪威在实际军事行动、战备以及战略上不断对蒋介石发出刺耳批评，他一直怀疑蒋介石抗战决心不足，认为蒋介石确信美国人会把日本人给赶出去，而蒋介石可以最大限度地保存自己的精锐力量，以应对日后国内政治斗争的需要。在史迪威看来，中缅印战区的困顿很大程度上应该归咎于蒋介石不知轻重缓急的错误战略和一心想保存其嫡系精锐部队实力以守住权力的心理。这时候早年担任驻华武官时对中共的一些观察，让他不止一次地设想如果和中共军队合作，或许将有效提高战斗能力。在对湘军军事史进行研究之后，他对中国士兵的战斗能力从未表示过怀疑，如果有周密的战略、良好的食品和卫生补给，其战斗能力是相当惊人的。然而这些在拖沓而腐败成痼疾的机构的行政纠缠中往往成为奢望。不但史迪威有这种设想，从这些报告中熟悉了中共作战方式后，罗斯福总统向内政部长哈罗德·伊克斯讲述过游击队作战对于击溃日本的价值。

二　美军观察组报道的延安

国民政府军队在太平洋战争以来的军事表现让美国人感到不甚满意，后者希望能够让所有军事表现良好的力量获得援助从而有效抵抗日本。此前大量关于中共的报告说明中共具有这种实力。美国希望探

① Barbara W. Tuchman, *Stilwell and the American Experience in China, 1911–1945* (New York: The Macmillan Company, 1971), p. 169.

索中共方面的看法。

1944年6月，受罗斯福总统之托，副总统华莱士访华，6月22日下午在与蒋介石的谈话中，范宣德询问蒋介石："在没有和中共达成和解之前，派美军情报组去共产党地区，委员长认为可能会产生什么负面影响?"[①] 这一要求被蒋介石委婉地拒绝了。23日上午，华莱士和范宣德将政治和军事问题分开处理，从军事需要的角度重新提出向延安派出观察组的建议，范宣德提出，"如果美军情报人员能够获取北方的情报将可以避免一些美军飞行员的不必要伤亡，对委员长与共产党达成和解所面临的困难表示理解，但是美军面临着从华北搜集情报这一大问题"。[②] 他建议委员长"将与中共的和解和美军获取情报分开处理"。[③] 在这次谈话中蒋介石同意放行美军观察组。

美军观察组不但使美国官方进一步了解中共，也首次明确了中共对美国的态度。观察组成员谢伟思在1944年7～11月发回给美国国务院大量报告，他敏锐地预计到中国未来的政治走向，"共产党人将在中国立足下去，中国的未来不是蒋介石的，而是他们的"。因此，谢伟思认为弄清楚中共对美国的态度，至关重要。谢伟思根据他在延安期间与中共领导人的谈话，努力在中共和美国的长期目标中寻找一致性，试图探索中共与美国人合作的前景。在对中共政治、军事、对美国的态度上进行了解后，他得出两点结论：第一，中共是值得美国援助的，代表中国未来的进步力量；第二，中共对美国存有好感，愿意

① Annex 43 "Summary Notes of Conversation between Vice President Henry A. Wallace and President Chiang Kai-shek", June 21－23, 1944, in *China White Paper August 1949*, Volume 2, p. 554.

② Annex 43 "Summary Notes of Conversation between Vice President Henry A. Wallace and President Chiang Kai-shek", June 21－23, 1944, in *China White Paper August 1949*, Volume 2, p. 555.

③ Annex 43 "Summary Notes of Conversation between Vice President Henry A. Wallace and President Chiang Kai-shek", June 21－23, 1944, in *China White Paper August 1949*, Volume 2, p. 555.

合作。在同中共上下交流后他了解到，所有人都希望在抗日和建设新中国上与美国合作[①]，毛泽东认为即便是最保守的美国商人也不能发现我们的纲领中有什么可以反对的。毛泽东还表示，不希望苏联反对美国在华利益，如果这些利益是建设性的和民主的。

在太平洋战争期间，美国通过战前、战争中各种渠道获取的信息逐渐累积起对中共的良好印象，并得出结论：中共是受民众欢迎的，完全独立于苏联，是值得信赖的战时合作伙伴。

美国对中国的认识，很大程度上是建立在自己认知的基础上的，将自己的文化背景、政治观念以主动和不自觉的方式投射到对中国的认识上，作家格莱姆·裴克（Graham Peck）将其称之为人类相似学（anthropomorphism），他认为，这一点是美国外交政策中的主要障碍之一，“美国人过于热切地将自己的品格投射到对其他民族的认识上”。这一认知投射再裹挟上家长式的面孔，在国与国的关系中，美国会倾向于以自己的价值和立场为基准，对别国的内政提供建议甚至施加压力，这种做法刺激接受一方的执政者产生激烈的抗拒反应。通常情况下，作为接受方的官方政府会感到难以容忍，因为执政者感到其作为一个主权实体的尊严被践踏，感到被美国视作一个孩子进行指挥。这种抗拒力会对美国的政策目标构成反冲力，这种摩擦在美国和蒋介石打交道的过程中反复出现。

第三节　驻华外交使团对中国时局的判断

大使馆在国与国的外交关系中起着重要的联络作用，大使将驻

① 约瑟夫·埃谢里克编著《在中国失掉的机会：美国前驻华外交官约翰·S. 谢伟思第二次世界大战时期的报告》，罗清、赵忠强译，国际文化出版公司，1989，第262页。

在国的情况定期写成报告，发回母国的上级机关，并根据所搜集和掌握的情报，对母国政府提供政策建议。而大使对大使馆开展工作的方式具有非常重要的影响。在 1941～1950 年，美国驻华大使馆（重庆）经历三任掌门人，分别是高思、赫尔利和司徒雷登。三人出任大使前的职业履历迥然不同，从事外交事务的经验和方式也有很大差异，他们对中国时局的观察以及据此提出的政策建议也各不相同。

一　高思执掌的大使馆建议对华政策改弦更张

在 1941～1950 年，高思大使执掌的大使馆可谓一个精通中国事务的外事团队。就人事安排看，从高思本人到使馆外事官员，他们有着长期的在华外事工作履历，并且有着外事官员对驻在国事务的敏锐观察力和浓厚热情，他们重视亲自搜集的一手情报，这是蒋介石非常不愿意看到的。因为大使馆的这种工作方式会将蒋介石不愿意让美国看到的中国情况呈递给美国决策层。这一时期的大使馆聚集了三位真正意义上的中国通，早在 20 世纪 40 年代初，他们就注意到后来促成蒋介石及其国民政府垮台的关键因素，并据此提出一些政策建议。他们是范宣德（John Carter Vincent）、谢伟思（John Service）和戴维斯（John Davis）。在 20 世纪 50 年代麦卡锡煽动的反共忠诚调查中，这三位职业外交官被称之为“三个出卖中国的约翰”，成为美国对华政策失败的替罪羊。

事实上，在高思执掌大使馆期间，美国决策层也确实通过外事官员这一渠道，了解到通过国民政府的官方路径无法得知的情况，到 1945 年抗战胜利后，关于蒋介石及国民政府的负面信息充斥华盛顿，以至于蒋介石夫妇不得不紧急邀请堪称公关大使的亨利·鲁斯来华，帮忙救火以扭转在美国流传的负面看法。由此不难理解，我们在后面将会提到的，在 1943～1944 年中美就史迪威指挥权危机爆发的激烈外交冲突中，蒋介石多次提出要求美国派从未到过中国的人来接替史迪威的幕后原因。

二　高思大使对中国时局的观察

1941 年 2 月至 1944 年 11 月，高思（Clarence Edward Gauss）出任驻华大使，在此期间，作为为数不多的具有影响力的驻华美国人，高思有着丰富的处理对华事务经验，在他领导下的美国驻重庆大使馆成为此后十年间对中国事务观察最为细致的外事团队。在此基础上，他提出一些颇为中肯的政策建议，并对美国决策层产生重要影响。

自 1912 年起，高思分别在中国各地的美国使领馆里从事外事工作，从副领事一直晋升到总领事：1912～1915 年，担任上海使领馆副领事；1916 年，上海使领馆领事；1916～1920 年，成都使领馆领事；1920～1923 年，济南使领馆领事；1923～1924 年，沈阳使领馆总领事；1924～1926 年，济南使领馆总领事；1926～1927 年，上海总领事；1927～1931 年，天津总领事；1935～1938 年，上海总领事。除了 1935 年和 1940～1941 年短暂地出任驻法国和澳大利亚公使之外，高思外事生涯的大部分时间是与中国事务相关的。多年来和中国政府打交道的经历，出于职业本能，他对很多官方来源的信息持怀疑态度，他不喜欢通过国民政府的宣传口径、针对记者和外国人的吹风会来获取情报。

1941 年春天，珍珠港事件还未爆发，美国驻华大使馆在华承担的使命仍然是密切关注日本人，但是，毫无疑问美国希望搜集更为齐备的各种情报，为可能卷入亚洲战场做适当的准备。高思到任后，将大使馆的工作重点转移到搜集中国各战区的一手情报，包括国民党军队对日作战情况，中国对日备战的情况以及中国政治、经济和社会各领域的情况等。他要求大使馆的外事官员走出大使馆，亲自深入实地调查，尽最大可能接触所有可能的信息源，特别是政府外人士及其他党派力量。高思任职的四年间，河南的饥荒、西北地区脆弱的政治局势、国民党军队对共产党的围堵、抵抗日军不利、军队内部的问题以及由此产生的社会危机，共产党占领地区的情况以及共产党对美国的态度，中国各派政治力量特别是党外势力对中国时局的看法，等等，所有这些决定着中国时局转变方向的各类事件，都是大使馆官员亲自前往调查的问题。

到任后，通过从各地搜集的情报，高思发现，经过四年的抗日战争，中国的军民被一种强烈的失败主义情绪笼罩。在他看来，美国对华施以援助，可以起到多重效果——缓解中国日益严重的通货膨胀情况，为中国早就应该启动的土地改革提供一定的经济支持，鼓舞中国军民的抗战士气。[1] 1942 年 1 月，高思致电国务卿赫尔，建议对华援助。

与此同时，从大使馆官员搜集的情报来看，皖南事变后，国共之间的矛盾加剧，蒋介石加紧对共产党的围剿，丝毫没有妥协的意思，高思担心美国对华援助会被用于中国的国内斗争当中，从而使美国陷入艰难的境地。为此，在 1942 年 1 月 8 日的电文末尾，他提醒国务卿赫尔：

关于一个想法，我怎么强调都不会过分，那就是我们需要明

① "The Ambassador in China (Gauss) to Secretary Hull," Chongqing, January 8, 1942, in *China White Paper*, Volume 1, pp. 474 - 475.

确而又果断地向中国政府说明：我们反对援助款的任何部分被用于资助或促成有害的垄断，我相信这种局面所造成的危险，不需要我详细说明，国务院也非常明了。[①]

3月1日，高思致电赫尔，明确提出美国掌握援助款的分配问题，以避免被国民政府滥用，“为了中国和美国的利益，我强烈建议应该由我国控制援助款的分配，以用于特定的用途”。[②]

高思的建议，引起美国决策层的重视。1942～1943年，国务卿赫尔、财政部长摩根索与中国国民政府的宋子文处长就对华援助的附加条件展开了持久的讨价还价外交战。这短时间的往返电文显示，摩根索一直坚持高思的观点，认为美国应该控制援助的使用和分配，以确保援助款被用于对日作战，而不是被挪作他用。

1944年，高思更为全面地观察中国国内政治局势以及它将来的走向，他注意到国民政府多次空谈土地改革，却从未兑现承诺。而蒋介石对共产党的围堵已经严重削弱抗日力量，在共产党控制地区沿线部署精锐兵力，而对日作战的国民党军队却给养严重不足，而且围堵共产党，也削弱了共产党军队的对日作战能力。更为严重的后果是，国民政府专注于对付共产党，而对日作战却节节败退，导致其政权日益失去民心，其政治后果是非常严峻的。

在这种情况下，1944年8月30日，高思在面见蒋介石时，他直言不讳地提出一些切中时弊的问题，比如土地改革问题，各界对国民政府的不满，以及国民政府一直未能兑现其各种承诺等，而蒋介石将高

---

① “The Ambassador in China (Gauss) to Secretary Hull,” Chongqing, January 8, 1942, in *China White Paper*, Volume 1, p. 476.

② “The Ambassador in China (Gauss) to Secretary Hull,” Chongqing, March 1, 1942, in *China White Paper*, Volume 1, p. 482.

思指出的这些不足归咎于共产党的阻挠。[①] 这次会见中，蒋介石还表示无法相信共产党，高思回应说，自己从共产党方面也听到同样的抱怨，他趁机提出蒋介石应该率先采取措施，以努力消除国共之间的不信任。为此，他对蒋介石提出建立联合军事委员会的建议，他试图以美国的影响力来为打破中国政治僵局做一次大胆的尝试。鉴于国民政府仍然是一党执政，高思建议由蒋介石召集包括共产党在内的中国各派政治力量，组成联合军事委员会。各种政治力量在其中都有自己的代表，从而共同承担责任。他还建议蒋介石向各派承诺不再使用军事手段解决国内政治矛盾，以重建信任。[②] 蒋介石回复说，这一建议值得考虑。8 月 31 日，高思致电国务卿赫尔，汇报在这次会谈中提出的政策建议。从国务卿赫尔的回电中，可以看出高思的建议得到美国决策层的肯定，后者打算据此思路进行尝试。9 月 9 日，在赫尔给高思的回电中说：

> 总统和我仔细考虑你电文中提出的建议，我们赞同你的看法……请你通知蒋介石，总统和我觉得，你的建议是切实可行的，值得认真考虑……如果蒋介石同意召集这样的委员会，那么你可以约见共产党驻重庆的代表，把与蒋介石会面谈到的政策思路告诉他们。[③]

这是高思大使离任前的最后一次努力，他试图利用美国的影响力

---

① "The Ambassador in China (Gauss) to Secretary Hull," Chongqing, August 31, 1944, in *China White Paper*, Volume 2, p. 562.

② "The Ambassador in China (Gauss) to Secretary Hull," Chongqing, August 31, 1944, in *China White Paper*, Volume 2, p. 562.

③ "The Ambassador in China (Gauss) to Secretary Hull," Chongqing, September 9, 1944, in *China White Paper*, Volume 2, p. 563.

让蒋介石与中国国内各政治力量达成和解，然而当美国决策层真的认真考虑这一建议时，蒋介石马上从先前的答复中退却。9月15日，在召见高思时，蒋介石以国民参政会来回应高思提出的联合军事委员会，而国民参政会只是一个咨询机构，并非各派真正共同承担国家责任的实权机构。蒋介石表示，他认为消除国共不信任的努力，并不意味着改变现有的政府结构。11月，出于失望，高思向美国国务院提出辞呈。

高思大使离任后，尽管他离开美国对华政策的舞台，然而1947年命运再次赋予他机会对美国对华援助施加影响，尽管这一影响最终未能起到决定性作用。1947年5月，国民政府仍未进行美国期望中的具有实质意义的政治和军事改革，但是中国局势日益恶化，在国会和保守媒体的压力下，1947年初，国务卿马歇尔取消对华武器禁运。同时，他向美国进出口银行申请5亿美元对华援助，这笔援助款是在1946年3月、4月间马歇尔来华调停国共矛盾时允诺下的，然而由于中国国共内战爆发，马歇尔担心援助会卷入中国的内战，而损及美国长远利益，遂将5亿美元的援华计划搁置。1947年5月，当他不得已重启这个计划时，却遇到高思的阻拦。美国进出口银行董事会拒绝了马歇尔的申请，其中起重要作用的董事是高思。1944年11月，高思卸任驻华大使后，回国出任美国进出口银行的董事，作为一名共和党人，他主张实行财政紧缩政策，但是和同情蒋介石的大多数共和党同僚不同，高思在华的经历让他对蒋介石的治国、抗日持负面看法，在他看来，中国正处于内战之中，此时给予政治贷款风险太大。[①]

---

① Douglas J. Macdonald, *Adventures in Chaos: American Intervention for Reform in the Third World* (Cambridge, MA: Harvard University Press, 1992), p. 111.

三　使馆外事官员提出灵活性的对华政策建议

蒋介石非常不看好这一时期的大使馆外事官员，是有原因的。三位中国通对中国事务的敏锐观察，让他们对蒋介石及其领导下的政府持有强烈的负面看法，最让蒋介石感到不能容忍的是三位中国通都对共产党持有明显的好感，不但影响到大使高思的看法，还直接对美国决策层提出政策建议，而在蒋介石看来这些建议都带有亲共倾向。

1938～1941年谢伟思在美国驻上海领事馆工作，在此期间，高思大使大部分时间也在这里工作，只在1940年、1941年短暂调任法国和澳大利亚从事外事工作，二人建立了融洽的工作关系。1941年，谢伟思调任重庆大使馆，这年春天，高思再次回到中国，担任驻华大使，谢伟思再次在老上司的领导下工作。二人都是在中国待过多年的中国通，工作思路一致，喜欢走出大使馆，去现场发掘一手情报。

1941～1945年，谢伟思深入中国各地，对国民政府轻描淡写的，但是对中国人当时以及将来产生重要影响的事件，进行实地调查。1941年10月，他与美国记者杰克·贝尔登（Jack Belden）就中国局势进行了一次长谈，贝尔登在不接受任何官方资助的情况下，凭借自己一口流利的汉语，独自到中国各地旅行，他深入农村，与农民就中国当局的一些征兵征粮政策进行交谈，这让他捕捉到很多从官方途径无法看到的真实情况。这次交谈，谢伟思找到自己日后四年实地调查的兴趣点：农民的艰辛、国民政府的治理能力、军民士气以及国共两党关系，这些问题，埋下美国历史学者易劳逸（Lioyd E. Eastman）所称的“毁灭的种子”。

1942年、1943年、1944年，谢伟思前往河南、甘肃和四川等地调查农村的贫困状况。1942年秋，他对河南的饥荒进行调查后发现，国民政府关于饥荒的解释是不真实的，实际上持续干旱造成歉收，只是表面原因。靠天吃饭的农民即便在丰年也很难得到十成的收成，农民有四成收成就可以维持生计，不至于出现大面积的死亡甚至人吃人的悲剧。根本原因是，河南的农民承担着非常繁重的征粮负担，军队内部存在腐败现象，军官向上级汇报的兵员人数超过实际人数，以便能够吃空饷，所以军队征收的粮食往往超过实际的需要。而这些军粮并非全部用来供给抗日的国军，在 1941 年 7 月，中条山战役失败之前，河南农民还需要向驻扎在陕西的国民党军提供军粮，而驻扎在陕西的 40 万国民党军队，主要用于防范共产党人。[①] 谢伟思对这些人为加剧的农民苦难深表担忧，因为他看到这些苦难会产生非常严重的政治影响：农民会产生厌战心理并酝酿对政府的不满情绪。尽管当时他还没有看到这一迹象，但是 1944 年日军发动豫湘桂攻势时，谢伟思担忧的情况发生了。农民在天灾与国民党军队的联合盘剥中不堪忍受，豫西战役中，他们协助日军解除了国民党军队的武装。[②]

那么农民受尽苦难甚至付出生命的代价，上缴的军粮是否真的到了抗日士兵的口中呢？士兵的情况以及作战士气又是怎样的？1943 年夏天，谢伟思从重庆启程到兰州，沿途调查中国军队的情况。在四川，他发现士兵的物质条件很差，几乎处于“叫花子”状态。[③] 军官克扣

---

① 约瑟夫·W. 埃谢里克编著《在中国失掉的机会：美国前驻华外交官约翰·S. 谢伟思第二次世界大战时期的报告》，第 12～13 页。

② 关于这段史实，中外亲历者的档案资料都有述及。谢伟思二战期间的报告中和美国前《时代》周刊驻中国记者白修德在其著作《中国的惊雷》中提到此事。中方资料最为权威的可谓国民党军队在豫西会战惨败后进行的检讨，“此次会战期间，所意想不到之特殊现象，即豫西山地民众到处截击军队，无论枪支弹药，在所必取，虽高射炮、无线电台等，亦均予截留，甚至围击我部队，枪杀我官兵，亦时有所闻”。参见《1944 年第一战区中原会战之检讨》，摘自中国第二历史档案馆编《抗日战争正面战场》，江苏古籍出版社，1987，第 1253 页。

③ 约瑟夫·W. 埃谢里克编著《在中国失掉的机会：美国前驻华外交官约翰·S. 谢伟思第二次世界大战时期的报告》，第 36 页。

士兵的口粮普遍存在，新兵的境遇更差，运送新兵的途中随处可见饿殍，西北地区的士兵情况更为悲惨。而黑市上却有大量粮食被高价出售。国民党军队装备给养严重不足，疾病流行，士气低落。这种状态下的军队非但不能指望有强大的战斗力，还会对国民政府的统治产生一种离心力。庞大的军队消耗国力、民力，而军队却处于悲惨境地，这些都反映出国民政府治理上存在的严重危机。与此同时，谢伟思观察到，蒋介石与其他地方军阀出身的将领之间存在明里暗里的派系斗争，蒋介石用非嫡系部队前往抗日战场的办法消耗自己潜在的竞争对手。

通过对诸多一手情报的分析，谢伟思意识到，蒋介石及其政权的垮台是不可避免的，其治理国家的方式在很大程度上脱离这个国家的实际，无视更为紧迫的民族危机，背离人民，而将着眼点放在保存扩大自身的政治力量上。这种做法无异于慢性的政治自杀。而蒋介石根本看不到其执政左支右绌的困境是由其执政思路所致，他将其归咎于共产党的阻挠，西北地区由于政府不当治理政策引发的骚乱，国民政府都是迫不及待地将其归之于共产党的煽动，而谢伟思经过亲自调查发现，该地根本没有共产党的活动，无非是强征兵粮引发的民怨爆发。这些做法，坚定了谢伟思的信念：蒋介石及其政府的统治必将无可救药地沉沦下去。

基于上述认识以及前面我们谈到的他对共产党的认识，1944～1945年，谢伟思提出现实主义的对华政策建议。关于这一建议，我们将会在后面的章节中讨论。谢伟思的观察，得到其他大使馆官员的赞同。受国务院任命，担任大使馆与史迪威之间联络人的约翰·戴维斯（John Paton Davis）与谢伟思看法略同，尽管戴维斯不像谢伟思那样看好共产党，但他意识到蒋介石及其国民政府已然脱离了民众，不可能代表中国的未来。

大使馆官员的报告促成一项对华现实主义政策的产生：对中国而

不是对国民政府承担义务。这时候华盛顿的一项人事任命也为促成这一新的政策方向的探索提供了便利。1944年，范宣德回美国，担任国务院远东司司长。和高思、谢伟思、戴维斯一样，范宣德也有着长期的在华外事经验，自1923年，他先后在长沙、汉口、汕头、北京、沈阳、南京和大连多个城市的美国使领馆工作，1942年起，担任重庆大使馆参赞。长期的在华外事经验，让他非常不看好蒋介石和国民政府无视其治下民众疾苦的执政模式。和其他大使馆同僚一样，他也看到中国正在酝酿的政治剧变。

1944年5月，国务院远东司签署一份政策概要，并将这份文件传递给国务卿，开始一次现实主义对华政策探索。根据这份文件，"美国承担着与中国并肩作战和在反侵略战争中扩大对华援助的义务，尽管如此，它并不承担在任何情况下支持国民政府的义务……它希望看到能增进中国人民普遍利益的计划取得成效，而不考虑实现计划的哪个中国派别的政治色彩"。① 这份文件同时传递给在重庆的高思大使，作为行动指南。这份文件与高思大使提出的联合委员会的思路是一致的，将美国对华政策以及美国在华利益与中国而不是国民政府紧密联系在一起。

美国国务院的这一立场在1945年初的一份文件中再次得到重申。1月16日，应陆军部长史汀生的要求，国务院起草一份备忘录，供陆军部参阅，同时传递给代理国务卿格鲁：

美国政府的短期目标是帮助动员中国的一切人力物力继续进

---

① FRUS761. 93/1779 "Memorandum by Mr. O. Edmund Clubb of the Division of Chinese Affairs", May 19, 1944, in United States Department of State, in *Foreign Relations of the United States: Diplomatic Papers, 1944, China*, Volume Ⅵ (Washington D. C.: U. S. Government Printing Office, 1944), p. 792.

行对日战争，我们正在运用我们的影响促成中国更大程度的政治和军事统一……我们的长期目标是帮助中国发展成为一个统一的、民主进步的、与我们合作的国家，使它将来能为远东的安全与繁荣做出贡献……由于目前中国政府与共产党之间的关系不能令人满意，所以采取给共产党提供武器的措施是不明智的。然而，如果对日作战在中国沿海地区进行，我们建议我们的军事当局准备武装任何中国军队，只要他们认为能够有效地用来打击日本人……我们的意图是运用我们的影响，既为了实现短期的目标，也为了实现长期的目标，这未必就是说一定要统一在蒋介石的领导之下，然而就短期目标来说，蒋介石看来是目前有希望统一中国的唯一领导人，改变支持蒋介石的政策，来完成我们的短期目标，也许会造成混乱。就我们的长期目标来说，我们的目的是要保持一定程度的灵活性，以便我们能够与最有可能创建一个统一、民主、友好的中国的任何中国领导人合作。

2月1日，国务院批准这份文件后，交给陆军部长和海军部长。

1945年1月15日，国务院为雅尔塔会议准备的对华政策纲要再次提到这一政策思路，“我们应寻求一切适当的方法促使建立一个具有广泛代表性的政府，它将促成内部团结，包括调解国共分歧……如果这些愿望不能实现，现任政府的权利崩溃，我们就会根据中国人民明确表达的意愿，重新检查我们的立场，并同情中国任何可望能实现统一，并为东亚和平和安全做出贡献的政府或运动”。[①]

① FRUS893.00/1－2945，“Memorandum by the Chief of the Division of Chinese Affairs (Vincent) to the Acting Secretary of State”，January 29，1945，in United States Department of State：*Foreign Relations of the United States*：*Diplomatic Papers*，*1945*，*The Far East*：*China Volume Ⅶ*（U. S. Government Printing Office 1945），p. 38.

1945 年 2 月 28 日，在赫尔利大使回美国时，驻重庆大使馆参赞乔治·艾奇逊在使馆外事官员联名签字的情况下，以代办的身份，发回国务院一封电文，提出采取灵活对华政策的建议。在这份电报中，外事官员指出：

我们只支持中央政府并唯有经过它才能援助其他集团的信念，大大增强了蒋介石自以为强大的感觉，并使蒋介石产生不切实际的乐观想法而不愿作任何妥协……尽管我们拒绝援助中央政府以外的任何集团并且不与之打交道的做法在外交上是正确的，但是如果这种局势持续下去，中国国内的混乱将不可避免，可能爆发的灾难性的内部冲突将会很快到来，显然，即便从纯粹军事的角度看，这种局势也是不能令人满意和有害的。在这种局势下，我们不能与共产党……与中国东南地区的势力……合作，从长远观点看，对美国的利益也是有害的。[①]

第四节 驻华军事官员对中国国民党的观察

驻华军事官员比外交官员的看法更不乐观，他们看到了国民政府的国内政策将在军事上产生的不良后果。这一时期与对华事务有关的美国高层军事官员中比较有影响力的人物史迪威、魏德迈和马歇尔都对国民政府持负面看法。他们看到了蒋介石实行的自杀性政策，不但阻碍当时短期军事目标的实现，也对战后美国在远东的政治秩序安排造成不利影响。

① 谢伟思：《美国对华政策（1944—1945）》，王益、王昭明译，中国社会科学出版社，1989，第 135～137 页。

军事合作是战时中美两国关系的重头戏，从这个意义上说，军方对中国的认知对美国决策层的对华政策认知有着举足轻重的影响。太平洋战争期间，与战争有关的军事和政治问题，主要由参谋本部和陆军部来处理，而驻华或来华的军事官员中不乏能够左右美国政要看法的高层人士，比如史迪威、魏德迈和马歇尔，其中马歇尔作为二战时期的陆军参谋长、二战结束后担任国务卿直接参与对华事务决策过程。他们无论是出于战时击败日本的军事目的还是基于战后的政治目标，对中国事务都有着周密的观察，并提出过相应的政策建议。因此，分析 1941～1950 年驻华军事官员对中国的认识，能够帮助我们理解决策者中国观的形成过程。

一　军方中国通史迪威对中国事务的认识

史迪威对中国的认识，一方面来自他长期的在华工作经历，作为驻华军事官员，他对中国国民党军队的军事能力、蒋介石处理国共矛盾以及对日作战的方式有着细致的观察；另一方面中缅印战区的指挥部里，他调来几位深谙中国事务的外事官员，这些外事官员进一步增强了史迪威对蒋介石及国民政府所持的负面看法，也让他对共产党有了更进一步的认识。在上述认知的基础上，史迪威提出现实主义的对华政策建议，对美国军方和美国政界一度产生了重要影响。

或许美国军方再没有人比史迪威的在华经历和经验更丰富。史迪威在辛亥革命后来华，1921 年，作为陆军语言留学生，他来到北京学习汉语。在此期间，他参加美国红十字会的一个赈灾项目，在山西建造一条公路。史迪威担任修路工程师。在山西修路的几个月里，他和中国修路工人一起风餐露宿，这次经历让他亲身体验到中国官僚政治，以及官商勾结的痼疾渗透到基层百姓生活中，会给工作效率以及调动百姓积极性造成很大的阻碍。

1926~1929年他充任美军驻天津第15步兵团营长，代理步兵15团参谋长。为了得到真实的战事情报，他以观察员的身份亲临中国的内战现场，在此期间，后来担任陆军参谋长和国务卿的乔治·马歇尔在该团担任代理团长，马歇尔非常赏识史迪威的军事才华，这一人脉的积累，为史迪威后来影响美国战时对华政策奠定了基础。

1935~1939年，他被任命为驻北京使馆的武官，担任军事参赞。作为驻华武官，史迪威需要研究“中国的前途、日本的扩张，对美国的影响。判断驻在国的能力和意图”。另外，作为一名军事情报官员，他需要“及时向陆军部报告有军事价值的事件和发展”。通常情况下，驻华武官喜欢通过参加首都各种各样的俱乐部获取情报。这样，工作就主要是社交性质的。史迪威不喜欢这种工作模式，他熟练掌握汉语的听说读写能力，这为他深入中国各地提供了语言便利。

1937年，事态的最新进展为他走出使馆开展工作提供了机遇。日本侵吞中国的战略野心越来越明显，1937年卢沟桥事变后，日本开始全面侵华的步伐。美国政府一直在密切关注着日本在中国的动向，中国国民政府呼吁美国施以援手，但是美国需要了解中国的战备情况，以便决定对中国的援助问题。因此，史迪威受命前往中国内地调查中国的对日作战准备情况。对战略战术的失当，对国民政府普遍性的忽视民间疾苦，以及随处可见的贪污腐败对普通士兵和百姓生活人为造成的灾难深有感触。这段经历基本上奠定了史迪威对蒋介石及其国民政府的负面认识。1942年他被任命为中国战区参谋长，他带着这些既定的认识与蒋介石打交道，在史迪威日记里，随处可见他对蒋介石的蔑视，“花生米”“小人物”是他对蒋介石惯常的指代称呼。上述经历，为史迪威赢得了中国事务专家的名誉。第15步兵团的乔治·林奇上校，在返回华盛顿期间报告说，“史迪威比任何一个军官都了解中国和远东，他在中国的旅行探索，使他掌握了任何人都不具备的背景知识”。

另外，史迪威不喜欢长篇累牍的文职报告，1942年上任中国战区参谋长后，他负责中缅印战区事务，在他的东南亚军事指挥本部里，设置有两个文职机构，史迪威认为它们的文案工作对战争几乎没有多大帮助。但他确实需要一些言简意赅、切中要害的报告，来获取某些情报，来帮助其实现军事目标。1943年5月，在华盛顿，在史迪威回美期间，国务院官员建议史迪威申请调派几位外事官员，为他提供一些情报，史迪威采纳这一建议。戴维斯有着丰富的在华从事外事工作的经验，从1933年开始，他一直在美国驻华使领馆工作，从1942年开始具体负责史迪威领导下的美国驻华军事代表团与美国外交部之间的联系。他深切感受到，史迪威缺少得力的情报助手，5月29日，在提交给国务院的报告中，戴维斯写道，“之所以提出这一请求，是因为史迪威将军意识到：在对日作战中，他经常地被政治、经济和心理方面的复杂问题所困扰……而他的班底成员，多为职业军人，并没有接受过专门的职业训练来收集信息，更不能就这些问题提供相应的建议。他只好从别处获取重要的情报和建议”。谢伟思、戴维斯、包瑞德被调往指挥部。

1937年，卢沟桥事变后，国民政府官方的表态充满着浪漫主义色彩和具有强烈的民族情感，但约翰逊大使观察到，日本关东军使中国领导人感到惊恐，甚至说“南京政府已变得像一块豆腐”。①

---

① Susan E. Wiant, *Between the Bylines: a Father's Legacy* (New York: Fordham University Press 2011), p. 224.

为此，要了解蒋介石的表态到底是否真实，再没有比战备情况更能验证各种情报的真伪了。1936年开始，史迪威从华南到华中，再到东北，沿途经过两广地区、武汉、徐州、东北等地，通过对各地军队部署情况的观察，他得出结论：

> 没有证据表示国民政府对日本进一步的进犯已做出有计划的防御。部队没有增加，甚至没有想到要增加。没有进行军事操练和演习……除非中国比任何军事强国都懂得更巧妙地进行伪装掩盖，要么他们根本就未作任何安排。①

这些判断让史迪威对蒋介石的军事才能极为不齿，他在日记里写道：

> 他要么不打算采取什么行动，要么他就是完全不懂同一个一等强国作战要作些什么样的准备……如果他真想沿陇海线作战，他要么是一个十足的笨蛋，什么也没有准备好，自以为他可以猝然参战，一旦打起来，他可以守得住。②

在史迪威看来，蒋介石的当务之急是加紧备战，改善交通线，“加固铁路线，（沿陇海线）向南修建几条支线，沿铁路修些公路”。然而他观察到，蒋介石自1934年一直将注意力放在新生活运动上，倡导儒家的传统仁义道德，号召百姓端正品行，在史迪威看来，国难当

---

① John Paton Davies, Jr., *China Hand: an Autobiography* (Philadelphia: University of Pennsylvania Press 2012), p. 129.

② 巴巴拉·塔奇曼：《史迪威与美国在华经验（1911～1945）》，陆增平译，商务印书馆，1984，第194页。

头，倡导这些细枝末节的琐碎礼仪是坐失良机。1933 年 9 月，蒋介石集结优势兵力，对共产党发动第五次围剿，与消极的抗日备战相比，如此大张旗鼓地对付国内政治力量显得混淆了矛盾的主次和事态的轻重缓急。在后来史迪威与蒋介石在中缅印战区充满摩擦的合作中，这一印象始终主导着史迪威对蒋介石的看法。

另外，这次深入中国各地基层的调查，让史迪威对蒋介石的治理能力深表怀疑。他注意到，尽管民国成立已然多年，然而中国基层百姓的生活基本没有得到任何实质意义上的改善，而被拉去战场作战的士兵都来自基层，很难想象这样的士兵会有多少爱国热情。他感到蒋只是一个守业者，缺少应有的魄力来启动一场深刻的变革。他没有能力清理中国各地普遍存在的贪污腐败之风，各省高官的变动经常会带来下层官员的全盘换血，这完全是任人唯亲和培植亲信势力的官僚政治之象。蒋介石的权力来自于各省官员的效忠，他需要笼络地方官员，从而换取其支持。然而遗憾的是，“眼前还没有出现其他有影响的领袖，享有同他一样的威望可以替代他”。

蒋介石是在用一种巧妙的手法来维持一种脆弱的平衡，一方面他继续在私底下谈论武力抵抗，另一方面却对日本不采取任何行动而继续反共。而日本却正好以反共为借口来加大对中国的侵华步伐。蒋介石将共产党视为心腹之患，他逮捕监禁大批共产党员和有抗日情绪的官员。与此同时，他已经着手在四川进行准备，一旦顶不住日本压力就将政府内迁。1937 年，史迪威通过对他实地调查采集的情报进行分析得出结论，“当前在中国所谈论的民主是口头上说说而已，没有实际意义……政府会采取一种拖延方针，强调进行备战，而无作战的实意”。[①]

① Barbara Wertheim Tuchman, *Sand against the Wind*: *Stilwell and the American Experience in China*, *1911 - 1945* (Londn: Macdonald Futura, 1981), p. 204.

史迪威认为，要对付日本人，蒋介石手中的资本只有“人多、地广和仇深”，缺少作战必需的“领袖、士气、团结、军火，以及协同作战的训练”。此外，战争一旦大规模爆发，日本人切断中国的沿海港口后，外援的投送就变得困难重重。迟至1937年日本人寻衅滋事前夕，蒋介石还在考虑联美制日，这仍然是中国传统意义上的以夷制夷策略。

通过上述观察，史迪威认为，中国军队的战斗力是很弱的，不能指望这样的军队来抵抗日本人。但是与此同时，他认为中国军队的战斗力还是非常具有潜力的，史迪威研究过湘军将领左宗棠在太平天国运动中的战斗表现。认为左宗棠镇压得力的原因在于军事指挥得力和士兵的潜力。因此中国军队的潜力还是很强大的，史迪威相信，中国士兵只要指挥得当，他们和世界上任何其他部队相比都不会逊色，他们能够吃苦耐劳，不怨天尤人，能忍受长时间的战斗，对粗劣的食物、繁重的工作、疾病、伤痛的生活习以为常，还能够从一些细小琐事中找乐子，在恶劣的环境中保持心情愉快。

与此同时，史迪威也在注意搜集关于共产党的情报，这为他后来在中缅印战区与蒋介石的合作屡遭挫折后，萌生与共产党合作设想奠定了初步的认识基础。1936年春，史迪威获悉山西的共产党人进行爱国抗日宣传活动，并枪毙了一些地主和税官，获得普通民众的支持。这次作战主要是在亲日的阎锡山部与共产党之间进行的。3月初，史迪威前往太原调查，对这次小范围军事行动的观察，一方面强化了史迪威对国民党军队作战能力的负面评价，在发给陆军情报部的报告中，他描述了阎锡山部队的作战不力，一个旅没有参加作战，因为共产党军队不在它的防区范围之内。另外一个旅遭到共产党军队伏击，由于电话通讯弄错了，阎锡山部的驻军司令以为是在同自己的部队联络，实际上对方是共产党部队。[1] 以这种作战能力的国民党军用来抗日，是毫无希望的。另一方面，共产党军队的作战能力引起了史迪威的兴趣，这为他后来提出弃蒋联共的政策奠定了初步的基础。

林彪率领的部队在平型关大捷中的战斗表现也给史迪威留下了深刻的印象，该师以农村为根据地，采取游击战术，并在友好的百姓的支持下，消灭日军一个旅，还缴获了粮食，史迪威认为，共产党人采取的战略战术是值得研究的，他和艾格尼丝·史沫特莱共同探讨过这次战役，史沫特莱是一位自由撰稿人，在北方共产党活动区域生活过一段时间，对共产党人的生活方式有所了解。由此，史迪威对共产党的作战能力有了进一步的认识。

史迪威在日记中写道，“（人们）支持共产党人的是什么呢？有精神上的支持，那又是什么呢？”“他们（指共产党）有出色的情报工作，出色的组织工作和良好的战术，他们不要城市，心甘情愿地在农村过艰苦生活。武器和装备都很差，但却使政府怕得要死”。史迪威对这些观察感触颇深，他甚至把这些实地见闻编成小册子，送给其他国家的使馆同僚们。对于中国共产党的性质，和大多数深入中国实地观察的外交官一样，他认为中国共产党是不公正经济待遇的必然产物。史迪威写道：

> 他们面对饥荒和干旱，背负着沉重的地租和利息的压力，受到地主的盘剥，对于改变土地所有制必然热烈响应，这就使他们成为共产党人。他们的领导人采用共产党的方法和口号而实际追求的是合理的土地所有制。[2]

---

① 巴巴拉·塔奇曼：《史迪威与美国在华经验（1911～1945）》，第199页。

② 巴巴拉·塔奇曼，《史迪威与美国在华经验（1911～1945）》，第200页。

早期在华任职期间的这些观察，让史迪威对蒋介石、国民政府以及共产党的认识建立起一个基本轮廓。当他后来到中缅印战区担任参谋长职务时，在军事指挥第一线遭遇的种种挫折，愈加强化了他的上述认识。

二　马歇尔：美国对华政策认知的重要塑造者

1941～1950年，乔治·马歇尔对美国决策层的对华政策认知和对华政策有着非常重要的影响。从1939年起，马歇尔先后担任陆军参谋长，来华的总统特使、国务卿，在上述重要位置上，他不但影响着决策层的对华政策认识，还直接参与外交决策过程。因此，探究马歇尔的对华政策认知，有助于帮助我们厘清主导决策层对华认知的关键因素。

二战期间，美国的对外政策很多都涉及与战争有关的事务，因此在外交事务决策过程中，陆军参谋长发挥了比和平时期更为重要的作用。1939年，马歇尔升任陆军参谋长。在这一位置上，他为罗斯福出谋划策，对美国外交政策产生了深远的影响。他设计的“先欧后亚”战略（Europe first strategy），从大战略的角度，左右着美国的对华政策。1941年12月11日，美国对德国宣战，日本袭击美国珍珠港，这直接把一个两线作战的难题摆在了美国决策者的面前。马歇尔和他的同僚们没经过多少争论，便确定了“先欧后亚”的大战略。马歇尔制定这一战略与他对整个二战战场形势以及美国重要的国家利益的判断有关，第一，英国的迅速溃败，导致德军将进攻目标转向苏联，而苏联抵抗德国的压力越大，与德国签订媾和的可能性就越大，如此一来，增加了美国的传统盟友英国的压力，因此，美国需要支持苏联，争取早日开辟第二战场。第二，马歇尔认为，如果德国人停战，那么日本人就会停战；而日本人是否停战对德国人不会产生任何影响。因此，从擒贼先擒王和一石二鸟的角度考虑，先欧后亚能够让有限的资源得到最大化地利用。但是日本人对美国领土造成的威胁似乎比德国人要大得多，日本带来的威胁也不可小觑，此外，日本人直接威胁着英国在亚洲的殖民地，血浓于水，美国需要帮助英国。因此，在战争初期，美国将优势资源临时投放到亚洲，但随即，欧洲战事吃紧，资源又日益向欧洲战场倾斜，先欧后亚战略付诸实施。按照这一战略，美国将德国确定为其主要的敌人，打击纳粹德国是更为重要的战争目标，在战争资源分配上，也遵循这一原则。与此同时，也要投入有限度的资源到亚洲战场，打击日本。在欧洲战场上取得对德胜利后，全力打击日本。官方数据显示，在 1944 年欧洲战场出现转机之前，美国的主要资源和兵力均投放在欧洲战场上。

这一战略的确立对中国战场影响很大，也直接影响到美国的对华政策。道义上支持，刚刚宣战，却在实质意义的援助上进展缓慢。尽管太平洋战争初期，美国在亚洲战区投放了高于欧洲比例的军力和资源，但这些资源主要在西太平洋战区而非中国战区。随后就抽走和减少支持，1943 年，为了支持北非战场，美国从中国调走航空队，引发一场不小的中美外交危机。从 1942 年开始，蒋介石一直不断地希望得到更多的美援。

二战结束后，担任国务卿的马歇尔，在和平时期继续处在左右外交决策过程的位置上，先欧后亚战略继续主导着他的思维。1947 年底，大约 60% 的美国海外部队，将近 50% 的海军舰艇以及绝大多数的军用飞机部署在亚洲和太平洋地区。[①] 到胜利日，如果不计入日本侵

---

① Lanxin, Xiang, *Recasting the Imperial Far East: Britain and America in China 1945 - 1950* (Armonk, New York: M. E. Sharpe, 1995), p. 141.

略期间对美国造成的经济损失，援助中国国民政府的款项就高达20亿美元，而美国在中国的地位并未得到提高，反而被削弱了，这意味着这笔钱打了水漂。美国在远东特别是中国政策的失利让马歇尔及和他具有同样思维的决策者坚信先欧政策是正确的。此外，战时形成的对中国的认识以及他使华期间对蒋介石及其政权的认识，进一步坚定了他的信念。在与法国国会议员雷蒙德·劳伦特（M. A. Raymond Laurent）会面中，马歇尔解释在战后继续推行先欧后亚战略的原因时说：

> 中国人从未原谅我，因为在战时我参与做出优先考虑欧洲的决定，现在他们责怪我在战后复兴中同样优先考虑欧洲，我试图说服中国人，让他们明白一点：欧洲的复兴对于中国的福祉而言是至关重要的，如果没有欧洲的复兴，花在他们（中国人）身上的钱最终会被证明是无用的。[①]

太平洋战争爆发后，史迪威的对华政策看法对马歇尔的影响很大。在北洋军阀时期马歇尔曾在美军第15步兵团担任代理团长，其间他非常欣赏同在该团服役的史迪威。而马歇尔自在本宁堡步校担任教官以后，他就养成一个习惯，即将出类拔萃的学员单独归入一个档案，这个习惯一直跟随着他，太平洋战争爆发后，他建议罗斯福总统给军队注入新鲜的血液，让年迈的军官退役，充实以年富力强的优秀将官，以适应大战的需要。他列出一长串要退役的军官名单，61岁的他把自己列入退役名单，罗斯福采纳这一建议，但极力挽留马歇尔。随后，

① Lanxin, Xiang, *Recasting the Imperial Far East: Britain and America in China 1945 - 1950* (Armonk, New York: M. E. Sharpe, 1995), p. 141.

马歇尔根据自己的小花名册提拔了一批优秀的军官，二战时期立下赫赫战功的艾森豪威尔和巴顿将军都是拜马歇尔慧眼识珠所赐的机遇才得以被重用的。史迪威也在名单之列。

如前所述，史迪威对蒋介石及其政权处理内外危机的方式和能力一直持强烈的负面看法，这在很大程度上影响着马歇尔对蒋介石及其政权的看法，并决定着他的对华政策立场。这主要表现在以下两个方面：第一，他经常可以读到史迪威等驻华外交、军事情报官员发来的关于蒋介石政权贪腐情况以及对日作战不力的报告，因此，在对华援助中，他力主实行有条件的援助政策，要求蒋介石将援助资金切实用到抗日用途上去。第二，在影响战时中美关系的重大事件中史迪威的指挥权处于危机之时，马歇尔坚定地站在史迪威一边，劝说罗斯福总统对蒋介石施加压力。

在第二章和第三章中，我们从两个方面分析了美国对华政策认知的缘起，一是梳理了1941～1950年美国决策者对华政策认知的历史性根源；二是从传教士、主流媒体、驻华外交官、驻华及来华军事官员对中国事务观察中所得到的信息源。上述外交信息虽然纷繁复杂，但决策者们根据自身的战略分析以及所面临的国际形势，建立起自己的对华政策认知。总体而言，决策者大致分为三派：一派主张无条件地支持蒋介石，另外一派主张有条件地支持蒋介石，还有一派认为不应当支持蒋介石。在太平洋战争前期，第一种论点占据主导地位，罗斯福为了鼓励蒋介石继续抗日，采纳第一种政策主张。太平洋战争后期开始，鉴于中国在太平洋战场战略地位的改变，以及过去几年来美中两国军事合作的崎岖而又充满挫折的经历，使第二种论点占了上风，美国转而采取看表现给援助的政策立场。第三种论点在美国对华政策主张中始终没有占据主导地位，这种论点主要是一些对国民政府的治国方式有着近距离观察和深刻反思的驻华军事、外交官员提出的，在抗战结束后，在麦卡锡主义的反共清洗中，这些官员的政策始终得不到决策者的重视，在国共内战时期，美国国务院试图在第二种和第三种政策中寻求一种平衡方案，根据国民政府在稳定经济、扩大执政基础等问题上取得实质性进展的情况决定是否给予援助。在国共内战胜败已见分晓的情况下，美国国务院极力想从与蒋介石政权的关系中摆脱出来，试图等中国国内政治局势稳定下来根据届时情况再作打算。

第四章
苏联因素对美国对华政策的制约作用

1941～1950 年，苏联在远东的存在，是美国对华政策的一个重要制约因素。特别是在应对国共两党矛盾时，美国决策者非常看重苏联的态度。用驻华大使赫尔利的话说，抗战结束前后的美国对华政策“掌握在斯大林手中”。[①] 决策者们过高估计中共独立于苏联的一面，轻易相信斯大林做出的承诺，考虑到美国一直对苏联怀有深深的疑虑，并一直力求避免苏联在中国扩大势力，美国与苏联在中国内政问题上所做的交易实在违背常理，然而美国这样做的初衷恰恰是为了避免苏联在华势力扩张，这是美国一个多世纪以来孜孜以求的对华政策目标。

第一节　苏联的对华政策演变：1941～1950 年

1941～1950 年的苏联对华政策扑朔迷离，苏联不但在国共两党和美国之间灵活转身，多方下注，在苏联与中共的关系上、在中国

① 谢伟思：《美国对华政策（1944—1945）》，第 104 页。

未来的发展道路上，苏联的立场和态度是让各方都找到满意部分的同时，也让各方心存疑虑和担忧。而事实证明，各方心存的疑虑和担忧最终都成为现实。在这场博弈中，能够把握苏联政策并为己所用的最大赢家是中国共产党，而蒋介石和美国都未能针对苏联对华政策做出一个有利于自身利益的政策应对。蒋介石和美国的政策最终都损害了自身的利益。在此，有必要简要回顾一下这一时期的苏联对华政策。

一　1941～1950 年苏联与中国国民政府的恩怨

苏联的远东政策一直是现实主义的，国家利益而非意识形态一直是其远东政策的出发点和落脚点。苏联一直与中国国民政府之间保持着非敌非友的关系。

20 世纪 30 年代初期，苏联的远东政策是援助中国，用中国拖住日本，避免即将到来的两线作战。1936 年 11 月 25 日，日本、德国签订《反共产国际协定》，苏联面临着与日本、德国两线作战的危险。从自身利益出发，1941 年 4 月 13 日，苏联与日本签订《苏日中立条约》。由此，苏联、日本减轻各自的作战压力。该条约是以损害中国的领土和主权利益为代价的，附件规定，“苏联保证尊重满洲国的领土完整和不可侵犯，日本保证尊重蒙古人民共和国的领土完整和不可侵犯”。作为对日本的承诺，条约签订后，苏联停止对华援助。

苏联停止对华援助，与日本握手言和，等于背弃蒋介石。再加上苏联领导的共产国际一直通过各种渠道对中共提供建议，新仇旧恨加深了蒋介石对苏联的不信任感。此后，中苏关系一度处于冷淡阶段。太平洋战争爆发后，美国对日宣战，为苏联改变态度提供了契机，斯大林不希望中国成为美国的势力范围。1941 年 12 月，斯大林通知蒋介石，他最终将参加太平洋战争。但是苏联并不想早日参加对日作战，除了苏德战争限制苏联在远东采取积极行动之外，还有一个重要的原因，正如 1943 年美国参谋长联席会议所预计的那样，“苏联将根据自己的利益做出决定，只有在它认为会以较小的代价打败日本的时候，苏联才会参战”。[①] 在 1943 年 11～12 月的德黑兰会议上，斯大林委婉地拒绝了罗斯福提出的作战计划，罗斯福建议在中国沿海建立空军基地并做好应对日本发动空战的准备，此时，苏联还不想过早向日本摊牌，撕毁《苏日中立条约》，但是斯大林也不想让美、英、中三国失望，他对丘吉尔表示，苏联在中国有政治要求，但是斯大林并没有明确表达这些政治要求到底是什么。1943 年，整个德黑兰会议期间，他给罗斯福留下的印象是，苏联想获得大连作为国际自由港，作为它在远东的出海口。他对中东铁路有要求，但是其目的就是想把苏联的贸易延伸到中国来。

在 1945 年召开的雅尔塔会议上，苏联明确提出上述要求。二战结束前后，苏联远东政策的基点是避免与美国迎头碰撞，在苏联的战略构想中，美苏角逐的重点在欧洲和中东，如果将范围扩展到亚洲，就会战线过长，对苏联来说未必是件好事。在亚洲，苏联见机行事，尽量消除美国的戒备之心。苏联这种大国合作的远东政策思路遇到了知音，美国同样希望在远东与苏联开展合作。双方不需要多少周折和争论，就达成共识。

在雅尔塔会议上，美苏以牺牲中国主权利益所达成的政治交易，

---

① Mark A. Stoler, *Allies and Adversaries: The Joint Chiefs of Staff, the Grand Alliance, and U. S. Strategy in World War Ⅱ* (Chapel Hill, NC: University of North Carolina Press, 2000), p. 124.

奠定之后五年间美苏对华政策以及它们之间博弈的政策基调。为了争取苏联对日参战，美国可以以相对较低的代价结束中国战区的对日作战，罗斯福在生命的最后时刻，暂时放弃对苏联的戒备心。而过去半个世纪以来，美国一直诉诸以日制俄战略，避免俄国在中国的势力坐大。在远东秘密协定中，美国允诺苏联在外蒙和东北享有大量权益，大连成为自由港，旅顺成为海军租借基地，作为回报，苏联参加对日作战，并承诺战后支持蒋介石。关于远东的范围切割协定，尽管在某种程度上，美国放弃它一直以来制约苏联在华实力的战略利益，但是实质上美国是在以中国的主权利益换取苏联的军事支持，也赢得苏联支持美国对战后中国设计的政治蓝图。

雅尔塔会议之后，美国催促中苏缔约，对中国战场的战事和中国战后的政治走向做一个统筹安排。1945 年 8 月，中苏签订《中苏友好同盟条约》，苏联承诺从军事和精神上只支持中国国民政府。根据这一条约，中国共产党在战后中国政治秩序中的地位被排除在外。

尽管雅尔塔协定是美苏背着中国签订的，但此前中国国民政府已经通过外交途径获悉条约文本的内容。因此，在最终条约文本到达蒋介石手中时，尽管其中关于外蒙和东北的内容损害中国的主权利益，但他还是同意了。实际上在此之前，苏联已经实际控制外蒙和东北，协定只是承认已经形成的既成事实。最让蒋介石感到欣慰的是，协定中关于苏联在中国国共两党之间立场的部分，苏联承诺只支持国民政府是中国唯一的合法政权，而一直以来，尽管国民政府曾经接受过苏联的大笔援助，但苏联与中国共产党之间的联系，是蒋介石所忧虑的。如果苏联能够明确表态不支持中国共产党，那么蒋介石就可以放手对付中共，而不必担心会引来苏联干涉。因此，权衡利弊后，蒋介石接受了美苏的雅尔塔协定。

与此同时，就在《中苏友好同盟条约》签订前，中国和苏联在新疆斗智斗勇，蒋介石极力想清除苏联在新疆的势力，双方争吵摩擦不断，双边关系一度暗淡。但是苏联一直避免与蒋介石正面冲突，因此，苏联对国民政府的态度，对美国很有迷惑性。蒋介石经常向罗斯福诉说苏联的敌意。在 1944 年 3 月 17 日的信中，蒋介石告知美国，驻新疆的中国军队遭到苏联飞机轰炸，称这是“今后苏联远东政策的一个非常重要的前兆”。他还诉说中国共产党正在准备暴动，怀疑其背后存在着苏联和中共协定，因此，他在中国国内加强反苏宣传。罗斯福和国务院不怎么相信蒋介石的抱怨，认为它没有多少根据，在很大程度上不过是为了获得美国的关注与援助。但他们又认为，中苏两国的紧张，无论从军事上看还是从政治上看，都是危险的。有必要限制国民政府的反苏运动，并建议蒋介石在国内先与共产党达成谅解，以此作为开启中苏会谈的前提。

苏联远征军出兵东北，给日本关东军最后一击，对于早日结束对日作战起了重要的作用。但是另一方面苏联参战是有私心的。苏联远东军总司令华西列夫斯基对于日军提出停战交涉的回答是，关东军应于 1945 年 8 月 20 日 12 时以后停止战斗。这种没有要求日军立即停战投降的反常举动，显然表明苏军对当时战斗的推进和战果还不满意。一旦宣布日军投降，就有可能招致中国和美国介入受降。苏联希望利用达成停战协议之前的时间，加速扩大在满洲的占领区。事实上，苏联正是在 8 月 18 日到 20 日之间短短的两三天里，依靠空运部队和地面快速先遣部队相继抢占哈尔滨、佳木斯、齐齐哈尔、长春、沈阳、承德、旅顺、大连。这样，苏军便以最小代价取得辉煌战果并占领整个东北。

可见，苏联出兵东北的真正目的和目标并非如官方公开表述的那样，是“完成对日寇的最后一战”，这只是苏联要实现其在远东战略目标的一个必经手段。[①] 太平洋战争爆发以来，英、美屡次敦促苏联早日参加对日作战，蒋介石也多次表达这一愿望，但是苏联一直没有给予肯定的答复。斯大林并非不想参战，只是还没有找到合适的时机。在斯大林看来，这是苏联再次实现远东战略的绝佳契机。

早在沙皇俄国时期，俄国就有一个野心勃勃的“黄俄罗斯”计划，试图控制中国的蒙古、新疆和东北，以此建立缓冲地带。清末，俄国一度将这一计划变成现实，开设银行，修建中东铁路，租借旅顺和大连，但是俄国在东北的迅速扩张招致日本的反感，终于引发日俄战争，这是一场日俄在中国领土上争夺殖民利益的战争。俄国战败后，调整战略，将注意力主要转向蒙古和新疆。但是俄国从来没有放弃回到清末在东北的光荣与梦想。时隔40年，斯大林终于获得这样的机会。在雅尔塔会议上，斯大林终于等来合适的契机，英美国家对太平洋战争悲观失望，它们竭力想拉斯大林加入远东的战斗，此前斯大林一直推三阻四，但他从没有拒绝参战，只是时机不到。斯大林没有忘记英美国家在欧洲战场是怎么对待他的，就在一两年前，斯大林竭力建议美英在法国开辟第二战场，分担希特勒对苏联构成的强大压力，但是美英一致表示时机不到。雅尔塔会议之时，斯大林认为时机已经到来，可以获取更大的筹码。秘密协定中，斯大林终于有机会将苏联在东北的势力范围恢复到沙俄时代的辉煌。

斯大林对战后世界秩序的构想，具有浓厚的沙皇俄国时代的烙印，以空间换取时间依然是苏联领导人喜爱的外交法则，在远东丢

① 关于苏联出兵东北的目的，参见沈志华《苏联出兵中国东北：目标和结果》，《历史研究》1994年第5期。

失的利益让他们如鲠在喉。慕尼黑阴谋，强化了苏联领导人心目中的这些信念。斯大林不相信曾经竭力将祸水向东引的西方国家，曾经推行绥靖政策放希特勒出笼，进攻苏联。因此，苏联希望从波罗的海、中国甚至到非洲打造一个安全的缓冲地带，在这些地区建立亲苏的政权，避免这些国家再次成为入侵苏联的跳板。这与美国在战后想要领导世界的构想是完全冲突的，美国等西方世界倡导自由贸易制度，苏联从中看不到自己实行计划经济体制的未来。美国倡导建立的国际组织联合国里坐满了曾经参与绥靖政策的美国朋友，苏联不相信他们能够做到客观公正。雅尔塔会议的远东秘密协定，写着“恢复1904年日本背信弃义的进攻所破坏的原属俄国的各项权益”。所以，抗战初期，苏联援助中国打击日本，是有制约日本的因素在里面，而日本将苏联出兵东北称为复仇，实际上到抗战后期，蒋介石越来越意识到苏联出兵东北有私心，因此，他不想让苏联进入东北。

此外，在1949年之前，苏联表面上保持着与国民政府的官方联系，在1949年，国民政府南迁广州时，苏联大使根据母国指令，按照外交惯例，跟随中国国民政府南迁。苏联与国民政府之间复杂的关系，让蒋介石对苏联爱恨交加，苏联在关键的时刻和问题上帮助国民政府，却又索要中国领土和主权利益作为补偿。

而且，实际上，苏联依然继续20世纪30年代的两手战略，两方下注，避免中国的政治变动给苏联的在华利益构成威胁。就在中苏签订条约之时，苏联就悄悄地修正自己的立场。在中苏条约签订前，苏联通过多种途径向美国和中国国民政府保证不支持中国共产党。私底下，苏联在东北，给予中共军队有限度的支持，但是这种支持不是公开进行的。

二　苏联与中共的关系（1941～1950 年）

和国民政府一样，中共也对苏联怀有很深的成见。在与中共打交道的过程中，意识形态从未超过国家利益，成为主导性原则。中共无非是斯大林实现其远东计划的一个备用盟友。只是在将斯大林的计划为己所用上，毛泽东比蒋介石做得更为成功。

1941 年 6 月苏德战争爆发后，斯大林要求共产国际发动各国共产党，把武装保卫苏联作为各国共产党的核心任务，要求中国共产党率领的八路军迅速采取行动，牵制日本军队。1941 年 7 月 7 日，日本陆军为配合德军对苏联的进攻，以苏联红军为假想敌，进行军事演习。作为回应，苏联要求中共调动八路军前往北平、张家口、包头，切断铁路，让日军不能有效地调集军队。毛泽东从中共军队的实际情况出发，拒绝共产国际的要求，1942 年，当苏联再次获悉日军向中苏边界集结时，苏联再次要求中国共产党调派军队破坏交通线，以牵制日军。毛泽东考虑到当时解放区的实际困难，再次拒绝苏联的要求。

抗战胜利时，绝大部分国军都退守到西南边陲地区，而共产党的军队靠近各大城市及主要铁路线，如果共产党利用得天独厚的优势位置抢占这些战略地区，那么国民党就会输得更早。但遗憾的是，苏联并不想让毛泽东这么做，斯大林不想让中共拖了苏联在欧洲扩张的后腿。

早在抗战临近结束时，毛泽东就已经在仔细预测大国对中国内政可能采取的态度。此时欧洲出现的国际事件给毛泽东提供了分析的参照。毛泽东从美英苏应对波兰危机的态度准确地预见到大国在中国国共矛盾上将会采取的立场。按照毛泽东的分析和设想，苏联会给中共提供帮助，使中国成为远东的波兰。[①]

因此，在美苏之间如何站队上，毛泽东坚定支持了苏联的立场。如果说1944年毛泽东还期望与美国建立良好关系，希望得到美国的援助，那么在希望落空后，他很快对战后秩序做出一个历史性的估计，分化为美蒋和苏共两大阵营。1945年8月9日，《解放日报》刊文形容美国原子弹的威力为“战争技术上的一次革命”，毛泽东对这篇文章非常恼火，他召集宣传工作人员，教育他们不应当夸大原子弹的威力和作用。毛泽东的真正意图是击败日本不应当归功于原子弹，而是苏联红军参战的功劳。8月13日，毛泽东再次强调苏联红军参战的寓意是具有历史性的，不可估量的。与此同时，蒋介石及其宣传人员则极力淡化苏联红军参战的影响，更强调两颗原子弹的巨大威力。

苏联红军参战，的确给了中共极大的鼓舞，毛泽东认为一场类似

① 1944年华沙起义，是波兰地下武装救国军组织发动的，该地下武装擅长游击战术，但实际上隶属于波兰流亡政府，流亡政府想通过原有的军事体系和架构，赶在苏联红军到达之前打败德军，避免波兰被苏联染指。早在1944年7月，苏联就在波兰扶持建立波兰民族解放委员会，而在华沙起义前夕，苏联红军已经抵达波兰维斯瓦河东岸，苏联和德国分治波兰期间，波兰人痛恨德国，对苏联的印象也不佳。起义时机的选择颇能说明苏联和波兰之间的恩怨。在华沙起义中，英国和美国支持波兰流亡政府，当波兰救国军弹尽粮绝时，英美两国从意大利的机场起飞空投救援物资和武器，但是投送的准确率太低，英美请求苏联允准使用苏方的机场，遭到苏联拒绝。苏联拒绝的理由有二：一是华沙起义的目标是要抢在苏联发起进攻之前，解放华沙，避免苏联支持的民族解放阵线在德军撤退后掌权。二是英国在请求苏联支援的信函中指责苏军向华沙挺进和德军撤退共同促使波兰救国军采取这一冒险行动，华沙才陷入困局。苏联对这种指责非常愤怒，因此毫不妥协，并指出苏联对华沙起义计划事先毫不知情，假若起义方事先通知苏联，苏联必定会以行动安排不合理为由进行劝阻。不过，起义后期，苏联还是对波兰救国军空投了武器、弹药、通信器材和食品进行救援，并对德国空军进行空中打击，避免德军大规模轰炸华沙。苏联最终仍然支援具有英美支持背景的波兰救国军，原因很复杂，一方面，华沙起义虽然是波兰救国军发起，但几乎是全民参与，成分复杂，苏联给予援助对其后来实现在波兰的政治目标是有利的。另一方面，在起义将近结束之时，苏联才从前方发回的报告中获悉华沙起义的反苏政治目标，在此之前，苏联对救国军的政治背景有所了解，但对其起义的反苏目标并不知悉。尽管毛泽东忽略波兰救国军的政治背景，他仍热情地撰文称赞苏联援助的伟大壮举，但是在基本的政治判断上，毛泽东是正确的。在波兰，英美支持波兰流亡政府，苏联支持波兰民族解放阵线。毛泽东据此推测三大国在中国也会采取类似的政治立场，英美会支持国民政府，苏联会支持中国共产党。

于波兰的新民主主义革命会很快席卷中国，他认为战后美国会支持蒋介石，苏联会像在东欧所做的那样，公开而直接地援助中共。就在苏联出兵的当天，毛泽东发表了《对日寇的最后一战》的声明。1945 年 8 月中旬，毛泽东拟订计划，在北方，他雄心勃勃地命令结束长期以来的游击战，将同志们组成排、连和营等，准备发起大规模反攻，夺取大城市并指示中共军队向外蒙挺进，与苏联红军碰头。在南方，由于意识到蒋介石的国军占据优势地位，而且美国会给予支持，毛泽东打算小步谨慎进行，占领小城市。

但是此时斯大林不想让中国成为远东的波兰，他和美国决策者怀有同样的顾虑，即不希望在中国出现美苏正面对抗，双方都把欧洲作为全力以赴的重点地区，在亚洲，美苏都希望相互妥协，维持现状。因此，斯大林不想以公开的方式支援中共，摆在他面前的一件非常棘手的事是如何以巧妙的方式兑现雅尔塔承诺。

兑现雅尔塔承诺对苏联是有现实利益的。苏联获得中国的领土利益，但是苏联需要在中国内政事务上支持蒋介石作为回报。这种附加条件限制着斯大林公开支持毛泽东及其领导的中共。为了不损害国际形象，同时实现自身利益的最大化，斯大林作了两手准备，一方面紧锣密鼓地与蒋介石的国民政府磋商签订中苏条约，以兑现雅尔塔协定；另一方面暗中与中共接触，避免在国际法上陷自己于不利境地。如此处理的结果是斯大林获得与蒋介石谈判的更多筹码。

此时，斯大林想继续在外交上与蒋介石保持良好关系，避免与中共进行公开而直接的联系，他只愿意私下支持中共。因此，他反对中共与国民政府此时决裂。开始毛泽东并不愿意参加重庆谈判，但是斯大林发来一份电报，表示国际社会和中国人民都渴望和平，毛泽东应当到重庆参加谈判，美国和苏联都会担保毛泽东的人身安全。如果中共拒绝，一旦内战爆发，中共将会承担责任。收到斯大林的电报后，毛泽东获悉苏联并不想公开支持中国共产党，他的失望可想而知。毛泽东马上改变主意，1945 年 8 月 21 日，他连发两份电报通知部下取消 8 月中旬拟订的反攻计划行动，他对参加重庆谈判的态度，也缓和了许多。22 日，他答复蒋介石，将派周恩来到重庆。8 月 24 日，毛泽东电告蒋介石，他将亲往重庆，共商和平大计。

尽管有苦涩的记忆，但毛泽东还是认真倾听并接受了斯大林的建议。毛泽东最初的军事构想是建立在他对苏联的过高估计基础之上，他先前预计苏联会在战后给予中共大规模公开的援助，他认为苏联会以波兰方案来解决中国的国共危机，因此为了配合即将到来的苏联援助以及与苏军并肩作战，毛泽东适时地制订了周密的军事计划。但当他发现苏联并无此意时，他马上取消行动计划。与此同时，他还为苏联的政策立场作了合理化的解释。1945 年 8 月 23 日，就在收到斯大林电报的当天，毛泽东在中央政治局扩大会议上发表长篇讲话，说明苏联不允许共产党同国民党发生冲突的原因：苏美英三大国都渴望和平，不希望中国爆发内战，可以肯定的是，第三次世界大战应该予以避免，如果苏联支持我们，美国就会支持蒋介石，第三次世界大战就会爆发。在中国，苏联抗衡美国应该维持在这一限度之内，“因为要维护世界和平，以及受到中苏条约的限制，苏联不太可能会支持我们”。因此，中国共产党不能夺取大城市，我们只能维持现状。他建议采用一个新的口号“和平，民主和统一”。在这次会议上，毛泽东还解释苏联为什么不能大规模援助共产党，理由是中国是亚洲的希腊，在欧洲，苏联在保加利亚大刀阔斧地援助共产党，而在希腊却行动消极，原因是希腊是英国的势力范围。按照这一推理，毛泽东认为中国是美国的势力范围，因此苏联不想在这里有大动作，不愿意公开支持中共。为此，中共只能安于现状，与西方世界维持现状。所以，“我们要准备走法国式的道路，即资产阶级领导的，有无产阶级参加的政府。但是苏联还是真心援助中国共产党的。要看问题的实质，不能只看表面，中苏条约是有利于中国人民的，因为苏联红军占领东北，对我们是有好处的。外交归外交，党的关系归党的关系，这是两码事”。[①]

实际上，毛泽东并没有满足于维持现状，他在寻找机会。他发现既然苏联不愿意公开支持中共，是因为中国是美国的势力范围，那么东北和外蒙不在美国的势力范围内，斯大林可以在这些地区有所作为，从而实现突破。很快，毛泽东就发现，他竟然和斯大林想到一块儿去了。

1945 年 8 月 26 日，在一次党内会议上，毛泽东发表讲话表示，“现在苏联红军不入关，美国军队不登陆，形式上是中国自己解决问题，实际上是三国过问，三国都不愿意中国打内战，国际压力是不利于蒋介石独裁统治的，中苏条约有利于中国人民”。[②] 鉴于当时的形势，毛泽东在军事计划上也做了调整，“谈判自然必须作一定的让步，只有在不伤害双方根本利益的条件下才能达成妥协。我们准备让步的第一批地区是广东至河南的根据地，第二批是江南的根据地，第三批是江北的根据地，这要看谈判的情况，在有利条件下是可以考虑让步的。陇海路以北以迄外蒙一定要我们占优势。东北我们也要占优势”。[③] 毛泽东认为这些地区不在美国的势力范围之内，因此斯大林可

① 何明、罗锋编著《中苏关系重大事件述实》，人民出版社，2007，第 9 页。

② 毛泽东：《赴重庆谈判前在政治局会议上的讲话》（1045 年 8 月 26 日），《毛泽东文集》第 4 卷，第 16 页。

③ 毛泽东：《赴重庆谈判前在政治局会议上的讲话》（1045 年 8 月 26 日），《毛泽东文集》第 4 卷，第 15 页。

以在这些地区支持中共建立对苏联友好的政权。这种创造性解释，正好契合斯大林的本意。

在抗战将要结束之时，斯大林认为，“将要进行的战争与以往性质完全不同，不论是谁，都会在其军队所及的领土上推行自己的社会制度”。[①] 当苏联红军占领东北时，斯大林首先想到的是如何让该地区掌握在对苏联友好的政权手中。尽管他和蒋介石签订条约，但他认为蒋不过是美英的傀儡。因此，他命令驻扎在远东的将军们私底下秘密支持中国共产党。斯大林早就为秘密行动做了准备，第一支进入东北的军队实际上是苏联红军从苏联带回的中共军队。20 世纪 30 年代，这支部队在东北被日军击败后，撤退到西伯利亚，编入苏联红军 88 旅，由会说中文的苏联军队担任训练教官。8 月 16 日，苏联红军命令这支部队回到东北，需准备应对以下几种情形：一是中共部队将进入东北，需要为中共准备场地。二是中共部队有可能被蒋介石切断，国军顺利进入东北。在这种情况下，该部队需要做好准备发动游击战。三是如果局势恶化，该部队应再次撤退到苏联。为了做掩护，该旅的所有成员都拥有双重身份，他们既是中共军队，也是苏联红军。一旦他们被国民党军队捕获，为了避免可能的外交麻烦，在军官证上，一律使用假名。

毛泽东也在尽最大努力，避免给苏联带来外交上的麻烦。8 月 29 日，毛泽东命令此前待命进入东北的军队迅速解散，部队化名为东北军和抗日军，占领乡村等没有苏联红军的地区。指令中写道，“苏联会对我们采取放任态度，并对我方持同情立场”。8 月 30 日，一支中共军队抵达山海关，这里是进入东北的门户，由于收到麦克阿瑟的指

---

① Caroline Kennedy Pipe, *Stalin's Cold War: Soviet Strategies in Europe, 1943 to 1956* (Manchester: Manchester University Press, 1995), p. 66.

令，日军必须向国民党军队缴械投降，驻扎在这里的日军拒绝向中共部队投降，驻扎在附近的苏联红军协助中共部队发动攻势，占领这座城市。9月，在占领锦州、沈阳的过程中，苏联红军采用同样的办法，提供暗中协助。苏联红军指示中共部队，为了避免苏联在外交上的尴尬，中共部队避免使用八路军称号，改称人民军。

8月下旬，共产党军队从山东横渡渤海海峡到达大连，受到驻扎在那里的苏联红军的欢迎，消息很快传到延安，9月11日，中共中央决定从山东增派3万兵力到东北，并决定从华北和延安继续增援。为了延迟国民党军队进入东北的时间，共产党打算在铁路沿线发动系列攻势。9月14日，苏联红军马利诺夫斯基将军（Mashal Malinowski）派代表前往延安，在一次公开会议上，传达将军的官方声明，表示在苏联红军撤退之前，中共军队不得进入东北，已经进入东北的中共军队应该马上撤离。在私下场合，苏联代表表示，只要中共以地方军的名义，苏联红军愿意支持中共军队在东北的军事行动。他还建议中共应该派遣一些层级比较高的官员抵达东北，便于近距离商谈中苏合作事宜。中共由此成立东北局，将三分之一的政治局委员囊括在内，因而有“小政治局”之称。委员们乘坐苏联代表的飞机，在天亮之前抵达东北。苏联建议，中共当前的整体战略应当是全力以赴夺取北方，暂时放弃南方。与此同时，驻重庆的苏联大使建议中共确保守住张家口、古北口、山海关沿线，以阻挡国民党军队进入东北。斯大林正式通知毛泽东，在苏联红军按照预定的时间撤离东北之前，苏联支持中共夺取东北，只是要以隐蔽的方式。

1946年苏联的态度依然是希望国共和解，1947年，苏联态度急转，战场形势的变化，使苏联一扫之前对中国革命的悲观态度，开始对中国共产党充满希望。5月20日，苏联与中国共产党在哈尔滨举行高级别会议，签订《哈尔滨协定》，其中规定，苏联给予中国共产党外交和军事支持，开展全面合作，发展东北经济，苏联在东北陆路和空中交通方面享有特殊权利，东北出产的棉花、大豆等战略物资，除满足本地区需要之外，全部供应苏联。不但态度急转，斯大林作为国际共运的最高领袖，在多个场合表态，自己在中国革命的认识上犯过错误。

第二节　美国淡化处理蒋介石的苏联威胁论

太平洋战争时期，蒋介石竭力试图将美国拖入与共产党的对抗之中，这既包括国内的中国共产党，也包括苏联。在这两点上，蒋介石抓住了美国对华政策中最为敏感的神经：对苏联的戒备，对中共的怀疑。然而直到抗战胜利后，美国一直努力避免在中国事务上与苏联正面对抗，对蒋介石不断提出的苏联威胁警告，美国都是淡化处理。

争取美国介入来制衡苏联的在华扩张，一直是蒋介石及其政府的对苏战略。从新疆问题到国共矛盾再到中苏条约谈判，蒋介石一直想让美国出面，对苏联施加压力，促使苏联做出让步，但是这恰恰是美国竭力想避免的。除了国共危机，关乎美国在华的切身利益，其他事宜，美国希望中苏自己去解决。

早在 1942 年，国民政府策动新疆军阀盛世才反水，蒋介石希望美国能够介入。此前盛世才与苏联签订条约，出让新疆的采矿权等权益给苏联，1941 年苏德战争爆发，苏联停止对华援助，中苏关系趋于冷淡，国民政府趁苏联无暇兼顾在新疆获得的利益，于 1942 年底发兵新疆，巩固中央政府对新疆的统治权。然而此时，国民政府对中苏之间能否一劳永逸地解决新疆问题仍然没有底，1942 年 10 月，蒋介石夫妇宴请罗斯福总统的特使威尔基，一同赴宴的还有美国驻华大使馆参赞范宣德，在与外交次长傅秉常讨论苏联在新疆的行动时，傅秉常认为尽管目前看起来中苏关系在新疆开端良好，但从长远看，他认为中国和苏联彻底达成谅解解决新疆问题的可能性很小。除非美国能够介入，对苏联施加压力，或许有可能解决。理由是苏联支持山西的共产党，而且不太可能会放弃这一支持，言外之意是支持国民党的美国介入，才有可能对苏联构成强有力的制衡。

1944 年 3 月 25 日，美国国务院中国科克拉布（O. Edmund Clubb）草拟了一份关于新疆与苏联关系的备忘录，克拉布曾担任美国驻新疆领事，对新疆与苏联的关系有过细致的观察，针对近期中国国民政府发往美国国务院关于新疆问题的电报，克拉布做了澄清，他认为国民政府对很多基本事实有夸大嫌疑，并对这些事实做了过度解读，比如 1936 年哈萨克人叛乱，国民政府认为是苏联策动的，而事实上苏联给迪化省政府提供了军事援助以平息叛乱。克拉布在备忘录中写道："我担任驻迪化外事官员期间，多次发现，当地政府似乎特别善于将苏联描述成策动当地叛乱的负面因素，以期获得美国的援助，来达到他们的政治目的。"①

1944 年 4 月 8 日，蒋介石就外蒙、新疆边界冲突致函罗斯福，认为形势非常严峻，有必要采取措施，并希望罗斯福提供建议。罗斯福在回函中写道：

> 我确信，你也将会同意，任何有损集体抗战的行动或者立场

① FRUS761. 93/1772 "Memorandum by Mr. O. Edmund Clubb of the Division of Chinese Affairs", March 25, 1944, in United States Department of State, *Foreign Relations of the United States: Diplomatic Papers, 1944, China*, Volume Ⅵ (Washington D. C.: U. S. Government Printing Office, 1944), p. 764.

都是难以找到正当理由的，我相信，保持足够的克制，抱有善意，可以消除盟国之间可能出现的误解。[①]

4月21日，高思大使发送给美国国务院一份政策报告，这份报告由使馆二等秘书谢伟思所写，对最近新疆事态的进展及其与美国对中苏关系的理解做了详尽的分析。谢伟思认为，最近新疆、外蒙交界处的摩擦背后可能潜藏着国民政府的动机：

一是国民政府想对整个新疆拥有无可争议的控制权，这包括新疆与外蒙之间有争议地区，同时平息少数民族对中央政府的挑战；二是国民政府将这次冲突视为检验苏联对外蒙、中共以及远东政策的试金石；三是国民党希望在国内外挑起反苏情绪；四是国民政府希望挑起国内的民族主义情绪，以转移国内对其执政失败的视线。[②]

如果国民政府继续沿着现行的道路走下去，就必然会出现中苏关系紧张以及美国采取何种态度的问题，为此，谢伟思建议，美国政府在和中国国民政府打交道时，应尽量避免卷入中苏关系。美国应该同情国民政府内的自由派，并努力创造条件将中共整合到抗战队伍中来；运用美国对国民党的影响力推动进步主义改革，并在此基础上促成中国国内实现统一。而国民政府所采取的行动必然造成这样一种后

① FRUS761.93/1764 "The Secretary of State to the Ambassador in China (Gauss)", April 11, 1944, in *Foreign Relations of the United States: Diplomatic Papers, 1944, China*, Volume Ⅵ, p. 772.

② FRUS761.03/1771 "The Ambassador in China (Gauss) to the Secretary of State", April 21, 1944, in *Foreign Relations of the United States: Diplomatic Papers, 1944, China*, Volume Ⅵ (Washington D. C.: U. S. Government Printing Office, 1944), p. 776.

果，中共会感到他们生存下去的唯一希望是在苏联一边，苏联也会感到美国的目标与苏联相抵触，为了捍卫自身利益，苏联将会不惜一切手段，扩大其权力和影响。①

1944 年 5 月，高思大使致函国务卿，他观察到中国国民政府的反苏情绪在不断增强。4 月 26 日，国民党控制的《中新社》发表社论认为，1944 年，大股日军从东北撤出南下，进攻郑州等地，是因为苏日新近在莫斯科签订解除萨哈林岛的租让权的协议，作为交换，苏联放出大批日军南下。该社论由此得出结论，就目前中国的政策来说，日本的威胁是第二位的，因为可以依靠盟军来对付他们，而苏联和中共的威胁更为严重。联系到囤积军事物资、云南的国民党军队待命不动，装备优良的部队被用来围堵共产党人这些基本事实，尽管蒋介石正想方设法与苏联建立友好关系，但是种种迹象证实国民政府对苏联和中共心怀疑虑和恐惧。目前没有任何迹象表明国民政府愿意采取实质意义上的行动来解决这个问题，相反，所有迹象证明国民政府打算日后使用美式装备的部队解决国共矛盾。② 很难指望国民政府会放弃这一想法，随后，驻美大使魏道明就此事与国务卿赫尔讨论，试图了解美国的态度时，赫尔再次强调，要想在战后维持合作关系，中英美苏四个大国必须对彼此抱有足够的耐心，如果其中有一个大国犯了错误，其他大国必须耐心去纠正它。

1944 年 5 月 19 日，美国国务院中国科克拉布起草一份《关于中苏关系的美国政策》备忘录，中国国民政府领导人中只有孙中山夫

① FRUS761. 93/1769 "Memorandum of Conversation, by Mr. O. Edmund Clubb of the Division of Chinese Affairs", in *Foreign Relations of the United States: Diplomatic Papers, 1944, China*, Volume Ⅵ, pp. 776 – 782.

② FRUS893. 00/15376 "The Ambassador in China (Gauss) to the Secretary of State", May 3, 1944, in *Foreign Relations of the United States: Diplomatic Papers, 1944, China*, Volume Ⅵ, pp. 783 – 784.

人、孙科以及冯玉祥等极少数人怀有亲苏情绪，然而孙科和冯玉祥政治影响力小，其余领导人对苏联都怀有深深的疑虑和恐惧，这种反苏情绪有三个原因：一是苏联对中国边疆地区的影响力，苏联撤回顾问、技术人员、设备，1942 年关停新疆与苏联之间的贸易，苏联拒绝租借法案援助物资经由苏联转运中国；二是新近的新疆、外蒙接壤地区的冲突；三是苏联和英美之间的关系趋于紧张，国民政府认为让这一紧张关系继续恶化，这样会对它有利，可以利用来协助消灭中共。

1942 年秋，贵州起义，甘肃暴乱，1944 年春，军队内部哗变，试图强迫孔祥熙、陈立夫、何应钦下台。尽管在上述内乱中很难找到苏联、共产国际和中共策动的痕迹，但是国民政府习惯于将这些都归咎于外部势力策动。

至于新疆和外蒙的情况，美国认为新疆是中国的领土，美国希望中国能够实现善治。但是外蒙，美国认为，1912 年蒙古王公发表独立声明，1913 年、1915 年中俄签订协定承认外蒙自治现状，1924 年苏联承认中国对外蒙拥有主权，1936 年苏联外蒙签订共同防御条约。美国认为，尽管有 1924 年协定，但是经过 1936 年签约，外蒙的现状更接近于 1913 年、1915 年而不是 1924 年。如果中国硬要对外蒙实施统治权，苏联必然认为中国越权，会对外蒙提供支持。内蒙和东北被认为是中国的领土，《开罗宣言》已经明示应该归还给中国，那里有 3000 万汉族人口，至于朝鲜，美国认为朝鲜可以根据自己的愿望选择政治道路，不受制于任何外来势力左右。

1944 年 6 月 10 日，美国驻苏大使哈里曼与斯大林会晤，就中国问题，哈里曼表达了自己的看法，他说，罗斯福总统在德黑兰会议上已经表态了，蒋介石是唯一能够统一中国的领袖，总统认为“国民政府应该与北方的共产党解决矛盾，消除彼此的仇恨，这样可以统一所有的力量一致抗日；实行自由化改革”。对此，斯大林表示完全同意，他说，在现有的条件下，蒋委员长是最优秀的人，很不幸，无人能超过他，必须支持他。但是我们也必须记住他有缺点，从军事角度看，中国现在打仗甚至不如五年前，比如最近在洛阳国民党军队 40 个师被日本 18 个师击败，从军事上来说，中国是很弱的，他们应该得到帮助。至于中国政府，蒋介石的班底相当一部分人是小人，甚至叛徒，重庆的任何事情都会在第二天传到日本人那里。蒋介石的另一大错误是不肯用中共打日本人，这是愚蠢的政策。他不但不用他们打日本人，还无休止地和中共争论意识形态问题。中共根本不是真正的共产党，无论如何他们算是真正的爱国者，想打日本人。①

当哈里曼询问斯大林在美国对华政策上有何建议时，斯大林表示：“蒋介石应该在美国的影响下变得强大起来，美国应该担任中国的领头羊，苏联和英国都没有这个能力。然而，美国的领导和指导必须是充满灵活性的，比如中国可能会出现一些出色的领袖，如果他们掌握权力就应该给予支持。”在谈到外蒙、新疆边界冲突时，斯大林表示，外蒙已经向苏联请求必要的军事援助，如果新疆部队胆敢入侵外蒙，那么苏联一定会对外蒙提供军事援助。②

美国决策者一度希望中国、苏联能够以私下非正式会谈的形式来解决彼此之间的矛盾。1944 年 6 月 24 日，国务卿赫尔会见孔祥熙时表示：

---

① FRUS893. 01/975 “The Ambassador in the Soviet Union (Harriman) to the Secretary of State”, June 22, 1944, in *Foreign Relations of the United States: Diplomatic Papers, 1944, China*, Volume Ⅵ, p. 799.

② Foreign Relations of the United States (FRUS) 893. 01/975 “The Ambassador in the Soviet Union (Harriman) to the Secretary of State”, June 22, 1944, in *Foreign Relations of the United States: Diplomatic Papers, 1944, China*, Volume Ⅵ, pp. 799 – 800.

> 个人之间的私下交谈要比正式的会议讨论有效得多，正式会议有翻译、助理和摄影师在场，我们曾倡导通过这种非正式的方式解决苏波冲突，要促成双方解决争议达成谅解时，我们在苏联人面前讨论中国和在中国人面前讨论苏联，我们都说同样的这些话。①

1944年6月，罗斯福指示助理国务卿格鲁致电重庆提醒蒋介石，在即将到来的雅尔塔会议上，四强要达成令人满意的协议，中苏关系必须在此之前得到改善，建议中国派一名特使与苏联进行协商，缓和关系，与此同时，总统指示驻苏大使哈里曼通过可能的方式与苏联沟通，尽量让苏联人对中国试图缓和关系的努力做出正面回应。② 蒋介石接受这一建议，决定派宋子文使苏。8月15日，苏联驻华军事参赞罗斯金（Colonel Roschin）在返回莫斯科前夕与美国驻华大使馆官员交谈时表示，中苏关系没有任何改善的迹象，关于蒋介石将派宋子文使苏缓和关系一举，罗斯金认为中国外交部采取非常幼稚的方式，派一介无名小卒来试图改善关系。

由此可见，美国不希望蒋介石和苏联关系闹僵，在美国看来，新疆问题是国民政府在该地区未能实现善治导致的，不能完全归咎于苏联，国民政府需要从自身治理找原因。在外蒙问题上，苏联控制已经成为既成事实，中国想强力扭转，不切实际。因此，美国极力避免被国民政府拖入与苏联的矛盾当中，美国深知，一旦美国介入中苏矛盾，

---

① FRUS761.93/6-2444 "Memorandum of Conversation, by the Secretary of State", June 24, 1944, in *Foreign Relations of the United States: Diplomatic Papers, 1944, China*, Volume Ⅵ, p. 801.

② FRUS761.93/7-1444 "Memorandum by the Director of the Office of Far Eastern Affairs (Grew) to the Secretary of State", in *Foreign Relations of the United States: Diplomatic Papers, 1944, China*, Volume Ⅵ, p. 803.

苏联就会公开直接干涉中国国共矛盾，从而阻碍美国战后对华政策战略目标的实现。为了赢得苏联对美国战后对华政策的支持，美国应当保持克制。

第三节 美国获得苏联不干涉中国内政的保证

美国之所以希望苏联采取不干涉政策，与美国对中共的观察密切相关，如前所述，美国认为中共问题更多的是民生问题，而非意识形态问题，过高估计中共的独立性，误判苏联的在华意图。基于这种假设和认识，美国认为，能否取得苏联不干涉中国内政的保证，对于实现美国的对华政策目标至关重要。但是苏联的不干涉政策不但引领美国走上不可能取得成功的调处之路，也对美国的对华政策构成一种有力的制约。

一 美国认为中共具有很强的独立性

在1945年前，美国决策层一直存在一种主导性的看法，认为中共独立于苏联。与此同时，另外一种论点也有不少支持者，认为中共是苏联在华的代理，与苏联存在隶属关系。1944年1月，外交官戴维斯在建议向共产党地区派遣观察组时指出："正确评价中共军队的实力；研究在俄国攻击日本时华北和满洲成为一个独立国，甚至是俄国的卫星国的可能性。"外交官们根据各种情报推测：苏联和中共虽然没有直接的结合，但中共领导人是亲苏的，并遵循共产国际的路线行事；在苏联对日参战时，中共很可能落入苏联掌中；苏联的政策，致力于本国的复兴并确立可保障本国安全的国界，并进而谋求新的前进基地。但同时他们也估计到共产党地区很有可能对苏联保持一定程度上的独立性。1943年6月，戴维斯指出：在共产党地区特别是军队和游击队当中，民族主义的倾向很强烈，这种强烈的民族主义情绪会让共产党与苏联产生对立甚至分裂。

美军观察组进入延安后，美国外交官更加确信这一点，他们认为，人们低估了共产党独立于苏联的倾向，谢伟思认为，中共是现实主义者，他们并非完全以意识形态为准绳站队，中共领导人意识到积弱积贫的中国要实现现代化，需要获得大规模的外国援助，美国可以提供这种援助。中共相信保持中苏友好关系的必要性，但他们认为这种友好关系不是排他性的，也不会导致美苏对立。中美关系并不必然是以排除苏联为代价的。

谢伟思认为，共产党知道中国不应一直分裂下去，他们正诚意地谋求在美国的支持下实现中国的统一。但是，当中共遭到受美国支持的国民党的攻击时，他们有可能重新倒向苏联。总之，谢伟思认为美国有可能争取到中共，因此应该给中共以援助。此外，前面提到的戴维斯关于派遣观察组的建议，也包含有“打破共产党的孤立状态，减少他们对俄国的从属倾向”之意图。而且他指出，从下述三点考虑，美国完全值得与中共进行协作，并给予援助：在对日抗战中从共产党那里获得有力的支援；有助于抑制蒋介石靠内战消灭共产党的企图；迫使国民党不得不进行有益于人民的改革。谢伟思指出，一旦美国支持国民党进攻共产党，那么共产党必定会寻求苏联的援助。美国应该对中共进行援助，避免中共完全倒向苏联。

二 美国相信斯大林的承诺

1944年，太平洋战争临近尾声，美国密切关注着苏联对中国内政的态度，哈里曼曾对罗斯福表示，“我们必须意识到苏联会在北方支持中国共产党，并将苏联红军解放的中国领土移交给中共。那时候蒋介石的处境将会非常困难”。[①] 罗斯福并不反对哈里曼的这一观察，他对赫尔利说，“建议蒋介石要赶在苏联人重返中国之前解决与中共之间的关系”，罗斯福叮嘱赫尔利，请他一定向蒋介石强调“俄国人”这个词汇。

为了把握苏联的对华政策立场，美国多次试探苏联。苏联明显意识到美国的忧虑所在，因此，苏联多次向美国重申自己的立场，打消美国对苏联意图的戒备心。1945 年 2 月，莫洛托夫就中国局势表态时对美国驻华大使赫尔利表示：

> 所谓的中国共产党实际上根本不是共产主义者；苏联政府没有支持中国共产党；也不希望中国出现内部政治分歧或者爆发内战；苏联抱怨在中国的苏联公民受到不合理的对待，但是真诚希望中苏之间能够建立更为密切和和谐的外交关系。[②]

同年 5 月，杜鲁门总统派霍普金斯到莫斯科与斯大林、苏联外长莫洛托夫会面。在这次会谈中，斯大林再次重申一年前对赫尔利的表态：在中国，没有人能够比蒋介石能力更强，没有哪个共产党的领袖拥有足够的力量统一中国。苏联将会尽一切努力，促成中国在蒋介石的领导下实现统一。

在《中苏友好同盟条约》签订前举行的会谈中，斯大林多次向中

① Michael M. Sheng, *Battling Western Imperialism: Mao, Stalin, and the United States* (Princeton: Princeton University Press, 1997), p. 100.

② FRUS761. 93/2 – 445 "From the Ambassador in China (Hurley) to the Secretary of State", February 4, 1945, in *Foreign Relations of the United States: Diplomatic Papers, 1945, the Far East: China*, Volume Ⅶ (Washington D. C.: U. S. Government Printing Office, 1945), p. 852.

方代表宋子文阐明立场，中国只应该有一个政府，那就是由蒋介石领导的国民政府；只应该有一个军队，共产党军队应该入编到国民政府的军队中去。苏联无意于支持中国共产党，苏联对华援助将会全部给予中央政府。斯大林和莫洛托夫表示，他们希望同中国的关系更亲近、更和谐，他们不希望中国发生内战，而且，也不支持中国共产党。他们看好蒋介石，并且说，他们会支持美国关于统一中国武装部队和在中国建立一个自由统一的民主政府的政策。

1945 年 5 月 12 日，助理国务卿格鲁在给海军部长费雷斯特（James Forrestal）的备忘录中写道，国务院从政治角度考虑，希望你能够就以下几个问题获得苏联政府的承诺或者澄清，这项任务需要在雅尔塔协议实施之前完成。第一，苏联政府承诺利用其对中共的影响，帮助国民政府完成蒋介石领导下的统一事业；第二，新疆问题，应该由中苏双方通过友好协商的方式解决；第三，在满洲和朝鲜问题上，苏联应该明确按照《开罗宣言》的条款执行。①

5 月 28 日，霍普金斯和斯大林在克里姆林宫会面时，谈到上述问题，驻苏大使哈里曼和苏联外长莫洛托夫在场，斯大林表示，在实现中国战后统一问题上，苏联完全赞同美国的看法，但苏联没有具体的计划，或许可以提出一个可行性方案，并给中国以它所需要的援助，但这一援助只有来自美国。继而，驻苏大使哈里曼提到，苏联一定非常希望恢复其以往在远东的角色，而美国一直以来在远东追求门户开放政策，在一段时间里，中国有望成为一个工业化国家。哈里曼的意思显然是告诉苏联，美国的门户开放政策不会排除苏联在华利益，而

① FRUS 740.0011 Pacific War/5 - 1545 "Memorandum by the Acting Secretary of State to the Secretary of the Navy (Forrestal)", May 12, 1945, in *Foreign Relations of the United States: Diplomatic Papers, 1945, the Far East: China*, Volume Ⅶ, p. 869.

美国帮助中国发展成为一个现代化国家，对于美苏两国都是有好处的。哈里曼询问斯大林是否赞同上述看法，斯大林回复说，他认为中国不可能在短时间里成为一个工业化国家，因为中国缺少必要的经验和人力资源基础，美国必须在帮助中国实现工业化起步方面发挥重要作用，苏联将主要致力于苏联国内的战后重建。

哈里曼提到苏军参战之前中国国内政治局势时，斯大林表态：

> 他对中国的政治领袖鲜有知晓，但他知道蒋介石是能力最强的，是唯一有能力实现中国统一大业的领袖，没有其他政治领袖比如共产党的领袖中没有人像蒋介石那样优秀，并有能力完成中国统一大业。[①]

哈里曼询问，苏军进入满洲后，是否打算让蒋介石处理内政事务，斯大林表示，苏军所到之处，将与中国其他地区一样，由蒋介石派驻代表建立政府机构，负责内政管理。7月9日，助理国务卿格鲁在给驻华大使赫尔利的电文中提到，斯大林已向我们明确表态，他愿意尽其所能促成中国在蒋介石的领导下完成统一，蒋介石的领导地位在战后仍将得到维护。[②]

美国反复试图了解苏联对美国对华政策以及对中国未来政治走向的看法，是因为在美国的战后对华政策设计中，苏联的影响力是不可小觑的重要因素，特别是在中共问题上，苏联是绕不过去的一

---

① "Memorandum of Conversation, by Charles E. Bohlen", May 28, 1945, in *Foreign Relations of the United States: Diplomatic Papers, 1945, the Far East: China*, Volume Ⅶ, p. 890.

② FRUS761. 93 /6 – 945 "The Acting Secretary of State to the Ambassador in China (Hurley)", June 9, 1945, in *Foreign Relations of the United States: Diplomatic Papers, 1945, the Far East: China*, Volume Ⅶ, p. 897.

道坎。如果能够取得苏联的谅解和支持，美国战后的对华政策就可以按照美国的政治理念来促成国共问题的解决，而不至于冒着被苏联干涉的危险。

按照美国的构想，美国可以借助苏联对中共的影响力，实现中国的统一，其最终目标是要避免苏联在华势力扩大。而规划这一互相矛盾的美国决策者们，对苏联的在华意图充满着疑虑和不信任，华盛顿反复向苏联求证其对中国内政的态度，可见一斑。

1945 年，美国决策层也曾对苏联表态的诚信有过怀疑，1945 年 5 月 10 日，国务院东欧司在一份主题为《苏联对华政策评估》的备忘录中提出警告，苏联战后实行的对华政策具有很强的两面性，尽管苏联对中共问题、新疆问题、满洲问题都保持一定程度上的克制，然而毫无疑问苏联在上述问题上都通过各种方式保持了相当程度上的影响力。在中共问题上，尽管苏联与重庆政府保持官方联系，但毫无疑问，实质上苏联并不看好这个政权，它会千方百计给中共提供帮助或者通过它最为擅长的渗透战术，以削弱中国现政府的影响力。但是在中共问题上，尽管前往延安的美国观察家发回的报告显示，中共在政府建构上会采取苏联模式，然而，苏联在中国面临着截然不同于中、东欧的情况。中国有大量的农业人口，产业工人人数少，而农村人在本性上注重个人利益，其主要目的在于改善个人的生活境遇，靠马克思主义吸引这部分人群存在困难。因此，除非重庆政府推行自由化改革，采取具有前瞻性思维的政策并切实予以实施。[①] 为了国家的利益，美国应该尽一切努力避免苏联成为在中国占据主导地位的力量。要实

① "Memorandum by the Chief of the Division of Eastern European Affairs (Durbrow)", May 10, 1945, in *Foreign Relations of the United States: Diplomatic Papers, 1945, the Far East: China*, Volume Ⅶ, p. 864.

现这一点，美国需敦促重庆政府推行自由化改革，协助其规划出一个泽被绝大部分人口的改革方案，并从财政和物质上施以援助，帮助中国实施改革。由此，不但能吸引绝大部分人口，而且能够有效避免自由派政治力量倒向中共。上述措施可以有效地削弱苏联在华影响力的扩展。[①] 而这些事却是国民政府所不愿意做的。

1945 年，杜鲁门召开政策会议，参加会议的有国务卿斯退丁纽斯和助理国务卿格鲁，国务院的苏联问题专家查尔斯·波伦（Charles Bohlen）和驻苏大使哈里曼，哈里曼认为苏联有两个并行的政策：一个是与美国、英国合作的政策；另一个是以独立行动对邻国的扩张政策，包括外交上的控制和实际控制领土。哈里曼注意到斯大林周围的一些高官怀有这样一种想法，认为美国更需要得到苏联的协助，他们认为美国不但希望与苏联在战后世界事务中进行合作，还迫切需要与苏联发展经贸关系，因为这对于美国的商业而言，是一个生与死的重大问题。因此苏联可以干自己所想干的事，不用担心招致美国的干预。哈里曼观察到，雅尔塔会议后，苏联的态度急剧恶化。哈里曼认为，苏联政府并不想和美国闹翻，因为在重建计划上苏联需要美国的帮助，因此，在重大事务上，美国可以坚持自己的立场。杜鲁门插话说，苏联人需要我们的地方比我们需要他们的地方要多，因此我们不害怕苏联。但是这些怀疑最终还是被苏联所作承诺的巨大诱惑力战胜了。

美国的这种政策规划基于这样一个假设：中国的国共危机更多的是个民生问题，中共并非完全意识形态化的共产党人，与苏联不存在附庸傀儡关系。如果国民政府能够推行泽被大众的改革，苏联不会支

---

① "Memorandum by the Chief of the Division of Eastern European Affairs (Durbrow)", May 10, 1945, in *Foreign Relations of the United States: Diplomatic Papers, 1945, the Far East: China*, Volume Ⅶ, p. 865.

持中共，让中共指望不上苏联，国共矛盾自然迎刃而解。在他们看来，中共只是苏联想要捞取在华利益的一枚棋子，增加与蒋介石谈判的筹码。

而苏联在新疆的表现、对东北提出的要求，的确给美国造成一种错觉：认为苏联更多的是觊觎局部地区的领土，中共问题只是一个工具性的手段。1945 年 2 月 8 日，美国国务院中国司司长范宣德递交给国务卿一份备忘录，在这份备忘录中，尽管范宣德对苏联控制朝鲜、外蒙、北满、新疆、大连开放为自由港以及中东铁路等问题深表关注，而赫尔利在发回国务院的电报中提到上述议题将会被列入中苏谈判议程。尽管如此，范宣德再次重申美国不能介入中苏会谈，其原因除了前述理由外，范宣德还提到两点：一是苏联的立场随时会根据情势发展发生变动，即便是在已经达成共识的问题上。范宣德认为，中苏关系更多的是领土野心而不是政治问题，苏联对远东的领土野心，远胜于其对国共两党政治问题的关注。尽管目前中苏之间达成共识：苏联不干涉中国内政，但战后如果日本以反苏的面孔出现，那么苏联为了本国安全利益起见，会致力于将中国变成一个苏联的卫星国，作为战略缓冲。此外，蒋介石如果对共产党发动军事进攻，也会促使苏联的立场发生变化。① 按照范宣德的逻辑，苏联对国共问题的关注更多的是从属于其对中国的领土野心，具有很大程度上的工具性。因此，随着国民党对共产党的军事行动以及日本对俄国构成的威胁程度的变化，苏联对国共问题的态度和立场也会随之进行改变，因而，具有相当程度上的不确定性。二是过去几年来中苏关系陷入低谷期，宋子文

① FRUS761. 93. 2/445 "Memorandum by the Chief of the Division of China Affairs (Vincent) to the Secretary of State", February 8, 1945, in *Foreign Relations of the United States: Diplomatic Papers, 1945, the Far East: China*, Volume Ⅶ, p. 855.

是否有能力消除多年来积累的敌意，还是个未知数。有鉴于此，美国介入中苏会谈是非常不明智的。

按照这一思路，如果国民政府能够以和平方式解决国共矛盾，那么苏联就失去了利用国共问题的机会。1945 年 5 月 21 日，美国陆军部长史汀生在给助理国务卿格鲁的电文中，表达了陆军部的看法：

> 如果中国内部的政治分歧继续存在，这个时候，苏军参战将会让他们与中共建立密切联系，我们在中国面临的情况将会更加复杂，除非在苏军开进中国之前，我们与苏联取得一个令人满意的谅解。然而，作为一项预备措施，蒋委员长与中共之间达成某种谅解似乎变得非常重要。[1]

经过决策层的反复讨论，1945 年 5 月 21 日，代理国务卿格鲁就几个月来国务院、军方反复磋商的结果进行汇总，就如何应对美国对华政策中的苏联因素给出了具体的意见。5 月 23 日，国务卿助理查尔斯·波伦（Charles E. Bohlen）跟随哈里·霍普金斯（Harry L. Hopkins）出访苏联时，把这份文件带给美国驻苏大使哈里曼作为指导。文件认为，一旦确信苏联和美国一样，真诚地希望实现远东的和平、安全和经济繁荣，美苏之间应该就一些问题达成共识，美苏应该借助其在华影响力敦促蒋委员长和国民政府完成下列几项政治、军事和经济改革。政治方面，解决国共之间的政治分歧，为实现这一目标，双方必须做出具有实质意义的让步。国民党必须结束其对政府排他性的、具有支配

① FRUS740.0011. P. W. /5 – 2145 "The Secretary of War (Stimson) to the Acting Secretary of State", May 21, 1945, in *Foreign Relations of the United States: Diplomatic Papers, 1945, the Far East: China*, Volume Ⅶ, p. 877.

性的控制，给予中共和其他政治派别以合法地位，必须允许经正当程序选举产生的、来自其他党派的代表参加基于广泛代表性基础的政府，国民党需与其他党派一起，共同建设一个具有广泛代表性的、强有力的、稳定的政府。另外，共产党应该准备好接受国民党提出的有助于实现统一和稳定的真诚建议，也应该准备好将他们的地方政府合并入国民政府，准备好遵守统一政府的法律法规。

在军事方面，建立军事委员会，在该委员会中，共产党和其他非国民党军事力量享有平等的代表权，并构建和实施联合作战计划及战略承担平等的责任。在对日作战期间，将所有包括国共两党及其他派系的军事力量汇聚到美军指挥官的统一指挥之下，中、苏和英军指挥官组成参谋部，协同美军指挥官的工作。美苏英三国确保给统一后的中国军队提供供给，并确保在所有军队中平等分配军用物资。

在经济方面，立即实行财政和税制改革，采取果断措施打击囤积居奇，迅速采取措施确保食物和其他生活必需品等额配给。制订统一协调计划，妥善安置战后支持中国重建的、来自美苏和英国的技术专家。制定具有自由化商业和经济政策特点的新法律、新法规，确保中国的门户开放，并对所有国家提供平等的商业机会。

为了实现中国的政治和军事统一，美国希望苏联能够在下列问题上与美国合作：第一，着手劝说中共接受国民党提出的合理化建议，以便建立一个具有广泛代表性的统一政府，敦促中共继续与国民党谈判，以实现统一。第二，劝说中共同意将他们的军队纳入前述由美军指挥官指挥、中苏英军官协同指挥的中国军队。第三，苏联在满洲、华北和朝鲜对日作战时，只能够使用统一后的中国军队。第四，与英美一道，从满洲和华北撤出包括海空军在内的所有军队，并废止军事行动期间设立的所有行政性管理机构，与此同时，将所有解放的地区交还给中国国民政府。[①]

综上所述，苏联的立场是美国制定战后对华政策的一个重要参照，对美国而言，这不但决定着中国战后的政治秩序，也影响着战后远东美苏影响力竞争的问题。然而在整个过程中，美国的外交心理和行为都处于非常矛盾的状态，美国希望中苏关系向着对美国有利的方向进展，但又极力避免卷入中苏矛盾，避免给苏联造成一种印象——美国在中国占有更为重要的地位，从而激起苏联的敌对情绪。然而在制定对华政策上，由于美国一直怀疑苏联与中共之间有密切的联系，但也意识到中共有独立倾向，因而美国希望能够找到中共与苏联之间的嫌隙，将苏联从中共那里拉开，而美国意识到苏联对中国的局部地区存在领土野心，并在一些局部地区已经形成某种程度上的既成事实。为此，美国不惜以中国的民族和领土利益作幕后交换，换取苏联在中共问题上做出保证。与此同时，美国也意识到中共问题也一直是蒋介石的心腹之患，如果在这一问题上断了中共对苏联外援的念想，那么对中共施加压力就变得简单可行了。

结合苏联与国共两党的关系，我们不难看出，美国对苏联的在华意图存在着明显的误判，错误估计中共与苏联的关系，并相信苏联的不干涉表态。在此基础上，辅之以多年来美国对中共性质的判断，美国做出一个充满矛盾性的政策规划：通过明里引入苏联的影响力来暗里限制苏联在华影响，在对华政策上，美国努力取得苏联的谅解和支持，避免苏联以介入中国国共两党矛盾为契机扩大在华势力。为此，美国做了诸多努力：马歇尔调处国共矛盾，加强国民政府在军事和经

① FRUS740.0011.P.W./5 - 2145 "The Acting Secretary of State to the Secretary of Navy (Forrestal)", May 21, 1945, in *Foreign Relations of the United States: Diplomatic Papers, 1945, the Far East: China*, Volume Ⅶ, pp.879 - 881.

济上的地位，避免国民政府迅速崩溃，敦促国民政府与苏联建立良好的外交关系；对蒋介石施加压力，迫使其进行实质性的改革，推动国共两党和谈都是这一政策思路的集中体现。但是遗憾的是，推动国民政府进行实质性的改革，本应是美国政策应对中的关键部分，以消除美国所认为的国共问题之根源，美国在这项政策应对上却毫无建树。

1945 年 4 月，美国曾经就自己的对华政策与英国、苏联讨论，并试探英、苏两国的态度，丘吉尔同意美国为统一中国境内的一切抗日部队和建立独立自由的中国所做的努力，但丘吉尔称美国对华政策的长期目标是“伟大的美国幻想”，所以，他坚决反对美国为了巩固其在华地位而损害英国的利益。丘吉尔表示，在香港问题上，英国不打算遵守《大西洋宪章》的约束，英国不想放弃任何东西。苏联的不干涉政策对美国的对华政策影响可谓巨大，它不但限制了美国在冷战初期对蒋介石采取更为积极的援助政策，也制约着抗战结束后美国对华政策的规划。

第五章

美国国务院、国会在对华事务上的分歧

在第三章，我们梳理了美国来华军事、外交官员和传教士等在对华事务上不同、甚至相互对立的观点。他们当中，有亲蒋人士，也有不看好蒋的人。这两种不同的声音，通过怎样的方式左右外交决策机构的态度？哪种意见对 1941 ~ 1950 年的美国对华政策影响更大？这是我们在本章中要探讨的问题。

应该说，在对华政策上，这两种声音的总体目标是一致的，都是尽快结束对日作战，并在战后建立稳固而持久的中美关系，使中国成为一个符合美国远东利益的盟友。因此，他们的立场并不总是互相排斥的。在 1941 ~ 1943 年，无论是中国通还是中国院外游说集团大都主张美国应该援助中国进行对日作战。1943 ~ 1945 年，意见出现分歧，中国通们大都主张实行有条件支持蒋介石的政策，不排斥包括中国共产党在内的各种政治力量；而院外游说集团呼吁无条件援助蒋介石，持明显的反共立场。值得注意的是，即便是最为热诚的主张支持蒋介石的人，无论是抗日战争还是国共内战，他们都不主张美国直接出兵干涉，这不但是因为他们认为在华利益的重要性不值得这样去做，也因为受到苏联不干涉政策的制约。

正如第一章所表述的那样，美国外交决策的过程是一个多机构参与决策、多种政治力量影响决策的复杂过程，在这个过程中，不同的认识和政策理念在各个机构中都有相应的支持者，不同政策理念之间的博弈，最终影响着美国对华政策。在 1941～1950 年，特别是 1945 年抗战结束后到 1950 年这段时间，总统、国务院等行政机构与国会之间的博弈，始终制约着行政机构根据自身对形势的判断和美国的能力来制定对华政策。

第一节　总统和国务院的现实主义努力

在 1941～1950 年的美国对华政策中，国务院在掌握与中国事务有关的最新进展情况上，始终走在外交决策体系的最前列，中国通们发自中国现场的第一手报告，为国务院观察中国事务提供了更为真实而全面的信息源，因此，国务院根据形势的进展做出顺应时局的政策判断，从太平洋战争爆发之前摆脱孤立主义政策的努力，到主张援助中国，进而主张有限度的援蒋政策，到敦促中国国民政府变革、推动国共和谈，抵制苏联，国务院始终是政策最早的倡导机构，从抗战后期开始，国务院进行了多次现实主义的政策努力，他们力求避免对华政策使蒋介石在处理国内问题上变得更为强硬，以损害美国的对华政策长期目标。

太平洋战争爆发前，美国国内盛行只求自保的孤立主义情绪，对美国对华政策构成很大的制约，罗斯福总统的对华政策主张只能通过国务院来小步渐进地执行。按照罗斯福的设想，日本对中国的野心，必将侵害到美国的在华利益，要维护美国的安全，需要中国国民政府继续抗日。美国对日宣战是迟早的事情。美国对日宣战的时间越晚，越会增加日后对日本作战的难度。但是对日宣战，需要经过国会的同意。绝大部分国会议员醉心于美国依靠两洋优势带来的暂时安全，不想对法西斯宣战。

罗斯福只有小心谨慎地通过避开国会的手段，制约日本在太平洋地区的扩张，从而间接地帮助中国。1938～1940 年，美国对日本采取的经济遏制政策便是通过国务院来实施的。美国要在中国抗战彻底失败之前给予中国某种形式上的帮助。1938 年 7 月，国务卿赫尔通知美国驻伦敦大使约瑟夫·肯尼迪，请他告知英国政府，美国打算对中国提供经济援助，避免中国抗战彻底垮掉。远东事务顾问项白克与美国进出口银行行长沃伦·皮尔逊会面，商讨提供对华经济援助计划的具体事宜，他建议皮尔逊，为了美国自身的国家利益，进出口银行应该着手考虑以购买中国重要物资的形式对中国提供信贷。皮尔逊表示，只要总统和国务院下达命令，他一定执行。1938 年 12 月，美国对中国提供 2500 万美元的桐油借款。但是罗斯福意识到要想避开决策机构运作来制约日本，他只能对日本施加经济压力，1939 年 6 月，国务院通知日本，终止 1911 年签订的商务条约。1940 年春，汪伪政权成立，为了降低汪伪政权成立对中国国民政府抗战士气的打击程度，1940 年 3 月 7 日，美国对中国提供 2000 万美元的贷款，这笔贷款将来用中国运往美国的锡来偿还。

太平洋战争爆发后，驻华外交官们不断发出警告：美国援助可能被蒋介石用于国共内战，从而对美国对华政策构成潜在的威胁。罗斯福的心腹——财政部长摩根索一直想努力通过严密监督、控制美国援助的方法，避免对华援助被滥用。为此，摩根索和宋子文就美援的用途展开旷日持久的拉锯战。

太平洋战争后期，当驻华大使赫尔利将美国的对华政策理解成美国全面支持蒋介石，防止国民政府崩溃，国务院力求与赫尔利建立一种有效的工作关系，避免赫尔利在执行政策时，出现大的偏差。1945年1月，国务院批准一份对华政策声明，“我们的意图是运用我们的影响，既作为短期的，又作为长期的目标，促成中国实现统一，这未必就是说应该统一在蒋介石的领导之下，……就我们的长期目标来说，我们的目的是保持一定程度的灵活性，以便我们能够与最有可能创建一个统一、民主、友好的中国的任何中国领导人合作”。[①] 2月，国务院将这份政策文件批复给驻华的魏德迈将军，同时传递给美国陆军部长和海军部长，并注明这是供他们遵循的美国对华政策。

此外，国务院还多次通过高层官员试图约束赫尔利的行为，努力对赫尔利所理解的政策进行纠偏，重申美国对中国而不是蒋介石承担义务。1945年4月，国务院远东司给格鲁的备忘录中，明白无误地表述，国务院不同意赫尔利将军执行的对华政策：

> 我们已经注意到赫尔利在以毫不妥协的态度处理非常复杂的政治问题……国务院的官员们认为，对这些问题应该采取充分灵活和现实的态度是非常重要的……赫尔利的政策正在增加蒋委员长在处理内部统一问题上的不妥协态度，不明智地把我们对中国的军事援助限制为只给予委员长的军队，从而使我们不能有效地利用打败日本的其他中国军队。[②]

---

① FRUS893. 00/1－2943 “Memorandum by the Chief of the Division of Chinese Affairs（Vincent）to the Acting Secretary of State”, January 29, 1945, in United States Department of State, *Foreign Relations of the United States: Diplomatic Papers, 1945, the Far East: China*, Volume Ⅶ（Washington D. C.: U. S. Government Printing Office, 1945）, p. 38.

② FRUS123（Hurley, Patrick J.）“Memorandum by the Deputy Director of the Office of Far Eastern Affairs（Stanton）”, April 28, 1945, in United States Department of State, *Foreign Relations of the United States: Diplomatic Papers, 1945, the Far East: China*, Volume Ⅶ（Washington D. C.: U. S. Government Printing Office, 1945）, p. 349.

正是因为国务院及时重新审查美国对华政策，才催生出后来的马歇尔使华，调处国共矛盾。尽管马歇尔调处最终要实现的目标与赫尔利最初要实现的目标相同，都是促成国共联合，最终使中国在蒋介石的领导下实现统一。但是马歇尔试图影响中国的方式和手段与赫尔利截然不同。如果抗战胜利后，美国继续沿着赫尔利启动的全面支持蒋介石的政策思路，就不可能有马歇尔调处，也不可能出现有限度的援蒋政策，更不会有新中国成立前夕与蒋介石拉开距离，试图从中国脱身的政策努力。

第二节　院外援华集团影响美国对华政策

在美国外交史中，从来不乏利益集团的影子，尽管如此，院外援华集团所发挥的影响仍然显得格外令人瞩目。在 1941～1950 年，该集团对美国外交决策产生了非常重要的影响。1950 年，《华盛顿邮报》的马奎斯·蔡尔兹概述了许多政府官员的感想：

> 凡是对这里的情况稍稍有所了解的人都不会怀疑，一个强大的院外援华集团已经对国会和政府行政部门产生异乎寻常的影响。一个外国的那些代理人和外交代表竟然能施加这样大的压力，这在外交史上是绝无仅有的。中国国民党运用直接干预的手法，其规模之大即使以前有先例，也是极为罕见的。[①]

一　院外游说集团的形成：国民政府的对美公共外交

院外游说集团的成功游说，除了与驻华人员塑造的中国印象有关

① 罗斯·凯恩：《美国政治中的院外援华集团》，张晓贝译，商务印书馆，1984，第 12 页。

外，也与国民政府开展的成功对美公关有关。自 20 世纪 20 年代后期以来，对美国开展公共外交就成为国民政府非常重视的对外事务之一。早在北伐时期，蒋介石就注重与美国在华传教士群体建立良好的关系。

北伐伊始，国民革命运动中提出的废除一切不平等条约的口号一度让传教士们感到惊恐，因为传教士在华传教的权利正是从中美一系列不平等条约中获得的。但蒋介石的态度让传教士群体大受鼓舞，美国传教士们很快恢复对新政权的信心。在国际宣教协会秘书范礼文（A. L. Warnshuis）、燕京大学校长司徒雷登、顾临（Roger S. Greene）的组织和倡议下，宣教群体向美国国会议员以及美国公众发出警告，提醒美国不要介入中国内部事务，对国民革命运动需持包容之态度。尽管事实上这种呼吁是多余的，因为美国的政府和国会都注意到，孙中山等领导的中国革命是以西方模式为榜样的，看起来今后的中国应该是不排斥西方利益的。况且，新近结束的义和团运动中，清政府借助义和团打击洋人的经历，让美国仍然记忆犹新。因此，美国并不愿意站在清政府一边。因此，尽管在 20 世纪 20 年代中期出现了一些针对洋人的冲击浪潮，美国国内暂时感到惊恐，甚至出现撤出中国的声音，但是政府和国会基本保持淡定的态度。国务卿发表热情洋溢、无关痛痒的声明，表明自己支持中国正在发展的国民革命。宣教群体的热忱至少说明国民政府的公共外交有了一个好的开端。

在 20 世纪 40 年代，国民政府的高层驻外官员和美国亲蒋的力量在对华政策的一些关键性问题上，都起到举足轻重的作用，以至于他们赢得美国外交政治史上一个专属名词“中国事务院外游说集团”（China Lobby），虽然他们从未成为一股正式的政治力量，但是他们有着非常广泛的职业分布——国会议员、传教群体、观察中国的人士、记者、商界领袖，还有一些具有明确反共目标的组织，有美国对华政策协会（American China Policy Association）、援助中国反共保卫美国委员会（the Committee to Defend America by Aiding Anti-communist China）。这一庞大的集团在 1941 ~ 1945 年为中国的抗战事业奔走呼号，争取国会支持中国的抗战，发挥着对中国有益的作用。1945 年抗战胜利后，这一集团坚持主张无条件支持蒋介石的立场，从而卷入中国内战。1945 年后，这一集团积极展开院外游说，夸大蒋介石政权垮台后的多米诺骨牌效应以及中国共产党执政对美国利益的威胁。使国会成为美国政治中支持蒋介石反共事业的急先锋。被杜鲁门政府一再卡住的对华援助，正是在这一集团的游说压力下才被迫放行的。

正如唐耐心所言，“中国国民党人并没有在其国内实行民主，但是却借助美国的权力架构和公众意见，促成了对自己非常有利的局面”。[①] 俄勒冈州共和党参议员韦恩·莫尔斯（Wayne Morse），曾提供给《纽约时报》大量的档案，证实蒋介石的支持者是如何渗透到美国外交决策的政治过程中去的。这些群体基于各种原因，对中国都有着浓厚的兴趣。他举出威廉·古德温（William J. Goodwin）的例子，此人与中国驻美大使馆参事陈之迈合作，古德温设法争取国会支持蒋介石，为此他拿到数千美元的酬劳。[②] 冷战开始后，蒋介石的支持者对美国政府施加强大压力，为了应对，杜鲁门曾搜集中国院外援华集团的资料，其中就包括美国设立的一些由鲁斯支持的中国事务机构。

大致说来，中国国民政府主要是通过以下几种途径开展对美公共外交的。

---

① Tao Xie, *US-China Relations: China Policy on Capitol Hill* (Capitol Hill, New York: Routledge, 2009), p. 98.

② Robert E. Herzstein, *Henry R. Luce, Time, and the American Crusade in Asia* (New York: Cambridge University Press, 2005), p. 165.

第一，走上层路线，直接对处在决策位置上的人员施加影响。驻美外交使节通过与军、政、商、宗教等各界人士建立良好的人脉关系，特别是与参与美国外交决策过程或者能够对外交决策过程产生重要作用的人士建立良好关系，通过他们影响美国对华政策。在 1941～1950 年，宋子文、顾维钧、陈之迈在从事外交工作期间都比较成功地培植起对蒋介石有利的人脉关系。

早在 1937 年日军全面侵华时，宋子文就建议蒋介石联合西方国家抵制日本，在随后的几年里，这一建议得到蒋介石的赞同，1940 年，为了争取美援，蒋介石派宋子文赴美，1941 年 12 月，宋子文出任外交部部长。他的主要任务是与美国政府涉及对华决策的各机构建立良好的关系，赢得罗斯福总统对中国抗战事业的支持，为中国争取精神和财政援助。在珍珠港事件之前，这项任务并不轻松，因为让美国卷入战争的想法仍然是不现实的。罗斯福告诉他的人民，我们要尽一切努力使美国免于战争。科德尔·赫尔（Cordell Hull）国务卿执掌下的国务院认为，给予中国的援助只会刺激日本采取更为鲁莽的行动，因此所有援助必须维持在最小范围内。自我保全是这一时期美国政府和美国人所偏好的安全原则。

尽管如此，宋子文仍然不遗余力地与美国政府中的高层官员培植友谊，为中美结盟培养人脉基础，在白宫、财政部、陆军部以及其他政府机构中，他结交一批朋友，如项白克（Stanley Hornbeck）、威廉·杨曼（William Youngman）、托马斯（Thomas Corcoran）、威廉·帕沃索（William Pawley）、陈纳德（Claire L. Chennault）、哈里·霍普金斯、劳克林·柯里（Lauchlin Currie）、约瑟夫·艾尔索普（Joseph Alsop）等。

项白克因为其所处的位置和他对远东事务的见解，而深得宋子文重视。1928～1937 年，项白克一直担任国务院远东司司长，从 1937

年起直到1944年，他担任国务卿赫尔的特别顾问。在远东事务上，项白克一直力主对日本采取强硬手段，1938年6月，美国宣布对日本实行道义禁运，在国务院里，从国务卿赫尔到其他官员都担心对日禁运会招致日本的报复性行动。项白克一直不赞同这一论点，他认为只有对日本采取强硬措施，才能让日本屈服。

霍普金斯尽管在1940年因身体原因辞去政府公职，但在担任联邦救济署长、商业部长等职位上，他协助罗斯福推行新政，深得罗斯福信任，因而他得到宋子文的格外垂青，事实证明宋子文的判断是正确的，暂时休养的霍普金斯，的确是有利于中国乃至蒋介石事业的重量级人物。二战期间，霍普金斯作为总统个人助理，参与当时国际关系中的所有重大战略决策的制定过程，成为罗斯福的得力外交助手。有“影子总统”和“总统的私人外交部”之称。1941年，罗斯福重新启用霍普金斯，任命其担任《租借法案》执行官。

艾尔索普因为与时任总统之间的姻亲关系而获得中国国民政府的格外关注。艾尔索普的母亲是西奥多·罗斯福的侄女，时任总统富兰克林·罗斯福是西奥多·罗斯福的远房侄子，富兰克林的妻子又是西奥多的侄女，由此，艾尔索普与富兰克林·罗斯福总统就有着密切的亲属关系，再加上罗斯福总统偏好通过个人特使等渠道获取外交情报，活跃的艾尔索普再加上亲戚关系，获得罗斯福总统的格外倚重。

第二，改组驻美机构，借助机构聚拢人脉，通过它们影响美国对华政策。1941年5月，中国被列入《租借法案》名单，为了方便运送用援助款购买的物资，国民政府改组先前的驻美机构环球贸易公司（Universal Trading Corporation），宋子文抓住机构改组的机会，于1941年成立中国国防物资公司（China Defense Supplies Inc.），以便“在总统周围培养更多的得力帮手，确保美国的援助政策能够满足中国的需求”。该机构成立后，环球贸易公司在美运作的权限缩小到仅限于贸易范围，对华援助和租借法案牵涉援华事宜都由中国国防物资公司来运作。很快，该机构成为国民政府开展对美公共外交的关键性机构。

为了增强该机构对美国外交决策的影响力，宋子文将一批具有影响力的人物囊括到机构中来，如陈纳德、艾尔索普、杨曼、潘利等，此外，为了得到罗斯福对该机构和对国民政府的重视，宋子文邀请罗斯福总统的叔叔弗雷德里克·德拉诺（Frederic Delano）担任该机构的主席。通过该机构，宋子文巩固了与白宫、国务院、财政部、陆军部以及其他政府机构之间的人脉关系。

第三，媒体、出版界也是宋子文开展公共外交的重要场域，如罗伊·霍华德旗下的霍华德报系、威廉·赫斯特的赫斯特报系、罗伯特·麦考密克（Robert Mc Cormick）的《芝加哥论坛报》、威廉·罗卜（William Loeb）的《新罕布什尔联合晨报》、亨利·鲁斯的《时代》《生活》等。和宋子文聚拢的军政商界名流一样，他在出版界聚拢的蒋介石事业的同盟军也是基于各自不同的理由，支持蒋介石的事业并谴责中国共产党。

具体这些人大致可以分为以下几类：第一类是受雇于中国国民政府，与蒋介石政权有着千丝万缕的利益联系，这部分人的个人利益与蒋介石在中国的统治地位有着密切的关系，其中，经济上的考虑是重要的因素，也有一部分人仕途上的晋升仰赖于蒋介石在中国的统治地位。第二类人是出于意识形态和政治立场的考虑，支持蒋介石政权，这部分人有强烈的反共立场。第三类人仅仅是为了反对罗斯福、杜鲁门的政策，也有认为蒋介石的执政有助于其在华事业的人。比如，霍华德把支持蒋介石视作与罗斯福的对华政策唱反调的一个棍棒，他此前是罗斯福的支持者，但因1937年罗斯福推行的法院改组计划，而疏远了罗斯福，进而抨击罗斯福对华援助不力。杜鲁门也是民主党总统，自然也在霍华德的谴责范围。赫斯特将罗斯福的新政视作洪水猛兽，自然也容忍不了共产主义，因而很容易被纳入挺蒋阵营。只有麦考密克尽管属于该阵营，但他对用财政援助支持蒋介石，不够热心，可谓院外援华集团中的特例，麦考密克本人秉持孤立主义，反对美国过多涉入国际事务并承担更多的国际责任和义务。另外，作为共和党人，他笃信财政紧缩政策，因而反对以财政援助支持蒋介石。亨利·鲁斯可谓20世纪40年代出色的宣传主力，在塑造蒋介石及其国民政府的正面形象方面功不可没。到太平洋战争爆发后，亨利·鲁斯以及传教士打造的中国神话在华盛顿广为流传。

1942年，布鲁斯·马格鲁德将军亲赴中国后，发现这一神话实际上带有很大程度的虚构，他向陆军部汇报说，“来自中国的那些喜爱中国的宣传人士所描绘的关于中国战时努力的图景，是一幅容易使人误解的画面。如果我们按照表面价值来接受它的话，就会严重地损害美国未来的计划”。

经常向这些杂志提供挺蒋反共政策的撰稿人也同样出于各种目的，表达政治立场。1947~1950年间，他们都在努力宣扬这样一种论点：美国的援助不力，造成蒋介石在大陆的日渐衰落。乔治·索科尔斯基曾在中国待过12年，对国共两党有所了解，但这并不影响他对中国的国内政治现实进行违背现实的解读，他的传记作者孔华润认为，索科尔斯基并不真正关心中国乃至美国对华政策，他是“一个没有原则、不负责任，除了对他自己对谁都不忠诚的人”，反共充其量是他的一种策略性工具，他的真正目的是“防止共和党继续执政四年”。[①]

① 唐耐心：《艰难的抉择：美国在承认新中国问题上的争论1949~1950》，朱立人、刘永涛译，复旦大学出版社，2000，第91页。

宋子文打造的人脉成为中国事务院外游说集团的主体，宋子文曾对美国国务院的一名官员表示，“你们政府里发生的事情，我在三天以内没有不知道的”。华盛顿的官员们也注意到，宋子文的关系网深深地渗入美国各个决策机构，特别是政府、陆军部和国会。一些官员甚至产生这样的困惑，“这些在中国国防物资公司任职的美国官员们到底是在为罗斯福还是为宋子文工作？”[①] 负责租借法案物资援助的爱德华·斯退丁纽斯（Edward Stettinius）曾评价宋子文“是中国最为雄辩的、强势代言人”。[②]

二　院外游说集团的工作重点

1941～1950 年间，院外游说集团的工作主旨在于争取美国决策者和公众支持蒋介石的事业。然而以 1945 年抗战胜利为分界线，该集团的工作重点有所调整。二战期间，院外游说集团的主攻方向是赢得美国决策层以及美国公众对中国抗战事业的支持，他们的策略之一就是极力向美国政府和人民呈现一个具有正面色彩的中国形象，从而使美国人知晓中国人正在为之英勇奋斗的事业，并宣传这一事业是有利于中美两国福祉的，进而希望推动美国对中国伸出援手。1945 年抗战胜利后，特别是 1946 年冷战开始后，院外游说集团的主要目标转向支蒋反共，尽力游说美国对华政策与蒋介石捆绑在一起。在该时期中美关系的重大事件中，如飞虎队来华、《1948 年援华法案》的通过等，院外援华集团的努力功不可没。

早在 1940 年初，宋子文建议蒋介石，要赢得美国人的支持光靠公

---

① Michael Schaller, *The U. S. Crusade in China, 1938 - 1945* (New York: Columbia University Press, 1979), p. 55.

② Tai-chun Kuo and Hsiao-ting Lin, *T. V. Song in Modern Chinese History, A Look at His Role in Sino-American Relations in World War II* (Stanford: Hoover Institution Press, 2006), p. 9.

共关系和公共宣传是不够的。必须要接近各个机构的高层官员[①]，并让他们明白以下几点：这是援助中国的最佳时机，一旦日军将交通线切断，美国将无法援助中国；中国理解美国决策者恪守的先欧后亚战略，然而只需要将小部分援助物资派给中国，就会收到百倍于援助英国的效果。中国人有能力使用美国提供的战机，中国人具备这方面的技术能力。

在美国参战前，日本扶持汪精卫，宋子文抓住这一时机，借助他与海军部长弗兰克·诺克斯（Frank Knox）的人脉关系，游说后者提交一项援助中国的政策建议，二战时期，宋子文可以称得上是引导美国院外游说集团的核心人物。

1. 兜售飞虎队计划

1940 年，宋子文和陈纳德共同起草了一份中国空军的建立计划，即飞虎队的雏形方案，提交给财政部长摩根索，他们建议如果“美国能够给中国五百架轰炸机，并配备相应的飞行员、补给和维修”，由陈纳德指挥，那么就会“速战速决击败日本，并有效减弱日本海军的攻击能力”，宋子文进一步指出，这样一支空军，将有能力“独立攻击日本本土，摧毁日本人的士气”。

这一政策建议，无论在当时还是今日看来，都是不切实际的，1940 年 12 月 8 日，摩根索告知宋子文，他已向罗斯福汇报此事，罗斯福对“把中国变成轰炸日本的基地”这一建议很感兴趣。摩根索表示，尽管现在提供 500 架轰炸机给中国不大可能，但是 1942 年或将可以实施这一计划。得到摩根索的正面回应后，宋子文致电蒋介石，建

① Tai-chun Kuo and Hsiao-ting Lin, *T. V. Song in Modern Chinese History, A Look at His Role in Sino-American Relations in World War Ⅱ* (Stanford, California: Hoover Institution Press, 2006), p. 16.

议后者选派2000名最好的中国飞行员赴美受训，为强化中国空军做好必要的准备。然而，中国空军基地计划一经提交给美国军方，便遭到陆军部的激烈反对。乔治·马歇尔、亨利·史汀生等军方高官都笃信“先欧后亚”战略，反对将轰炸机配给中国，因为这样做会减少援助英国轰炸机的数量。参谋长马歇尔只勉强同意将100架P－40战斗机派到中国。

宋子文获悉这一消息颇感失望，但他没有退却，马上起草另外一份计划，建议成立一支非官方的、由志愿者组成的飞行战斗编队前往中国，该计划书通过老路子摩根索呈递，很快得到美国官方的采纳。1941年初，在白宫官员的协助下，宋子文和陈纳德酝酿的志愿者计划，终于落地生根，到9月，已招募到100名美国飞行员志愿加入，组建成美国第十航空队（即后来第十四航空队）奔赴中国，这就是赫赫有名的飞虎队。为了增强飞虎队的作战能力，并得到美国人更多的支持，1941年11月，宋子文致信艾尔索普，请后者给在美国军政高层任职的朋友写信，向他们解释中国刚刚起步的飞虎队计划以及陈纳德在其中发挥的重要作用，并希望得到他们的支持。到1941年12月美国对日宣战时，飞虎队已成为支持中国抗战事业一支非常重要的空军力量，可谓院外援华集团努力的结果。

2. 打击反对的声音

除了在美国不遗余力地塑造蒋介石的正面形象，并为支蒋事业奔走游说外，打击那些对中国事务持不同见解的人士，也是院外游说集团努力的方向。他们有效利用美国决策者对共产主义存有的普遍性恐惧心理，将反共上升到国家安全利益的高度宣扬，而忠诚是他们最好的撒手锏，他们用谁支持蒋介石就是忠于美国国家利益的策略，将那些持反对声音的人纳入《美国宪法》所规定的叛国者行列，把忠诚问题纳入到外交决策的考虑事项中，是院外援华集团的一大外交胜利。冷战年代，这一粗暴的标签式指责，不但成功清除了批评蒋介石的声音，使持反对立场的人被迫离开对华决策岗位，而且使美国高层政要不敢拿本党的政治前途冒险。

冷战年代，院外援华集团集中火力炮轰一些与他们观点不同的驻华外交官、国务院官员，并对其中一些人进行清理。他们将所有对蒋持批评声音的人士列入亲共行列，向国会提交捕风捉影的指控，并通过他们主办的杂志进行传播，解雇国务院中不同意见的官员，恫吓潜在的不同意见者。在他们看来，乔治·马歇尔、费正清、谢伟思、戴维斯和文森特都是背叛者。这一着毁掉了一批人的职业前途甚至生命，谢伟思失业，小约翰·佩顿·戴维斯被迫移居国外，赫伯特·诺曼自杀。就连在1950年主张派美国第七舰队到台湾海峡遏制中国的迪安·艾奇逊，也被冠以“红色迪安”，是苏联的特务。亚洲问题学者变得更为保守，冷战的伦理促使学界出于明哲保身而噤若寒蝉，不敢越雷池一步。由此不难理解，到1972年承认中华人民共和国的政策建议竟然不是来自学术界，而是出自政界。这在学界先行、政界跟进的美国政治传统中，实为罕见。

3. 曲解中美关系中的重要事件，对政府施压

1947年，国民党在战场频频失利，这种状况使蒋介石想最大限度地借助此前营造的关系网络，争取得到美国的支持，而此时，冷战的大背景，为蒋介石提供了很好的契机。美国人对共产主义存有一种抽象意义上的恐惧和排斥心理，普通民众无从对各国的共产党及共产主义进行实事求是的分析，他们只能从抽象的概念上进行普遍意义上的理解。美国公众对共产主义这种一刀切的理解，为院外援华集团进行反共宣传提供了认知的沃土。

为此，他们从两个方向造势，一是努力让美国人相信蒋介石领导下的中国是通向自由、民主、富强之路的，不但符合美国人的政治理念，也是有利于美国人福祉的。二是努力让美国人形成这样一种观念：美国政府在帮助蒋介石抵制共产主义的大事中做得远远不够，正因为如此，才出现蒋介石在大陆的节节败退。为此，他们利用抗战胜利前后的一系列重要事件，进行歪曲解释，尽一切努力对美国政府施加压力，将美国决策层抗战胜利后正在开启的现实主义对华政策扼杀在萌芽阶段。

第一个事件是《雅尔塔协定》，院外援华集团将该协定称为“雅尔塔出卖”，尽管该协定确实存在美国作为第三方擅自出让中国主权利益给苏联的既定事实，然而院外援华集团更多的是从反苏反共的角度来界定出卖本质的，“这种转让是对共产主义革命世界偶像的一种潜在危险的屈服”。1946 年 7 月 24 日，65 名美国知名人士联合发表声明，题名为“满洲宣言”，在这份声明上签名的有亚内尔海军上将、周以德众议员、克莱尔·鲁斯、艾尔弗雷德·科尔伯格、亨利·鲁斯、约翰·鲍威尔，他们指责说，“这项协定是背着中国谈妥的，在雅尔塔会议上，美国根本不考虑中国政府是否同意，就作出保证把满洲的权利和蒙古交给苏联”。[①] 这一论点实际上只是院外援华集团对政府攻击的一个前奏，中国的主权利益并不是他们关心的重点。1947 年中期，科尔伯格将《雅尔塔协定》与中国国内政治正在酝酿的变局联系起来，他认为罗斯福在雅尔塔会议上出卖蒋介石直接造成了后来蒋介石在军事上节节败退的恶果。而罗斯福在生命的最后几个月里，之所以做出这一决定，是因为他酝酿的压蒋容共的新政策方向遭到蒋介石

① Joseph Charles Keeley, *The China Lobby Man*: *The Story of Alfred Kohlberg*, Adington House, 1969, p. 236.

的顽强抵抗，因此，为了让美国士兵以最低的代价结束对日作战，他在雅尔塔会议上用中国主权利益购买斯大林的参战。

随后，《生活》杂志刊文将罗斯福称为“叛徒和出卖者”。[1] 驻华传教士威廉·约翰逊牧师在《中国月刊》中继续解释背叛的含义，“美国对华政策在雅尔塔会议上秘密表明的立场早在雅尔塔会议以前的赤色宣传刊物中就有明显的预兆；其次，国务院内部显然曾经有过，而且现在仍然存在着一个从事秘密活动的共产主义阵线小集团，这些人参与向大使和总统介绍有关中国事务的汇报。因此，他们是为我们的敌人的利益服务，而不是为我们自己的目标服务的”。迫使中国成立一个联合政府，是一个比愚蠢更糟的举动。

4. 在史迪威指挥权危机中支持蒋介石

在史迪威指挥权危机中，宋子文及他打造的网络对史迪威的被召回发挥了关键性作用。魁北克会议后，宋子文极力向罗斯福兜售这样一种观点：中国将在同盟关系中扮演非常重要的角色，1943 年 9 月 15 日，在提交给白宫的建议中，宋子文表示，蒙巴顿将军担任东南亚战区总司令使史迪威在这一战区特别是缅甸任职变得没有意义，史迪威的位置应该由一位中国人担任。艾尔索普坚定地站在蒋介石一边。

美国陆军参谋长乔治·马歇尔致信总统富兰克林·罗斯福，抨击艾尔索普和宋子文联手攻击史迪威：

> 在我看来，那意味着艾尔索普要么作为指挥官比史迪威更胜任，要么作为参谋部的专家胜过我们这里所拥有的军官（这会继续使他和其他专栏作家和评论员同属一类），要么他是一股破坏

---

① Robert J. Donovan, *Tumultuous Years: The Presidency of Harry S. Truman 1949 - 1953* (Columbia: University of Missouri Press, 1996), p. 31.

性的力量……我的意见是，如果我接受了这种看法，他们决心批判和背叛我们的指挥官，而这些指挥官对我们在中缅印战区浴血奋战的士兵承担着责任，我们将使我们在该地区的指挥和控制处于沙基之上。①

5. 促成国会通过《1948 年援华法案》

《1948 年援华法案》是国民政府在战场上节节败退的情况下通过的，这项美国对华援助案因一直被作为美国推行扶蒋反共政策的关键证据，而备受批评。实际上，《1948 年援华法案》正是院外援华集团游说再次获得成功的一个范例。杜鲁门政府为了取得国会对重建欧洲计划的支持，而做出的妥协。

在美国，外交政策受到国内政治环境和国民意愿的制约。有时政府高层在外交决策时为了在其他问题上争取民意支持，往往会选择在另外某些问题上采取一些妥协措施以安抚民意，顶多在原则上坚持自己经过认真思考过的立场。特别是在涉及对外援助时，白宫官员只有提出动议的权力，要获得通过必须得到国会的支持，在这种外交政策与国内政治密切关联的环境中，《1948 年援华法案》深陷这种宪政程序的角力中。

1946 年丘吉尔的铁幕演说后美苏在世界范围内开始了冷战，苏联在东欧扩大势力范围的努力让美国感到有必要通过复兴欧洲以抵制苏联。但是欧洲复兴计划需要国会和民意支持，为了获得民意支持，美国的国内宣传模糊了抵制苏联和反共的区别。这一点在后来成了民意反制政府对华政策的一大重要因素。美国人感到自己作为自由世界的

① Eric Larrabee, *Commander in Chief: Franklin Delano Roosevelt, His Lieutenants, and Their War* (New York: Simon & Schuster Inc., 1988), p. 570.

灯塔，有责任拯救那些正在或者将要遭受共产主义威胁的人。

可是中国的情况有些特殊。这时期白宫的外交决策者们对中国的国民党和共产党有过理性的分析，认识到国民党不是真正意义上民主政治的堡垒，它的执政存在很多有悖民主原则的缺陷。认为共产党并非完全是意识形态意义上的政党，而是力促社会改革的、得到相当广泛民众支持的政治势力。但是在1941年太平洋战争爆发后为了争取美国民众对中国对日作战的支持，媒体把蒋介石塑造成了自由中国的代表，宋美龄为争取美国对中国抗日战争的支持，亲自到美国国会发表演说，给国会议员和美国公众留下了深刻印象，也为国民政府的形象加分不少。这种定格了的印象在1947~1949年是否要援助国民政府的争论中起了重要作用，也让支持蒋介石的国会议员在攻击政府时占据了一个制高点。

上述认识奠定了1947~1949年国会与政府之间角力的基础。不过世界范围美苏冷战的大背景决定了国会占据天然的主动权。政府要推行遏制苏联的其他计划时必须获得国会的支持，而国会就可以借中国问题施压，互相妥协的结果使政府只能原则上坚持自己的立场，在具体细节上做一些让步。

1947年春马歇尔使命的失败和国共冲突全面爆发惊动了很多美国国会议员，特别是那些亲蒋的、以密苏里州参议员范登堡（Arthur H. Vandenberg）为首的共和党人。他们举出美国在希腊、土耳其积极干预以遏制共产主义和苏联影响蔓延为例，指责美国政府对中国放任不管，既然美国要在欧洲实施费用高昂的马歇尔计划以阻止共产主义和苏联影响蔓延，就没有理由不把正在致力于国共战争的蒋介石列入援助计划。而且他们认为政府对中国的政策缺少前后一致性，是不明智的。国会越来越频繁地强烈抨击政府的对华政策，使政府处于防守之势。共产党在1947年占据军事上的有利地位后，国民党军队士气低落，面临越来越不利的军事形势，国会的抨击声浪也越来越高。5月底马歇尔非常不情愿地解除了对华武器禁运。①

但是马歇尔仍然认为美国政府的主要任务是努力避免卷入中国事务，避免对国民政府承担责任。各种信息来源证实国民政府走向覆亡只是个时间问题。相比欧洲事务的轻重缓急，国务院仍然主张不对国民政府提供大规模援助。1949年5月，国务院拒绝了国民政府要求美国从进出口银行（Export-Import Bank）提供5亿美元贷款的申请，虽然国民政府说明这笔钱是为了急需；也拒绝了国民政府要求美国政府在1947～1949年提供5亿美元给国民政府的要求。驻美大使顾维钧在1947年5月8日递交这些申请时，马歇尔倾泻了他对国民政府的失望和愤怒，他抨击在最近的国民政府改革中，陈立夫被任命为国民党中央政治委员会的秘书长，并向顾维钧表示，“这样的国民政府不具备获得美国援助的条件”。②

7月，面对来自国会不断升级的压力，马歇尔和国务院采取了一些妥协措施：第一个是政府7月11日宣布派魏德迈使团前往中国，官方在备忘录中表示派遣使团的目的在于，“评估中国的政治、经济、精神面貌和军事情况”③，并在此基础上考虑给予援助。但是派遣这一使团的真正目的在于应付国会，以缓解政府的压力，而非准备给予重大援助的前奏。在这项使命宣布的五天后，马歇尔在给司徒雷登的信

① 1946年7月29日，美国政府在国务卿马歇尔的建议下对华实施军火禁运。

② Yu-ming Shaw, *An American Missionary in China John Leighton Stuart and Chinese-American Relations* (Cambridge: Harvard University Press, 1992), p. 204.

③ Annex 134 "Statement by Lieutenant General Albert C. Wedemeyer on the Conclusion of His Mission in China", August 24, 1947, *United States Relations with China, with Special Reference to the Period 1944－1949*, p. 763.

中写道："我向你保证魏德迈使团是一权宜之计。"[①] 这也是魏德迈使团离开后国民政府一度出现暂时乐观情绪的原因，国民政府认为魏德迈使团回国后会带来大量援助，但很快他们发现期望的援助没有到来。第二个妥协是将对国民政府持负面态度的官员调离与中国事务有关的职位。9 月 15 日国务院将远东司司长范宣德（John Carter Vincent）调到瑞典担任大使。即便如此，马歇尔依然没有改变初衷，他选择巴特沃斯（Walton Butterworth）接替范宣德的位置，而巴特沃斯和马歇尔、范宣德一样，都对援助中国不感兴趣。11 月 10 日，马歇尔的欧洲复兴计划需要国会的支持，而提交给国会的法案，是个一揽子计划，国会议员将中国放入计划之中，在通过一揽子计划的时候，援华法案也跟着通过。从而迫使马歇尔在援助中国上作出妥协，对参议院外交关系委员会宣布将建议对中国提供3 亿美元的经济援助。对于美军军事顾问团的作用，11 月 28 日马歇尔在给司徒雷登的回复中明确表示，他反对美军军事顾问团涉入中国军事战略计划和行动，因为"接受这一责任的后果将会是极其深远的"。[②]

1949 年，当总统和国务院打算放弃蒋介石时，院外援华集团再次发起攻势，1948 年，共和党在国会选举和总统大选中双双败北，共和党雄心勃勃的计划再次遇挫，共和党不能那么随心所欲地操控国会要挟政府援华，对华政策再次发生些微回转。周以德面见国务卿迪安·艾奇逊讨论对华政策时，国务卿直截了当地告诉周以德，美国目前的对华政策是"等待尘埃落定"。周以德愤怒地指责，"国务院一直想搞垮国民党政府，将中国直接交给共产党"。3 月中旬，杜鲁门政府提出

---

① Yu-ming Shaw, *An American Missionary in China John Leighton Stuart and Chinese-American Relations* (Cambridge: Harvard University Press, 1992), p. 206.

② Yu-ming Shaw, *An American Missionary in China John Leighton Stuart and Chinese-American Relations* (Cambridge: Harvard University Press, 1992), p. 209.

议案，计划根据《1948年援华法案》将价值5600万美元的剩余物资交给中国政府或者中国其他的受益人。周以德更加愤怒了，他怀疑美国政府打算把剩余物资交给共产党控制地区，他呼吁要“彻查美国政府内部，揪出提出这种危害中国议案的人”。

当欧洲军援计划递交国会等待通过时，院外援华集团再次找到对政府施压的机会，支持蒋介石的议员们威胁要将欧洲复兴计划减半，以此向国务卿艾奇逊施加压力，要求援助台湾。1949年8月，北大西洋公约理事会会期将近，艾奇逊对欧洲军援计划心急如焚，最终勉强同意在欧洲复兴计划中提出0.75亿美元用于援华，但是艾奇逊坚持这笔援助不得指定用于台湾，要用于“中国一般地区”。[①] 这笔军事援助再次起到抵消行政机构对华政策的负面作用，当行政机构极力想从与蒋介石政权的关系中摆脱出来时，这笔军援再次将美国与蒋介石捆绑在一起。但是在欧洲复兴计划通过之后，1949年12月，国安会赞同总统和国务院的看法，认为这笔援助对于增加美国在中国的威望、改变中国的局势毫无作用，因此，建议不要再放行这笔援助。

尽管院外援华集团对20世纪40年代美国的对华政策产生过重要的影响，然而迟至1949年初，“院外援华集团”这一名词才出现。1949年3月1日，纽约州的共产党发布“关于对华政策的行动计划”，认为“一个强大的院外援华集团正在华盛顿活动，设法影响我们的政府继续支持反民主的和不得人心的国民党政权”。此后，这一词汇主要用来指广义上的政治联盟，他们游走于美国政治框架，将美国对华政策向着有利于蒋介石方向扭转。有着广泛的职业分布，有国民党收买的美国军政要人，有商人、媒体人士、学者、传教士。

---

① Simei Qing, *From Allies to Enemies: Visions of Modernity, Identity, and U. S. China Diplomacy 1945 - 1960* (Cambridge, MA: Harvard University Press, 2007), p. 106.

“院外援华集团”游走于美国政治框架中，深谙美国外交决策机构的决策过程，并据此对机构内有权威的人士施加影响，通过他们来左右对蒋介石有利的政策。与此同时，抗战胜利后，他们发展出一套新的宣传战略，即抹黑那些不看好蒋介石政权的军政人士，利用冷战的有利背景，将这些人称之为亲共分子，从赫尔利来华调停国共冲突开始，国务院成为被抨击的重灾区，此外大批驻华外交官、军事官员也被冠以亲共之名，这种两手战略，在冷战背景下，确实在很大程度上对扭转美国对华政策方向起到了重要的推动作用。早在1947年，当亲蒋议员试图将中国列入杜鲁门政府的希腊土耳其援助法案时，来自内布拉斯加的众议员霍华德·巴菲特和俄亥俄州的众议员乔治·本德对国务院所承受的来自中国宣传人士的压力表示了担忧，认为这是在“讹诈美国”。

到抗日战争结束，中国总共获得美国贷款6.45亿美元和租借法案援助款8.257亿美元。应当说，这笔款项起到了支援中国抗战的积极作用，但是抗战结束后，院外援华集团继续呼吁援助国民政府，卷入中国内战，几次试图扭转美国对华政策的方向，损害了美国政府对华政策的灵活性。

第六章
抗战时期的美国对华政策（1941～1945年）

抗战时期的美国对华政策，经历了一个演进的过程。太平洋战争爆发后，美国与中国成为盟友。此后，各种此消彼长的政策目标，中缅印战区中国、美国和英国之间复杂的战时同盟关系，以及战争进程中太平洋战区战场形势的转变，推动着美国调整对华政策。一开始，军事上快速打败日本的考虑与战后构建亚洲新秩序的政治目标，是相辅相成的，基于上述双重考虑，美国不顾英国的劝阻，将中国推上大国的地位。但是英国只顾守住印度，蒋介石想兼顾解决国共危机，这就意味着美国在中国战区难有作为。为了扭转不利局面，美国一度对蒋介石施加压力，最终酿成一场美中关系危机。有了这次教训，美国意识到，在中国的经营或将出现投入与产出不符的情况，战时的有限资源应当用于能够高效地利用它的地方，这种顿悟，更加坚定了美国此前的大西洋地区优先的全球战略。

美中战时同盟的合作，也让美国意识到，中国的国共问题不但阻碍着打败日本这一军事上的目标，也让美国战后的对华政策蓝图成为不可能实现的目标。因此，抗战后期，美国将注意力转向解决国共矛盾，美国试图从中调停，以期中国的国共两党能够借助战时军事合作打败日本的时机消弭彼此的恩怨，为战后建设一个和平、统一、民主的中国奠定基础。

第一节　美国把中国推上大国地位

使中国成为大国的政策，是罗斯福战时对华政策的一大构想。从当时中国的现实情况看，中国国民政府从未实现对全国的统一，中国面临着被日本灭亡的威胁，这种构想无异于幻想。但是罗斯福坚定地认为，美国做出一些努力，让这一构想成为现实，是值得的。

罗斯福的坚持并非完全是不切实际的盲目空想。一方面从美国外交政策传统的延续性来看，使中国成为大国的战略，符合20世纪初美国门户开放政策的原则，正如第一章所回顾的美国对华政策传统所分析的，在维护美国在华利益的过程中，美国用一个多世纪的历史经验悟出一个真理：一个有能力维护自身领土和主权完整的中国，对维护美国在华利益是有益的。而在一个分裂的、贫弱的中国，美国需要付出更大的成本和代价，与列强周旋，才能避免自身的在华利益遭到列强的挤压。因此，美国把实现中国领土和主权完整作为门户开放政策的一大支柱性原则，这让美国可以站在一个崇高的道义立场上来维护自己的国家利益，这是美国津津乐道的方式。而如果中国能够实现领土和主权完整，作为一个有着悠久历史的国家，从长期看，它必将摆脱贫弱状态，成为一个大国。

另一方面，使中国成为大国的政策也符合美国对战后远东秩序的设想。罗斯福一直醉心于自己精心构建的战后世界秩序。按照他的设想，战后日本衰落，日俄在远东的均势局面将被打破，美国希望用中国制衡苏联，使远东秩序不会损害美国的利益。罗斯福还成功地预见到英国会因为反殖民运动的压力而在亚洲式微，美国作为新兴的资本主义国家，在亚洲没有沾染旧殖民主义的劣迹，美国将会在亚太乃至全球事务中发挥主导作用。国务卿赫尔在《回忆录》中写道：

> 从长远看，日本将销声匿迹。唯一重要的东方大国就是中国，美、英、苏也是太平洋地区的大国，但它们最重要的利益都在别处。如果远东要保持稳定的话，那么在做任何安排时都要保证中国处于舞台的中心。[①]

美国决策者突然升温的对华热情，在英国看来是不切实际的。首相丘吉尔说，“在华盛顿，我意识到有一种评价标准，把中国几乎当作与英国不相上下的战斗力量，我向总统表示，美国舆论对中国在这场战争中所能做出的贡献估计过高”。[②] 作为老牌的帝国主义国家，英国以炮舰政策获取并扩大在华利益，因而在中国的威望一直不高，而美国一直刻意以一种有别于老牌帝国主义国家的道德面孔出现，同样能够获得这些利益。这让英国人感到非常不快。因此，丘吉尔怀疑，罗斯福是想把中国延揽成为自己的兄弟，必要的时候以联合对抗英国。为了打消英国的疑虑，1943 年 4 月，在推中国成为大国理事会成员时，罗斯福说服英国外长艾登，“当我们与俄国发生严重的政策冲突时，中国将毫无疑问地站在我们一边”。[③]

另外，从短期的军事目标看，将中国推上大国的地位，必将鼓舞

① Patrick J. Heardon, *Architects of Globalism: Building a New World Order during World War Ⅱ* (Fayetteville: University of Arkansas Press, 2002), p. 261.

② Robert Dallek, *Franklin D. Roosevelt and American Foreign Policy, 1937 – 1945* (New York: Oxford University Press, 1995), p. 327.

③ Justus D. Doenecke and Mark A. Stoler, *Debating Franklin D. Roosevelt's Foreign Policies 1933 – 1945* (Lanham, Maryland: Rowman & Littlefield Publishers Inc., 2005), p. 64.

中国的抗战士气，这符合美国在太平洋战区的军事需要。太平洋战争爆发后，军方设想中国为美国提供空军基地来阻击日本船队，军事专家认为必须防止一种最坏的情况出现：日本彻底击败中国，以中国为基地对付盟国。到太平洋战争爆发时，中国国民政府的抗战已经进行了四年，尽管国民政府高层在言论上仍然表现出坚韧的毅力和勇气，但是美国驻华外交军事官员都注意到，失败主义的悲观情绪在抗战军民中蔓延，1940年苏联和日本媾和后停止对华援助，蒋介石向西方国家发出的援助请求都没有得到热情的回应，中国处于孤立无援的窘迫境地。而让中国人继续抵抗日本，有助于缓解美国在太平洋战场的作战压力，也可以避免日军在攻下中国后与欧洲法西斯会合，从而对盟国的欧洲战场构成压力。因此，从多个角度考虑，罗斯福认为，美国应该提高蒋介石的国际威望，既能够使中国具有适当的国际地位，以便在战后承担起重要使命，又可以巩固蒋介石的抗战决心。

但是，罗斯福非常清楚地知道：俄国在历史上一直对中国有领土野心，中国要想成为大国，苏联就需要收敛自己的野心。因此，美国再次仿效门户开放政策的方式，通过模糊的辞藻来解除自己心中的顾虑。1943年10月签署的《莫斯科宣言》规定，“战争结束后，签署国家并不在别国领土上诉诸军事力量，除非为实现本宣言所规定的目标，并在签署国共同协商之后”。

1941年，盟国发表《联合国家宣言》。在初稿中，美国将中国列为签字国的第二位，丘吉尔反对后，排到第四位。1943年10月，在莫斯科召开的美英苏三国外长会议上，美国提议将中国包括在《莫斯科宣言》签字国内，为开罗会议奠定基础。11月蒋受邀参加开罗会议，中国跻身为与美英苏并列的大国。

但是正如美国从未打算以实际行动将门户开放政策中的维护中国

领土和主权完整原则落到实处一样，美国也从未考虑过在实际行动上将中国作为一个大国看待。美国能做的仅仅是提出一个构想，并以外交的方式将它宣告给世人，要真正实现它，要看中国自己的努力。

在提供援助上，美国从没有将中国作为一个大国看待，根据《租借法案》提供的援助，英国所占比例最大，苏联次之，中国最少。从1941年10月1日开始实施到1945年8月31日为止，英联邦（包括自治领）总计获得300亿美元的租借物资，占美国租借法案援助总额的60%，其中英国本土获得援助共计270亿美元。到1945年9月20日为止，苏联获得租借物资总计109亿美元，苏联认为只有98亿美元。而从1941年5月《租借法案》适用于中国，到1945年9月3日，中国获得的租借物资总计才8.45亿美元。

在军事援助上，二战时期，美国派往中国的军力数量有限，当欧洲或者英国殖民地有迫在眉睫的需要时，美国会立即从中国抽调美国军力。在战略的轻重缓急上，中国显然处于次要地位。

1939～1945年美国对华援助

援助类别	时间	数额（百万美元）
贷款	1939年2月	25
	1940年4月	20
	1940年10月	25
	1941年2月	50
	1941年4月	50
根据《租借法案》获得	1941年	26
	1942年	100
	1943年	49
	1944年	53
	1945年	1107?

资料来源：参见任东来《略论美援与中美抗日同盟》，《抗日战争研究》1996年第2期。

1945 年，在雅尔塔会议上，面对斯大林对中国外蒙、东北提出的利益要求，罗斯福虽然表示，他无权代替中国做出决定，但他也表示不需要与中国商量，尽管他提出的理由是中国会在 24 小时内让全世界都知道，从而将苏联参加对日作战的信息泄露给日本。但实际上，在罗斯福的大国天平上，中国显然未能占据与其获得的国际地位相称的分量。中国的大国地位是外界赋予的，而非通过自身能力获得，终究是一个虚妄的概念。

第二节　鼓励蒋介石继续抗日（1941～1943 年）

在 1943 年以前，美国决策层对中国在抗日战争中的军事能力，以及在战后世界秩序中的价值都充满着期待，罗斯福总统对中国抱有的满腔热忱，在英国人看来简直是不可思议的想入非非。但是在开罗会议后，罗斯福对中国变得不那么热衷了。1944 年，史迪威被调回国后，美国决策层对中国更不抱太大希望，特别是在军事上，他们确信不能指望中国。

1942 年，史迪威在启程前往中国就职之前，去白宫面见罗斯福，罗斯福想通过史迪威转达给蒋介石的信息，是前景光明、伟大光荣的，但也是不可能实现的。“蒋介石不会再认为希特勒是我们唯一的敌人，所有敌人都不相上下……我们一定继续干下去，……直到中国收复所有的失地。”[①] 美国对盟国做出承诺——收复它所有的失地，这还是罕见的。罗斯福“所有失地”的表达也是非常模糊的，清末以来，中国失去的土地情况各异，不是打败日本就能解决的，事实上，结合美国

① Robert Dallek, *Franklin D. Roosevelt and American Foreign Policy, 1932 - 1945* (New York: Oxford University Press, 1979), pp. 329 - 330.

对其他盟国战后重建的态度，罗斯福的这番承诺显得更加表面化。1944 年，在谈到欧洲和中东战后重建时，罗斯福说，“我不希望美国在战后担负起帮助法国、意大利和巴尔干国家实行经济复苏的重担”。①

如果再考虑到此前驻华外交、军事官员发回华盛顿的大量报告，报告中大量的描述说明中国并不具备强大的军事能力（第三章有详细叙述），如果美国无法推动中国进行军事改组，那么国民党军队很难作为一支战斗力很强的军事力量来使用。罗斯福的这番表态确实非比寻常。

罗斯福是真的不了解中国吗？1935 年，他在写给一位朋友的信中提到自己的困惑，“中国存在着你我都不理解的力量，但是，我至少知道那些力量是我们西方人所无法理解的。你千万别因为那些所谓的事实和数字而相信西方文明的任何行动能非常深刻地影响中华民族”。② 1942 年，罗斯福和他的儿子埃利奥特之间的一段对话说明他为什么有选择性地忽略一些关于中国局势的负面报道：

> 你想想看，如果中国屈服，会有多少日军从中国战场脱身。这些军队会干什么呢？他们会占领澳大利亚，拿下印度……然后长驱直入，攻打中东……那将是日本和纳粹形成大规模的钳形攻势，他们在近东某处会合，切断苏联同外界的联系，瓜分埃及，切断经过地中海的所有交通线。③

---

① Maurice Matloff, *US Army in WW 2: War Department, Strategic Planning for Coalition Warfare 1943 - 1944* (Washington, D. C.: Center of Military History United States Army, 2003), p. 491.

② Eric Larrabee, *Command in Chief: Franklin Delano, His Lieutenants, and Their War*, New York: Simon & Schuster Inc., 1987, p. 630.

③ Barbara Wetheim Tuchman, *Sand against the Wind: Stilwell and the American Experience in China, 1911 - 1945* (New York: Macmillan, 1971), p. 305.

这种最差的估计是美国军政高层感到非常担忧的。而且从另外一个角度来说，减少美国在中国军事上的投入，通过外交、政治和经济手段，鼓励中国继续抗日，在当时，这也是对美国国家利益最为有利的。中缅印战区的军事合作是太平洋战争爆发后美国对华政策的一个重头戏，但是盟国之间的关系、利益交集和历史恩怨错综复杂，最终美国发现在实现其政策目标的路上屡屡受挫。

在太平洋战区，盟军在军事上连续失利，美国一开始希望在中缅印地区有所突破，阻遏日军南进的势头。要实现这一目标，需要美、英、中三大国齐心协力。不幸的是，尽管三大国在中缅印战区有着共同的利益，但是它们各自都有自己的算盘，而且即便是在有利益交集的领域，三大国也很难达成一致，各自都揣测对方怀有自私的动机和企图。这意味着三大国难以通力协作共同对付日本。在战略目标上，中缅印地区，盟国内部很难达成一致。缅甸对英国和中国同样重要，但是英国并不打算尽全力保卫。美国一直敦促英国对印度、缅甸的民族独立运动做出让步，避免印度、缅甸人对抵抗日本构成反力，但是在英国看来，如果打败日本，意味着大英帝国从亚洲退却，那抵抗日本就变得没有意义了。丘吉尔表示，他出任首相的目的不是让大英帝国在他手上瓦解。从根本上说，英国不希望中国军队进入缅甸协同作战，从太平洋战争一开始，英国就从未认真看待过中国的军事力量，他们对中国军队的作战能力评价很低。此外，中国隐约表达过缅甸曾经是中国的藩属国，中国对其拥有主权。由此一来，英国人担心中国军队进来就不走了，因此，更不愿意让中国军队进入缅甸。

此时根据《租借法案》的援助物资处理问题，加剧了中国和英国之间的裂痕。在中国沿海港口被日军切断后，仰光港是美国租借法案援助物资进入中国的主要通道，但是中国运送这批物资的能力有限，大批武器、弹药堆积在仰光。美国担心日本人要轰炸并拿下仰光，到时候大批武器会落到日本人手里。美国军管机构认为有必要把物资交给英国人，来保卫仰光，但是中国人不相信英国从中东仓促调来的军队有能力守住仰光，这些部队完全没有受过丛林作战训练，英国司令官韦维尔也感到没有信心。而且这大批物资交给英国人，中国无论如何也不会答应。英国驻缅甸总督建议美国军官扣留这批物资，最终，一部分物资被烧毁，一部分交给英国人。这种处理方式加剧了中、英、美三国的矛盾。

此外，在缅甸和印度，盟国军队难以获得当地民众的支持。印度把日本人侵视为反对英国殖民统治的良机。罗斯福担心印度人出于争取独立运动的目的考虑，为日本人打开大门，尽管丘吉尔会对此类劝告非常恼怒，1942 年，罗斯福还是建议英国要对印度民族运动所提出的要求进行适当让步。而此时，蒋介石也希望能够联合印度，共同抗击日本。1942 年 2 月，蒋介石访问印度，但是甘地只想借助蒋介石劝说英国对印度放权，甘地提醒蒋介石，中国并没有被西方盟国以平等地位看待，而缅甸总理吴素则认为“自达·伽马绕过好望角以来，我们亚洲人就不曾有一天好日子”。缅甸人即便不是亲日分子，他们在私底下也为日本人作为亚洲人的代表站起来打击西方势力而感到高兴。再加上英国拒绝缅甸战后独立，也不想让缅甸成为自治领，英国只答应让缅甸人参加政府，而自 1885 年英军打进缅甸以来，缅甸只是英属印度的一个省，英国派印度人管理缅甸。

对给予中国大国地位，英美也存在分歧。罗斯福认为放眼未来，中国必将成为一个大国，如果在战后中国能够走上日本近一个世纪走过的道路，中国会崛起成为一个大国。既然中国迟早会崛起成为一个大国，那么不如在战争当中就把它当作一个大国看待。但是丘吉尔明白无误地表示，他不同意这种看法。就眼下这场战争而言，他看不到中国会起到大国的作用。得不到英国的强有力配合，中国军事能力弱，美国不可能在东南亚发起强大的对日军事攻势。

因此，从中国和缅甸这条线路进攻日本，到1943年一直未能真正成为决策者的作战路线规划。他们在等待其他路线，比如太平洋上的岛屿。第一次缅甸战役的失败暴露出盟国内部合作的种种困难。美、英、中三大国不但在整体规划上而且在具体细节上都存在很大的分歧，最终一次次错失良机，惨遭失败。

一　缅甸战役的失败

1942年，东南亚的军事形势非常严峻，中国战场面临着非常不利的外部环境。日军出人意料地拿下缅甸的仰光，按照盟军特别是英国最初的设想，日军不可能夺取缅甸，疾病流行的缅甸丛林，再加上崇山峻岭，构成一道可靠的军事屏障。英国一直把缅甸作为一个战略缓冲区来保护印度。因此，当时英国匆忙从中东紧急调集到缅甸的两个旅，都是没有经过丛林作战训练的。这些部队所接受的训练都是有预设前提的，即作战环境需要有交通工具和公路，但是在英国殖民统治下，出于商业垄断的考虑，英国殖民当局并没有在修建公路上花费多少精力。缅甸公路不多，如果仅有的一些公路一旦被日军控制，这些部队就会毫无用武之地。

第一次缅甸战役期间，蒋介石还在醉心于陈纳德提出的以空战速胜日本的计划。根据陈纳德的设想，如果他能够得到500架战斗机、100架运输机，他就能打败日本，此外，陈纳德要求他必须拥有全权指挥。但是在1942年欧洲、中东战事吃紧的情况下，美国提供给中国战区上述数量的飞机，简直是不可能完成的任务。当时美国总共有11

个航空队，国外有7个，国内有4个，就连本土的航空队指挥官都表示，他什么都需要。在资源紧缺的情况下，美国只好根据轻重缓急来拆东墙补西墙，不幸的是，中国总是充当被拆的东墙角色。1942年，美国制订一项哈罗普计划，从中国出动B-24型轰炸机轰炸日本本土。蒋介石对这项计划深表赞同，但是浙江空军基地被炸，空运队补给也不足，最后美国取消这一计划。这样一来，原打算飞往中国的B-24型轰炸机中途停在埃及，以备别处紧急使用。承诺给中国的100架运输机，减少到75架，后来又缩水到57架。

1942年6月，德国元帅隆美尔攻下利比亚的托布鲁克，英国人也被隆美尔赶出埃及，德国进攻中东的危险迫在眉睫。美国马上抽调第十航空队的重型轰炸机，还调遣空运队的运输机和飞行员前往埃及，原计划飞往中国的B-24型轰炸机临时停到苏丹的喀什穆，奉命飞往英国。

从物资供应的角度看，供应上述数量的战斗机和运输机的后勤所需，也是不可能完成的任务。喜马拉雅航线的风险、损耗和对物资的需求量是巨大的，所有物资都需要经过万里行程从美国运到印度西部码头，然后卸货装车通过火车运输到一千多英里之外的加尔各答，从那里经过阿萨姆—孟加拉铁路分送到各个机场。阿萨姆—孟加拉铁路是窄轨铁路，本来是修建用来运输茶叶用的，运输能力很低，中途还要经过没有铺设桥梁的布拉马普特拉河，火车过河需要将车厢拆开，然后用驳船将一节节车厢运到河对岸去。1942年，印度国大党号召在全印度举行非暴力不合作运动与英国殖民者对抗，工人举行大罢工，铁路运输一直处于低迷状态。直到1944年，盟国才商定将这条铁路划归军用，由美军铁道兵负责管理。驼峰空运航线严重受制于恶劣的天气，空运队只有25架飞机，而且飞机频繁出故障，后勤跟不上。在空运队飞行的三年里，损失飞机 468 架，出事飞机的驾驶员跳伞逃生后，幸运者被美国派驻缅甸的营救队营救，但是大部分人没有这般幸运，不是殒命荒原，就是被日军俘获，还有人挂在树枝上无人施救。因为维修跟不上，有时候出了故障的飞机只能简单维护，旧零件擦洗一下继续使用，甚至用过的汽油都得过滤一下继续使用。飞行员不得不冒很大的风险执行飞行任务，抵触情绪越来越强烈。特别是当飞行员们得知他们历尽艰险运达的物资被弄到黑市上倒卖时，他们更不愿意尽全力工作。物资通过驼峰空运到达昆明后，还要经过 8 周时间，通过水陆两种途径才能运达各个机场。在这种情况下，蒋介石提出的增加空运物资的数量，不可能得到满足。

但是蒋介石似乎对后勤供应的难度不太在意。1942 年 6 月，当美国一次又一次地抽调中国战区的空中力量给其他战区补缺时，蒋介石愤怒到极点，在与史迪威的会面中，蒋介石扬言要退出战争。再加上美国不让中国掌握租借物资的控制权，这让蒋介石感到美国并没有把中国当作一个盟国平等对待，因为英国就可以自己掌握着租借物资的控制权。至于美国不让中国掌握租借物资的控制权的原因，正如前面所述，各种信息源的报告显示，中国会将援华物资用到别处——主要有两个用途：一是维持蒋介石在国民政府各派系中处于优势地位，二是用于对付中共。为了保证援华物资能够被用于抗日，美国派史迪威掌握着援华物资的控制权。蒋介石为此通过各种途径向美国争取，不但通过宋子文的外交途径，向华盛顿争取这一权力，还不断抓住各种机会向史迪威施加压力，他把中缅印战区遇到的所有危机都归咎于史迪威，在每次危机中都会要求美国撤换史迪威。但是美国明确地对蒋介石表示，即便是撤掉史迪威，他的继任者依然会掌握着租借物资的控制权。

如此三番的后果是，罗斯福不想在租借物资的控制权问题上做出让步，不过他愿意在经济上满足蒋介石的要求。1941 年冬，蒋介石要求获得 10 亿美元援助来稳定经济，罗斯福和财长摩根索（Henry Morgenthau）承认贷款极有可能一去无回，1942 年 2 月，还是商定提供 5 亿美元贷款。摩根索力主控制贷款的使用，要求直接发放到打仗的士兵手中。蒋要求贷款无担保、无附加条件，尽管摩根索认为这是在“敲诈勒索”[①]，但最终还是妥协了。

二 史迪威指挥权危机日渐加剧

在这个过程中，史迪威指挥权问题持续发酵，最终酿成一次美中战时合作关系的危机。关于史迪威指挥权问题，从一开始中美双方对这个问题的理解就为后来的危机爆发埋下伏笔。当史迪威以中国驻缅甸部队指挥官的身份去会见英国驻印度总督时，这位总督感到非常惊讶。几天后，杜聿明以同样的身份拜访总督，总督惊讶于一个美国人和一个中国人有着同一个职务。杜聿明回答说：

> 那位美国将军只当他是指挥中国军队，其实并非如此……我们中国人认为，让美国人继续参战的唯一办法是给他们一些名义上的指挥权，只要我们这样做，他们就不会造成多大危害。[②]

第一次缅甸战役后，史迪威认真反思失败的原因，尽管在接受媒体采访时，他把原因归于武器等技术性的问题，盟国装备明显落后于

---

① Herbert Feis, *China Tangle: The American Effort in China from Peal Harbor to the Marshall Mission* (Princeton: Princeton University Press, 1972), p. 22.

② Francis Pike, *Hirohito's War: The Pacific War, 1941 – 1945* (New York: Bloomsbury Publishing Plc, 2015), p. 273.

日本，空中力量不足，不但难以侦察把握日军的动向，对日本空军的轰炸也没有还手之力，但实际上他认为单纯这些因素不足以解释战败的根本性原因。在英国的刻意不配合和中国的各种不协调中，他失去最佳的进攻机会。现在可以确信的一点是英国人不愿意在缅甸尽全力作战，他们充其量只是为了换取美国在欧洲战场的支持，而象征性地在缅甸打一下就撤退。想得到他们的协助，是不可能的，必须靠中国人自己。第一次缅甸战役中暴露出中国军队的问题是他对军队的指挥权受到各种形式的掣肘，他对部队的指挥权即便在没有各种迂回规避的情况下，也充其量是表面上的。实际上史迪威遇到的指挥权受限制的问题，陈纳德也深有体会。陈纳德与蒋介石之间主要通过宋美龄当中间人来进行沟通。飞行员的训练受到各种因素不必要的干扰，他无法对学校和人员进行有效的指挥。陈纳德曾多次对宋美龄抱怨糟糕的指挥体系，能力很差的人被调任教官，他们既不能训练飞行员，也无法维持纪律。但是当史迪威指挥权危机发生时，大家枪口一致对准史迪威的个人性格因素，陈纳德就闭口不谈他与蒋介石之间的纠纷。

在第二次缅甸战役中，盟国内部不能合作以及史迪威指挥权问题变得更为严重了，中国、英国之间有着无休止的分歧，美国再次陷入调和困境，用史迪威的话说，他不得不花费大量的时间和精力奔走在印度和中国之间，做着扯袖子的工作。按照史迪威提出的、美国陆军部和总统批准的计划，第二次缅甸战役前应对中国军队进行集中培训，考虑到物资运输的困难，训练地点选择在印度比较合适，可以最大限度地减少物资运输时间和所花费的人力物力，再加上第一次缅甸战役失败后 38 师和 22 师撤退到印度，这些人徒步走到印度，饥饿、疟疾、那加疮和痢疾把他们折磨得遍体鳞伤，因为蒋介石犹豫不决拖延下达撤退命令，导致 22 师没有能够在雨季到来之前撤离，他们比

38 师蒙受更多的苦难才到达印度。美国计划以这两个师为基础，另外增加受训部队，最终集训 30 个师。

然而，让蒋介石接受集训中国军队和同意反攻缅甸的计划，是很难的。尽管从理论上说建立一支受过专业训练的、装备良好的、有饮食和卫生保障的部队，对中国是有益的，但是从蒋介石个人的角度考虑，集训一支强有力的部队有可能形成以部队指挥官为核心的新的忠诚体系，会把他排斥在外，蒋介石就会失去他在各派系间所占据的脆弱的优势地位。就反攻缅甸的计划而言，打回缅甸，夺回仰光，对重新打通从缅甸到中国的陆路运输线，是大有裨益的，增加物资的运输量也是蒋介石一直希望实现的目标之一。但是有了第一次缅甸战役英国人各种形式的规避合作的经历，从而将中国军队的侧翼暴露在日军的火力之中，所以这次蒋介石提出反攻缅甸的先决条件就是，要求英国提供海空两栖支持，但是，英国压根儿就不打算花费这么大的力气收复缅甸，尽管收复缅甸对英国也有好处，但权衡付出的代价与所得，英国宁愿把主要力量放在欧洲战场。第二次世界大战期间，罗斯福多次向丘吉尔表示，战后实现非殖民化是历史发展的大势所趋，罗斯福建议英国要顺应历史潮流，考虑到战争的实际军事需要，英国应对印度、缅甸的民族主义运动作出让步。在丘吉尔看来，这是美国不怀好意的假惺惺说道，如果英国收复缅甸的最终结局是失去缅甸，那么英国就没必要出力去干这事了。此外，中国一直没有忘记缅甸在历史上是中国的藩属国，1943 年，中国新闻部发布的官方地图，将北缅标示为中国领土。另外，英国对中国军队大批量开进印度进行集训，抱有警惕之心。蒋介石曾经致函丘吉尔，建议后者对甘地领导的民族主义运动让步，尽管丘吉尔不会把这番劝告放在心上，但是他担心中国和印度合作，会对大英帝国的事业不利。可是英国又不想落下不愿配合、打退堂鼓的名声，因此，韦维尔同意这项计划，但是英国驻印度总督提出各种运兵上的困难来阻止中国增补受训人员到达印度。

此时，重新打通从缅甸到中国的陆路运输线，利多公路的重要性再次受到重视。利多公路的方案最开始是由中国提出，美国决策者同意支持修建的。1942年1月，日军即将占领仰光，中国担心一旦仰光失守，中国与外界的主要运输线将会被切断，对已经丧失东南沿海港口城市的中国而言，这将是重大的打击。因此，同年1月，中国提出用租借物资开辟新的陆上供给线的计划。这条路线从印度阿萨姆邦的利多开始，穿越缅甸北部丛林密布的高山，到达滇缅公路途经的站点龙陵。开辟这条线路的难度不亚于驼峰空运航线，这是一条全新的路线，美国驻华军事官员经过实地勘察后估计需要两年时间才能修筑完工。作战处将这项计划列为紧急的军事需要，罗斯福、美国陆军部都同意开辟这条路线。

与此同时，罗斯福也在考虑开辟另外的陆空运输线。1942年1月30日，在内阁会议上，罗斯福正式提出这一构想。这个方案提出后，哈里曼应罗斯福的要求，与宋子文商谈，宋子文马上表示陆运长途跋涉，难以救急。他拿出一份地图展示了这条线路，从波斯湾到里海，再到苏联，再经过两千多英里的汽车到达重庆。1942年1月31日，宋子文致信罗斯福，提出有一条航线，从印度东北部阿萨姆邦的萨蒂亚到中国昆明，全程只有七百英里，整个航程高度变化不大，宋子文还表示自己感到非常奇怪，竟然没有人想到这么便捷的路线。宋子文没有提到横亘在这两个地点之间的喜马拉雅山。当有人提醒罗斯福飞越喜马拉雅或许是世界上最为危险的航线时，罗斯福认为，这只是个纯后勤的问题，任何后勤问题都可以通过努力迅速解决。因此，罗斯福很快就同意了宋子文的建议。为了开辟这道空运线路，必须建造飞机场，配备运输机、地勤人员，提供燃料，建造相应的服务设施。这样一来，利多公路的计划就被摒弃一边。陈纳德及其支持者的不知疲倦的争取，一度让驼峰空运的重要价值掩盖了利多公路的意义。第一次缅甸战役的失败让史迪威深切地意识到在失去可靠陆地军事支持的情况下，空中运输和作战能力会变得多么脆弱，但悲哀的是，陈纳德的支持者和蒋介石从中得出的结论恰恰相反，他们认为史迪威不懂得空中优势的重要价值。陈纳德向白宫和陆军部提交一份政策报告，建议给他足够数量的飞机，他就可以打败日本。对罗斯福这种喜欢宏观大战略的人来说，这份政策报告很有吸引力。但是当海军部长诺克斯将报告提交给陆军部长马歇尔时，后者认为这纯属扯淡，陈纳德的方案实际上是让日军按照他设想的路线和方式发起进攻，在实际作战中，日军不可能放过中国的机场，实际上第一次缅甸战役期间，日军确实报复性地轰炸过浙江衢县的机场。经过讨论，最终的结论是继续尽量增加驼峰空运的能力，修建利多公路也意义重大。一开始在陈纳德构建的空运美好蓝图中，蒋介石对修建利多公路并不热情，但是既然是用租借物资来修筑公路，对增加物资运输量会有帮助，蒋介石后来也同意了。

但是英国人却不这么认为，他们找各种理由夸大修筑利多公路的天然障碍。他们提出，缅甸的公路都是依傍河流的天然走向而呈南北方向修建的，利多公路的规划是东西走向，而且要经过胡康谷地，英国断定不但是修路就连军队都很难通过胡康谷地。但是考虑到英国在条件艰苦程度差不多的情况下修建了一条穿过达武山口的公路，英国显然是不希望建成这条公路，他们的真实想法是不想让这条公路冲击英国在缅甸运输业上的垄断地位，因此，通往前线到底有没有路，英国并不在意，毕竟他们特别想收复的是新加坡，而不是仰光。但是他们又不愿意落下拖盟国后腿的名声。权衡利弊，英国决定支持收复缅甸，但他们认为部队前进路线必须经过胡康谷地。在英国人看来，以当时物资的供应量，集训部队收复缅甸和修建利多公路是不可能同时进行的，同意前者等于是削弱后者。而且收复缅甸对收复新加坡会有帮助，这招果然奏效。

但是，美国军方认为修建利多公路和增强空军力量、增加空运能力同等重要，因此，在蒋介石要求撤换史迪威的问题上，美国不肯让步。1942年10月，马歇尔和史汀生在商定后向宋子文明确表示，打开中国战区军事上的困局在于采取积极的军事行动。针对蒋介石提出的三项最低限度的要求[①]，史汀生表示，提高物资运输能力取决于重新打开地面运输线，而要重开地面运输线就必须采取积极的军事行动，要开展积极的军事行动，取决于美国代表的能力；因为中国和英国之间有各种各样的原因无法协作，这就要求美国代表必须是一位善于作战的军事专家而不是擅长外交的政客。他进一步补充说，中国此时需要的是辣椒面而不是蜜糖。因此撤换史迪威是不明智的，对挽救当时的困局毫无帮助，只会加剧已有的危机。

1943年初，罗斯福似乎是心怀愧疚，因为蒋介石提出的三项最低限度要求，任何一条都是无法满足的；另外中国战区在轻重缓急上确实被排在欧洲和中东之后，一次次因为欧洲和中东的急需，突然挪用本来分配给中国战区的空军装备力量，罗斯福感到需要安抚蒋介石的愤怒情绪。在开罗会议上，罗斯福想趁这个机会把他一直主张的使中国成为大国的政策付诸实施，为此，他需要和英国进行艰苦的谈判，

① 1942年，美国多次将已经派驻或者即将飞往中国战区的运输机，调派到英国和中东，蒋介石在盛怒之下对美国提出三项最低限度的要求：第一，驼峰空运能力提高到每月一万吨；第二，派给中国500架运输机；第三，由中国控制租借物资。

同时他也需要和蒋介石进行沟通，让他支持第二次缅甸战役。但是他发现美国再次陷入一厢情愿的扯袖子的毫无结果的协调当中。丘吉尔拿出他一直最擅长的策略：以便捷的速度提出另外一个难度更大的替代方案，以表达自己的反对意见。而蒋介石非常善于在他一直强烈反对的问题上来个一百八十度的大转弯，然后追加许多难以实现的限制性条件，以求通过迂回的方式实现初定的部分目标。在这两个国家之间协调，简直是难上加难，每当美国确信自己的协调工作取得一定进展时，很快他们就会发现自己对形势的估计过于乐观了。英国和中国都会在先前的立场上退后，之前的努力往往付诸东流。

三　开罗会议上美国对蒋介石深感失望

在开罗会议上，美国、英国和中国再次出现这种困局。在英美参谋长联席会议上，美国军方提出海盗计划，由史迪威集训的军队从缅甸发起攻势，中国驻云南的军队向缅甸进攻，双方会合，英国承担着发动海空两栖攻势的任务，配合地面部队的行动。蒋介石认为如果英国能够派遣大批的海军和空军，就会减少日军对地面部队的作战压力。因此他坚决要求将英国出动海空军作为同意第二次缅甸战役的前提条件。但是史迪威认为，如果英国只是派出海军和空军，到达预定地点展示一下力量，不采取积极的军事行动，将会再次遭遇第一次缅甸战役的危机，英国简单打一下就撤退了，给地面部队的压力会有增无减。

丘吉尔根本不愿意让英国海空军参加这次行动，他认为罗斯福在大战进行之时这样的紧要关头，依然在开罗会议这样的国际会议上，将本是琐碎的、微不足道的中国问题拿出来认真讨论，显得主次不分，也感到不能理解。丘吉尔表示，钻石行动需要更多的海空军，如果海空军被用于欧洲和中东，将会发挥更大的作用。他强烈反对美国提出的横渡英吉利海峡的行动，认为应该从四周包抄，而这就需要更多的海空军力量。因此，在英国海空军参加第二次缅甸战役的问题上，他不作任何妥协。英美两国的军方高层在激烈地争吵，金上将和布鲁克勋爵剑拔弩张，谁都不肯让步，斯大林的表态似乎对英国人更为有利，斯大林表示，当前首要的问题是让中国打仗，到目前为止，他们还没有打过仗。

就在这时，宋子文奉命急切地四处打听会议议程中关于中国问题的内容。此时，盟军破译了日本的电报，获悉中国的电报密码已经被日军破译，这意味着会议内容不能告知中国，而且不能挑明原因，因为日本人发现自己的密码被盟军破译后，他们会改弦更张。因此，在焦急的等待中，蒋介石决定亲自参加会议。蒋介石亲自与会再次暴露出中国战区的脆弱，面对英国提出的关于中缅印战区的军队情况，蒋介石和指挥官们不能作答，最后史迪威做了答复，解了围。再次验证英国的观点：不值得为了中国拼命。

开罗会议虽然是中国登上大国地位的一次重要会议，但也是对中国来说非常尴尬的会议，会议议题讨论各战区的军事情况并据此做出下一步的计划。与会的都是英美苏三国的国家首脑和军方高层官员，中国人语言不通，蒋介石对中缅印战区的情况不甚了解，而英国似乎想方设法让中国出洋相，来说明英国反对第二次缅甸战役的做法是正确的。英国将领布鲁克会后说，和中国人谈军事计划，纯粹是浪费时间。

当英美参谋长联席会议为海盗计划吵得不可开交时，罗斯福发现蒋介石对这项作战计划并不太满意，也不感兴趣，他并不想派兵越过怒江参加战斗，他真正感兴趣的是美国能不能派给中国535架运输机，以提高空运量。蒙巴顿受罗斯福的委托，去向蒋介石说明，即便美国真的可以提供这个数量的运输机，还要运输机在雨季到来之前发动空袭，是不可能的。蒙巴顿惊讶地发现，蒋介石根本不懂雨季的事。但是雨季是中缅印战区作战必须考虑的一个客观困难。在罗斯福费尽周折终于让蒋介石同意派驻云南的 Y 部队参加缅甸战役后不久，蒋介石告知霍普金斯，他取消了这一承诺。为了再次获得蒋介石的同意，蒙巴顿、史迪威、萨默维尔、惠勒、斯特拉特迈耶（中缅印战区新任战区司令）、魏德迈一起去面见蒋介石，陈述要义，蒋介石再次同意派兵参加缅甸战役，但是第二天他在回国之前再次改变主意，他让史迪威留下来表达反对意见。仍然坚持发动空袭和月运输量增加到一万吨这两项要求，必须同时得到满足。

开罗会议后，英美苏三国军政高层去了德黑兰，进一步讨论欧洲战区的情况。德黑兰会议关于欧洲战区的讨论更加削弱了中缅印战区的重要性。斯大林强调要以最快的速度执行铁砧和霸王行动计划，前者是指在法国南部协同登陆作战，后者是指盟军在诺曼底登陆作战，开辟第二战场。斯大林重申他早先在莫斯科对哈里曼做出的承诺，在结束欧洲战事后马上加入对日作战。丘吉尔向来善于找借口把自己不喜欢的方案搪塞掉，他抓住了机会。丘吉尔表示，如果苏联承诺将参加对日作战，那么英美两国没必要花这么大力气支持中国，他马上表示要把先前讨论中用于参加中缅印战区两栖作战的登陆艇用于铁砧行动，最好取消海盗行动。

当英美两国首脑再次返回开罗时，两国的参谋长联席会议正在为是否取消海盗计划而陷入激烈的争辩当中。英国人坚持认为海盗计划浪费霸王行动和铁砧计划的军事资源，力主取消。而美国坚持认为，不存在这种此消彼长的利害关系。就在双方争持不下时，一封误传的电报帮了英国人的忙。这份电报是打算发给正在开罗参会的史迪威将军的，却发送给了东南亚战区司令魏德迈。英国同僚从魏德迈处获悉电报的内容，他们马上把这个消息传递给开罗会议现场的英国政要。这份电报讲述38师在胡康谷地遭遇日军袭击后，屡次抗命，驻足不前，就地筑壕，防御战的思路再次占了上风。但事实上，38师的三个营在进军前，已经有中国侦察兵汇报有大量日军埋伏在胡康谷地，但是盟国的指挥官们按照常规思维，将中国人报告的险情作打折理解，结果导致蒙受很大损失。营救努力也都失败，在物资供应不足的情况下，这三个营进退两难，只能掘壕据守。但是这些实情当时没有到达开罗会议现场。英国人抓住机会再次强调中国人不想打仗，与其浪费兵力，不如不打。

最终，罗斯福对丘吉尔做了妥协，同意取消海盗计划。但是蒋介石离开开罗时盟国承诺要在孟加拉湾发动一场两栖作战，现在英美两国突然改变主意，虽然蒋介石对这项行动并不积极支持，但是真要取消承诺，蒋介石感到自己蒙受了巨大的耻辱，他马上提出更高的报复性要求，要求美国提供10亿美元的援助，驼峰空运每月运输量达到两万吨。

这种反要求，无疑让美国对中国感到更加失望。此前援助中国用于稳定货币的钱，引发一场黄金风潮丑闻，当时仍有大量美元留在美国，还没有投入使用。此时，蒋介石提出巨额援助的要求，连一直支持给予中国援助的财长摩根索都表示，自己绝不会去国会为中国争取一个铜板。至于两万吨的运输量，也让美国感到怒不可遏，之前蒋介石提出的最低限度要求每月一万吨已经被认为是在敲诈，此时提出两万吨的运输量，只会让美国对中国更加失望。中国地位提高了，但是受重视程度确实有所下降。

随后，陈纳德航空队的战斗情况证明，蒋介石和陈纳德一直以来试图兜售给罗斯福的空战速战速决的计划是不可能实现的。1943年陈纳德的航空队确实给日军供应线制造了一些障碍，但是不能对日军构成根本性的制约。事实上，航空队的轰炸招致日军集中力量炸掉中国华东地区的几个美军空军基地，日军打算打通从天津到广州的运输线，蒋介石此时要求把大部分援助物资拨给空军，美国是不可能答应的。蒋介石于是迁怒于史迪威。而此时史迪威正辗转在缅甸的丛林中，为发起第二次缅甸攻势做准备。开罗会议后，史迪威带着罗斯福和丘吉尔商定的取消海盗计划的决定回到中国，他知道不能指望英国的两栖作战配合，他也不想再花费太多时间在重庆与缅甸之间奔波，苦口婆心地劝说蒋介石从云南发兵接应，他所能做的就是利用在印度集训的中国军队。从 1943 年底开始，史迪威亲往前线，与低级指挥官一起吃住，如此一来，军队的士气得到鼓舞，他发现无论从士兵还是指挥官都表示愿意跟着他干。空投物资也日渐充裕起来，在此之前，飞行员经常以天气和飞机有故障为由拒绝起飞空投物资给地面部队，史迪威责令飞行员过几天地面部队的生活，让他们感受一下地面部队在炎热而又泥泞的丛林中没有基本物资供应，是什么滋味。有了这番换位体验后，飞行员们即便在天气不甚理想的情况下也都坚持起飞空投物资。一切似乎在朝着有利的方向发展。

很快，英国东南亚战区司令部又出麻烦了。史迪威的英国同僚表示不能与他沟通，而且他亲自跑到热带雨林这件事经美国媒体报道后，英国指挥官们感到史迪威是在有意彰显他们坐在办公桌前无所事事。而美国的战地指挥官中间则流传着英国人之所以派这些军官到东南亚战区就是因为英国认为缅甸不需要打仗。英国总参谋长布鲁克向陆军部长马歇尔提出建议，要求调回史迪威，理由是英国战区指挥官们感到没有办法和史迪威沟通相处。马歇尔直言不讳地表示，你们有三个战地指挥官在那里，却从来不打仗，我们只有一个将军在那里，在积极打仗，你现在让我调回他，你搞的什么鬼名堂？布鲁克只好作罢，宣布调回英国的指挥官。

蒋介石与史迪威之间的矛盾也在日益加深，参谋长联席会议认真讨论了这一问题。美国军方中不乏蒋介石的支持者，海军、空军都支持蒋介石，但是参谋长联席会议的既定目标是尽快结束对日作战，按照这一目标，根据第一次缅甸战役的教训，他们一致决定应该扩大史迪威的权力，而不是缩小权限。跳岛战术取得突破性进展，军方一度提出不需要中国也能打赢这场战争的思路，虽然罗斯福头脑中依然在规划他的战后世界秩序蓝图，但是开罗会议后，他也的确对中国深感失望，美国可能与苏联合作的前景再次降低中国在他心目中的分量。他不想再和以前一样，极力为中国争取一些或许本不该属于他们的东西。《开罗宣言》公布，中国作为大国庄严宣誓，意味着美国不需要再担心中国退出战争。

在开罗会议之前，罗斯福更愿意从大局出发考虑照顾蒋介石的心理感受，他时刻提醒美国的军政官员们，不能用和摩洛哥苏丹说话的语气和蒋介石说话。罗斯福也愿意支持蒋介石和陈纳德提出的以空战速战日本的计划。开罗会议后，罗斯福对蒋介石的态度有所改变，他不愿像以前那样苦口婆心地劝说英国和美国的军方高官们接受他的所谓顾全大局的政策思路，中国在开罗会议上的表现让他感到失望。他开始承认美国军方一直以来试图向他说明的一个结论：不能在军事上对中国有过多的指望。他对孔祥熙说，“我想弄明白的是，……是不是日军想把中国军队赶到哪里就能把他们赶到哪里”。[1]

---

① Chester J. Pach, Jr., *Arming the Free World: The Origins of the United States Military Assistance Program, 1945 - 1950* (Chapel Hill and London: The University of North Carolina Press, 1991), p. 66.

为了让蒋介石明白无误地知道美国的意见，1944年5月，罗斯福在中美两国元首信函的传递程序上做了重大调整。之前，罗斯福发给蒋介石的信函一直是通过外交渠道传递给中国外交机构，而这些信函经常会被按照中国的措辞礼貌进行润色删减，避免引起蒋介石的不悦，宋子文是这方面的行家，结果出现回电与去电内容答非所问的情况，而蒋介石也需要花费很多时间最终弄清楚美国的意图。因此，罗斯福规定，此后他发给蒋介石的信函传递给美国驻华的军事、外交官员后，由美方官员亲自递交给蒋介石，如果该官员不通汉语，由一名精通汉语的美方官员陪同担任翻译，直接把信函原原本本地念给蒋介石听。

此时，罗斯福开始转而支持马歇尔、史迪威等的思路：空战必须依托地面部队，才可能有成效，因为轰炸日军会招致日军报复性地轰炸中国的机场，如果地面部队不能有效地保护机场，那么空战的战斗能力会遭到严重削弱。过去三年来，中美军事合作的经历说明，史迪威指挥中国军队确实如杜聿明对英国驻印度总督所表述的那样，是名义上的，总有一只“看不见的手”从重庆遥控着史迪威在缅甸的各项工作，他的命令总是被中国军官们通过各种形式消极执行。白崇禧曾告诉史迪威，如果切断前线同重庆的所有电话线，前线的指挥官就是真正的指挥官了。

在各种因素的阻碍下，美国先前集训装备中国军队来发起攻势的思路，也因为各种因素的阻碍，而变得来不及了。美国希望利用中国现有的所有军事力量，争取挽救颓势。1944年6月6日，罗斯福在军方的建议下，给蒋介石发去一封措辞强烈的信函：

中国目前面临的严峻局势需要赋予一个人以协调盟国各种军

事力量的权力，包括中共的力量，我完全能够理解你对史迪威将军的看法，但是我建议你授予史迪威以指挥中国军队的全权。[①]

蒋介石用迂回的办法来回应这份信函对他施加的压力，他要求罗斯福派出一名拥有全权的特使来协调他和史迪威之间的关系。美国最终的一搏导致又回到了原点。赫尔利调处的结果是1944年史迪威被召回。

1943年开罗会议之前，美国尽可能地满足蒋提出的要求，提高中国的国际地位，给足蒋面子。在罗斯福看来，军事目标只是一个方面。他希望探索一项可以解决很多问题的政策。这些问题还包括，一个亲美的中国会给美国以必要的帮助。罗斯福视蒋介石为实现上述目标不可替代的人物，因此，他希望能稳住蒋介石。用摩根索的话说，我们要让蒋高兴。[②] 罗斯福经常提醒美国的军政官员：

我们必须记住，委员长成为四亿人的领袖是经历过艰难道路的……不能对这样的人严厉说话。[③]

就这样，太平洋战争初期，在中美抗日同盟内部一次次的对抗和达成和解中，美国失去绝佳的历史机遇——对中国施加影响力并使中国向着美国所希望的方向改变。为了鼓励蒋介石继续抗日，美国不得不对蒋介石政权的种种缺陷采取包容态度，而这些缺陷被美国视为阻

① Hans J. van de Ven, *War and Nationalism in China, 1925 - 1945* (London and New York: Routledge Curzon, 2003), p. 55.

② 迈克尔·沙勒：《美国十字军在中国（1938—1945）》，第98页。

③ Charles F. Romanus, Riley Sunderland, *United States Army in World War Ⅱ, China-Burma-India Theater: Stilwell's Command Problems* (Washington: Department of the Army, 1956), p. 279.

碍中国成为大国的致命弱点。如果美国不能借助大战的机会敦促蒋介石政权进行根本性的变革，战时中国军队不会成为一支有效的战斗力量，战后中国也无法成为美国所希望的大国。有趣的是，蒋介石对美国也持有同样的态度，为了让美国继续援助中国抗日，蒋介石愿意在一些表面化的问题上给美国留有一定的施展空间，但实际上会追加各种限制性的条件来规避美国的影响，比如史迪威的指挥权。当美国试图将其影响扩展到触及被蒋介石视为核心利益的部分时，蒋介石会通过软硬兼施的方式规避美国的要求。为了实现战后远大的政治目标，罗斯福在军事目标上做了妥协，但是最终的结果是，如果美国没有利用其影响力促使蒋介石政权克服其自身的弱点，不但难以实现战时的军事目标，也不可能实现战后的政治目标。

第三节 对蒋介石实行有限度的压力战略（1943～1945年）

开罗会议后，罗斯福转向压力战略。1944年1月，蒋介石先是要求美国提供10亿美元贷款，美国认为这笔贷款对提高国军战斗力毫无益处，予以拒绝。蒋又提出以20:1的官方汇率支付美国在华军事活动费用，当时市面上法币对美元汇率是230:1，美国的对策是每月开支限制在2500万美元以内，如果蒋坚持以官价兑换，那么美军只好撤出中国。

在中缅印战区，罗斯福不再对蒋让步。1944年北缅战役，蒋拒绝派Y部队攻打日本，4月1日，罗斯福致电蒋：

> 过去的一年里我们一直在训练和装备你的约克部队，如果不

把它们用于共同的事业，那就证明我们为空运装备和提供教练人员所作的极为艰苦和巨大的努力是毫无道理的。[1]

10日，Y部队仍未行动，马歇尔指示中缅印战区司令部停止向Y部队提供租借物资。

1944年春，日军正在打通京广铁路线，如果日军得手，不但第十四航空队的前线阵地将不保，驼峰空运终点站昆明也将遭受威胁。蒋既不想把他的嫡系部队派往前线，也不愿意调用驻守在西北用于防范共产党的兵力，更不愿意让美国人给遭受日军攻击的非嫡系部队提供物资。参谋长联席会议一致决定应该采取新的举措，将中国现存的军事力量交给史迪威，而这正是盟军在欧洲协同作战得出的成功经验，麦克阿瑟率领盟军捷报频传。罗斯福采纳这一建议，5月，他致电蒋，"我建议你，让史迪威在你的直接领导下指挥所有中美军队，授他以全权协调和指挥作战行动"。[2] 蒋要求罗斯福派特使来华商谈史迪威指挥权的细节问题。赫尔利奉命来华。8月，蒋向赫尔利提出两项要求：控制租借物资和加大援助力度。罗斯福没有理睬这些要求。

9月，日军向广西挺进，蒋要求调回Y部队保卫昆明。Y部队刚占领腾冲，再攻下龙陵就能打通滇缅公路全线。中旬，英美两国首脑和参谋长在魁北克议定，借助腾冲取得的军事优势，对仰光发动两栖攻势收复缅甸。蒋撤走Y部队，将会使计划泡汤。罗斯福给蒋发去一份措辞强烈的电报，由史迪威负责转交给蒋介石，这引爆史、蒋之间持续酝酿着的危机。蒋坚决要求调回史迪威，罗斯福同意了，但是在

① Charles F. Romanus, Riley Sunderland, *United States Army in World War Ⅱ, China-Burma-India Theater: Stilwell's Command Problems*, p. 310.

② Charles F. Romanus, Riley Sunderland, *United States Army in World War Ⅱ, China-Burma-India Theater: Stilwell's Command Problems*, p. 384.

其他问题上他没有让步。Y 部队继续向龙陵推进，租借物资的控制权依然掌握在美国人手里。此时，蒋表示愿意让史迪威的继任者魏德迈指挥中国军队，罗斯福拒绝了，“在目前情况下，不应由一个美国人担负指挥中国军队的职责”。[①] 而魏德迈得到的指令比史迪威要狭窄得多，“除非到了保护美国人生命财产的地步，你不得利用美国资源镇压中国的内部冲突”。

美国战时对华政策逐渐转向压力战略，是多方面因素合力的结果，这包括决策层的战略理念，以及对中国认识的加深，政策实施环境的回应以及亚洲战场形势的变化等。此外，决策者一直希望军事、政治目标能够协调一致。

一开始美国避免对蒋施压，并提高中国的国际地位，符合美国自身的安全利益和战略需要。美国以非常低的代价赢得一个战时和战后的盟友，罗斯福和决策班底都是大西洋主义者，他们认为美国的核心利益在大西洋，尽管他们也热切地关注太平洋地区的利益，但是要在两洋利益之间进行轻重缓急抉择时，他们会坚守先欧后亚战略。[②] 自 1941 年 5 月《租借法案》适用于中国以来，在全球物资调配上，中国位列欧洲之后。太平洋战争爆发后，中国更位列太平洋地区之后，美国给予中国的军事支持比其他战区少。再加上中国沿海通道被日军切断后，1942 年英国关闭滇缅公路，根据《租借法案》的对华援助物资

---

① Charles F. Romanus, Riley Sunderland, *United States Army in World War Ⅱ, China-Burma-India Theater: Stilwell's Command Problems*, pp. 468－469.

② 又称“狗计划”（Plan Dog）。1940 年 11 月，海军作战部部长斯塔克上将提交给罗斯福一份报告，建议总统在全球战略上优先考虑欧洲的利益，反对在亚洲进行军事投入，哪怕是有限度的地面战争，因为斯塔克认为在亚洲有殖民利益的英国、荷兰都不打算在亚洲有过多投入，在协同对日作战中，难以获得它们的支持。单纯依靠美国太平洋舰队难以承担重任。该计划建议罗斯福在亚洲以防御为主。该政策建议对二战时期美国决策层的全球战略理念具有重要的影响。Waldo Heinrichs, *Threshold of War: Franklin D. Roosevelt & American Entry into World War Ⅱ* (New York: Oxford University Press, 1988), p. 38.

靠驼峰空运，到达中国的运输量很少。既然美国不能对蒋作出军事上的承诺，满足蒋的财政要求和作出善意的姿态成为决策者的政策选项。另外，在过去一个世纪里，中国一直是列强利益角逐中的受害者。如果美国能够援助中国并将其推上大国地位，中国会心存感激，战后会在很多问题上站在美国一边。丘吉尔怀疑罗斯福是想“拉中国的选票来肢解英国的海外殖民地”。[①]

1943年开罗会议后，罗斯福越来越倾向于诉诸压力政策，中美抗日同盟争吵不休，几近破裂。美国态度的转变有几个方面的原因。

第一，中美之间在援助的用途、租借物资控制权、作战计划等问题上爆发了拉锯战，美国对蒋介石越发失去耐心。华盛顿制订的计划会在与蒋的拉锯战中不断被修改，最终不了了之，蒋一直用提出反要求的办法来抵消美国对他施加的压力。史迪威和大使高思抱怨蒋并不愿与日本交战，蒋介石就抱怨他获得的美援太少了。当美国拒绝在中国加强抗战前提供更多的援助时，蒋表示不给予更多的援助就没有办法加强抗战。失望和沮丧的情绪在日益增长，罗斯福对蒋也逐渐淡漠。开罗会议上，罗斯福说服丘吉尔支持中国获得四强之一的地位，但他却无法让蒋接受他发动北缅攻势的建议，蒋要求增加物资。然而盟军在欧洲反攻胜利在望，此刻蒋开出的巨额筹码，让罗斯福非常不悦。英国海军上将蒙巴顿（Louis Mountbatten）说，在尼罗河畔“他们被逼疯了”。[②]

第二，蒋对美驻华外交军事官员的人选标准一直让美国人对他真

① William G. Grieve, *The American Military Mission to China, 1941－1942, Lend-Lease Logistics, Politics and the Tangles of Wartime Cooperation* (Jefferson, North Carolina: McFarland Company, Inc., Publishers, 2014), p. 43.

② Charles F. Romanus, Riley Sunderland, *China-Burma-India Theater: Stilwell's Command Problems*, p. 65.

正的动机深表怀疑。1941 年冬，马格鲁德（Magruder）率军事代表团来华，蒋表示希望美国派一位不了解中国的军人，担任他的参谋长。1942～1944 年与史迪威之间爆发危机时，蒋再次提出要求派一名从没到过中国的人来华调停。而高思大使多次建议华盛顿招募有在华工作经验的传教士和商人协助美军，以减少广泛存在的囤积投机和盗窃行为。蒋对那些了解中国的驻华军事、外交官员态度冷淡，因为他们对蒋及其政权持负面评价，并经常提出一些政策建议，比如进行土地改革，推行军事改组，以政治方式解决共产党问题。这些都是蒋不愿意做的。

第三，亚洲战场形势的变化，也对政策改变起到一定的推动作用。开罗会议期间，美国海军陆战队成功登上吉尔伯特群岛，越岛战术的突破性进展改变了对日反攻计划，到达东京有两条新的路线：马绍尔群岛—马里安纳群岛—硫磺岛，新几内亚—莱特湾—吕宋—冲绳，这两条通道都不必经过中国。[①] 开罗会议后盟国取消原定于孟加拉湾进行的两栖作战承诺，中国战区的军事价值急剧下降。史迪威被召回后，美国军方对中国的军事价值更为悲观了。

第四节　促使中国实现和平统一

美国战时对华政策有两大目标：一是援助中国继续抗战，减轻美国在太平洋战场的军事压力；二是使中国成为一个和平、民主、统一的大国，将中国培植成符合美国战后利益的远东盟友。在总统罗斯福看来，短期的军事目标和长远的政治目标并行不悖，都是要“让 4.25

① 邹谠：《美国在中国的失败（1941～1950 年）》，王宁、周先进译，上海人民出版社，2012，第 59 页。

亿中国人站在我们一边”。[①] 与此同时，促成中国实现和平统一的政策目标与美国使中国成为大国的政策也是相辅相成的，二者互为促进，并行不悖。

但是在中美抗日同盟内，美国越来越发现国共矛盾是美国实现上述政策目标的重要障碍。国共危机极大地削弱了中国对日作战能力，蒋介石调集大批兵力防范共产党人，共产党军队也不得不有所应对，双方都不能全力以赴打击日本侵略者。皖南事变后，第二次国共合作破裂。各种来源的情报显示，此时交付给中国的桐油借款增强了蒋介石对付中共的信心，而一个受内战困扰的国民政府，显然不可能成为抗击日本侵略的有效力量，更不可能在战后发展成为远东的大国。此外，美国对中共积累起比较正面的认识。抗战爆发以来，蒋极力把共产党描述成苏联的傀儡，是共产主义分子，来争取美援。他深知美国对苏联有所警惕，也深知美国的自由主义传统对共产主义有着天然的抵触情绪。但是美国对共产党的本质以及与苏联的关系有自己的观察。抗战初期，苏联是中国唯一的援助国，1938～1939年，苏联提供给国民政府五亿多美元军事信贷，还提供俄国飞行员驾驶的一中队战斗机。共产党并没有得到苏联的援助。在华外交、军事官员发现，共产党把抵御外侮和进行基本的社会改革有效地结合起来，“共产党所到之处，立即着手发动训练农民使用游击战术进行抗日，他们从事这些工作的中心思想是改善农民的社会和经济地位，从而保持高昂的士气，使群众加强抗日决心并愿意拥护军队”。总统特使埃文斯·卡尔逊上尉进入延安，向总统发回大量报告，他写道：

① T. Christopher Jespersen, *American Images of China, 1931 – 1949* (Stanford, California: Stanford University Press, 1996), p. 124.

> 共产党人无疑是社会革命家，又是真诚的民族主义者，他们渴望与美国合作以挫败日本并重建中国，因此援助共产党人将有助于打败日本，并获得中国最生气蓬勃和最进步的政治组织的友谊。[①]

20世纪30年代进入共产党区域的两位美国记者先后出版一些介绍延安情况的著作——埃德加·斯诺的《西行漫记》和史沫特莱的“延安系列”丛书，其中描述的中共战斗精神之高昂和组织之严密对美国军政官员很有吸引力，斯诺多次受邀到白宫讲述中共情况。上述观察说明共产党军队不仅作战能力强，而且把握住中国社会矛盾的症结所在，赢得民众的支持。而国民党军队士气低落，驻地百姓承担着沉重的纳粮任务，而士兵却在饥肠辘辘，军民关系紧张。[②]

此时，冷战尚未爆发，罗斯福希望战后在国际事务上与苏联合作。鉴于共产党的性质及其与苏联的关系不像蒋描述的那样意识形态化和亲苏明显，美国没有理由对共产党怀有深深的戒备之心。蒋政权的虚弱证明其稳定远东秩序的政治价值也将大打折扣，因此无论从军事还是政治目标上看，国共问题都是美国对华政策必须正视的问题。

从1943年开始，罗斯福越来越多地关注国共问题，他希望蒋介石能够在战时借助打败日本这一共同的目标，通过建立跨党派的军事合作，从而为国民党与包括中共在内的各党派力量日后开展政治合作提供一个基础，最终实现全国军事、政治上的统一。

① 迈克尔·沙勒：《美国十字军在中国（1938—1945）》，第24页。

② 约瑟夫·埃谢里克编《在中国失掉的机会：美国前驻华外交官约翰·S. 谢伟思第二次世界大战时期的报告》，第9～20页。在这份报告中，谢伟思分析蒋介石的治军方式如何加剧河南的饥荒，并促成甘肃紧张的政治局势。

中缅印战区的合作经历使罗斯福意识到，一直以来中美同盟的共同事业里有两场性质不同的战争在同步进行，要实现既定的政策目标，美国必须正视国共内斗危机。从1943年起，美国多次努力试图调处国共矛盾。

1943年8月，国务院远东事务顾问项白克受命对宋子文表示，美国不希望蒋采取反共行动。1944年6月，副总统华莱士访华，转达总统的口信，他愿意充当国共之间的调停人，此行的成果是以获取军事情报为由促蒋放行美军观察组到延安，美国官方终于有了正式的途径了解中共。观察组成员谢伟思、戴维斯在1944年7～11月间发回国务院大量报告，他们认为，中共是值得美国援助的、代表中国未来的进步力量。1944年华东危机加剧，军方计划抛弃党派界限使用包括共产党在内的所有军队。史迪威被召回后，军方对使用共产党军队的计划仍然没有放弃。日军南下对昆明—桂林—贵阳构成威胁，军方设想使用共产党军队有助于打击日本，魏德迈到中国就着手考虑这一方案。[①] 1945年3月，罗斯福在辞世前一个月和斯诺的谈话中，表示希望向华北共产党控制地区运送物资，并派驻联络官员，直接与共产党合作，而不考虑蒋介石的反对。他说他一直在那里同两个政府打交道，打算继续这样做，直到能使他们双方联合起来。

罗斯福解决国共问题的思路，与长期以来美国对中共的观察有关。总体而言，美国对中共的性质和力量做了相对正面的评价。这为罗斯福希冀与中共扩大接触范围，甚至希望在北方与中共进行军事协作奠定认知基础。国民政府军队在太平洋战争以来的军事表现让美国人感到不甚满意，后者希望能够让所有军事表现良好的力量获得援助

---

① Charles F. Romanus, Riley Sunderland, *China-Burma-India Theater*: *Time Runs out in CBI* (Washington D. C. : U. S. Government Printing Office, 1959), p. 72.

从而有效抵抗日本，此前大量关于中共的报告说明中共具有这种实力。美国希望探索中共方面的看法，1944 年 6 月，受罗斯福总统之托，副总统华莱士访华期间转达罗斯福的口信说：

> 共产党和国民党都是中国人，从根本上说他们是朋友，而朋友之间凡事不能说绝……如果国共无法坐到一起，他们可以请一位朋友，而总统愿意成为这个朋友。[①]

由于罗斯福在开罗会议期间为提升蒋介石代表的中国的大国地位做了很多努力，也为了争取更多美援，蒋介石当面对这些不可容忍的要求保持克制态度，表示愿意考虑。但是在 1944 年双十节讲话中，蒋介石对外国人指摘中国内部事务表现得非常敏感，暗示外国人不应该介入中国内部事务，特别是国民政府与共产党人之间的关系。[②] 蒋介石说的外国人主要是指美国人。

1943 年开罗会议期间，罗斯福当面向蒋介石提出建议：要趁着抗日战争进行之时，与中共达成和解，成立一个具有广泛代表性的民主政府。1944 年 7 月，高思大使提出建立军事委员会的建议，罗斯福和国务卿赫尔认为这项建议具有可操作性，他们指示高思继续和蒋介石沟通，来推动此事，“由委员长召集包括中共在内的所有派别和他一起组成军事委员会最高统帅部，共同承担责任”。[③]

8 月底，蒋介石对这一建议的回应仍然是礼貌性的，没有任何实

---

① Annex 43 “Summary Notes of Conversation between Vice President Henry A. Wallace and President Chiang Kai-shek”, June 21 –24, 1944, in United States Department of State, *United States Relations with China, with Special Reference to the Period 1944 –1949*, p. 549.

② *United States Relations with China, with Special Reference to the Period 1944 –1949*, p. 61.

③ FRUS740. 0011PW/7 –444 “The Ambassador in China (Gauss) to the Secretary of State”, July 4, 1944, in *Foreign Relations of United States, 1944, China*, Volume Ⅵ, pp. 116 –117.

质性的表态和作为，罗斯福和国务卿希望继续推动这一方案。国务卿赫尔致电高思：

> 请你通知蒋委员长，总统和我认为，你的建议是切实可行的，值得认真考虑。我们不仅关切国民政府和中共之间没有解决的问题，也关切中国其他非共产党人中间存在不满和不同政见的报道……我们十分希望中国人民在一个强有力的并具有广泛代表性和宽容精神的政府领导下，开发和利用他们所有的物质和精神资源，打败日本，并建立持久的民主和平。为此，应该通过明智的和解与合作来解决党派分歧，我们认为，建立一个代表中国所有有影响力的派别并在蒋介石领导下拥有全权的委员会，将是实现这一目的的最有效的机构。①

9月中旬，高思大使把罗斯福和赫尔的意见转达给蒋介石，并就此问题再次进行沟通。在这次会谈中，蒋介石表达了自己的真实想法。他认为国民参政会可以发挥高思大使所建议的军事委员会的功能。而国民参政会只是一个咨询机构，蒋介石不想改变政府机构，而改变政府机构，扩大统治基础，正是美国希望蒋介石去做的，罗斯福的这次努力宣告失败。

1944年，赫尔利受命来华，调停史迪威与蒋介石在中缅印战区日益升级的矛盾，赫尔利的调停促成史迪威被解职，随后，他涉入国共调停。应该说赫尔利提出调停，对一直希望在这方面有所突破的罗斯

---

① FRUS893. 00/8 - 3144 "The Secretary of State to the Ambassador in China (Gauss)", September 9, 1944, in United States Department of State, *Foreign Relations of the United States: Diplomatic Papers, 1944, China*, Volume Ⅵ (Washington D. C.: U. S. Government Printing Office 1944), pp. 567 - 568.

福是颇具诱惑力的。罗斯福一直喜欢通过特使亲自到达现场，帮他解决一些棘手的外交难题。他愿意让赫尔利去做一次尝试。1944 年 11 月至 1945 年，赫尔利在大使任上，提出建立国共联合政府的建议，再次燃起罗斯福对解决国共问题的希望。

但是后来的发展远远超出罗斯福的预期和授权范围，这期间赫尔利对政策的理解、所依据的训令、来源不清楚的政策文件，将调停引向歧途。这次调停努力对美国战后对华政策的负面影响是深远的，它再次强化了中共对美国已有的不信任，这种不信任，对美国促成中国实现和平统一的政策是不利的。尽管后来国务院及时发现赫尔利偏离政策轨道，试图纠偏，但是不信任的种子一经播下，很难消除。

赫尔利调停所依据的美国官方训令是他调停史迪威与蒋介石矛盾时下发的训令，这道训令丝毫没有提及调停国共矛盾。赫尔利认为他的调停训令是 1944 年 10 月 17 日的一份文件，这份文件没有署名，在收入《美国对外关系文件》时，备注为“在大使馆里准备的文件”，因此，这份文件来源很难判断。根据这份文件，赫尔利将他的调停训令理解为以下几点：防止国民政府的崩溃；支持蒋介石担任中华民国的主席和军队的委员长；使蒋委员长和美国司令官之间的关系和谐；增进中国境内战争物资的生产，防止经济崩溃；为击败日本，统一中国境内一切军事力量。赫尔利理解的训令是这两份文件的集合，但是这份没有署名的文件显然违背美国国务院历来给驻外大使传递文件的原则，不具名的情况实属罕见。这一调停训令与罗斯福之前为调停所做的努力，在思路上是背道而驰的。

1944～1945 年，赫尔利在重庆和延安之间斡旋。1944 年 11 月，赫尔利与中共领导人毛泽东、周恩来在多次谈判后，签订《五点建议》：(1) 中国国民政府与中共共同合作，实现国内军队统一，以便迅速打败日本并解放全中国。(2) 中国国民政府和中共均承认蒋介石为中华民国主席，并担任中国军队的统帅。(3) 中国国民政府与中共拥护三民主义，在中国建立民有、民治、民享的政府，双方将采取各种政策，促进和发展民主政治。(4) 中国政府承认中共为合法政党，所有国内各政党，均予以平等、自由和合法地位。(5) 中国只有一个中央政府和一个军队，中共官兵，经中央政府整编后，将根据等级，享受与政府军队同等的待遇，其各单位军火和军需的分配，亦享受同等的待遇。

根据五点建议，国民政府提出三点反建议。(1) 中国国民政府为迅速打败日本和战后重建中国，希望保证有效地统一中国的所有军队，作为战时的办法，在国民参政会开会期间，立即承认中共为合法政党，中共军队作为政府军队之一部，在薪饷、津贴、军火和其他分配方面，享受与其他军队同等的待遇。(2) 中共在爱国战争中和战后重建中国中充分支持国民政府，将其全部军队交予国民政府和国防军事委员会控制。(3) 国民党之目标为实现三民主义之国家。

中共的五点建议和国民政府的三点反建议，分别触及对方的核心利益，五点建议直接涉及蒋介石一直根据忠诚程度来分配资源的原则，从而维持自己脆弱的统治地位。而三点反建议触及中共最为核心的利益——军权，没有提及在政治上保证中共的发言权，在没有政治权利保证的情况下，中共交出军权，无异于为国民党剿灭中共提供便利条件。而后来的马歇尔调处再次证明，即便有政治权利保证，国民政府也不打算将这些政治权利落到实处。因此，最终国共双方都感到无法接受。当赫尔利发现自己的努力不被国共双方接受时，他马上从先前的中立立场退却，转而单纯支持蒋介石。

从赫尔利解决国共问题的政治纲领看，他对调停的理解是不切实际的，他的调停方案建立在一些互相矛盾而且最终被证明是虚妄的认识基础上。首先，他的方案是以国民政府愿意做出实质性的让步为前提的，国民政府做出妥协，让中共在联合政府掌握实质性的代表权，而国民政府要能够信守承诺，真正履行做出的承诺。在这个前提下，中共交出军权，中国实现军事上的统一，效仿美国建立国家化的职业军队。但是国民党不可能接受这些条件，中国当时的国内政治，各派靠实力说话，军队是各派维护自身地位的关键性力量。就连在国民政府内部，蒋介石也面临着其他有影响的地方大员对其统治权的威胁，他们都想伺机取代他的位置，李宗仁、蒋介石正是通过手腕在各派力量中维持平衡，从而维持自己脆弱的统治地位。从后来马歇尔调停的经历看，国民党从未真正兑现自己的承诺，而且每个承诺背后都隐藏着日后寻求打破承诺的玄机。

基于苏联的不干涉政策，赫尔利认为取得苏联外长莫洛托夫的承诺至关重要。1944 年在从美国返回中国的途中，赫尔利取道苏联，征询苏联对他的调停计划的看法。在这次会谈中，莫洛托夫切中了赫尔利取道莫斯科的意图，给出的答复让赫尔利感到非常满意。莫洛托夫表示：

> 近年来中国发生的一些内部事件，被认为与苏联有关系，这是不公正的……中国有些地方的人民生活贫困，他们自称共产党人，但实际上与共产主义完全没有任何关系，只是表达他们对经济状况的不满。一旦经济状况好转，他们就会忘记这些政治倾向，所以不应该把苏联政府和这些人联系起来……假若美国愿意帮助中国实现统一，改善经济和军事状况，并为实现这一目标选出中国最优秀的领导人，苏联将会感到非常高兴。[①]

---

① Qiang Zhai, *The Dragon, the Lion, and the Eagle: Chinese/Britain/American Relations, 1949－1958* (Kent: Kent State University Press, 1994), p. 17.

莫洛托夫的表态向赫尔利申明苏联将在中国国共问题中采取不干涉政策。

赫尔利的做法最终惊动了国务院。1945 年，国务院着手探索灵活的现实主义政策的可能，强调美国是对中国而不是蒋介石承担义务。1945 年 1 月，应陆军部长史汀生要求，国务院起草一份关于美国对华政策的备忘录，派发给陆军部和魏德迈，作为行动指南，备忘录重申：

> 美国对华政策应该运用美国的影响实现短期的军事目标和长期的政治目标，如果对日作战在中国沿海地带进行，我们建议军事当局准备武装他们认为能够有效地打击日本人的任何中国军队，我们的意图是运用我们的影响，既作为短期的，又作为长期的目标，促使中国实现统一，这未必就是说应该统一在蒋介石领导之下。……就我们的长期目标来说，我们的目的是保持一定程度的灵活性，以便我们能够与最有可能创建一个统一、民主、友好的中国的任何中国领导人合作。[①]

国务院批准了这份政策声明，并将其批复给陆军、海军两部部长，以及在华的魏德迈、赫尔利。4 月 1 日，国务院起草一份战后对华军事政策声明，其中提到，除非中国具备两个条件，否则美国以任何方式承诺帮助蒋介石政府发展并维持一支现代化的中国空军，都是不明智的。这两个条件是：中国实现国内的政治统一和稳定；中国政府获得了中国人民的支持。12 日，罗斯福总统逝世，考虑到他的继任者杜

---

① FRUS893. 00/1 – 2943 "Memorandum by the Chief of the Division of Chinese Affairs (Vincent) to the Acting Secretary of State", January 29, 1945, in United States Department of State, *Foreign Relations of the United States: Diplomatic Papers, 1945, the Far East: China*, Volume Ⅶ (Washington D. C.: U. S. Government Printing Office, 1945), p. 38.

鲁门并无对华政策经验，27 日，远东司递交给杜鲁门一份对华政策备忘录。“考虑到我们的长远目标并未防备可能出现的现政权土崩瓦解的局面，我们的宗旨是要保持一定程度的灵活性，以便能同任何更有可能实现统一和促进东亚和平与安全的中国领导人合作。”可见，前述备忘录与对华政策声明在内容上是一致的。

总体而言，战时对华政策调整主要围绕着两个基本问题进行，一是对蒋的态度，二是对国共问题的态度。临近战争结束，美国越来越意识到对华政策应该采取更为灵活的立场，避免对蒋作出无条件承诺，从而与没落政权捆绑，阻碍对华政策目标的实现。

第五节　美国战时对华政策的影响

1941～1945 年美国对华政策的总目标是早日结束对日作战，并在远东培植起一个符合美国利益的远东盟友。为实现上述目标，美国两度进行政策调整，试图消除妨碍美国政策发挥作用的障碍，然而政策的成效与初衷相去甚远。

首先，促成中国和平统一的政策最终却助推中国政治走向分裂。美援不可避免地卷入内战，损害了本来就很艰辛的抗日民族统一战线，美援让蒋介石在国共问题上的态度越来越强硬。1940 年 10 月，蒋私下向詹森（Nelson Johnson）大使透露，如果美国加大对华经济援助力度，并提供军事装备，特别是飞机和飞行员，他可以放手对付真正的“敌人”。第一次桐油贷款交付中国前不久，军政部长何应钦对詹森大使表示，委员长感到不必再姑息共产党人。1941 年 1 月，皖南事变爆发，从此统一战线名存实亡。

美援的实际用途偏离最初的抗日目的，被用于内战和其他用途。

一开始，就有驻华外交军事官员提出援助极有可能被用于内战，蒋对援华物资的垄断性使用方式，也证实这种忧虑。战时对华援助主要有两种。一种是根据《租借法案》，租借物资的控制权掌握在美国人手中。在 1944 年前，驼峰空运物资大都被用于史迪威入缅作战率领的部队和陈纳德所率航空队，但是蒋只允许史迪威培训装备他的嫡系部队。战时运输通道不通，驼峰空运能力有限，大批根据《租借法案》提供的援助物资在战争结束后才交付完毕。另外一种是以贷款等形式提供的援助，经过蒋介石的外交努力，基本都是以无指定用途的形式提供给中国。蒋并非将其全部用于抗日，一部分被囤积以备战后内战使用。

1941～1945 年，美国一直在探索使用自身的影响力使中国成为一个民主、统一的中国，一再调整实现政策的手段，但是实际后果，正如远东问题专家拉铁摩尔所言，导致中国政治和领土分裂。为应付抗日的军事需要，美国一再反对蒋使用武力解决国共危机，这在某种程度上推迟了内战的爆发。1943 年 9 月，在国民党第五次中央执行委员会第十一次全会上，蒋介石提出共产党是政治问题，应以政治方式解决，这对党内的极右翼力主以武力镇压构成一定的约束。很难判断美国的劝告在阻止发动内战上占有多大的分量，因为抗战时期，除了陕甘宁边区外，日军在国共军队之间形成阻隔。华莱士访华期间，蒋介石向其抱怨，他在解决共产党问题上受到国际舆论的限制。蒋所说的国际舆论，一是指第三国际，二是指美国。

但是在实现政策的手段上，两条思路并行，信息的不对称分布造成误判。赫尔利任职，蒋终于获得一位不会指手画脚、不了解中国的人。史迪威的被召回，显示出罗斯福的无可奈何。但是蒋认为是外交上的一次重大胜利，传递出来的政策信号是美国无论如何都会支持他。开罗会议后，蒋曾对蒙巴顿将军表示，总统不会拒绝我提出的任何要求，我要什么，他就会给什么。[①] 尽管罗斯福开始探索“与两个政府打交道”的做法给共产党以极大的鼓舞，1944 年美军一度计划在中国沿海地区登陆，与该地区的共产党军队合作，美军观察组在延安达成的援助中共的计划让双方关系的前景一度非常明朗，然而就在这一年，陆军部取消中国战区，加上对日反攻计划的变动以及华盛顿亲蒋势力的阻碍，美国最终放弃对华东的共产党军队投放援助。蒋尚且不清楚中国战区被勾销这一事实，共产党方面更无从得知。而在同一时期，赫尔利全面支持蒋介石的政策便具有异乎寻常的意义。史迪威被召回，对蒋不看好的外交官也被赫尔利调离使馆，赫尔利作为该时期在华主要政策执行者，再加上放弃给予支援的承诺，共产党必然形成美国失信的印象。尽管实际上美国仍然没有放弃促成中国和平统一的努力，就在波茨坦会议前夕的 1945 年 7 月 9 日，魏德迈对马歇尔提供建议时表示：

> 美、苏、英必须坚定地团结起来，强制国共双方作出现实主义的妥协，实现两党联合，我之所以建议使用强制方式是因为我相信，以彬彬有礼的外交语言向双方持续呼吁是不会实现统一的，三大国的态度必须强硬。[②]

其次，使中国成为大国的政策，是建立在对中国潜在价值估计而非中国实力基础之上，这导致政策不可避免地会陷入困境，也使美国

---

① Donald E. Davis, Eugene P. Trani, *Distorted Mirrors: Americans and Their Relations with Russia and China in the Twentieth Century* (Columbia: University of Missouri Press, 2009), p. 289.

② Herbert Feis, *China Tangle: The American Effort in China from Peal Harbor to the Marshall Mission* (Princeton: Princeton University Press, 1953), p. 316.

深陷中国国内政治。罗斯福以战后世界秩序的构想为基础，并通过外交手段实施，显然违背了大国的应有之义。二战时期，外交关系协会曾在一项研究中对大国概念进行定义，大国应该是在全球范围内拥有广泛的利益，并承担相应的责任和义务，而这些标准都和国家的实力密切相关。蒋和罗斯福理解中的大国概念存在很大区别，蒋理解的大国是一个战时的概念，中国可以借助这一地位争取到西方更多的援助，并获得与西方国家平等的地位。罗斯福是想让大国成为国际秩序中的基石，对利益分配和分担责任义务发挥主导性作用。美国发现，要想让蒋承担一定的军事任务十分困难，每次作战计划都会与蒋发生一次拉锯战。

中国的大国地位是通过几次国际会议获得的，充其量是个象征。蒋介石虽然担任中缅印战区总司令，但是他无权调配缅甸、印度境内的盟国军队，他统率的部队和他获得该职务之前相比没有什么变化，罗斯福承认蒋并“没有从这一新职位中得到多少”。在参谋长联席会议上，中国没有位置。即便是获得四强之一的地位，中国也无从掌握自己的命运，《雅尔塔协定》美苏秘密商定以中国利益作交换便是例证。以中国战时国内政治、经济、军事的衰弱程度，以及正在酝酿着的内部革命来看，中国很难成为大国。国务卿赫尔曾表示，“中国仅有五成希望成为一个大国”。

抗战结束前两年里，美国决策层越来越多地把使中国成为大国的政策和推动中国和平统一的政策结合起来，这意味着美国介入中国内政，并对中国承担起一定的责任。罗斯福的这一政策方向被继任者所接受，杜鲁门就任之初，在冷战尚未开始之前，继续在探索避免内战、实现和平统一的路径。但是，赫尔利调处国共矛盾的思路和方式对美国战后对华政策产生深远的影响，一方面全面支持蒋介石的政策，在中共方面栽下了不信任的种子，国共之间多年的宿怨已经让中共对国民党怀有猜忌，赫尔利的支持只会加深中共对美国和国民党的不信任。另一方面，赫尔利将苏联不干涉中国内政的政策作为制订调处方案的基本前提，这一思路对后来的马歇尔调处乃至后来的对华政策影响很大。苏联的不干涉政策始终制约着美国战后的对华政策制定，而在第四章，我们看到苏联的不干涉政策只是停留在口头上的保证，与事实上的两手策略，相去甚远。

第七章
1946～1949 年美国实行有限度的援蒋政策

美国战后对华政策一直被广泛认为是执行扶蒋反共的政策，也有论点认为马歇尔调停失败后美国才转向扶蒋反共，抗战结束后美国向中国出售战时剩余物资，用海军陆战队向东北、华北地区投送兵力，美军驻华军事顾问团、海军陆战队都被认为是扶蒋反共的重要证据。从客观效果看，这些兵力、物资确实会产生支持蒋介石、打击中共的效果，但是从政策本身而言，美国反对将这些物资、兵力介入国共内战。从抗战到战后，美国一直通过各种努力，试图避免美国对华援助卷入中国内部矛盾，从而产生损害美国对华政策目标的效果。

第一节　马歇尔调处国共矛盾

马歇尔使华所代表的美国对华政策一直以来备受争议，支持国民党的论点认为马歇尔调停为假，实际上在为共产党赢得备战时间；支持共产党的论点认为马歇尔是在为国民党赢得时间。同一时期美国对国民政府出售剩余物资，运送国军到华北各主要地点，美国驻华军事代表团等强化了共产党的这一看法。

一　马歇尔调停所依据的政策

赫尔利建立国共联合政府的计划失败后，美国再次开启试图和平统一中国的尝试，派马歇尔来华调处。但是和赫尔利不同，马歇尔调停有详尽的训令，也不再是罗斯福总统个人骑兵式的尝试解决问题的方式。国务院和军方就马歇尔赴华调停进行过多次政策讨论，因此，华盛顿对调停有详尽的政策规划。

1945 年 12 月 11 日，美国军政高层重新审视对华政策，杜鲁门、海军上将李海、国务卿贝尔纳斯和大使级驻华特使马歇尔，经过讨论，签署一份对华政策文件。此外杜鲁门致马歇尔的指示信、总统公开声明，以及国务卿贝尔纳斯致陆军部的备忘录，共同组成马歇尔来华调处的训令。

1945 年 12 月 15 日，杜鲁门总统致函马歇尔，附上三份政策性质的文件，总统还把自己和国务卿贝尔纳斯在对华政策上的一些想法告诉马歇尔，供他参考。这三份政策文件集中体现了美国对华政策立场的微调，赫尔利调处失败后，全面倒向蒋介石的政策立场，让美国失去对中共施加影响的能力和威信，马歇尔使命所承担的任务之一就是要让美国重新获得这一影响力。但是赫尔利组建国共联合政府的思路被延续了下来。

应该说这三份政策文件集中反映出美国政府此时的对华政策立场。第一，美国对国共内战的态度是希望中国免受内战摧残，这对于联合国事业、亚太地区乃至世界和平都是至关重要的，而这些都被美国视为与其国家利益息息相关。在杜鲁门的对华政策声明中，他强调“美国坚信一个强大的、统一的、民主的中国对联合国事业的成功以及世界和平至关重要，……国民政府与中共及中国其他意见不同的武装部队之间应协商停止敌对行动”。[1] 与此同时，美国又承认一战后国际社会盛行的自决权利，认为“国内事务管理是各国人民的责任，实现中国统一所必须采取的详细步骤，应该由中国人自行制定”，然而鉴于内战对世界和平构成的威胁，美国愿意“施加影响”，促成中国的和平统一，但“美国的支持，将不扩展到以美国军事干涉去影响中国内战的过程”。贝尔纳斯告诉陆军部，将中国各主要政治派别囊括到政府中来，以扩大统治基础，“不是轻松就能完成的事，要实现这一目标，需要通融、审慎、耐心和克制，中国人自己解决不了这个问题，美国的影响力是解决这个问题的一个因素，但是究竟能解决到什么程度，取决于美国利用这种影响力的能力。我们必须根据局势的变化按照这一思路来发挥我们的影响力：既要鼓励中央政府做出让步，又要鼓励‘所谓的共产党人’也做出让步，也要求其他方面人士做出让步”。

第二，关于运送国军到华北各地，杜鲁门的政策声明刻意排除美国武装干涉的可能性，避免被国民政府解读为美国是在鼓励其以武力手段解决共产党问题，删掉初稿中帮助中国在解放区重建政权、成立军事顾问团的内容，总统指示魏德迈将军，运送国民党军队到华北的工作应该暂缓进行。但是这样真的可以被中共认为是不偏不倚？事实上，政策声明的关键部分触及中共的核心利益，“美国政府认为，目前中国国民政府仍然是一党执政，如果能够扩大政府的统治基础，将其他政治派别容纳进来，将会促进中国的和平、统一和民主事业。自治性的军队，比如中共军队的存在，和中国政治统一的要求不符，而且在

---

① “Statement by President Truman on United States Policy toward China”, December 15, 1945, in *China White Paper August 1949*, Volume 2, p. 607.

实际上，也使政治统一变得不可能。若能成立具有广泛代表性的政府，就应该取消中共这种自治性的军队，中国所有的军事力量应该合并成一支有效的国家化的军队”。[①] 但是结合国民党的政策思路，美国的政策思路只是一厢情愿，因此即便是其再注重自身立场的不偏不倚，也不可能消除中共的疑虑。国民党希望借助美国的援助，以武力解决共产党问题，或者将共产党从战略要地驱逐出去，将中共实力削弱。美国所要求的扩大执政基础，国民党充其量打算以形式大于实质的方式将小党派纳入到政府中来，国民党不想对中共做出实质意义的让步。

第三，美国意识到国共问题的症结所在，并提出解决问题的建议，总统的政策声明和国务卿贝尔纳斯的备忘录都提出，“国民政府是一党政府，应该扩大统治基础，将其他政治党派容纳进来，中山先生提出的中国向民主过渡的训政阶段应该进行修改，由中国各主要政党代表举行国民会议，商定办法，让他们在政府内享有公平有效的代表权。在这种广泛的代议制政府成立之后，应将包括中共在内的所有武装部队整编成一支国家化的军队”。[②] 按照美国的思路，政治民主化、军队国家化，是中国实现和平统一的必经之路，要想让中共交出军队，实现军队国家化，国民党必须在政治上进行实质意义上的改革，使中共等非国民党的政治派别在政府中拥有实质性的代表权。

第四，当中国按照上述方针向和平统一前进时，美国准备以一切合适的方式帮助国民政府重建。可见美国给予援助是有条件的，是要按照“上述方针”。杜鲁门致马歇尔的信函中特别提道：

---

① “Statement by President Truman on United States Policy toward China”, December 15, 1945, in *China White Paper August 1949*, Volume 2, p. 608.

② Arnold A. Offner, *Another Such Victory: President Truman and the Cold War, 1945 - 1953* (Stanford: Stanford University Press, 2002), p. 320.

> 在你和蒋介石以及其他中国高层官员会谈时……你应该向他们特别提出一点：中国在经济上想要获得贷款和技术援助，或者想要得到军事援助（我的意思是指已经提出的美国驻华军事顾问团，我在原则上已经同意），但是一个不统一的、被内战分裂的满目疮痍的中国，从现实主义的立场来看，没有资格获得上述援助。[①]

美国的上述政策立场有几点是国民党感到愿意接受的，一是国民政府为唯一合法政府，二是取消中共军队，三是给予援助。其他的更为关键的内容，如建议实现统一的手段以及国民党扩大自身的执政基础，都是国民党所不愿意做到的。特别是先建立有广泛代表性的政府，再取消中共等军队，这种顺序与蒋介石的计划截然相反，他希望先取消中共等军队，再建立一个将中共排除在外的、只容纳实力相对较弱的民主党派的所谓代议制政府，这些党派在政府中不具有实质性代表权和发言权。

此外，避免武装干涉也是美国战后对华政策的重要特点，抗战胜利后，摆在美国政府面前的对华政策有以下几个选项：第一，直接出兵进行武装干涉，帮助国民党武力消灭共产党。第二，对中国提供大规模军事援助，并给予军事咨询、间接性的帮助。第三，支持国民党，但不诉诸武装干涉手段，给予军事援助，但要控制其规模和范围，避免被视为武装干涉。第四，不介入。但是即便是国会里的铁杆支蒋派也不主张直接出兵干涉，他们更为倾向第二种选项。第三、四种是最终采取的政策。美国总的政策立场是避免武装干涉，美国之所以最终

① "President Truman to the Special Representative of the President to China (Marshall)", December 15, 1945, in *China White Paper August 1949*, Volume 2, p. 605.

选择避免武装干涉的立场，有几个方面原因。

第一是宏观意义上的对华政策目标没有改变，促成和平民主统一的中国，充当亚洲的堡垒。制衡苏联在华势力的扩张，这是美国一个世纪以来的对华政策目标。以日制俄，当日本的野心膨胀之后，又利用苏联打击日本，制衡日本。不希望任何一个国家在亚洲取得压倒性的优势地位，损害美国在华利益。二战结束后，日本的制衡作用丧失了，美国希望中国承担起这一角色。但是麦克阿瑟占领和重建日本的任务完成得非常成功，国民政府败局已定，指望中国的希望落空之时，美国决策者依靠日本制衡苏联的声音重新抬头，以凯南、麦克阿瑟为代表。

二战结束后，美国的当务之急是以最低的成本制衡苏联在华扩张，无论是从全球战略的角度考虑，还是从过去与蒋介石打交道的经历来看，美国都不愿意在中国投放大量的人力、物力，有限的资源需要用在更重要和更能发挥效用的地方。二战结束后，美国增加了希腊和土耳其的担子，英国老大帝国不堪重负，让美国接手地中海要道，这两个国家紧邻苏联，又担负着通向中东地区苏伊士运河附近油田的走廊功能，因此，成为美苏角逐的关键地区，美国、英国都不希望该地区被苏联控制。尽管一开始美国便将希腊和土耳其纳入援助的地区范围，但是它没有想到要承担起所有的责任，因此当1947年2月，英国通知美国，让美国接过担子时，美国还是深感任务艰巨。传统上，该地区是英国的势力范围，一直由英国提供经济和技术援助，但是英国在二战中被严重削弱，工业锐减，不堪重负，英国希望美国承担起全部责任，使该地区仍然保留在自由世界的手中。相比之下，土耳其的基础确实比中国好，土耳其没有经过内战的破坏，军事和经济基础相对较好，政府治理国家的能力较强。一位华盛顿官员表示，投放到土耳其的援助，有如此显著的援助成效，让美国更愿意投放援助。相比之下，在中国收效甚微，付出和回报不成比例。按照美国的标准，国民政府的国家治理显然属于恶治，中国又饱受外敌入侵和内战摧残，统治者有着盲目的民族主义情绪，在对待外来援助上有着狂热的民族主义情结。1948年2月，乔治·凯南曾说过一句话，颇能代表美国政府在援助中国上的想法，“除了不懂得如何治理的政府之外，你可以援助任何一个政府”。

因此，尽管马歇尔想要限制苏联扩大在远东的影响，但是能否实现这一目标，蒋介石是否愿意在和平解决国共问题的道路上采取合作态度，是非常关键的。马歇尔使华期间，各种无休止的谈判、违背承诺，日益加深他对蒋介石意图的怀疑。

马歇尔调停的认知基础和赫尔利大致类似。主要是对国共双方的认知。一方面，美国对中共印象不错，认为其改善经济状况的诉求大于政治要求，在贝尔纳斯的备忘录中仍然使用“所谓的共产党人”，将中共与苏联国际共产主义运动的其他成员区别对待。另一方面，美国意识到国民政府确实存在问题，不符合美国民主政治的要求。

第二是对苏联政策的认识。战后初期苏联的对华政策给美国的对华政策形成一道有力的制约。美国和国民政府都获得苏联不干涉中国内政的保证。1945年5月，杜鲁门派霍普金斯担任总统特使访问莫斯科，这次会谈中，斯大林保证支持中国在蒋介石的领导下实现统一。这也解释了为什么毛泽东一开始不想参加重庆双十会谈，后来又改变主意。因为苏联指示毛泽东，当前的任务是实现和平统一，中共得不到苏联愿意提供帮助的口头保证，不能贸然与国民党决裂。在战后初期和中共打交道的过程中，苏联驻华军政和外交官员一直保持一定的距离。重庆会谈期间，中共代表充分感受到苏联外交官的淡漠，他们刻意以圆滑的官腔来回避回答中共代表提出的敏感问题。日本战败投降后，苏联对中共的帮助也是私下的、策略性的，让中共进入东北腹地，但主要是集中在农村，并缴获大批的日本武器。但是至此，苏联仍然没有出现违背中苏条约的举动，在公开场合，苏联依然表态国民政府是唯一合法的中国政府，只有国民政府才有资格接受日本投降。因此，尽管蒋介石指控苏联对国军进入东北设置各种技术上的障碍，但是很难找到事实上援助中共的证据。苏联的对华政策让美国决策者产生一个顾虑：苏联不支持中共，美国直接卷入中国内战，支持国民党，不但会招致苏联的对抗性干涉，而且会遭到国际舆论的谴责。1949 年 10 月，马歇尔在对华政策讨论会上表示：

> 我从来没有收到过苏联援助中共的确切证据，比其他事情更让我担心的是，苏联的对华政策在走向另外一个极端，他们可以在联合国里把自己描述的洁白无瑕，而我们却满手脏污。[①]

第三是全球战略的限制。在欧洲、地中海地区，美苏在社会发展道路上发生激烈的冲突和角逐，双方都在想方设法扩大自身的势力范围，并在势力范围内按照自身的政治模式进行重建。欧洲被视作对美国国家利益至关重要的地区，土耳其位于苏联和中东石油之间的重要地缘位置，美国认为一个处在自由世界中的强大的土耳其对西方世界是有利的，美国希望土耳其有一支强大的军队能够抵御苏联的进攻，以减缓苏联对苏伊士运河附近油田的威胁。因此，美国要想在欧洲、地中海地区与苏联抗衡，就必须极力避免在中国问题上与苏联出现冲突。而避免苏联干涉中国问题是最理想的办法。

① 邹谠：《美国在中国的失败（1941—1950 年）》，第 293 页。

应该说，马歇尔调停的政策方向是继承 1945 年以来国务院的现实主义政策，而非赫尔利在 1944~1945 年初执行的是对蒋介石承担义务的政策。1947 年 1 月，从中国返美，马歇尔即指示国务院远东司重新审查美国对华政策。2 月 7 日，远东司司长范宣德提交一份备忘录，强调避免让中国成为冷战的主战场的重要性，强调促成统一民主的中国是实现美苏远东平衡伟大目标的重要手段，因此，他建议只要没有迹象表明苏联对中共提供物质援助，美国就不应该大规模援助蒋介石。就目前的状况而言，美国要想以最有效的方式遏制苏联在华势力的扩张，就必须将其卷入中国内战的程度降到最低。1950 年 11 月，马歇尔对国防部的同僚们说：

> 在我担任国务卿时，我经常受到压力，尤其是在莫斯科期间（指 1947 年 3、4 月间举行的莫斯科外长会议），电报一个接着一个，要我给苏联人一点颜色看看……回国后，在远东和中国问题上，我又经常受到同样的敦促。但是要给人家点颜色看看，就需要自己具备实力。我们的实力是这样的：在美国本土我们只有 $1\frac{1}{3}$ 个师，苏联有 260 个师……在阿拉斯加，我们一点兵力都没有。①
>
> 考虑到总的世界形势，美国军事上的软弱，以及这件事在世界范围内的反响，加上我在中国调停的经历所了解的情况，我们担当不起这样的责任。②

① Robert H. Ferrell, *George Marshall*, Volume 15 (New York: Cooper Square Publishers, 1966), p. 72.

② Mark A. Stoler ed., *The Papers of George Catlett Marshall*, Volume 7 (Baltimore: John Hopkins University Press, 2016), p. 274.

参议员麦卡兰提交一份提案，要求给国民政府15亿美元的援助，对此，1949年3月15日，国务卿艾奇逊致函参议院对外关系委员会主席康纳利：

> 为扭转当前的恶化局面，为使得军事上出现一些成功的希望，我们需要采用的军事手段，是一支无比庞大的、实地作战的美国地面部队，还需要一系列的战斗行动，这些都意味着美国直接卷入中国自相残杀的战争，这一切都不符合美国的传统对华政策，不符合我们的利益。[1]

二　国共双方对于调停的态度

对于马歇尔调处，国共两党互为对方的晴雨表，从双方的实力到国共两党对调处所涉及的一系列问题，所采取的立场基本上是针锋相对的，双方都愿意在于自身利益不甚重要的问题上做出适当的妥协，这种妥协更多的是作为一种姿态，而非实质性的妥协。

调处这样一对竞争对手是异常艰难的，也注定是没有结果的。一次次都在象征性的妥协之中燃起和平的希望，而希望的曙光又一次次在双方对原则性问题上的迂回性的坚持中重新归零。国共双方的强项与短处都是显而易见的，国民党的强项在于有国际承认，就连被国民党称为中共后台的苏联，也和国民党签订有友好同盟条约，此外还有苏联高层政要私下场合表达的不支持中共的政治承诺。国民党还独享美国经济、技术和军事援助。抗战结束后，国民政府从西南贫瘠之地

---

① Joe C. Dixon ed., *The American Military and the Far East: Proceedings of the Ninth Military History Symposium United States Air Force Academy 1 - 3 October, 1980* (United States Air Force Academy and Office of Air Force History Headquarters USAF, 1980), p. 53.

回到南京，重新掌控富庶的东南沿海地区。所有这些方面恰恰是共产党的短柄。缺少国际承认，唯一愿意与之交往的国际共运老大哥苏联还只愿意私下与中共打交道，在公开场合，苏联与国民党订有盟约，更有私下不支持中共的承诺，在公开场合，苏联对待中共唯恐避之不及，以免引起误会。在武器装备上，尽管国民党一直指责中共在东北接收大批日本武器，但是和国民政府在其他地区接收的装备数量相比，要少得多。在法律地位上，除了中共完全掌控的地区外，中共被视为非法组织。在马歇尔调处过程中，这一点贯穿着国共双方斗智斗勇的过程。军事调处指挥部派遣由国民党、中共和美国三方代表组成的工作小组到共产党活动地区调查停战令的执行情况时，国民政府的地方当局会告诉工作小组，当地没有共军，只有土匪。这种人为的拖延和违背事实的处理方式体现出国民政府根深蒂固的对中共性质的一种界定。然而中共却在国民党之外的党派和广大民众之中享有较高的支持度，这又恰恰是国民党的软肋。抗战后期以来，在争取广泛的民意支持上，国民党一直没有获得成功。双方都在质疑对方的合法性基础。中共力量集中在贫瘠地区，即便在经济基础相对较好的地区，也主要集中在国民党不屑于争取的农村地区。

中共对自己的长短处认识得非常清楚。在中共七大上，毛泽东就提出参加联合政府，赢得国民政府对共产党的承认，是有利的。因此，国共双方对马歇尔使华都有着符合自身利益的期待。国民党希望在调停期间将中共的军事力量降低到非常虚弱的程度，因为善于驾驭解读国际局势的蒋介石，从马歇尔使华所依据的美国官方文件中读懂了美国的根本立场。美国只承认国民政府为唯一合法的中国政府。美苏冷战的帷幕在欧洲和中东已经拉开，不论他做什么，美国都会支持他。况且抗战后期以来，美国决策层一直有一种颇有代表性的论调：认为如果蒋介石能够很好地和共产党合作，那么他的政权就更加符合美国民主政治的期望和中国和平统一的战略目标，因此也会得到更多的美国援助。杜鲁门在马歇尔来华赴命之前的政策指示，也重申被内战撕裂的中国不会成为美国给予援助的合法地区。因此蒋介石也愿意配合马歇尔的调处工作，事实证明他的努力也确实没有白费。在调处初期，马歇尔出人意料地顺利完成了一些任务，比如达成停战令，共产党允许国军开进东北，国军也确实顺利开进东北。马歇尔在1946年短暂回美期间，回到中国时也确实带来可观的援助。但是现实很残酷，就在他回到中国的当天，他发现，国共内战蔓延，中共已经攻下长春。

对中共而言，国民党所拥有的强项，中共几乎一样都不具备，配合美国的调处，与国民党谈判，担心会失去的东西不多。中共的强项不但不会因为谈判而有所减损，反而会强化中共的长处，获得更多的民意支持。国共两党是三十多年的宿敌，它们太了解对方，过去两次国共合作失败的经历让双方对彼此的手法非常熟悉，双方都在对方的所有建议后面看到邪恶的动机。从一开始，毛泽东就意识到蒋介石有发动内战的打算，并已在做准备，他料定马歇尔调停只是一场烟幕，但是国共双方都宁愿把发动内战的责任推到对方头上，从而让对方不但丧失国内民意，也让国际社会失望。

因此在调处初期，马歇尔的工作一度进展顺利，中共的合作态度简直出乎他本人的意料。倒是国民党步步为营不肯做些许让步的固执立场，让马歇尔非常恼火。在初期的报告中，充斥着对中共的嘉奖和对国民党的批评。中共同意国军开进东北，同意从已经占领的长春撤出军队，同意从华北东北战略要地撤出军队，这些都牵涉到中共的核心利益，中共都做出了妥协。可以看出，在让蒋介石暴露内战阴谋的目标上，中共表现出极大的耐心和隐忍。

马歇尔的目标是要促成蒋介石领导下的和平统一的中国，三方的目标各有所指，只有在很难满足条件的情况下，才可能找到交集点。而要达到这一交集点，除非国共在根本性对立的若干问题上达成一致，这几乎是不可能实现的，因为国民党不肯做出丝毫让步，只想逼共产党就范。

三　美国失去影响国共两党的能力

马歇尔使华，美国的对华政策初衷是利用国共双方都希望与美国建立良好关系的愿望，进而对国共两党施加影响，从而在蒋介石的领导下实现中国的政治、军事统一。但是它的政策本身，就让美国失去影响国民党的能力。在调停初期，马歇尔遭遇的阻力更多的是来自国民党而非共产党，这与他最初预计的情况完全不同。国民党不愿意作丝毫实质意义上的让步和妥协，即便有妥协之处，也是暗藏日后突破限制的玄机，事实证明，国民党也确实一次次突破限制。结果是中共逐渐对调停和国民党失去信任，马歇尔也由此失去了影响中共的能力。

马歇尔调停所依据的三份美国对华政策文件都强调一个基本立场：美国希望中国在蒋介石的领导下实现统一。1945 年 12 月 15 日的美国总统声明表示，目前中华民国国民政府为中国唯一的合法政府，为实现统一中国目标之恰当机构。强调开罗宣言、波茨坦公告以及中苏条约，都是与国民政府缔结的，美国承认并继续承认中国国民政府。国务卿贝尔纳斯在给陆军部的备忘录中提到，蒋介石的政府是实现民主最满意的政府基础。

这一基本立场给蒋介石提供一种清晰的政策暗示，蒋介石认为美国无论如何都会支持他，抗战以来中美同盟的经历也强化了蒋介石的这种看法，每次在与美国的龃龉中，最终都以美国某种形式的妥协而告结束。史迪威中缅印战区的经历以及对华租借物资的使用都充分证实了这一点。抗战结束后，美国与中国签订了多项援助协定，而国民政府是唯一的受益者。训练和装备中国军队、出售战时剩余物资、协助国民政府将国军投送到东北和华北各地，部署海军陆战队，在没有中国内战的情况下，这些举措显然属于两个友好国家之间的正常行为。但是在内战的背景中，这些举措便不可避免地损害美国所要极力采取的中立立场。美国要极力避免卷入中国内战，但是履行上述协定对改变国共两党的实力对比所产生的附带意义是巨大的。

美国也意识到这些举措会损及美国力求保持的中立立场，以此对国共双方施加影响，恐有难度。在贝尔纳斯给陆军部的备忘录中，附带有一份给魏德迈的指示：他可以帮助中国国民政府运送国军到东北各港口，包括对这些军队提供后勤上的帮助；马歇尔将军在重庆与中国领导人商谈，以筹备包括各主要党派代表的国民会议和停止冲突之前，除去利用华北港口运输国军到东北以外，将停止再运输国军到华北各地；在下列情形之下，马歇尔将军可决定运送国军到华北不妨碍商谈：中国党派之间协商已告失败，或显示已无成功的希望，为履行日本投降条件，并维持国际和平，以维持美国的长期利益，运送部队确有必要。这种看调停情况再决定何时运兵的微妙处理真的能够让美国确立中立立场吗？

一开始美国决策者认为对华政策文件既包含着支持蒋介石的基本立场，也囊括了多项敲打蒋介石的条款。要求国民政府扩大统治基础，倡导以和平方式实现统一，强调美国的支持不扩展到卷入内战，并强调只有当国民政府把这些问题都解决了之后，才能够指望得到美国的援助。

很快马歇尔意识到，蒋介石对上述问题有着自己的看法：

如果在此期间他们能将共产党在军事上降到比较虚弱的地位（根据他们的情报报告，苏联这时不会以援助共产党的办法进行公开干涉），那么目前他们就有条件暂时放弃他们所渴望的美国军事的、财政的和经济的援助。他们显然在想：在他们反对共产党以加强对国家的统治方面取得胜利之后，并在通过宪法和使除共产党之外的一切少数党派都参加政府而实行宪政之后，这种援助就会到来。①

由国共双方代表张群、周恩来以及美方代表马歇尔组成的三人小组，经过四天会议就达成停战令，顺利程度出乎马歇尔的意料。照他的预期，中共在东北的控制权问题上不会轻易让步，这是中共除了延安之外的核心利益所在。蒋介石坚信在东北问题上，苏联在背后阻挠。证据有五：一是苏联拒绝国军在大连登陆，理由是条约规定是商务用途，不得用于运送军队；二是苏联让中共控制营口和葫芦岛，阻碍国军在这两个港口登陆；三是允许中共包围长春机场，致使到达长春的国军数量不足；四是迟迟不肯从东北撤军，以便让中共向该地区渗透；五是向中共私下提供武器装备。因此，马歇尔认为中共不会同意将国军开入东北作为停战令的例外情况。但是周恩来表示，中共准许国军开入东北，并表示中共承认国民政府接收东北的权力，并表示这种军队调动符合美国政策和中苏条约，中共不愿意干涉国民政府与美苏签订的条约。

1946 年 1 月 10 日，经过四天会议讨论，达成停战令，规定由蒋介石和毛泽东各自向国共军队发布命令，立即停止冲突。除了复员、换

① 《美国特使马歇尔出使中国报告书》，中国社会科学院近代史研究所翻译室译，中华书局，1981，第 380 页。

防、给养、行政及地方安全方面必要的军事行动，禁止中国境内所有军队调动。根据停战令，因为在长江以南的国军在实行军队整编计划，准许进行军队调动；准许为恢复中国主权将军队开入东北并在东北境内移动。规定国民政府应将上述例外的军队调动情况，每日报告给军事调处执行部。军调部是根据停战令设立的机构，由国共双方各一名委员、一名美国代表组成，职能是履行停战令。停战令还规定，恢复包括邮政交通在内的所有交通线路。

达成停战令后，马歇尔认为下一步应该立即根据停战令成立军调部，向战地前线派遣工作小组，调查冲突，报告军队调动情况。但是1月下旬，国民政府认为军调部对东北没有裁判权，要求不派小组。在达成停战令的商谈过程中，没有提到中国哪些地区是例外情况，这种突然出现的意见让马歇尔感到措手不及，在他看来，苏军从东北撤退时，国共双方在东北的部队很有可能发生冲突，军调部应尽快派驻小组。1946年1月24日，营口果然出现冲突，但是国民党代表张群反对派小组前往调查，理由是害怕小组中的美国代表会引起苏联不满，而中共则要求尽快派小组前往调查。2月上旬，营口再次出现冲突，周恩来再次建议派小组前往。

马歇尔意识到张群提出的苏联因素，只是一个借口。因为在热河赤峰的调查中，苏联对军调部小组执行任务的态度是不干涉的，一开始对执行小组的任务不明确的时候，苏联扣押小组人员，但是第二架飞机在降落前通过投放传单的方式说明所执行的任务，苏军马上释放小组人员，并且未干扰小组执行任务。马歇尔从东北各地的国军宣传中明白国民党的意图，各地的社论和布告将中共称为“土匪”。他们不打算承认东北有共产党存在，一旦派小组进入调查，等于承认东北有中共，而承认东北有中共，国民政府就需要履行协商会议达成的各项协议。国民党并不打算实质性地兑现那些承诺。在后来原则上勉强同意向东北派驻军调部执行小组时，国民党提出的限制性条件证明了这一点，国民党要求仅限于解决军事问题，避免涉及政治问题。而中共则要求军事、政治问题一起解决。

在多次努力后，马歇尔终于劝说蒋介石同意军调部执行小组进入东北，但此时，国军在东北大规模扩大战线。马歇尔此时明白，先前国民党一味拖延，旨在为国军在东北继续扩张赢得时间。这种违背停战令的应对模式，被国民党适用于多个地方。广州拒绝军调部执行小组进入，理由是当地没有共军，只有土匪。在汉口，国军包围共军，共军粮食供应出现问题。7 月，共军突围，遭到国军围堵。实际上国军盲目扩大战线，后勤供应必然会出现紧张，置自身于不利境地，蒋介石浑然不觉军事上的险境，反而更加确信可以用武力消灭共产党。中共因为北撤，战略收缩，力量更为集中，在军事上占据更为有利的地位。

随后，在履行停战令中的国军进入东北问题上，马歇尔遭遇更严重的困境，他意识到国民党的做法将会损害美国的政策目标，也会危及他在国共之间调处的威信。在由美国船只运送国军到东北，以接收主权问题上，他与中共取得一致，同意投送五个师到东北。马歇尔为这项协商出人意料的顺利感到高兴，他原本认为中共会断然拒绝，因为东北是中共的核心利益所在，但是他没有想到障碍来自国民党。蒋介石认为，应该利用美国海军毫无限制地向东北投送国军，但是马歇尔认为利用美国交通工具运送国军到东北是有限制的，仅限于接收主权的目的。所以当美国海军运送第六十军和第九十三军后，蒋介石提出继续投送两个军到东北，马歇尔断然拒绝了。他说：

> 在当时和以后我都拒绝批准这项运输，在业已商定的由美国帮助国民政府运送军队进入东北以恢复国民政府的主权与援助一场自相残杀的战争之间，我划了一条界线。我必须衡量国民政府在北方日益增加的军事集中以及在武器（取自日本在东北的弹药库）方面也同样增加的情况下，在一个面积广大的地区接收主权的正当需要。①

1946 年春，苏联红军即将从长春撤退，按照 3 月 27 日达成的协议，军调部执行小组进入东北，以避免国共双方军队近距离接触出现冲突。在军调部执行小组经由锦州进入沈阳再次遇到阻碍时，国民政府东北行营主任熊式辉表示，执行小组不得进入东北，锦州地方官员表示没有接到上级指令。美方代表白罗德与国民政府的一位高级官员交谈时，得知蒋介石的真正意图。军调部执行小组一旦进入东北，他们会阻止军事调动，而国军想在苏联撤退前调动足够的兵力，以便苏联一撤退马上就拿下长春。3 月 27 日达成的协议，也佐证了这一点，执行小组不得进入苏军占领地。国民党已经为自己调动兵力预留空间。在军队调动就绪后，熊式辉通知军调部，执行小组可以进入东北。

国民党的手法显然为中共所熟悉，当 1946 年 4 月 14 日，苏联沿着铁路线北撤，离开长春时，中共在一个小时内，对长春发起进攻，18 日，攻下长春。中共拿下长春后，所有苏联官员和平民前往哈尔滨。周恩来对中共占领长春的解释是中共对国民党军队进入东北接收主权毫无异议，在 1945 年底，共产党曾向国民政府表示，如果国军为了接收苏军控制区的主权向沈阳前进，共产党不会阻拦。但是如果国民党军队向西调动，进攻共产党军队，就有爆发冲突的危险。但是国民党军队改变

① 《美国特使马歇尔出使中国报告书》，中国社会科学院近代史研究所翻译室译，第 117 页。

进军路线，向西进攻热河。在停战令生效后，共产党再次劝告国民党军队不要进攻共产党。但是政府并没有这样做，中共只好攻占长春。

蒋介石提出，共产党军队撤出长春，并由国民党军队占领长春，是国共进一步谈判和发出停火令的唯一先决条件，作为对此的补偿，蒋介石愿意解决东北的政治问题。马歇尔费尽周折在国共双方之间调处，最终中共接受这一建议，由国民党军队占领长春，但是在商谈中，周恩来就提请马歇尔注意，国民党军队轻易地占领长春，将会诱使国民政府攻占哈尔滨。5 月 23 日，国民党军队进占长春，继续沿着铁路线向北靠近哈尔滨，向东挺入吉林。而此时蒋介石原定于到沈阳的短期访问延长到 11 天，回到南京后，马歇尔呼吁蒋介石下令停止进攻，但是蒋介石并没有这样做。拿下长春后，国民党更为确信可以用武力解决共产党问题。马歇尔彻底失去影响中共的诚信和威望。

国民党军队拿下长春之后，向哈尔滨进军。尽管中共表示愿意接受调处，但是中共明显不再像以前那么愿意做出妥协，马歇尔作为调停人的中立立场完全丧失。延安对美国进行评论时，不再保持克制。其间，马歇尔做了诸多努力，但猜忌和怀疑有增无减，调停实际上陷于停顿。

6 月，马歇尔对蒋介石施加压力，最终赢得蒋介石同意宣布休战 15 天，三人小组就一些问题展开讨论，包括恢复交通问题，美方代表决定权问题，修改军队整编方案以及停止东北的冲突等，但中共不再愿意做出妥协和让步。国民党提出条件，共产党必然提出反建议以应对。双方都对对方所提出意见背后隐藏的阴谋深信不疑，因而在自身的立场上不肯做出任何让步。休战 15 天结束后，又延长 10 天，但是其间进行的讨论，仍然没有达成共识。6 月底组成的国共双方代表和民主党派代表组成的五人小组，也未能达成任何共识。

此后，中共对美国的态度也不再保持克制。7 月，美国海军陆战队成员在冀东被共产党军队绑架，接着又发生安平事件。国共冲突也正在向东北以外的地区蔓延。1946 年夏天，马歇尔想继续做一番努力，试图对蒋介石施加压力，让中共看到诚意。在马歇尔的建议下，8 月，美国国务院发布对华武器禁运令。国务院解释实施对华武器禁运的原因是，“因为美国的军事援助，马歇尔将军被置于一个不能成立的调停者的立场，一方面他要在国共双方之间进行调停，另一方面，美国政府却继续对国民政府提供军事援助”。对华武器禁运并没有起到预期的效果，蒋介石并没有因此而让步，他拒绝下达停战令。此时蒋介石认为国民党军队在华东已经取得优势地位，因此，他对中共提出了更为苛刻的谈判条件，要求中共撤出东北、华北和华东地区的要害位置和铁路线，而中共认为国民政府没有提及这些撤出地区的政治地位问题，因此拒绝接受蒋介石的要求。

马歇尔用武器禁运对蒋介石施加压力的努力再次失败。这次，他和司徒雷登试图借助中国民众的舆论压力来迫使国共双方特别是蒋介石就范。8 月，马歇尔和司徒雷登发表一份联合声明，他们想把国共谈判屡次陷入僵局的原因告诉中国公众，谈判之所以反反复复没有进展是因为军队部署问题难以取得一致意见，而军队部署所涉及地区的地方政府的政治问题也难以解决。除此之外，马歇尔和司徒雷登草拟了一份信函，发往华盛顿，再由杜鲁门发给蒋介石，再次强调美国的对华政策立场，事实证明，这次努力再次失败。8 月 13 日，蒋介石发表声明，指责中共对谈判破裂负有全部责任，并要求中共从威胁和平和阻碍交通的地区全部撤出。与此同时，蒋介石致电杜鲁门，表示中共放弃武装是实现和平的最低限度要求。

10 月，军调部内中共工作人员急剧减少，两个月的时间，共产党工作人员由 200 人减少到 70 人，大部分是无权做出决定的底层工作人员。执行小组无法开展工作，美方代表建议建立双边小组，即在国民党统治地区执行小组由美方代表和国民政府代表组成，在中共占领地区，由美方代表和中共代表组成。10 月 24 日，延安电台广播一项国际呼吁，呼吁联合国大会成立特别调查委员会，现场调查美军侵犯中国领土完整与安全的罪行，并要求立即撤退所有在华美军，并停止援助蒋介石的独裁政府。美国对中共的影响力也消失殆尽。

马歇尔使命自身所包含的矛盾性是根深蒂固的，他所承担的使命是充当一个不偏不倚的中立者角色，在国共两党之间进行调停。但是美国承认中华民国政府为中国唯一的合法政府，在美国决策者的思维中，共产党是作为一个持枪的反对党存在，要解决国共问题，就要让中共进入政府，获得合法地位，获得席位，要让民意来决定中共以后的政治命运。虽然马歇尔做了多次努力，试图利用美国的影响力使国共双方都放弃各自政策中最为强硬的部分，但是国共矛盾在过去近半个世纪的斗争中，已经成为非此即彼的博弈，双方已经失去基本的信任，不可能通过美国所希望的这种政治路径来解决。而且马歇尔的调处努力被同一时期发生的事情所抵消。8 月底，美国和国民政府签订协定，将太平洋战争时期太平洋各岛屿上的剩余物资廉价出售给国民政府，11 月 4 日，美国和国民政府签订《中美友好通商航海条约》。这些行为虽然初衷并非针对中共，但事实上确实起到强化蒋介石军事能力的效果。在这种情况下，马歇尔和司徒雷登想方设法要对蒋介石施加压力的努力，在中共看来，只是在做表面文章而已。

第二节　司徒雷登继续执行有条件的援蒋政策

马歇尔调处失败后，回美国担任国务卿。此时，美国决策层对中国已经失望透顶，中国成为大国的希望落空了，但是决策者一时也难以找到新的对策。此时，大规模对华援助或者放弃与蒋介石的外交关系都是不现实的，他们只有顺应政策的延续性，用马歇尔的话说，“撒手不管了”，司徒雷登大使充当着有限度援蒋政策的守护者。但是共和党利用国际环境优势再次对美国政府的对华政策发动攻势，杜鲁门政府左右为难，不得不做出些许让步。和出售剩余物资的行为一样，杜鲁门1948年做出的让步再次损害了自己的对华政策目标。

长期以来，史学界对司徒雷登在从抗战胜利后到1949年中华人民共和国成立这段时间所执行的美国对华政策基本上形成共识，认为司徒雷登是美国扶蒋反共政策的执行人，帮助蒋介石打内战，与中国共产党结怨，从而在中共掌权后恶化中美关系。实际上，司徒雷登是在马歇尔调处期间出任大使，配合马歇尔的调处工作，他的对华政策立场与马歇尔训令所指示的美国对华政策相同。马歇尔调停失败后，司徒雷登在大使任上执行的对华政策仍然是马歇尔调处时期的政策路线：有限度地援助蒋介石，避免卷入中国内战。

一　司徒雷登出任大使，美国希望回归中立立场

司徒雷登是在马歇尔调处期间走入美国对华政策的。1946年7月，司徒雷登得到马歇尔推荐[①]，出任美国驻华大使，美国希望通过建立正直而又中立的威信增强马歇尔调停对国共双方的影响力。为了避免受到国共双方认为美国持有偏见的指责，美国放弃最初属意的人选，另择教育传教士司徒雷登。这项举措本身证明美国希冀修复赫尔利大使在中共方面造成的扶蒋一边倒的印象。

司徒雷登出任大使是以美国收回此前对魏德迈（Albert Coady

① 1945年底，马歇尔奉杜鲁门总统之命来华担任总统特使，调停国共冲突。

Wedemeyer）的提名为代价的。国民党要人董显光认为这是“中共的胜利”[①]，理由是美国考虑到共产党对魏德迈的强烈反对，中途换人，证明共产党对人选的看法对美国产生了有实际效力的影响。在董显光看来，这对共产党将会具有强烈的鼓舞作用。在提名司徒雷登之前，马歇尔将军希望寻觅一位洞悉中国事务的帮手协助调停。魏德迈深得蒋介石信任，他与国共高层都打过交道，马歇尔建议杜鲁门总统任命他担任大使，获得杜鲁门的同意。马歇尔在一次非正式的新闻会上透露了这一计划。共产党知道后，向马歇尔表示共产党不接受魏德迈。7月初马歇尔电告美国助理国务卿艾奇逊（Dean Acheson）：因为人选消息引起共产党抗议，对调停造成困扰，因此要求取消对魏德迈的使华任命。[②] 共产党之所以抗议对魏德迈的任命，是因为魏在抗战胜利后采取迅速行动将国民党军队运送到华北的关键地区，这让共产党认为他在国共双方之间难以进行公正调停。魏德迈对这一突如其来的变数非常反感，在艾奇逊与他约谈此事时，他表达了自己的看法，“我一开始并不愿担任大使，只是由于马歇尔迫切要求，我才同意接受。我只是不喜欢这种观念，即共产党人有权决定由谁来出任美国政府的责任职位的任命”。[③] 在董显光看来，尽管司徒雷登“本身并无共产党色彩，但他对于共产党政治却鲜有了解。中共此次排斥意志坚强如魏德迈者于美国大使馆门外，确是他们的真正胜利”。[④]

司徒雷登与魏德迈在对中共的看法上存在不同。与当时绝大部分来华的美国人一样，司徒雷登对中共的看法经历了从疑虑、担忧转向

① 林孟熹：《司徒雷登与中国政局》，新华出版社，2001，第 79 页。

② 魏良才：《国民党最后的美国诤友——魏德迈将军与中美关系》，《欧美研究》（台北中研院欧美研究所）2003 年第 2 期，第 358 页。

③ 林孟熹：《司徒雷登与中国政局》，第 80 页。

④ 董显光：《蒋总统传》，中华文化出版事业委员会，1952，第 459～460 页。

同情和有保留称许的变化。作为传教士，他的思想体系与共产党的无神论是不相容的，20世纪20年代他曾担心共产党在中国的发展将使基督教面临很大的威胁，抗战爆发后，他认为中国共产主义运动只不过是农民不满的体现，因此不必把中国的“所谓的共产主义”看得太严重。[①] 在白色恐怖年代，国民政府压制偏左政治学说，他主张学术自由，燕京大学师生可以公开讲授、学习马克思主义课程和书籍。而魏德迈在重庆谈判期间对中共有了自己的认识，谈判期间，毛泽东、周恩来曾在魏德迈寓所谈论过共产主义的本质和手段，魏德迈后来在报告中写道：“我常听说他们不是真正的马克思主义者，而只是对中国福祉关心的农民改革者，但是这次非正式的历史性会面拆穿了这些在美国被广泛传播的报告根本就是谎言”。[②] 如果任命魏德迈出任大使，可能会加深中共对美国立场和意图的疑虑，损害美国作为调停者的影响力。

在此之前，前任大使赫尔利已经让中共对美国的意图和目标产生了深深的不信任和猜疑。赫尔利认为美国的任务是防止国民政府崩溃[③]，他积极奔走于国共之间，试图寻求政治和解以建立联合政府，他按照美式民主政治模式为中国规划未来：认为只要国共两党都抑制住本党内的极端势力，国民党对共产党做出一些让步，共产党就可以进入政府成为合法政党，建立联合政府。他抱着这一乐观的想法前往延安，与共产党主要官员一起规划了五点协议，当这份在他看来是解

---

① “所谓的共产主义”（so-called communism）是1949年之前美国对中国共产主义的称谓，认为中国的共产主义具有特殊国情，与国际上的共产主义存在差别，中国共产主义在很大程度上是农村苦难的体现，并不具有很强的意识形态色彩，因此1949年之前的美国外交文献中采用这一词汇来指代中国共产主义。

② 魏良才：《国民党最后的美国诤友——魏德迈将军与中美关系》，第353页。

③ 约·斯·谢伟思：《美国对华政策（1944～1945）》，王益、王昭明译，中国社会科学出版社，1989，第124页。

决国共问题的公正基础被宋子文告知国民政府不能接受，并提出三条反建议时，他从先前对国共看法的立场上退却，转而全力支持蒋介石，这让中共形成一种认识：美国的预设立场是站在国民党一边，在国共之间拉偏架，从而损害了美国作为调停者的中立形象。

美国政府意识到赫尔利调停的影响将会损害美国的在华调停努力。1945 年 4 月 28 日国务院远东司在备忘录中阐述了不同意赫尔利大使政策的理由：

> 我们认为，赫尔利的政策正在增强蒋介石委员长在处理内部统一问题上的不妥协态度，正在不明智地把我们对中国的军事支持限制为只给予委员长的军队，从而使我们不能利用可能被有效地用来打击日本的其他中国军队。我们认为，他的政策正在使我们所拥有的能促使委员长进行军事、经济和政府改革的影响和手段失去作用，而这些改革是实现中国内部的统一和稳定所必需的。总之，赫尔利大使在本政府对华关系问题上正在沿着一条我们并不同意的路线进行，我们担心按照他的作法会使中国走向内战和严重的外部纠纷。①

赫尔利的辞职是美国政府检视其对华政策的一大努力。而司徒雷登的经历有助于修补中共心目中美国偏袒国民党的不公正印象。作为教育传教士，他享有较高的威望，并在包括国共在内的各派政治力量中积累了广泛人脉。司徒雷登是来华传教士夫妇的后代，他出生在浙

① United States Department of State, *Foreign Relations of the United States*: *Diplomatic Papers*, *The Far East*, *China*, Volume Ⅶ (Washington D. C.: U. S. Government Printing Office, 1945), pp. 348－349.

江杭州，自视为中国一分子。他在教育事业上取得了远比其作为传道人更为辉煌的成就，他主持创办的燕京大学力倡学术自由，延揽大批中国主流知识精英入校任教，燕京大学一度成为中国一流大学，在日本侵占北京期间，司徒雷登以各种方式与日本人周旋，让燕京大学在日占初期还享有一片宁静，他也因此赢得很高的声望。

此外他虽然没有走进中国政治，但在传教和教育事业中，得以认识各界要人，并与他们有着良好的交往经历。在国民党方面，他与蒋介石夫妇因为宗教缘由有着较为融洽的关系，国民政府多名高官比如宋子文、孔祥熙、孙科都是司徒雷登的好友。在共产党方面，1938 年在汉口一位主教家中，周恩来、王明、博古特意前往主教家中拜访司徒雷登。抗战期间司徒雷登坚持每年都到内地了解中国局势进展，其中多次与共产党人有过接触。1940 年他与周恩来、董必武进行过长谈。1946 年他在燕京大学庆祝七十大寿，叶剑英曾前来祝贺。1945 年抗战胜利后蒋介石邀请司徒雷登前往重庆参加庆祝胜利晚会，与当时也在重庆的毛泽东、周恩来、董必武曾有过会面。

司徒雷登出任大使得到各界人士的称赞，并再次燃起对调停的希望。共产党代表周恩来、邓颖超、董必武、叶剑英等人先后发表讲话，表示对司徒博士极其尊敬，并热烈欢迎这项任命。邓颖超在上海答记者提问时说，“司徒雷登先生生长在中国，对中国情形很熟悉，对我们一直有良好的友谊，而且正为中国的和平民主在努力，所以对于他出任驻华大使热烈欢迎，同时也寄以极大的希望”。[①] 教育家陶行知说，“美国这一行动……不但能增进中美友谊与相互的谅解，而且也可以帮助中国，促进远东和世界和平”。国民党也对司徒雷登表达了欢迎，司徒雷登前往江西向正在那里避暑的蒋介石递交国书时，蒋表

① 林孟熹：《司徒雷登与中国政局》，新华出版社，2001，第 80～81 页。

示欢迎他出任大使，不过宋子文在任命宣布后表达了失望情绪，他认为司徒雷登没有国际声望，又喜欢从一个纯粹自由主义视角评论中国的情况。①

各界的反应说明美国借助司徒雷登的威望与人脉以回归其中立立场的计划取得明显成效，这也符合马歇尔举荐他的初衷，多年以后马歇尔受邀为司徒雷登的回忆性自传《司徒雷登在华五十年》作序时写道，"我所以如此建议，是由于司徒雷登博士在中国有五十多年的经验……有司徒雷登博士在我身边，我就有了比五十年还多的、没有由于个人涉及中国政党而产生的、有偏见的广泛经验……我怀疑没有任何人能比他更了解中国的特性、历史和错综复杂的政治，他那高贵的正直使他的意见变得极其重要"。② 在一个讲人情的国家里，选择一位受到各方尊敬也都能接受的人担任大使，这至少开了个好头。

二　司徒雷登坚持有条件支持国民政府的立场

司徒雷登主张美国应当根据国民政府的表现和进展情况给予支持，而不是无条件支持。1947 年 1 月马歇尔回美就任美国国务卿，临行前他询问司徒雷登对中国局势与美国政策的看法，后者提出三项政策建议：

> 一、对国民政府给予积极的援助，特别是在军事建议方面，要进行急切需要的改革，进一步的援助要看每个阶段改革的成效

---

① Yu-ming Shaw, *An American Missionary in China John Leighton Stuart and Chinese-American Relations* (Cambridge: Harvard University Press, 1992), p. 157.

② 司徒雷登：《司徒雷登在华五十年》，常江译，海南出版社，2010，第 1 页。

再定制；二、我们不订任何有力的计划，只观望，采取等等看机会主义的态度；三、不再参与中国的内部事务，从中完全撤出来。[①]

在三项政策选择中，他表示完全支持第一项，在第二、第三项之间，他更倾向于第三项。他也确实在按照第一项政策选择处理中美关系。

帮助国民政府进行改革是司徒雷登在华的工作重点，这是以往学界认为他作为扶蒋反共政策执行人的重要证据之一，因为敦促改革和对改革的正面评价被认为是在为争取美援创造条件。事实上这两项工作并非是以援助为目标的，他希望借此改变国民党一党执政的局面和由此衍生的弊端。他还希望当国民党在改革中作出的妥协符合共产党的利益时，国共和谈能够恢复。这种意义上的改革是有益于中国国民福祉的政治计划，无关乎党派倾向。

出任大使后，司徒雷登很快意识到国民政府执政基础狭窄是当时中国各项问题的主要症结。1946 年 7 月与蒋介石会面时，他建议，“建立真正的民主政治，必须进行内部改革，以消除弊端……避免暴力、专制手段”，并表达了他对国共矛盾僵局原因的看法，“共产党之所以对放弃武力而成为合法政党之步骤犹豫不决，主要是因为他们确实担心：无论委员长本人的政策如何开明，国民党内反动分子对共产党是置之死地而后快”。[②] 他认为 CC 系与国民党日益丧失民意呈现出互为促进的恶性循环关系，国务卿马歇尔在电报中经常提及 CC 系核

① 《司徒雷登在华五十年》，第 82 页。

② FRUS893. 00/7 - 2146 “The Ambassador (Stuart) to the Secretary of State”, July 21, 1946, in United States Department of State, *Foreign Relations of the United States 1946, the Far East: China*, Volume Ⅸ, p. 1391.

心人物陈立夫、陈果夫，马氏认为“陈氏兄弟是他来华调停使命的主要障碍”。[①] 司徒雷登对此深表赞同。在1947年4月5日给马歇尔的电报中他写道，“CC系（中国持激烈反共立场的政治派系）是国民党中最为训练有素的派别，由于该派别组织完备，势力深入到基层，在国共交战时他能够满足蒋委员长的需要”。[②] 而在使用CC系的过程中，蒋介石使自己陷入一个身不由己的悖论中，司徒雷登观察到，委员长迫于形势需要利用CC系所掌握的资源，同时CC系借助更为有利的位置来巩固其在国民党内和国家中的地位，委员长也因此越来越难于消除他们的影响，也很难控制他们的行动，这让形势继续恶化……[③]因此，司徒雷登认为国民政府要赢得民意，必须尽最大努力减少CC系在党内和政府中的势力和影响力。而要稀释CC系对党政的主导权，并扩大国民政府的执政基础，他认为需要增加国民党温和派和来自其他党派中秉持自由主义立场的人士在政府中的声音。1947年3月、4月间国民政府改革在他的敦促下进行。

对改革进行实事求是的评估并向华盛顿作详细汇报，是司徒雷登不具有党派偏见的另一行动。美国一直敦促蒋要结束一党统治，希望中国向着与美国体制同类之民主自由方向发展，并将此视作中国能否成为接受美国援助之理想的考量标准和前提。蒋和国民党将国民政府改革当作争取美援的跳板，这也不难理解当1947年3月、4月间“改革”刚完成时，蒋就急于从司徒雷登处探寻美国对改革

① Forrest C. Pogue, *George Marshal: Statesman 1945 - 1949* (New York: Viking Press, 1987), pp. 82 - 83.

② FRUS893. 00/4 - 547 “The Ambassador in China (Stuart) to Secretary Marshal”, April 5, 1947, in United States Department of State, *United States Relations with China, with Special Reference to the Period 1944 - 1949*, p. 735.

③ FRUS893. 00/4 - 547 “The Ambassador in China (Stuart) to Secretary Marshal”, April 5, 1947, in United States Department of State, *United States Relations with China, with Special Reference to the Period 1944 - 1949*, p. 735.

的看法并试探援助的可能性。司徒雷登对“改革”本身是持肯定态度的，但认为改革并未能解决根本性问题，这对蒋和国民政府无异于在浇冷水。司徒雷登认为美国的意愿不仅仅在于机构调整，还希望国民政府借助改革了的政府开展一些有成效的工作。1947年4月，司徒雷登在给马歇尔的电报中写道，“现在要想准确评估4月17日国府委员会改组的最终成效为时过早……考虑到历次中国政府改革在很大程度上是因为外部效应，在国内层面很少产生实质上的变化”。他对孙科当选副主席、邵力子和宋子文被包括在内感到鼓舞，认为孙科当选是想加强进步或自由主义分子力量的表现，但是改革也存在诸多令他感到失望的地方：比如除了行政院其他四院院长都没有更换。青年党领袖曾琦出任院长，青年党是一群主要由四川士绅组成的、过去与国民党右翼关系密切的势力。他一直希望蒋介石能够摆脱的CC系势力并没有减弱的迹象，国民党在选出国府委员后成立了中央政治委员会，陈立夫担任秘书长，仍然把持着国民党机构，影响国民政府政策。这与蒋介石的自我评估截然不同。考虑到国务卿马歇尔对CC系的看法，司徒雷登关于改革成效的汇报显然不能证明国府改革取得了实质意义上的进展，不足以打动马歇尔促使他启动对华援助动议。

此外，司徒雷登不具有党派偏见的另外一大外交努力是，在1949年解放军渡江之前，国民政府南迁广州，司徒雷登留在南京。通常情况下，外交关系存在于两个国家互相承认的政权之间，当时中共尚未建政，美国大使拒绝南迁对国民政府不啻为一大外交打击。当时只有苏联大使接到斯大林指示随国民政府南迁，其余所有国家大使都跟随美国留在南京。当时国民政府的首都——南京，是中共渡过长江后与西方建立外交联系的唯一通道。司徒雷登留在南京是希望借助自己在中共方面的人脉为美国与中共重启太平洋战争期间就曾经建立的联系。[①] 1949 年 5 月他与担任中共南京市军管会外事处处长的黄华会面[②]，他说自己愿意长期留在南京以便表达美国对中国民众福祉的关心。当黄华表示希望美国在平等互惠基础上承认共产党政权时，司徒雷登回答说，"这些条件，连同涉及条约的已被广为接受的国际惯例，是承认的唯一适当的基础。中国建立哪种形式的政府完全是一个内政事务"。[③] 6 月他希望能够回燕京大学过生日，此时北平已被共产党控制，毛泽东、周恩来都对此表示欢迎。6 月 29 日他给美国国务院发去一封电报，征询意见，他说自己愿意以燕京大学校长身份去北平，他对与共产党高层见面持谨慎的乐观态度，他列举了北平之行的益处，"此行将让我带给华盛顿关于共产党意图最为权威的信息，有助于增进互相理解，并且有益于增强共产党内反对苏联的自由力量……让共产党知道美国对中国的政治变动持开放态度，这将对将来的中美关系产生有益的影响"。[④] 但是国务院迫于强大的国内压力，否决了司徒雷登的建议。

考虑到当时的实际情况，司徒雷登的这些外交努力都不是"积极助蒋打内战"所应该采取的行动。首先，实施有条件支持的政策对蒋有一定的制约作用，抗日战争对东部沿海工商业造成严重破坏，使蒋介石失去了工商业资本力量的支持，他越来越依靠内地地主的支持，这一阶层更为重视局部利益，也容易与党内右翼捆绑在一起，这也使

① 太平洋战争后期，被派往延安的美军观察组开启了美国官方与中共交流的通道。

② 黄华是燕京大学校友，他坚持以燕京师生关系而非中共与美国关系的联络人的身份和司徒雷登见面。

③ Edwin W. Martin, *Divided Counsel: The Anglo-American Response to Communist Victory in China* (Lexington, Kentucky: University Press of Kentucky, 1986), p. 30.

④ Thomas J. Christensen, *Useful Advantages: Grand Strategy, Domestic Mobilization, and Sino-American Conflict 1947–1958* (Princeton: Princeton University Press, 1996), p. 87.

国民政府愈加丧失了改革的动力。国民党军队战场形势的恶化让国民党更加依赖右翼势力来维持秩序，国民政府要进行司徒雷登所希望的改革已经是不可能之事，对于时间已经不在自己一边的蒋来说，凭表现拿援助已经来不及了。其次，司徒雷登认为改革并未减弱 CC 系对党政的控制，而这一点正是美国最希望改革能够取得进展的部分，这种评估无力游说国务卿马歇尔给予援助。再次，司徒雷登留在南京是希望在中国政局变动时为共产党执政后的中美关系敞开一扇门。

三 司徒雷登与《1948 年援华法案》

《1948 年援华法案》以往被认为是司徒雷登执行扶蒋反共政策的另一大证据，实际上国民政府获得美援是美国宪政角力的结果。

司徒雷登反对美国对国民政府进行无条件大规模援助，一直坚持美援需要国民政府在一些领域取得进展，这与国务卿马歇尔是同一思路。对蒋介石屡屡试探美援，司徒雷登作出的回复基本上是要求国民政府取得明显有实效的改革进展以后，美国才会考虑援助。而且明确申明美国不希望援助因为国共冲突困扰而出现不利于中国人民的性质变化。1947 年 3 月，他建议国务卿马歇尔，美援“必须有两个先决条件：一是政府停止一切对共产党的攻击行动，二是政府本身进行有效改革，激发进行深刻改革和建立真正进步之民主体制的愿望”。[①] 3 月 29 日他告诉蒋介石，“当内战存在时，不会考虑予以援助，除非有明确的迹象表明趋向民主改革”。[②] 其后蒋介石再次谈及美援的可能性

① FRUS711. 93/3 - 2647 “The Ambassador (Stuart) to the Secretary of State”, March 26, 1947, in United States Department of State, *Foreign Relations of the United States, 1947, the Far East: China*, Volume Ⅶ (Washington D. C. : U. S. Government Printing Office, 1947), p. 84.

② FRUS893. 00/3 - 2947 “The Ambassador (Stuart) to the Secretary of State”, March 29, 1947, in United States Department of State, *Foreign Relations of the United States, 1947, the Far East: China*, Volume Ⅶ, p. 90.

时，司徒雷登除了表示自己没有接到华盛顿方面的命令，也没有理由认为华盛顿已经作出了对华援助的决定，还重申了自己一贯的看法：

> 美国政府首先关心的是所承担的财政援助应当真正有利于中国人民，而非任何集团或者组织……在短期内，政府尽快停止军事行动，向共产党敞开和平大门；现在政府改组应使未来的进步改革成为可能，这是华盛顿和热心为公的中国人民所共同期望的。[①]

1948 年当他得知 50 多名共和党议员联名给杜鲁门写信要求美国支持国民政府时，司徒雷登非常震惊，他批评这些议员抱有这种错误想法：认为只要给国民政府军事和经济援助就能使中国免于共产主义。在他看来给国民政府大规模无条件支持只会掀起更高的反美情绪，也让国民政府在中国国内事务上更加强硬。

1948 年司徒雷登确实曾建议美国对国民政府予以支持，但他的目的在于制衡苏联，而非打击中国共产党。1948 年他注意到苏联不再刻意掩饰对中国内政的兴趣，国共双方也都对苏联抱有越来越多的期待。情报显示 1947 年 12 月毛泽东在党内会议上表示，美帝国主义已经取代德、日帝国主义成为战后阻碍解放运动的敌对势力，苏联是反帝、民主力量的领袖。此外张治中与苏联大使馆官员罗斯金（N. V. Roschin）会面，后者表示苏联希望中国内战早点结束，而美国

① FRUS893. 01/4 – 2547，"The Ambassador (Stuart) to the Secretary of State", April 25, 1947, in United States Department of State, *Foreign Relations of the United States, 1947, the Far East: China*, Volume Ⅶ, p. 110.

希望内战继续下去以便完全控制中国。一周后罗斯金又告诉邵力子，如果国民政府邀请苏联，苏联愿意介入调停中国内战。① 这一动向让司氏感到焦虑，他希望美国能够适当给予援助，防止国共双方都彻底倒向苏联。但是巧合的是，蒋介石在冷战开始以来一直打冷战牌争取美援，马歇尔对这一理由已经很反感了，1948 年在和中国驻美大使顾维钧交谈中，他批评国民政府把自己的生存建立在利用美苏冲突争取美援的基础上。因此司徒雷登提出的予以适当援助的要求未能得到马歇尔的肯定性回应和行动支持。

后来争取到美援并非司徒雷登努力的结果。而是杜鲁门政府在 1947～1949 年迫于国会的压力而作出的妥协。在美国，外交政策从来就不是单纯政府决策的事情，受到国内政治环境和国民意愿的制约。有时政府高层在外交决策时为了在其他问题上争取民意支持往往会选择在另外某些问题上采取一些妥协措施以安抚民意，顶多在原则上坚持自己经过认真思考的立场。特别是在涉及对外援助时，白宫官员只有提出动议的权力，要获得通过必须得到国会的支持，在这种外交政策与国内政治密切关联的环境中，1947～1949 年的对华援助深陷这种角力中。

1946 年丘吉尔的铁幕演说后美苏在世界范围内开始了冷战，苏联在东欧扩大势力范围的努力，让美国感到有必要通过复兴欧洲以抵制苏联。但是欧洲复兴计划需要国会和民意支持，为了获得民意支持，美国的国内宣传模糊了抵制苏联和反共的区别。这一点在后来成了民意反制政府对华政策的一大重要因素。美国人感到自己作为自由世界的灯塔，有责任拯救那些正在或者将要遭受共产主义威胁的人。可是

① Yu-ming Shaw, *An American Missionary in China John Leighton Stuart and Chinese-American Relations* (Cambridge: Harvard University Press, 1992), p. 217.

中国的情况有些特殊。这时期白宫的外交决策者们对中国的国民党和共产党有过理性的分析，认识到国民党不是真正意义上民主政治的堡垒，它的执政存在很多有悖民主原则的缺陷。认为共产党并非完全是意识形态意义上的政党，而是力促社会改革的、得到相当广泛民众支持的政治势力。但是在 1941 年太平洋战争爆发后为了争取美国民众对中国对日作战的支持，媒体把蒋介石塑造成了自由中国的代表，宋美龄为争取美国对中国抗日战争的支持，亲自到美国国会发表演说，给国会议员和美国公众留下了深刻印象，也为国民政府的形象加分不少。这种定格的印象在 1947～1949 年是否援助国民政府的争论中起了重要作用，也让支持蒋介石的国会议员在攻击政府时占据了一个制高点。

上述认识奠定了 1947～1949 年国会与政府之间角力的基础。不过世界范围内美苏冷战的大背景决定了国会握有天然的制动权。政府要推行遏制苏联的其他计划时必须获得国会的支持，而国会就可以借中国问题施压，互相妥协的结果是政府只能原则上坚持自己的立场，在具体细节上做一些让步。1947 年春，马歇尔使命的失败和国共冲突全面爆发惊动了很多美国国会议员，特别是那些亲蒋的、以密苏里州参议员范登堡（Arthur H. Vandenberg）为首的共和党人。他们举出美国在希腊、土耳其积极干预以遏制共产主义和苏联影响蔓延为例，指责美国政府对中国放任不管，既然美国要在欧洲实施费用高昂的马歇尔计划以阻止共产主义和苏联影响蔓延，就没有理由不把正在致力于国共战争的蒋介石列入援助计划。而且他们认为政府对中国的政策缺少前后一致性，是不明智的。国会越来越频繁地强烈抨击政府的对华政策，使政府处于防守之势。共产党在 1947 年占据军事上的有利地位后，国民党军队士气低落，面临越来越不利的军事形势，国会的抨击声浪也越来越高涨。5 月底马歇尔非常不情愿地解除了对华武器禁运。[①]

但是马歇尔仍然认为美国政府的主要任务是努力避免卷入中国事务，避免对国民政府承担责任。各种信息来源证实国民政府走向覆亡只是时间问题。相比欧洲事务的轻重缓急，国务院仍然主张不对国民政府提供大规模援助。5 月美国国务院拒绝了国民政府要求美国从进出口银行（Export-Import Bank）提供 5 亿美元贷款的申请，驻美大使顾维钧（Wellington Koo）在 1947 年 5 月 8 日递交申请时，马歇尔倾泻了他对国民政府的失望和愤怒，他抨击在最近的国民政府改革中，陈立夫被任命为国民党中央政治委员会的秘书长，并向顾维钧表示，“这样的国民政府不具备获得美国援助的条件”。[②] 7 月面对来自国会不断升级的压力，马歇尔和国务院采取了一些妥协措施：第一项是政府 7 月 11 日宣布派魏德迈使团前往中国，官方在备忘录中表示派遣使团的目的在于，“评估中国的政治、经济、精神面貌和军事情况”[③]，并在此基础上考虑给予援助。但是派遣这一使团的真正目的在于应付国会，以缓解对政府的压力，而非准备给予重大援助的前奏。在这项使命宣布五天后，马歇尔在给司徒雷登的信中写道，“我向你保证魏德迈使团是一权宜之计”。[④] 这也是魏德迈使团离开后国民政府一度出现了暂时乐观情绪的原因，国民政府认为魏德迈使团回国后会带来大量援助，但很快他们发现期望的援助没有到来。第二个妥协是将对国

① 1946 年 7 月 29 日，美国政府在国务卿马歇尔的建议下对华实施军火禁运。

② Yu-ming Shaw, *An American Missionary in China John Leighton Stuart and Chinese-American Relations* (Cambridge: Harvard University Press, 1992), p. 204.

③ Annex 134 “Statement by Lieutenant General Albert C. Wedemeyer on the Conclusion of His Mission in China”, August 24, 1947, in *United States Relations with China, with Special Reference to the Period 1944 - 1949*, p. 763.

④ Yu-ming Shaw, *An American Missionary in China John Leighton Stuart and Chinese-American Relations* (Cambridge: Harvard University Press, 1992), p. 206.

民政府持负面态度的官员调离与中国事务有关的职位。9 月 15 日国务院将远东司司长范宣德（John Carter Vincent）调到瑞典担任大使。即便如此，马歇尔依然没有改变初衷，他选择巴特沃斯（Walton Butterworth）接替范宣德的位置，而巴特沃斯和马歇尔、范宣德一样，都对援助中国不感兴趣。11 月 10 日，马歇尔的欧洲复兴计划需要国会的支持，他在援助中国上作了妥协，对参议院外交关系委员会宣布将建议对中国提供 3 亿美元的经济援助。对于美军军事顾问团的作用，11 月 28 日马歇尔在给司徒雷登的回复中明确表示，他反对美军军事顾问团涉入中国军事战略计划和行动，因为“接受这一责任的后果将会是极其深远的”。①

因此，司徒雷登以抵制苏联为目的作为争取美国适当对华援助的理由并未打动国务卿马歇尔，倒是杜鲁门政府为了获得国会对欧洲复兴计划的支持，在对华援助上作了妥协，在他们看来，欧洲事务远比中国事务重要得多，况且放行的对华援助数目相比欧洲复兴计划只是小数目。与其说司徒雷登的改革帮助国民政府获得美援，倒不如说国民政府在美国国会内外的支持者帮了大忙。

综上所述，从马歇尔到司徒雷登，都主张对国民政府实行有条件支持的立场，是希望美国的对华援助建立在国民政府改善国民福祉之表现的基础上，而非旨在助蒋打内战。而抗战结束后美国提供的对华援助被广泛认为是扶蒋反共的重要证据之一，司徒雷登敦促的国民政府改革对于争取到这些援助贡献不大，倒是美国宪政角力导致政府作出原则性妥协促成了对华援助通过。

---

① Yu-ming Shaw, *An American Missionary in China John Leighton Stuart and Chinese-American Relations* (Cambridge: Harvard University Press, 1992), p. 209.

第八章
1949～1950年美国对华政策面临重大抉择

1949年，美国决策者在对华政策上面临一次重大抉择，如何对待行将没落的抗日盟友蒋介石政权，如何处理与中共新政权之间的关系，这直接关系到两国关系向何处去的问题。在处理这些棘手问题时，美国决策者既要面对渗透到美国各个行政、立法机构的挺蒋人士的反对，又要避免在国际上留下背弃盟友的不良印象。为了同时达到上述多重目的，美国决策者再次陷入决策困境。和罗斯福总统一样，杜鲁门总统和他的国务卿艾奇逊也想构建一项可以一举多得的政策，但是也正因为如此，他们犹豫不决，在一些相互冲突的目的之间寻求妥协方案。但是他们忽略了非常重要的一点：国共之间是非此即彼的矛盾，抗日民族统一战线、联合政府的破产早已证明没有任何妥协性方案能够为国共双方所接受。因此，杜鲁门和艾奇逊在国共内战胜负已见分晓的时候，试图在对华政策上寻求平衡方案，应对中国国内的政治剧变，中共显然是不可能接受的。

第一节 等待“尘埃落定”（1949年1月至1950年6月）

1949 年 1 月，迪安·艾奇逊接替马歇尔担任国务卿，对 1949～1950 年的对华政策起到关键性的主导作用。到朝鲜战争爆发，美国对华政策的基本特点，艾奇逊将其描述为“尘埃落定”，这不仅应用于与中国国民政府的外交关系，也适用于与中共新政权之间的关系。艾奇逊极力主张的等待“尘埃落定”，并非亲蒋议员所指责的“无为政策”，在这段时间里，艾奇逊做了诸多努力，希望尽最大努力与蒋介石这艘沉船撇清关系，并寻找最佳时机与中共新政权建立以经济联系为主导的外交关系。

1949 年 2 月，艾奇逊向国安会（National Security Council）提交一份中国形势报告：

> 正如我们所预料的，共产党军队将击溃国军，我们有足够的理由承认下列现实：a. 毫无疑问权力已经向共产党转移；b. 尽管国民政府残部或许能在接下来的几个月或者数年里在华南、台湾继续他们的统治，但是它充其量是个地方政府，要求获得国际社会的承认是缺乏国际法基础的；c. 最终绝大部分或者所有中国人都会接受中共的统治。[①]

艾奇逊提请国安会注意，民族主义在共产党治下的中国依然强烈，任何给予国民政府的军事援助都只会让形势变得更糟，“只会让

---

① James Chace, *Acheson: The Secretary of State Who Created the American World* (New York: Simon & Schuster, 1998), p. 217.

中国人更加坚定地支持中共，而且确信只有和苏联站在一起才符合中国人的根本利益”。为此，艾奇逊力主美国应该从两个方向努力：一是淡化与蒋介石政权的关系，否决国会已经通过的对蒋援助，海军陆战队撤离青岛，都是根据这种思路采取的具体行动；二是寻找机会与中共建立联系，为日后做准备。

一 淡化处理与蒋介石政权的关系

1948 年 9 月，国务院提交 PPS39 号政策报告，重新审查对华政策，提出三条政策建议：第一，继续承认中华民国政府；第二，考虑到国民政府有垮台的可能，美国应该考虑承认中共的问题；第三，在没有军事干涉的情况下，尽一切可能避免中国成为苏联的卫星国。[①]这份报告还提出，在执行上述政策的过程中，美国应该牢记以下原则：在中国起作用的是巨大的和根深蒂固的本国的力量，这是美国所无法控制的。因此，美国必须承认下列事实：美国在影响中国事态的发展上，具有很大的局限性。如果美国采取或者其他国家使美国采取与中国的基本力量相对抗的行动，这些局限性就会成倍地扩大，美国会自取失败；相反，如果美国采取顺应中国基本力量的行动，美国的影响就会得以扩大。显然，这份政策报告极力想避免美国对华政策走入“死”胡同，尽可能减少损失。此后到 1949 年 1 月，国共双方进入战略决战阶段，中共取得辽沈战役、淮海战役和平津战役的胜利，国民政府的主要军事力量将被歼灭。

针对国共内战的最新进展情况，1949 年 1 月 11 日，国安会提交 NSC34/1 号文件，重新评估美国对华政策，这份政策文件经由国安会

---

① Steven L. Rearden, *History of the Office of the Secretary of Defense: Volume 1, the Formative Years, 1947 - 1950* (Washington: Historical Office of the Secretary of Defense, 1984), p. 226.

起草，得到国务院、陆军部、海军部和空军、国土资源局、中情局等机构的建议和协助，最终提交给总统批准，因此，这份文件代表了美国决策层的意见。这份报告认为，在可预见的将来，中国任何一个或者几个政治集团都不太可能将中国建设成为对美国友好的、统一的、稳定的、独立的国家。因此，美国最为迫切的目标是防止中国成为苏联的附庸，为实现这一目标，美国应当制订合适的计划，并及时做好准备，以便随时抓住中国可能出现对美国有利的机会，与此同时，需要保持政策上的灵活性，避免对任何一条行动路线和任何组织做出不可撤销的承诺。[①] 这份文件尽管没有明确说明，但还是流露出现实主义的政策方向，保持政策的灵活性，避免对任何政党做出承诺。

1949 年 2 月 28 日，国务院提交 NSC34/2 号文件，这份报告对中国当时的局势以及美国的应对都做了分析，报告认为，国民政府已经土崩瓦解，中共执政成为必然，尽管接下来的几个月甚至几年里国民政府残部在华南或者台湾维持统治，充其量可以算是一个地方政权，要求得到国际承认，是不符合法理基础的。中共将会面临治理国家方面的难题，他们从山区到大城市，第一次面对治理城市和国家的问题，在相当长的时间里，这类问题将会日益增多而不会减少。中国一直没有建立强有力的中央政府的传统，一直受困于地方势力的离心倾向，要想有秩序地治理广袤的土地，对毛泽东来说是一项严峻的任务。和捷克斯洛伐克共产党不同的是，中共未能接手一个现存的中央集权式的国家机构，他们需要平地盖楼。一旦重建的责任落到中共肩上……共产主义理论与中国现实之间出现的第一个矛盾将会在经济领域，中

① NSC34/1 "United States Policy toward China", January 11, 1949, in *Foreign Relations of the United States, 1949, the Far East China*, Volume Ⅸ (Washington D. C.: U. S. Government Printing Office, 1949), p. 475.

共要发展经济，他们需要与西方发展贸易。中共与苏联之间的矛盾尚未出现，美国干预中国内政的痕迹依然成为中共将自身利益与苏联联系起来的合理理由，虽然说苏联在东北表现得非常贪婪，在新疆享有治外法权，指示苏联驻华大使馆南迁广州。在共产党治理下的中国，民族主义的强大力量依然有可能改变现状。就目前而言，克里姆林宫似乎在实施谨慎的保守主义政策，它与国民政府签订友好协定，顺利解决它在新疆享有特权的问题，这对中共高涨的民族主义抱负也构成有效的制约。苏联大使南迁是苏联对国民政府态度进行精心伪装而采取的行动，同时也警告毛泽东，克里姆林宫脚踩两条船，可以同时与各方打交道。我们目前的处境并不让人感到满意，北方正在兴起的中共对我们怀有深深的疑虑和仇视，在将来很长时间里，可能会继续如此。而我们援助国民政府的政策，现在看来毫无疑问，投入到中国大陆的任何进一步的军事援助项目都不会有成效，只会最终加强中共的力量，最为重要的是，使中国更为坚定地支持共产党，并加深这样一种印象：中国的利益是和苏联联系在一起的。而支持其他力量的可能性也很小，到目前为止，能够有效反共的力量还不甚明显，还需假以时日才会出现和发展起来。不久以后，我们就会发现，苏联和我们扮演着完全不同的角色，苏联极力要左右中国的方向，这并不容易，我们需要有足够的耐心来见证。而我们则要推动中国成为一个真正意义上的独立国家，与国际社会保持融洽的关系。这是一个长期的命题，而且没有捷径，因此，我们没有理想的选项，只有让我们本能地不耐烦地适应这一事实。苏联等了 25 年才在中国实现它所倡导的革命，我们或许也要坚持同样长甚至更长的时间。根据上述分析，该报告提出的政策建议是：避免对中国的任何非共产主义组织提供政治和军事上的支持，除非该组织不管有没有美国援助，他们都愿意积极反共，除非有明显迹象证明支持某一组织将会颠覆中共或者至少成功抵抗中共。因此，与中国各政治力量保持尽可能有效而又积极的联系。我们应该继续承认中华民国政府，直到局势最终明朗化。在不远的将来，我们应该重申我们一以贯之的美国对华政策：培植与中国人的友谊；尊重中国的领土完整和政权的独立，倡导门户开放政策。避免给人产生干预的印象，我们应该抱有高度警惕心理，利用我们的政治和经济手段，随时抓住中共和苏联之间、斯大林主义与中共内外的其他政治力量之间的裂痕。[①]

这份政策报告提出的政策建议部分，几乎完整地被美国决策层采纳并付诸实施，因此，我们从这份政策报告可以看到 1949 年前后美国对华政策的总体脉络。第一，苏联的不干涉政策此时依然制约着美国在国共内战中采取更为积极的态度，这一点是蒋介石的支持者一直诟病的，认为美国在国共内战的关键时期抛弃蒋介石，任由形势恶化。第二，希望利用中共在经济领域的弱势，预留与中共建立关系的空间。

1949 年 2 月初，国安会讨论是否继续执行《1948 年援华法案》，艾奇逊出席，他建议美国应该立即停止对中国国民政府的所有援助，包括根据该法案的剩余物资，调配到更具有紧迫性的地区。杜鲁门总统主张奉行财政紧缩主张，停止援华，无疑也符合他的心意。但是杜鲁门还是心存顾虑，因为他不但没有办法面对国会内外“中国帮”的攻击，也没法面对公众的质疑。长久以来美国人已经形成一种观念，蒋介石和他治下的中国是美国的朋友，也是坚定的盟友，当朋友落难时，马上抛弃他，从情感上来说是不能容忍的。而“中国帮”们一直在敲打杜鲁门：他的政府应该为丢失中国承担责任。范登堡提醒杜鲁门，如果美国此时突然停止援助蒋介石，“我们将永远难以摆脱这样

① NSC34/2 “U. S. Policy toward China”, in *Foreign Relations of the United States, 1949: the Far East: China*, Volume Ⅸ, p. 492.

一条指控，即是我们给可怜的中国施以最后致命的一击”。两相权衡，杜鲁门做出一项折中决定：暂时不停止对蒋介石的军援，但要尽可能拖延启运，这一决定给了艾奇逊很大的政策执行空间。2 月 2 日，国防部长福塔斯给国安会起草一份备忘录，题名为《当前美国关于运送援华物资的政策立场》，备忘录提出，“尽管根据《1948 年援华法案》美国继续对中国提供军事援助，最近驻华军事顾问团团长提出的建议，我认为应该引起国安会的足够重视，并考虑采取适当措施。1 月 26 日，驻华军事顾问团团长建议，鉴于国民政府政治军事形势的持续恶化，美国对华援助运送应当全部停止，等形势明朗化再做决定，美国驻上海总领事也提出同样的建议”。[①] 此时，1.25 亿美元已有 50% 运达中国，有 15% 已经在运输途中。1949 年 2 月 2 日，国安会通过 NSC22/3 号文件，决定实施拖延启运政策。[②]

2 月 7 日，51 名国会议员联名致信杜鲁门，要求杜鲁门政府给在大陆的国民党残部以援助。2 月 24 日，按照杜鲁门的指示，艾奇逊面见写联名信议员中的 30 人，向他们阐述政府的对华政策立场。在这次会谈中，艾奇逊恳请这些议员直面中国的政治现实，蒋介石败局已定，美国应该以足够的耐心逐步适应中国新的政治形势。在这次会谈中，他提出著名的“尘埃落定”说法来概括美国政府应该采取的对华政策立场，他说，“当树林中一棵大树倒下时，在尘埃落定之前，任何人不可能知道破坏的程度”。[③] 为了唤起民众的反对情绪，一名议员将艾

① “Memorandum by the Secretary of Defense (Forrestal) to the Executive Secretary of the National Security Council (Sovers)”, February 2, 1949, in *Foreign Relations of the United States, 1949, the Far East: China*, Volume Ⅸ, p. 480.

② NSC22/3 “The Current Position of the United States Respecting Aid to China”, in *Foreign Relations of the United States, 1949, the Far East: China*, Volume Ⅸ, p. 479.

③ James Chace, *Acheson: The Secretary of State Who Created the American World* (New York: Simon & Schuster, 1998), p. 217.

奇逊的描述透露给新闻界，第二天全美的报纸都以“静待尘埃落定”来揶揄政府的对华政策。无论如何，这一描述确实概括了艾奇逊当时的对华政策思路。在他看来，继续援助蒋介石，是在浪费有限的资源。美国应该以最快的速度和国民政府摆脱关系。

2月25日，内华达州的民主党参议员麦卡兰（Pat MacCarran）提交一份法案，建议对国民政府提供15亿美元的援助，并建议直接授权美国军人率领国民党军队投入战斗，参议院外交关系委员会传唤艾奇逊，就麦卡兰提交的法案做答复。3月18日，艾奇逊亲临国会，他一改此前谴责国民政府无能的论调，着力论证苏联迟早有一天会对中国的战略价值深感失望。他说，“我对中国作为苏联共产主义跳板的战略价值深表怀疑”，“莫斯科早晚有一天会发现：他们在中国支持建立一个共产主义政权会陷入战略困境”。这种估计根源于长期以来在他心目中形成的一种根深蒂固的观念，即中国是一个农业社会，历朝历代一直被政治和经济上的动荡所困，苏联迟早会发现中国对他们来说是一个包袱而不是一项资产。

1949年春夏，中共战场上的胜利局面让华盛顿的挺蒋阵营更加焦虑，他们更为严厉地批评杜鲁门政府的对华政策，简直是一项“自杀性的战略”，5月，来自印第安纳州的共和党众议员金纳（William Jenner）直斥杜鲁门政府：“中共在中国的胜利本来是不可能发生的，它完全是华盛顿高层一手策划的结果。”批评者把艾奇逊设为抨击的靶子，甚至质疑他的能力和忠诚。6月，21名参议员，包括6名民主党参议员联名致信杜鲁门，要求杜鲁门明确表态美国政府不会承认共产党中国，而承认新中国的政策正是艾奇逊打算等尘埃落定后要做的。

艾奇逊决定采取行动说服这些反对者，但是他选择的方式被广泛认为是自杀性的行为，他指示国务院将过去五年来的美中关系文件整理结集，这就是《美中关系白皮书》（下称《白皮书》），事实证明他的希望落空了，出版《白皮书》，不但没有说服反对者，还为他们提供了更多可资批判的靶子。艾奇逊附在篇首的一份说明函，更是成为众矢之的。在这篇说明函里，艾奇逊痛斥国民政府的惨败是由于他们自身无能并缺乏斗志造成的，中共的胜利是中国社会内部力量作用的结果。美国无能为力，通篇处处可见想让美国摆脱国民政府失败责任的心迹。如果艾奇逊认为对蒋介石大加挞伐可以让挺蒋阵营闭嘴的话，那么他大错特错了，很快，《白皮书》的出版不啻为那些朝着他扔火把的人提供了更多的干柴。国会内外的"中国帮"们称《白皮书》为"给踌躇满志却无所事事的对华政策洗白的长达1054页的白皮书，只会成功地将亚洲置于被苏联征服的危险当中"；赫尔利的白皮书被称为"那些成功推翻我们的盟友中华民国的统治，并帮助中共掌权的国务院里的亲共分子的华丽的托词"。他们甚至对艾奇逊从长相到受教育背景进行人身攻击。

1950年1月12日，为了对抗挺蒋声浪的攻击，艾奇逊决定向美国公众阐述为什么美国在这个时候要把中共和世界上其他地区的共产党区别开来，在接受全国记者俱乐部（National Press Club）采访时，艾奇逊强调两点：第一，近代以来中国人民族主义情绪强烈，他们与贫穷、苦难和帝国主义做抗争，而在东亚地区，中国人和俄国人都各有抱负，在历史上他们一直敌视对方，要维护美国在该地区的利益，最好不去惹怒中共，要尽量将中国人的民族主义情绪引向反对苏联帝国主义。如果美国此时介入台湾问题，那么"中国人会对美国人义愤填膺，从而损害亚洲的和平稳定，而维持该地区的和平稳定正是美国在该地区孜孜以求的战略目标"。第二，目前亚洲的军事局势并没有对美国的安全利益构成威胁，与美国利益密切相关的"环形防御带"，包括从阿留申群岛到日本，从琉球群岛到菲律宾，美国并不能独自确保其他亚太地区的军事安全。[①]

“环形防御带”的提出，使各界准确捕捉到杜鲁门政府亚洲政策的核心：美国在亚洲的利益是有限度的，中国台湾和中国大陆都没有被覆盖其中。后来的外交政策评论认为艾奇逊的这次发言是欠考虑的，因为他没有将韩国列入防御带范围，这给苏联和朝鲜传递了一个错误的信号。从而给自己制造一个更大的决策麻烦——朝鲜战争。而且这篇演说并没有减缓反对的声浪，参议员布里奇提议对艾奇逊发起任内弹劾，参议员诺兰要求艾奇逊马上辞职。1月25日，艾奇逊为批判者提供一个新的证据，在一次新闻发布会上，他为希斯案的主角阿尔奇·希斯（Alger Hiss）辩护，希斯是《美亚》杂志的主编，刊登过许多与共产主义相关的文章，被指控为苏联间谍。鉴于艾奇逊国务卿的地位，国务院的很多同僚劝他灵活回避评价这一政治案件，避免扯上联系。巧合的是希斯与艾奇逊是哈佛大学校友，希斯在艾奇逊的好友菲利克斯·法兰克福特（Felix Frankfurter）[②] 门下读书，这种缘分让艾奇逊不肯相信希斯是间谍，因此在一次公开的场合，他表示，不想背叛自己的朋友。麦卡锡巧妙地偷换概念将艾奇逊的这句话改为“我不想背叛任何一位国务院里的共产主义分子”。[③] 他揶揄艾奇逊为“红色迪安”。尽管有这些人身攻击，但杜鲁门的支持可谓强心剂，3月29日，杜鲁门称赞“艾奇逊将以美国历史上的最伟大的国务卿之一而被载入史册”。

---

① Norman A. Graebner et al., *America and the Cold War: 1941 - 1991: A Realist Interpretation*, Volume 1 (Santa Barbara, CA: Praeger, 2010), p. 180.

② 菲利克斯·法兰克福特（1882～1965），1939～1962年担任美国最高法院大法官，被誉为20世纪最具影响力的法学家之一，他在哈佛大学法学院任教期间，崇尚案例教学法，开启了现实主义法学，对美国法学教育的影响深远。

③ Robert J. McMahon, *Dean Acheson and the Creation of an American World Order* (Washington D.C.: Potomac Books, Inc., 2009), p. 114.

新中国成立前后，每次中共对在华美国人和财产采取行动，激起美国国内情绪的强烈反应时，杜鲁门都会感情用事，按捺不住，就想采纳军方及亲蒋议员的强硬政策，给中共点颜色看看。艾奇逊都力挽狂澜，尽一切努力稳住他们。他一直呼吁要冷静，要有耐心。

早在1948年9月8日，美国国务院就制定一份题名为《重审并制定美国对华政策》的文件，文件阐明美国摆脱国民党的必要性及和中共打交道的必然性和可行性。1949年2月4日，北平和平解放的第三天，杜鲁门总统正式批准文件。1949年秋，艾奇逊认为对华政策的思路应该是避免干预台湾，静待国共内战的尘埃落定，寻找机会与毛泽东领导下的中共政权建立某种形式上的联系，尽可能利用一切有利的时机离间毛泽东与苏联的关系，然而新的事件的发生及国内国际局势使得这一政策选项不可能实现。

1949年，毛泽东前往莫斯科，1950年2月14日，宣布签订《中苏友好同盟条约》，第二天的新闻发布会上，艾奇逊表示，中国对苏联的幻想很快就会破灭，他们很快就会发现这个新伙伴给予中国的援助少得可怜。艾奇逊的政策立场并不是出于同情中共，而是基于他对美国对华政策的现实性理解。他是一个坚定的反共人士，1950年3月29日，在出席参议院外交关系委员会的听证会上，他坦言，自己当初认为毛泽东会乘胜追击，打下台湾，他补充道，“他们（指中共）不这样做是很愚蠢的”。“即便毛泽东是一个具有独立性的魔鬼，也比他是莫斯科的傀儡要强得多”。

此时，美国对华政策的目标已经悄悄地发生改变，太平洋战争初期指望中国成为大国，充当美国战后在远东堡垒的战略目标已经灰飞烟灭。早在1945年，抗战以来多年的中美同盟内部的纠葛，使美国决策者对中国是否能够承担起维护美国东亚利益的中流砥柱这一关键角色深表怀疑。如果中国不能够胜任这一角色的话，那么一个复兴的日本可以完成这一使命。这种论调，在美国军界不乏知音。1945 年，海军部长弗雷斯特（James Forrestal）问国防部长史汀生，我们针对苏联影响远东的政策是什么？我们是不是希望有一个对抗这种影响的抗衡者？这个抗衡者是中国还是日本？1945 年，在波茨坦会议上，杜鲁门坚持反对任何形式的大国分区占领日本的处置办法，力主应该由美国单独占领日本，可谓为日后做准备。1947 年 5 月，参谋长联席会议已经把中国放在应给予援助国家顺序表中非常靠后的位置。1947 年下半年，美国决策者越来越意识到，将日本重建为美国在亚洲的战略基地，比对中国实施政治干预，成本要低得多，而且获得成功的把握也更大。抗战胜利后，尽管美国坚持其对华政策的目标没有改变，但是中国在其远东战略的天平上的分量已经大幅度降低。到 1949 年，艾奇逊最大的对华政策目标是避免中国成为苏联的附庸，他期望毛泽东能够成为中国的铁托。为此，在中国政治局势明朗之前，他继续通过大使馆、领事馆与国民政府保持密切联系，但是不再考虑对华军事援助。只是与中共的联系没有进展，因为中共不承认外国驻华外交人员的地位，而且与中共高层取得联系非常困难。驻北平使领馆官员与中共地方政府建立联系也遇到重重困难。[①] 与此同时，美国国务院建议传教士和商人尽量留在原地，尽可能扩大自己的事业，国共两党统治区域里的情报系统继续运转，借助这些传播媒介，尽其所能揭露苏联在华的帝国主义性质，他们在东北、新疆和内蒙古给中国造成的威胁，继续尽可能发掘并利用苏联与中共之间的矛盾。

---

① FRUS125. 6336/2 - 2349 "Telegram: The Minister-Counselor of Embassy in China (Clark) to the Secretary of State", February 23, 1949, in *Foreign Relations of the United States*, *1949*, *the Far East*: *China*, Volume Ⅷ, p. 939.

1949年5月4日，为帮助沈阳使领馆的工作人员改善当时的境况，驻华外事官员曾试图与中共高层取得联系。北平使领馆总领事克拉布给北京市长叶剑英送去一封公函，同时呈送人民解放军总部[①]，5月8日，送给叶剑英的信函被原封不动地退回。[②] 5月17日，国务卿致函司徒雷登，让司徒雷登通过南京市外事处处长黄华向中共高层转达美国对沈阳使领馆问题的关注，并提请中共关注此前北平使领馆送呈的公函，并向其说明如果中共不能采取措施改善沈阳使领馆的境况，美国别无选择，只能将其关闭。其中提到，之所以将上述事宜提请他注意，是因为“北平使领馆无法确定此前送呈的公函是否被送达中共高层手中”。[③] 5月24日，司徒雷登向黄华转述此意时，黄华表示，此事超出他的职权范围，不过他表示如有可能，愿意尽个人的努力。[④] 5月31日，司徒雷登派傅泾波面见黄华，想通过黄华向周恩来转交一份公函，黄华表示应通过克拉布这条正常途径转交[⑤]，然而此前已经试过这条路径，没有取得任何进展。6月8日，克拉布历经周折终于与外事处取得联系。

---

① FRUS125. 0090/5 – 449 “Telegram: The Consul General at Peiping (Clubb) to the Secretary of State”, May 4, 1949, in *Foreign Relations of the United States*, *1949*, *the Far East*: *China*, Volume Ⅷ, p. 955.

② FRUS893. 101/5 – 949 “Telegram: The Consul General at Peiping (Clubb) to the Secretary of State”, May 9, 1949, in *Foreign Relations of the United States*, *1949*, *the Far East*: *China*, Volume Ⅷ, p. 956.

③ FRUS125. 633/5 – 1749 “Telegram: The Secretary of State to the Ambassador in China (Stuart)”, May 17, 1949, in *Foreign Relations of the United States*, *1949*, *the Far East*: *China*, Volume Ⅷ, p. 957.

④ FRUS125. 633/5 – 2549 “Telegram: The Ambassador in China (Stuart) to the Secretary of State”, May 25, 1949, in *Foreign Relations of the United States*, *1949*, *the Far East*: *China*, Volume Ⅷ, p. 958.

⑤ FRUS125. 633/5 – 3149 “Telegram: The Consul General at Peiping (Clubb) to the Secretary of State”, June 1, 1949, in *Foreign Relations of the United States*, *1949*, *the Far East*: *China*, Volume Ⅷ, p. 959.

二 海军陆战队撤离青岛

海军陆战队撤离青岛，集中反映了1949年新中国成立前美国在对华政策上静待尘埃落定的态度。美国不希望对国民政府承担责任和义务，也不希望美国在华兵力被解读为卷入中国内战。

美国海军驻扎青岛，一直被认为是美国海军部与国民政府之间签订有秘密协定，美国军界也有这种怀疑。1947年12月26日，国务院远东司司长巴特沃思（Walton Butterworth）致函海军作战部副部长福雷斯特·谢尔曼（Forrest Sherman），要求后者就以下几个问题做出澄清：一是美国海军舰艇根据何种正式或者非正式的协议驻扎青岛和上海；二是美国海军根据何种协议驻扎青岛、上海；三是美国海军根据何种协议使用青岛、上海的码头以及其他港口设施，并提供美军使用的码头和设施所占港口设施总数的比例。[①] 1948年1月8日，海军作战部斯泰尔少将（C. W. Styer）对上述问题作出如下答复：1945年8月，参谋长联席会议指示海军部协助蒋委员长占领港口，9月16日，美国海军舰队进驻青岛和上海，9月30日，进驻塘沽。从1946年5月1日起，第七舰队司令库克上将（Charles M. Cooke）承担这一任务。1947年8月31日，完成占领上海港口的任务；1947年春，占领塘沽的任务完成。美国海军仍然协助青岛港务机构的工作。目前驻扎上海和青岛的舰队所执行的任务是对美军顾问团和1946年7月16日通过的援华法案相关活动提供支持。西太平洋舰队司令白吉尔（Oscar Badger）表示，他获得蒋委员长的个人同意，允许美国在华海军使用

① FRUS811. 3393/12 – 2647 "The Director of the Office of Far Eastern Affairs (Butterworth) to the Deputy Chief of Naval Operations (Sherman)", December 26, 1947, in *Foreign Relations of the United States, 1948, the Far East: China*, Volume Ⅷ (Washington D. C.: U. S. Government Printing Office, 1948), p. 307.

中国码头和水域。美国海军可以在中国水域自由航行。没有正式的书面文件规定美国海军驻扎中国，我们认为国民政府刻意避免签署此类形式的书面文件，只有一些附属协定说明美国海军驻扎中国获得国民政府高层机构的许可，而这些机构洞悉美国海军在华的部署情况。也不存在任何一揽子协议规定美国海军维持青岛港港口机构的运作。1945 年 10 月 11 日，美国海军先于中国海军登陆青岛，所占领财产交还给中国，其中部分按照外国财产管理法租赁使用，使用沧口飞机场获得中国空军的非正式信函许可。1947 年 12 月 12 日，与中国海军签署正式协定允许美国海军在 1948 年使用青岛的浮动机场（sea drome）。美国海军使用青岛港区域的码头以及仓库是根据与地方政府签署的非正式协议进行，没有书面合同。[①] 上述美国军政高层互换信息的公函说明，美国海军陆战队驻留青岛，其初衷并非是协助蒋介石政权打内战。

1948 年，国民政府在山东的统治岌岌可危，春天，共产党攻下潍县，国民党在山东只剩下青岛和济南两座孤城，在青岛，国民党军队显然无法抵挡锐意进取的共产党军队的攻势。1948 年 3 月 22 日，西太平洋舰队司令发电报询问是否需要派遣海军陆战队保护在华美国人。3 月 24 日，美国海军部做出的答复是“尽管这一建议可能具有很大的价值，但是海军部不同意从关岛或者美国西海岸调派舰艇前往西太平洋地区，驻扎在青岛的海军舰艇有能力保护美国的利益”。[②]

① FRUS811. 3399/1 – 848 “Rear Admiral C. W. Styer, of the Office of Chief of Naval Operations, to the Director of the Office of Far Eastern Affairs (Butterworth)”, in *Foreign Relations of the United States, 1948, the Far East: China*, Volume Ⅷ, pp. 308 – 309.

② FRUS811. 3393/3 – 2448 “Memorandum by the Chief of the Division of Chinese Affairs (Ringwalt) to the Director of the Office of Far Eastern Affairs (Butterworth)”, March 24, 1948, in *Foreign Relations of the United States, 1948, the Far East: China*, Volume Ⅷ, pp. 309 – 310.

随后，美国军方、国务院就海军陆战队在中共进攻青岛时所采取的应对方案展开了密集的讨论。白吉尔认为，目前青岛的国军无力抵挡一场类似于潍县那种强度的攻势，5 月 3 日，西太平洋舰队司令致电海军作战部部长登菲尔德（Louis Denfeld），提出，一旦青岛成为中共进攻的目标，驻扎青岛的美国海军可以按照以下四种方案采取行动：（a）援助国民党军队保卫城市及重要的城郊设施（飞机场及水上设施）；（b）在没有地方国军兵力协助的情况下，保卫对美国具有重要意义的设施；（c）迅速撤退全体工作人员，只有在必要的时候才可以动用美国兵力；（d）美国沿岸设施及非军事人员立刻撤离。武装部队继续留在附近舰上。白吉尔对上述四种行动方案的可行性作了分析，他强烈建议采取方案（a），但是没有国民政府的正式同意，可行性有待商榷；方案（b）无论从军事还是政治上来说都是不切实际的，因为新近中共在山东接连发起的攻势以及所做的宣传，当地反美情绪明显增长；方案（c）可行性很强，但是在共产党占领区不断扩大，国民政府急需援助之时，这样做有丢弃国民政府之嫌；方案（d）也是可行的，但是目前还没有到必须这样做的时候。就目前青岛的局势而言，鉴于在青岛驻扎海军对维持美国的地位以及保护美国在远东以及在华利益具有显著的重要性，白吉尔建议采取方案（a）。“加强空中和地面部队的力量”。[①] 海军部将这份政策报告批复给国务院。

5 月上旬，美国国务院远东司司长巴特沃思就该报告与国务院政策研究室主任坎南、参谋长联席会议主席艾尔弗雷德·格鲁瑟

① FRUS893.00/5 – 2448 “The Commander of United States Naval Forces in the Western Pacific (Badger) to the Chief of Naval Operations (Denfeld)”, May 3, 1948, in *Foreign Relations of the United States, 1948, the Far East: China*, Volume Ⅷ, p. 311.

(Alfred M. Gruether)、海军作战部副部长埃德蒙·伍尔德里奇(Edmund Wooldridge) 进行讨论，海军作战部副部长表示，他看到联络官送来的这份白吉尔的电报，他就马上给白吉尔下达口头命令，不要考虑方案（a），因为该方案必然会将美国军队卷入中国内战，远东司司长提出美国应考虑撤出，与其突然撤离不如逐步撤出，因为突然撤离会对国民政府造成很大的政治负面影响。国防部长福塔斯认为，美国目前的政策是建立在这样一种现实的基础上，即认为国军有能力保护口岸的外国人的生命财产安全，那么美国不介入中国内战，但是一旦中共军队的行动危及美国在青岛的设施，以及人员安全，那么就要采取行动，这种情况实际上等同于美国海军与国民政府协同行动。参谋长联席会议经过讨论后认为，一旦中共军队进攻青岛，而国民党军队无力守卫，为了保护美军在青岛的重要设施、其他财产与人员安全，美军应与国军共同行动。[①] 5 月 12 日，海军部给白吉尔发去一道指令，认为中共军队进攻青岛的可能性很小，指示他不要考虑这种紧急情况。远东司司长认为，如此重大的决定，单纯由海军部而不是由国务卿或者总统给西太平洋舰队司令下达指令可能会酿成严重的后果，一旦青岛出现危机，西太平洋舰队司令会按照他既定的方案付诸行动，将会完全颠覆美国的对华政策。因此，远东司司长提出两点建议：一是要提交国务卿和总统商议此事，由他们向白吉尔下达指令；二是海军驻扎青岛的问题需提交给国安会审议。

5 月 21 日，国防部长福塔斯将这一问题提交给国安会，5 月 28 日，国务卿致函福塔斯，表示他同意白吉尔关于方案（b）不具有可

① "Memorandum by the Secretary of Defense (Forrestal) to the National Security Council", May 21, 1948, in *Foreign Relations of the United States, 1948, the Far East: China*, Volume Ⅷ, p. 315.

行性的看法，但是根据中国军事传统以及民族性格，方案（a）会很快蜕变为方案（b），从而置美国于无法承担的政治和军事境地。我们意识到政策考虑的一个基本点是守卫青岛的任务应该由国民政府来承担。目前我们应该采取的政策是，白吉尔在驻华军事顾问团团长巴尔（David Barr）的陪同下，面见蒋介石，阐明青岛所面临的局势，并询问蒋介石的看法，如果蒋介石不想守住青岛，那么白吉尔的方案非常明朗，就要逐步撤出。如果蒋想守住青岛，那么他需要加强青岛的守卫力量。白吉尔应该要求蒋介石明白无误地指示青岛守军需单独承担起守卫的责任。返回青岛后，白吉尔应将这一点告知美国驻青岛海军司令。无论何时，如果白吉尔预言的紧急情况出现，即共军进攻青岛并攻击美军，白吉尔应该妥善有序地安排眷属撤离，并将驻扎海军人员从机场以及弹药库等地点撤出，他一定要极力避免参与国共之间的战争。如果国军无力完成守卫责任，那么所有美国人应该撤离青岛。白吉尔的任务是预先准备足够的舰艇以供撤离使用。他需要一如既往地保持高度警觉状态，保护美国人的生命安全，任何军事行动必须服务于这一目的。①

参谋长联席会议经过讨论后，6月14日，国防部长福塔斯签署一份新的命令，发给白吉尔。要求废止方案（a），如果形势需要，执行方案（c）②，10月23日，参谋长联席会议再次给白吉尔下达一道指令，"授权白吉尔视情况决定，如有必要，可以使用武力保护驻青岛美国人的生命安全，以及维持青岛的秩序；指示他做好迅速撤

① FRUS893.00/5－2848 "The Secretary of State to the Secretary of Defense (Forrestal)", May 28, 1948, in *Foreign Relations of the United States, 1948, the Far East: China*, Volume Ⅷ, pp. 316－317.

② "Message for the Commander, United States Naval Forces, Western Pacific (Badger)", June 14, 1948, in *Foreign Relations of the United States, 1948, the Far East: China*, Volume Ⅷ, p. 321.

离家属、美国人以及其他人员的准备，具体视情况而定；做好迅速撤离海军和舰艇的准备，具体听候参谋长联席会议的命令；保持信息通畅，让有关方面及时了解青岛事态的最新进展，并随时待命”。[①]

10 月 23 日的指令给白吉尔以广泛的授权和斟酌范围，白吉尔在具体执行命令时出现背离指令的情况，被司徒雷登和国务院及时阻止，根据大使司徒雷登发给国务卿的报告，10 月 23 日的新指令可能会让美国海军在青岛与中共军队发生直接对抗，这严重违背抗战结束以来美国一直极力要保持的不介入中国内战的政策目标。白吉尔将新指令理解为授予他很大程度上的自由裁量权，他派发弹药给当地军队，并对当地国民党军队表示他已做好与中共打一仗的准备。随后司徒雷登与国务院多次沟通，他们达成共识，即如果白吉尔确实采取行动，不但“将会危及在华美国人的安全问题”[②]，“特别是美国驻华军事顾问团的成员及其眷属”，因为驻华军事代表团公开协助国民政府进行军事培训等，在中共看来，这部分人等同参与内战；而且会严重损害蒋介石政权的合法性，因为“中国国民日益高涨的民族主义情绪，会把美军保卫上海、青岛等口岸的行动等同于汪精卫与日本之间的卖国行为”，会加剧中国民众对蒋介石政权的离心力，从而把民众推向中共一边。[③]

1948 年 10 月底，美国派遣国会代表团访华，这给了蒋介石一针强心剂，10 月 31 日，蒋介石给司徒雷登发去口信，表示自己最终必

① FRUS893. 00/10 – 2548 “The Director of the Office of Far Eastern Affairs (Butterworth) to the Minister-Counselor Embassy in China (Clark)”, October 25, 1948, in *Foreign Relations of the United States, 1948, the Far East: China*, Volume Ⅷ, p. 331.

② “The Ambassador in China (Stuart) to the Secretary of State”, November 1, 1948, in *Foreign Relations of the United States, 1948, the Far East: China*, Volume Ⅷ, p. 333.

③ FRUS811. 24593/12 – 248 “The Director of the Office of Far Eastern Affairs (Butterworth) to the Acting Secretary of State”, December 2, 1948, in *Foreign Relations of the United States, 1948, the Far East: China*, Volume Ⅷ, p. 336.

将取胜，考虑到战场上国民党军队作战形势的不断恶化以及国内民众普遍性的怨愤情绪，司徒雷登认为蒋介石的乐观是盲目的。他认为这次访问是不适当的，给蒋介石提供错误的政策信号，国民政府官员普遍将这次并不具有标志性意义的访问当作是美国重新开始关注中国的信号，国民党军队也加强对中共军队的进攻，司徒雷登认为，国民政府的行动意味着"南京将会以军事占领而不是协商的形式被中共军队拿下，这样一来驻南京的美国军事顾问团必须尽快撤离"。鉴于不断恶化的经济和政治形势，司徒雷登建议美国国务院正式发布警告，在华的美国人应该趁回国交通通畅之时尽快撤离，上海已经不是一条安全的退路，来华旅行需做谨慎选择。11月初，国安会就此问题提交一份政策报告，根据这份报告，参谋长联席会议拟订一项新的命令，5日，杜鲁门总统批准。之前下达的多项命令全部废止，新命令内容如下：

1. 美国海军仍然驻留青岛，但必须做好短时间内完成撤退的准备。2. 参谋长联席会议命令你做好短时间内完成撤离的准备，但并不意味着现在已经决定撤离，听命行事。3. 为避免国民政府得出美国准备撤退的结论，短期内加强青岛防务，驻关岛的舰艇将被调遣到青岛服役。4. 海军和舰艇有序撤离。5. 将剩余物资装船。6. 一旦遭到攻击，马上通知参谋长联席会议，后者会马上下达指令，没有参谋长联席会议的命令，你不能在国共之间进行调解。7. 一旦没有接到预先通知，就遭到中共攻击，或者当地出现哗变、骚乱，你有权使用手中的军事力量保护在青岛的美国人的生命以及财产安全。8. 向有关方面随时报告青岛形势的任何变动以及遵照这一命令你所采取的任何行动。[1]

12月，大使馆获悉，蒋介石已经下令将青岛的海军训练基地迁往南台湾，并在厦门创立海军学院，国安会就此推断出，“国民政府已无意守住青岛”，但是以台湾的战略地位，美国跟随国民党军队前往台湾建立基地的意义不大，因此，美国不打算让海军陆战队跟随国民党军队南迁，趁其撤出青岛，美国海军陆战队完成撤离，是个两全之策，既保存了美国的面子，也不会造成美国抛弃国民政府的印象。1949年5月，中共对青岛发起攻势，美国海军陆战队撤离青岛正式开始，在5月27日上海解放前夕，从青岛悉数撤完。

美国海军陆战队撤离青岛的政策制定过程，与艾奇逊的“尘埃落定”思路是一致的，美国国务院极力与国民政府摆脱联系，除了保护美国人生命财产外，避免海军陆战队直接参与国共内战，这和美国二战后奉行的不直接进行军事干涉的政策思路是一致的。

第二节　对华贸易管制逐步升级

1949年10月，新中国成立时，美国并没有马上停止与中国大陆的全部贸易往来，按照NSC34/2号政策报告的精神，美国与中共发展关系的突破点和契机应该出现在经济领域。国务卿艾奇逊也认为新中国在发展经济上必定会有求于美国，从这个角度考虑，保持原有的一般性贸易往来继续运行，符合美国的现实主义政策精神。

另外，从与英国争夺在华影响力的角度看，美国也不想马上停止

① FRUS893.00/11－948 “The Acting Secretary of State to the Ambassador in China (Stuart)”, November 9, 1948, in *Foreign Relations of the United States, 1948, the Far East: China*, Volume Ⅷ, p. 335.

所有贸易，新中国成立时，英国议会重新讨论对华政策，最终实行“将一只脚留在中国大门内”（keep a foot in the door）的政策，英国的在华贸易数额巨大，英国不想因为意识形态的原因放弃巨大的经济利益。而美国也不想让英国独占对华贸易，因此，除了关键领域外，从1949 年新中国成立到1950 年 12 月 3 日之前，美国对新中国的贸易管制政策明显区别于对苏联及其东欧卫星国的政策。

早在新中国成立之前，美国已经看到国民政府败局已定，中共执政是早晚的事，作为一项预备措施，美国希望将对苏联及其卫星国执行的贸易管制政策扩大到中国，而英国在亚洲有殖民地，香港一直是亚洲的出口贸易中转站，而日本与中国的贸易额度巨大，因此，美国希望能够在对华贸易政策上取得英国和驻日本的盟军总部的配合。但是英国认为这样做会严重损害英国的经济利益，在 4 月份做出的答复中，英国只同意禁运军火武器。驻日本的盟军总部认为，这项措施对日本对外贸易限制过于严格，也不同意执行对苏联及其盟国相同的政策。到新中国成立时，经过反复的磋商，美国和英国达成协议，如果法国、比利时、荷兰愿意配合，对中国、朝鲜、澳门对 1A 类物资执行许可证制度，对中国、朝鲜的石油出口数量维持在民用所需的范围内，不得签订长期合同，对 1B 类物资，不实行许可证制度。

1949 年 12 月，国安会提交 NSC48/2 号文件，对与大陆的贸易提出更为严格的政策，建议对 1A 和 1B 类物资执行更为严格的规定。根据这份文件，1950 年 1 月 13 日，陆军部长致函盟军驻日本最高统帅麦克阿瑟[①]，提出，作为一种安全的方式，美国应该阻止苏联及其欧

① FRUS493/94/1 - 1350 “The Department of Army to the Supreme Commander, Allied Powers in Japan (MacArthur)”, Washington, January 13, 1950, in *Foreign Relations of the United States 1950 Volume Ⅵ*, *East Asia and the Pacific*, pp. 619 - 620.

洲卫星国和朝鲜，通过中国从国外获取目前美国禁止苏联盟国获取的战略物资和设备，美国还应该尽一切努力阻止中共从苏联以外的渠道，获取1A类直接用于军事的物资和设备。允许向中国出口有一定数量限制的正常民用性质的1B类物资，一旦有国家利益需要，将其置于严密的监控之下，与中国之间的非战略性物资贸易，不设任何限制。对上述政策，美国应该取得欧洲主要盟友的支持和同意，禁止对中国大陆给予官方经济援助。1A类物资是指军火物资或者与之相关的可直接用于军事用途的物资，1B类物资指钢轨、采矿设备、发电设备以及交通设施和相关的设备等。

与此同时，也对日本与大陆之间的贸易进行限制，禁止日本向中国大陆和朝鲜出口1A类物资，除非得到华盛顿分管官员的建议，此事并且与英国、荷兰、法国和比利时协商过。日本向台湾出口1A类物资需要征询华盛顿官员的意见。允许日本在常规贸易的基础上对中国大陆和中国台湾地区出口1B类物资，一旦发现出口物资被用于军事用途或者通过中国特别是东北或者临近非共产党统治地区，转手把物资运给苏联及其东欧卫星国或朝鲜；要和英国、西欧国家一样实施严格的监督和控制，尽管目前还没有签订任何多边协议来控制对中国出口1B类物资，美国希望欧洲国家能够采取类似行动。这和对朝鲜、苏联及其东欧卫星国的政策略有不同。

1950年2月3日，国务卿通知商务部长查尔斯·索耶（Charles S. Sawyer），通知涉及出口的各机构采取一致行动，禁止或者限制对苏联及其东欧卫星国出口的物资，也同样适用于中国及其邻近地区。考虑到英国、荷兰、法国在远东拥有领地，应该争取得到它们的合作，但是石油产品作为例外处理。3月9日，国务院大陆事务科的官员约谈美孚石油公司（Standard Vacuum Oil Company）、加德士石油公司

(Caltex Co.)，商谈1950年向中国大陆出口的石油产品数量，数量见下表。

1950年美国国务院计划向中国出口的石油产品数量

石油产品种类	单位容量（加仑每桶）	数量（桶）
汽油	42	125000
煤油	42	250000
柴油	42	300000
润滑油	50	4200
润滑脂		0

资料来源：FRUS893.2553/3－950 "Memorandum of Conversation, by Mr. Stephen C. Brown of the Office of Chinese Affairs", March 9, 1950, in *Foreign Relations of the United States 1950 Volume Ⅵ*, *East Asia and the Pacific*, pp. 623－624。

上述石油产品的数量，是美国国务院对大陆民用所需的石油产品数量进行最低限度的估计，润滑油的数量很少，是因为考虑到石油公司在大陆及香港的存货大约有5000桶；润滑脂的数量为零，因为根据可靠情报，美国石油公司有17个月的产量留在大陆。[①] 国务院官员询问中国是否向美国在华石油公司提出任何暗示，希望通过购买或者其他方式接管公司的航空汽油的存量，石油公司代表回答说中国大陆还没有这种动作，而且还没有对这一问题表现出任何意向。这类产品在中国只有不到一个月的存量。

1950年3月，美国惊闻英国计划向中国出售87000吨钢轨，美国马上决定向中国出口15000吨钢轨，以消除英国单独行动对美国造成的负面影响。国防部长约翰逊（Louis Johnson）表达了反对意见，他

① FRUS893.2553/3－950 "Memorandum of Conversation, by Mr. Stephen C. Brown of the Office of Chinese Affairs", Washington, March 9, 1950, in *Foreign Relations of the United States 1950 Volume Ⅵ*, *East Asia and the Pacific*, p. 625.

认为，中共部队主力目前尚且集中在北部地区，中共在短时间内将把大批兵员运送到南方，还有些难度。然而情报显示中共部队已经驻扎于印度支那边境沿线，这对美国在东南亚的利益构成威胁，此时提供大量钢轨给中共，无异于解了中共的燃眉之急。国安会的 NSC64 号文件要求“国务院和国防部应该筹备一项旨在保护美国在越南安全利益的可行性计划，并将这项计划作为优先考虑”。此时运送钢轨或者其他任何交通设施给中共，无疑都将会损害美国在东南亚维护国家利益的行动。因此，约翰逊建议取消运送钢轨计划。[①]

4 月 28 日，国务卿艾奇逊致函国防部长约翰逊，表示如果考虑到美国在东南亚的国家利益，美国在对华政策上的确应该采取这样一种立场，即将中国视为苏联的卫星国，出口监督的范围应该和对苏联的政策保持一致，将美国对苏联及其东欧卫星国的出口原则适用于中国。但是从实际角度考虑，这一目标的实现在有些情况下必须进行调整，美国单方面拒绝中国获取上述物资，只会将中国推向英国或者其他国家。他说：

> 在我看来，对中国出口钢轨的问题，可以放在我们的贸易管制政策中进行考虑，至于钢轨的战略性质评级问题，美国政府对任何货物的战略性质评级，必须以该货物对苏联及其东欧卫星国和远东共产党控制地区的重要性为考虑标准，基于这样的考虑，我们重新审查关于将铁路耗材列入 1A 类的建议，我们认为铁路耗材不符合 1A 类的标准，仍然属于 1B 类，因为大量运往苏联阵

① FRUS493. 419/3 – 2450 “The Secretary of Defense (Johnson) to the Secretary of State”, March 24, 1950, in *Foreign Relations of the United States 1950 Volume Ⅵ*, *East Asia and the Pacific*, pp. 625 – 626.

营，仍然会对我们的安全构成威胁。国务院认真考虑了你提出的关于取消将15000吨钢轨经西德运往中国的计划，考虑到钢铁属于1B类，考虑到我们关于1B类货物的多边协定，我们认为，推翻先前的决定，对更好地维护美国的国家利益，并无裨益。对中国出口石油产品，也是基于同样的思路，我们已经与英国的壳牌石油公司（Shell）协商，壳牌是美国石油公司在中国最大的竞争对手，我们与之达成协议，禁止向远东共产党控制地区运送航空汽油以及高质量的润滑油，其他石油产品的评级都是1B，根据NSC48/2号文件，可以向中国运送一定数量的民用石油产品。我认为，石油产品从美国运送到苏联的可能性很小，而且你也知道，美国石油公司在华投资巨大，员工众多，在目前的情况下，这些工作人员处在中共当局的掌控之下。美国单方面拒绝会将中共推向英国，而且置美国石油公司在华员工和财产于危险境地。[①]

6月8日，国务卿致函商务部长，表示根据中国的情况，贸易监管政策应有所调整，对中国出口物资执行更为严格的标准，对中国出口1A和1B类物资遵循与对苏联及其卫星国相同的政策，1A类物资彻底禁止，而此前，认为可视国家利益为基础做例外考虑的1B类物资，除了两个例外的情形，其余全部按照对苏联及其卫星国的出口政策执行：第一个例外是考虑美国单方面禁运，只会将这桩贸易引向英国或者西欧的其他供应方，如果其他国家已经在向中国大批量供应某种1B类物资，美国应该在合乎民用需要的限度内放行对中国的出口。

① FRUS493. 419/3 - 2450 "The Secretary to the Secretary of Defense (Johnson)", April 28, 1950, in *Foreign Relations of the United States 1950 Volume Ⅵ*, *East Asia and the Pacific*, pp. 635 - 636.

如果我们获悉禁运不会出现上述两种情况，而且美国是该 1B 类物资的唯一供应方，那么执行和对苏联及其卫星国相同的政策。第二种例外是如果禁运某种 1B 类物资，会导致美国在华人员和财产处于危险境地，审批针对这类物资的许可证需要在民用需要的数量限度之内。①

7 月 16 日，英国驻美大使弗兰克（Oliver Franks）表示，鉴于在朝鲜的局势，英国政府打算以政府征用的方式作为最为便捷也最不容易惹怒中国大陆的手段，停止对中国大陆运输所有的石油产品。英国希望法国能够跟进，并且叮嘱美国为英国的对华石油新政策保密。②12 月 13 日，参谋长联席会议致函国防部长马歇尔，表示不同意国安会 NSC92 号文件的政策建议。根据 NSC92 号文件，美国此时不应该单方面实施全面贸易禁运令，也不宜单方面对中国采取财政冻结措施。参谋长联席会议表示，当中国正在与美国军队作战时，美国却要采取反常的措施，给予援助和安抚，国务院建议的这项政策不足以更好地维护美国的安全利益，也与美国当前的军事行动不符。因此，参谋长联席会议建议立刻执行全面贸易禁运和财政冻结，并争取其他自由世界国家采取同样的行动。③

12 月 3 日，国务院规定对中国出口的所有物资必须严格执行许可证制度。12 月 16 日，国务卿给各驻外机构发去公函，通知自 16 日午夜开始，美国冻结所有中国资产，并已经通知国际货币基金组织。禁

① FRUS493. 119/6 – 850 "The Secretary of State to the Secretary of Commerce (Sawyer)", Washington, June 8, 1950, in *Foreign Relations of the United States 1950 Volume Ⅵ*, *East Asia and the Pacific*, pp. 638 – 639.

② FRUS493. 119/7 – 1650 "Memorandum of Conversation, by the Secretary of State", Washington, July 16, 1950, in *Foreign Relations of the United States 1950 Volume Ⅵ*, *East Asia and the Pacific*, pp. 649 – 650.

③ "The Joint Chiefs of Staff to the Secretary of Defense (Marshal)", Washington, December 13, 1950, in *Foreign Relations of the United States 1950 Volume Ⅵ*, *East Asia and the Pacific*, pp. 680 – 681.

止所有美国注册的船只靠港中国码头。但是为了避免被国际社会解读为“导致美国与中国展开全面经济战，甚至引发美国与中国爆发全面战争的风险”，国务卿建议应该尽全力淡化处理这些措施，为此，准备了备用答案以备提问。第一，此举是为了有效地监管美国与中国的经济关系；第二，禁止船只靠岸，只是为了更为严格地执行现有的限制措施，而现有的限制措施，已经大大减少靠岸的船只数量；第三，美国无意将这些限制措施永久化，美国仍然希望中国能够放弃不利于其自身利益且与联合国在远东目标相悖的行动。① 12 月 19 日，助理国务卿腊斯克（Rusk），致函加州得克萨斯石油公司，强调一点，要确保装载石油产品运往香港、澳门的任何船只不得到达中国大陆。从境外其他渠道运往香港和澳门的石油产品，数量应该掌握在仅限于当地使用。②

回溯这段经过，我们看到，从 1949 年到 1950 年 12 月 3 日之前，美国对中国的贸易管制政策明显区别于对苏联及其东欧卫星国。一开始管制的范围仅限于 1A 类物资，即便是 1A 类物资，美国也预设了例外情况，符合例外情况的条件，仍可以放行。允许 1B 类物资在获得许可证之后进入大陆。但所有进入大陆的物资，都需要防止被转运到苏联及其东欧卫星国，允许民用物资进入大陆。这种政策安排有两方面的考虑：一是美国在华企业尚有大量员工和财产滞留中国，美国不希望美中关系的恶化而危及在华美国人和财产的安全。二是，1949 年美国军政

① FRUS611. 93231/12 - 1650 “The Secretary of State to All Diplomatic Offices (Confidential)”, Washington, December 16, 1950, in *Foreign Relations of the United States 1950 Volume Ⅵ*, *East Asia and the Pacific*, p. 683.

② FRUS893. 2553/12 - 1950 “The Assistant Secretary of State for Far Eastern Affairs (Rusk) to Colonel E. P. Kavanaugh of the California Texas Oil Company”, Limited, Washington, December 19, 1950, in *Foreign Relations of the United States 1950 Volume Ⅵ*, *East Asia and the Pacific*, pp. 683 - 684.

外交人员撤出中国时，指示传教士和商人尽可能留下，这也是美国希望将一只脚留在中国大门之内的表现。10 月 25 日，中国入朝作战是美国对华贸易骤然收紧口子的主要原因。至此，以经济手段吸引中国在政治上妥协的希望基本落空。另外，美国不希望强化中国在朝鲜的作战能力，因此，给予中国与苏联等共产主义国家同等禁运待遇。

第三节　美国在中国加入联合国问题上的态度

在中国加入联合国这一问题上，美国一开始是在不公开表达敌对态度的前提下，尽量阻止中国加入联合国。1950 年 6 月之前，杜鲁门政府的立场是反对新中国加入联合国，但是如果联合国大会的投票结果是大多数成员国赞成新中国加入，美国将接受这一结果。要想缔造战后世界秩序，美国需要遵守规则以树立威信和典范。因此一开始，美国的看法是，中国加入联合国，这个问题是程序性的而不是实质性的。

但是尽管如此，美国仍然在积极做工作，想通过程序性的手段来实现实质性的目标。美国国务院紧锣密鼓地对一些西方大国做工作，最让美国感到头痛的是英国。就英国的立场，无论是外交还是自身经济利益而言，英国都不愿意与中国为敌。外交上，已经与国民政府断交，宣布承认新中国；经济利益上，截至 1951 年，英国在华有 2 亿多英镑的资产，1950 年，对华出口额已达 270 万英镑，运往香港的物资价值 3600 万英镑，其中大部分经由香港转运到中国大陆。英国外交大臣贝文认为，如果英国附和美国的倡议，那么，受到损害的会是伦敦而不是北京的利益。[①] 英国认为既然美国和英国都希望能够在苏联和

① Victor S. Kaufman, *Confronting Communism: U. S. and British Policies toward China* (Columbia: University of Missouri Press, 2001), p. 49.

中共之间打入楔子，就不应该阻止中国加入联合国，中国一直是站在苏联背后发声，那就会加剧铁板一块的局面，而不是利用甚至扩大它们之间的分歧。其他欧洲国家都在注视着英国的立场。因此，为了扭转英国的立场，美国不遗余力，最终使英国改变立场。

法国因为越南问题，不需要美国说服，也会反对中国入联。1950年1月18日，中国承认越盟政权，作为越南的宗主国，指望法国承认中国以及支持中国加入联合国，成为不可能的事了。法国总理皮杜尔事后对联合国秘书长特里格夫·莱伊表示，“法国已经准备承认新中国，但当毛泽东和苏联承认胡志明政权时，法国的承认就变成不可能的事了”。外交部长罗伯·舒曼也表示，如果不是北京对印度支那的支持，法国早就会投票，让中共在联合国获得席位。法国的这一表态显然是事后为自己辩护，因为此前法国曾经致函美国国务卿，希望美国能够左右英国的立场，阻止英国马上承认新中国。

苏联代表提出马上驱逐中华民国代表蒋廷黻的提案，此举被认为违背程序，实际上苏联代表的提案，还有另外一个背景，1949年9月28日，国民党在联合国大会上控告苏联，违背中苏友好同盟条约，违背联合国宪章原则。11月25日，蒋廷黻在联合国大会政治与安全委员会上发言，表示“希望联合国大会发表声明，谴责苏联在东北对中共提供经济和军事援助，阻挠国民政府建政；承认中国（国民政府）的政治独立和领土完整；劝告成员国停止给中共提供经济军事援助；劝阻成员国与中共政权建立外交关系”。[①] 实际上是在指责苏联背信弃

① “Representation in the United Nations (1950)”, *Editorial Research Reports 1950*, Volume Ⅱ (Washington D. C.: CQ Press, 1950). http://library.cqpress.com/cqresearcher/document.php?id=cqresrre1950101000. 访问日期2016年2月1日。

义支持中共，导致蒋介石政权的垮台。

1950 年 1 月的情况是，美国明确表态不赞成中国获得席位，苏联代表不参加联大工作，安理会现有的 11 个理事国中，苏联、印度、南斯拉夫、英国和挪威已经承认中国，就像英国代表对美国国务卿所表示的，英国已经承认新中国，接下来投票赞成北京加入联合国，是顺理成章的事。中国还只需要两票，就达到入联所必需的七票，1 月 17 日，瑞士承认新中国，随后荷兰、印尼也予以承认。

但是 1 月里发生的很多事情阻碍了莱伊的计划。14 日，在北京中共没收英、法和荷兰的财产，18 日，毛泽东宣布承认胡志明政权，倾向于承认新中国的浪潮突然中断，尽管希望法国及其殖民地埃及承认似乎从根本上有些难度，因为毛泽东对胡志明的援助并非从即日始，法国对中共援助胡志明一直心存芥蒂。但是获取南非、澳大利亚、新西兰等英国的殖民地承认还是有希望的，但是到 1 月下旬，莱伊根据形势判断，希望寻找一种法律手段，把承认问题和在联合国的代表权分开处理，这样就改变先前在承认的基础上给予中国代表权的程序。

2 月，联合国通过一份备忘录，这份备忘录得到成员国的赞同，“由于对一个政府和国家的承认问题是个别的行为，而赋予成员国资格或者在联合国内代表权则是集体的行为，在集体接纳之前必须先有个别的承认，这等于是为后者预设条件，在法理上似乎是不成立的”。成员国赞成接纳一个他还没有承认的或者跟他尚未建立外交关系的代表，投票并不意味着承认，不等于准备建立外交关系。莱伊想将中国入联作为一个程序性的问题，将入联与承认分开处理。他希望那些还没有承认新中国的国家中，能够在没有承认的情况下，投票赞成新中国获得席位。2 月 14 日，中苏两国宣布缔结《中苏友好同盟条约》，美国国务院对一个拉美国家施加压力，而根据莱伊备忘录的精神，这个国家打算投赞成新中国入联。在公开的场合，美国没有表示自己的强硬立场，3 月 8 日，莱伊公布了这份备忘录，美国代表欧内斯特·格劳斯宣布，美国政府仍然坚持先前的立场，即反对承认并接纳新中国，但他愿意接受联合国的投票结果。美国的表态真切地体现了国务院在新中国代表席位问题上的微妙心理。美国意识到，此时，莱伊的努力基本上是不会有结果的，美国没有必要公然反对。因此美国的慷慨立场是有前提的。朝鲜战争让这些顾虑变得多余，先前的游说也成为多余，很快，西方国家迅速统一立场，反对中国加入联大。

第四节　台湾海峡中立化

朝鲜战争爆发前，美国已经决心抛弃台湾，国务院屡次压住了院外援华集团提出的援蒋声浪，可是为什么会在朝鲜战争爆发后突然派第七舰队到台湾海峡？1950 年 1 月，中共曾经炮击金门，那时候，美国主张淡化处理，5 个月后，朝鲜战争爆发，第七舰队被派驻台湾海峡，那么朝鲜战争与台湾问题之间的联系是什么？又到底是什么原因导致美国决策者突然改变对台湾的政策立场？

1949 年，杜鲁门政府一度认为，中共很快会夺取台湾，1950 年 4～5 月夺取海南岛和舟山，中情局做出判断，台湾很快就会落入中共手中。1950 年 3 月底，艾奇逊派克拉布（Clubb）与毛泽东、周恩来见面，但是克拉布只见到一位外事官员，这位外事官员表示，中共领导人公务繁忙，而且在美国没有承认新中国之前，试图改善与中国的关系是可笑的。

新中国领导人的冷淡回应，使杜鲁门政府感到非常不悦，他们认为中共领导人无视美国伸出的橄榄枝。

朝鲜战争爆发前，台湾没有被看作是与美国利益息息相关的，这一点，美国军政两届达成共识。尽管有麦克阿瑟的呼吁，但是未被看重。1949 年 2 月，参谋长联席会议经过讨论，一致认为，“鉴于美国的军事能力与美国在全球范围内所承担责任之间的不对称性，不建议向台湾派兵，这样会妨碍美国应对别处更为重要的突发情况”。1949 年初，国安会的多份政策报告也只是建议采取适当的外交和经济手段，阻止台湾落入中共手里。任何公然派兵台湾，都是不明智的举动。艾奇逊曾致函美国驻台湾领事，表示不要指望美国会单方面派兵，使台湾与大陆分离，避免台湾落入大陆手中的唯一办法是通过联合国诉诸政治和经济手段。1950 年 1 月，参谋长联席会议主席布拉德利在出席参议院对外关系委员会听证会时表示：

> 参谋长联席会议已经起草五份报告探讨台湾的重要性问题，所有的报告都认为台湾的确对美国有着重要的战略价值，但是，其战略价值的重要性并不足以成为美国派兵的正当理由。①

自 1949 年就任国务卿以来，艾奇逊在对华政策上力主与蒋介石政权逐渐脱离，避免承担责任。在他看来，蒋介石败局已定，咎由自取，美国已经尽力。为此，他承受太多的国内压力，国会的挺蒋议员对他发动猛烈的攻击，在这场政界的攻防战中，艾奇逊坚信自己的选择是正确的，他想方设法避免亲蒋议员的意见左右自己决策的大方向，顶多在不损害大方向的小问题上对他们适当妥协。1950 年夏天之前，他一直寄希望于利用中苏冲突，希望毛泽东成为铁托，尽管有国内压力，

---

① Oystein Tunsjo, *US Taiwan Policy: Constructing the Triangle* (London: Routledge, 2008), p. 22.

要求援助台湾，避免其落入中共之手，但艾奇逊都顶住了这些压力。6月23日，艾奇逊在新闻发布会上重申杜鲁门政府在台湾问题上的立场，杜鲁门政府1月5日声明所阐述的政策依然有效。杜鲁门1月5日曾声明：

> 美国政府现在无意于在台湾谋取特殊权益和特权，或者建立军事基地，在目前的情况下，美国也无意于使用武力进行干涉，美国政府不打算采取会导致美国卷入中国内战的路线，同样，美国政府也不打算对台湾提供军事援助和建议。[①]

此时美国国内有提出军援台湾的声音，甚至提出要派兵台湾，麦克阿瑟是这种声音的最大支持者，然而此时这种意见难占上风。欧洲被视作与美国安全利益休戚相关的地区，亚洲在战略重要性上显然占据次要地位，美国和苏联在欧洲倾注全力，美国不想因为台湾拖住后腿。此时美国认为中共占据台湾是迟早的事，不想在一场失败的事业里继续投入，此外，也不想为了台湾再次挑起战争。艾奇逊表示，要保持美国行动的完全自由。6月14日，麦克阿瑟在布莱尔大厅论述"要把台湾打造成永不沉没的航空母舰"，这种论调与政府的政策唱反调，杜鲁门感到非常恼火。

一旦朝鲜战争被解读为苏联主导的共产主义的反攻，台湾问题就变得没有争议了。此前，美国一直认为中国可能会是一个潜在的铁托分子，与莫斯科保持一定的独立性。当中国被视为苏联阵营中的一分子时，对华政策马上变得简单多了。6月14日，朝鲜战争爆发前，美国决策者已经达成一项共识，美国要付诸行动，避免台湾落入中共手

---

① *Foreign Relations of the United States 1950 Volume Ⅵ*, *East Asia and the Pacific*, p. 264.

中。国务院情报研究办公室（Office of Intelligence Research）起草了一份报告，提出在朝鲜战争中苏联有以下几个意图："试探美国的决心；清除美国在朝鲜的影响，以此使美国无法占有一个进攻苏联远东领土或者中国的前沿阵地。"①

蒋介石的重臣孔祥熙曾经将朝鲜战争比作是珍珠港事件，两次事件都出乎美国意料，两次都推动美国对国民党政权的政策立场大为改变。6月25日，参谋长联席会议主席布拉德利宣读麦克阿瑟备忘录，声言，台湾将会是以苏联为主导遭受袭击的地方，杜鲁门特意考察苏联在远东空军的部署情况，空军参谋长范登堡将军（Hoyt Vandenberg）表示，苏联空军已经在上海部署大量的战斗机，中共有可能会使用这些战斗机攻打台湾。6月27日，杜鲁门政府宣称，"中共占领台湾将会对美国在太平洋地区的利益构成严重威胁，并危及美国在该地区履行其必需的法律职能"。他下令派第七舰队开往台湾海峡，宣布台湾海峡中立化，避免中共从岛上或是从陆地上攻打台湾。关于第七舰队的用途，美国决策层内部存在分歧，凯南认为第七舰队应该具备独立保卫台湾的能力，杜鲁门要求台湾的国民党当局停止一切针对大陆的海空军事行动，国民党当局妥协了，但强调其对台湾的主权不能动摇。美国对台湾提供支持，并不是台湾所希望得到的全力以赴。杜鲁门强调三不政策，"不派战斗机到台湾，不派地面部队登陆台湾，保卫台湾的承诺不能延伸到近海岛屿（offshore islands）"。1950年8月30日，杜鲁门宣布，一旦朝鲜半岛局势平静下来，美国马上召回第七舰队。

综上所述，在国共内战已见分晓的历史时刻，美国在不断调整对

① Shu Guang Zhang, *Deterrence and Strategic Culture*: *Chinese-American Confrontation*, *1949－1958*, New York: Cornell University Press, 1992, p. 60.

华政策，以应对中国将要出现的政治剧变，它竭力避免卷入中国内战，力求将过去美国与中国国民政府之间的关系对未来的中美关系所带来的负面影响降到最低。在对华贸易、中国在联合国的席位问题、海军陆战队撤离青岛等问题上，美国力求避免与中共发生正面对抗，比如美国对中国在联合国席位的微妙处理，美国都为将来可能与中共建立联系留有余地。在台湾问题上，一开始杜鲁门政府极力避免给予援助，让台湾自生自灭。朝鲜战争后，台湾问题被纳入美苏在东亚冷战的视野中考虑，就不单单是对华政策问题，因此，美国突然改变态度，援助台湾，即便如此，美国力图遏制台湾，不要借机对大陆发动攻势，导致冲突范围扩大化。

第九章
美国对中国入朝作战的估计以及政策应对

朝鲜战争对美国对华政策的转变起了重要的作用，蒋介石和台湾时来运转，美国彻底放弃“尘埃落定”政策，中国大陆和台湾在美国的东亚利益天平上的分量发生了巨大改变。从新中国成立到朝鲜战争爆发，杜鲁门、艾奇逊力主美国对新中国应该采取克制态度，除了禁运与军事用途直接相关的物资外，在外交、经贸领域，美国都预留日后发展双边关系的空间。艾奇逊指望利用中苏之间可能出现的矛盾，让毛泽东放弃苏联转向美国，此外，苏联的不干涉政策尽管只是形式上的，但一直左右着美国战后的对华政策，美国不希望因为挤压中共招致苏联公开干涉。但是朝鲜战争爆发，美国彻底放弃这些预期，对中国施以与苏联同等待遇。

从战略上，美国马上将中国和朝鲜战争联系起来，美国决策者认为如果没有苏联在背后的策动，只凭借朝鲜自身，不可能在这么短的时间里做出如此大的动作。之前美国一直认为，美苏双方都在极力淡化在亚洲的冲突，避免正面交锋，都试图将主要精力集中在欧洲一决胜负，然而双方在欧洲一直僵持不下，朝鲜战争的爆发让美国怀疑苏联要在亚洲寻找打破平衡的突破口。先是朝鲜，下一个会不会是中国？因此，在听到朝鲜战争爆发的第一时间里，一直主张对新中国保持克制的艾奇逊，马上决定派第七舰队到台湾海峡，防止大陆进攻台湾。然而第七舰队到台湾海峡，给中国传递了一个非常危险的信号，那就是美国可能会帮助蒋介石卷土重来，刺激毛泽东做出抗美援朝的决策。

1950 年 6 月 27 日，杜鲁门总统发表声明：

> 毫无疑问，北朝鲜对韩国的进攻使事情变得更为清楚：共产主义已经从用颠覆手段过渡到通过征服独立国家的方法，以及武装入侵和发动战争的方法……在这种情况下，中共占领台湾将成为对美国太平洋地区安全的直接威胁……①

此前，共和党挺蒋阵营中的温和派，主张向台湾提供军事援助和派遣军事使团，强硬派主张联合占领台湾。这次，杜鲁门终于以实际行动堵住了这些人的嘴。尽管艾奇逊一直在宣扬中苏潜在的分歧会让毛泽东和他的政权与苏联疏远，但他也意识到，在短期内，出于意识形态和在中国东北的等地区利益考虑，毛泽东还不会和斯大林撕破脸。

西方研究者一直认为是中国入朝作战导致美国对华政策发生巨大的转变，但是他们忽视了一点：正是美国的猜疑以及做出的冒险行动刺激了中国参战。新中国成立初期，大陆乘胜追击进攻台湾，原本在美国决策者看来是势在必行的，艾奇逊在参加参议院听证会时表示，他之前一直认为大陆会进攻台湾，他们不这样做是很蠢的。但是就当

① “Statement by the President Truman on Korea”, June 27, 1950, http://digitalarchive.wilsoncenter.org/document/116192.pdf?v=babe0c496366730e23048f0d2ab5edf2，访问日期 2016 年 2 月 26 日。

时中共的军力情况来说，大陆攻下台湾的可能性很小。海军、空军基本为零，1949 年 10 月，金门岛登岛作战，大批将士阵亡。对当时的中共而言，国民党仍有大批残部滞留西南，尽快解放大陆是当务之急。因此到 1950 年，中国大陆基本上搁置了短时间内解决台湾问题的计划。因此，朝鲜战争爆发，美国以中国大陆可能进攻台湾为由派第七舰队到台湾，即便不是借口，也存在一个战略上的误判。

第一节　中国入朝作战的可能性评估

在整个朝鲜战争期间，美国对中国可能采取行动的预期和评估，自始至终是错误的，而美国在误判基础上做出的政策回应，刺激并推动着中国采取美国最不希望看到的政策。一开始，美国认为中国大陆可能进攻台湾，于是美国宣布台湾海峡中立化，并派第七舰队到台湾海峡，此举给中国大陆传递一个信号，美国想支持台湾与大陆分离。朝鲜战争进行之时，美国认为中国大陆因为受到各种条件限制，不可能入朝作战，但实际上毛泽东权衡利弊，最终做出了抗美援朝、保家卫国的决定。

中国参战，是美国意料之外的。对中国发出的警告，美国做出种种错误的理解。1950 年，中美之间发生一些有助于增长中国仇视美国情绪的偶然事件，美国自认为已经处理得当，不会产生发散性的影响。但是新中国对美国怀有深深的猜忌、不信任，而且美国有多次失信于中共的经历，这些事件显然不会被视为孤立的偶然事件。与此同时，美国认为，毛泽东放出狠话，只是为了迫使美国在其他问题上作出让步，不必严肃对待。

1949 年新中国成立后，印度充当在中国和美国之间传信的国家，印度承认中国，它又曾是英国的殖民地，与中国毗邻，适合充当这一角色。1950 年 9 月 24 日，中国外交部长周恩来向联合国秘书长发去一份电报，控告美军飞机轰炸中国东北安东（今丹东），9 月 26 日，美国政府告知联合国安理会，表示轰炸事件是在意料之外发生的，如果情况属实，美国政府深表遗憾，美国愿意根据客观的现场调查对美军飞机所造成的损失给予中国补偿。9 月 27 日，英国驻美大使馆参赞格雷夫斯（Hubert Graves）带给美国国务院远东司副司长麦钱特（Livingston T. Merchant）三份严加保密的电报，电报从新德里发来。第一份电报是英国外交大臣贝文和印度总理尼赫鲁之间的个人电报。电文涉及印度驻北京大使潘尼迦与聂荣臻将军的谈话，聂荣臻严词谴责美军飞机在东北投放炸弹，表示希望美国不要欺人太甚。潘尼迦提醒尼赫鲁，美军轰炸中国东北造成的伤亡和损失，可能会使中国卷入战争。尼赫鲁认为美国既然没有多余的部队到中国作战，光是空中轰炸不会有任何进展。刚从华沙返回北京的波兰驻华大使也对印度驻华大使表示，中国不会坐视美军的挑衅不管。第二份电报的内容是印度驻华大使潘尼迦与周恩来的对话，9 月 21 日，周恩来对潘尼迦表示，既然联合国对中国没有责任，那么中国对联合国也没有责任。潘尼迦推测中国可能采取更为强硬的政策，介入朝鲜战争。第三封电报是尼赫鲁回复贝文对关于朝鲜的联合国决议案的态度，尼赫鲁表示，任何主张联合国军跨越三八线的建议，都会极有可能加速世界灾难的到来，因此，他呼吁联合国无论如何都不要采取这一行动。格雷夫斯表示，英国政府并没有重视潘尼迦的担忧，他们认为印度驻华大使善变，是一个不可靠的信息源。但是英国很重视印度大使的担忧对尼赫鲁所产生的影响，因为尼赫鲁对联合国关于越过三八线的决议案态度淡漠。英国驻联合国代表打算，即便印度不支持，英国仍然会支持这份决议案。[①]

9月下旬，西北季风的转向，再加上朝鲜的局势，中国大陆攻打台湾的可能性比先前小了。这种局势可能会持续到来年春天。9月22日，香港发来的一份电报援引一名中共官员的话，可以更好地支持这一结论，这位中共官员说，攻打台湾已经被推迟了，尽管不清楚推迟是不是因为莫斯科的建议。无论如何，中共目前面临着治理国内事务的严峻任务，这已经够他们忙碌的了。尽管有情报显示林彪的第四野战军已经向东北挺进，第三野战军接替第四野战军驻防广东，[②] 英国仍然认为中国不可能参战。英国认为中国所表达的强硬立场，只是作为对美国不支持中国获得联合国席位的回应，印度尼赫鲁的危言耸听只是因为对战争过分敏感，英国外交大臣贝文由此判断，中国介入朝鲜战争与其国家利益相悖，因此不太可能发生。

对于中国强调美军轰炸中国东北，美国认为只要用经济手段赔偿，就可以解决此事，从而尽力安抚印度的焦虑，消除北京的误会。因此，当中国向联合国安理会提出申诉时，美国提交一份提案，建议由印度和瑞典组成调查团前往事故现场调查并对损失情况进行评估，但是苏联否决了这份提案。苏联的做法着实让美国感到惊讶，美国原本以为苏联会就此事对美国大加挞伐。[③]

9月28日，英国外交部给英国驻美大使馆发去一份电报，要求转

---

① FRUS795.00/9－2750，"Memorandum of Conversation, by the Deputy Assistant Secretary of State for Far Eastern Affairs（Merchant）", top secret, Washington, September 27, 1950, in *Foreign Relations of the United States 1950*, *Volume Ⅶ*, *Korea*, pp. 793－794.

② FRUS794.00/9－2750 "Memorandum by the Director of the Office of Chinese Affairs（Clubb）to the Assistant Secretary of States for Far Eastern Affairs（Rusk）", Washington, September 27, 1950, in *Foreign Relations of the United States 1950*, *Volume Ⅶ*, *Korea*, pp. 795－796.

③ FRUS795.00/9－2850 "The Secretary of State to the Acting Secretary of State", New York, September 28, 1950, in *Foreign Relations of the United States 1950*, *Volume Ⅶ*, *Korea*, pp. 797－798.

交给美国国务卿，列举了中国对朝鲜战争局势反应的几种可能。按照苏联的意思，中国有三条对策：第一，应朝鲜政府邀请，以公开方式或者以志愿兵方式出兵朝鲜；第二，最大限度地通过政治努力影响联合国，特别是亚洲国家，支持妥协方案，让朝鲜作为一个独立国家完整地保留下来，成为一个缓冲地区；第三，在不采取军事和政治手段干预的情况下，加强中国军队在东北和朝鲜边境的部署。英国外交部分析，第一个方案毫无疑问应该被排除，中国会慎重考虑联合国军越过三八线，以及消灭朝鲜这样一个缓冲地带国家将会对中国自己的安全构成严重的威胁。苏联会考虑如果由中国人而不是苏联人打进朝鲜，会大大减少仇恨的范围。也有人认为苏联可能宁愿看到中国与占明显优势地位的美军交战，通过这种方式发动一场更大的战争。让中国打进朝鲜，也符合苏联一直以来的一项策略，即让中国在亚洲事务中充当一定的领导角色。……然而英国认为，尽管中国援助朝鲜对付美国，会有上述潜在的好处，但是平衡之下，中国在朝鲜战争中与美国以及其他西方国家为敌的可能性依然很小，因为对新中国自己毫无好处，而且还有其他更多的理由，使中国不可能卷入朝鲜战争。比如国内根基尚未稳固；雄心勃勃的经济重建计划和工业化将会被耽搁，其城镇和交通设施将会被摧毁；中国的军事能力是否足以对付强大的对手，还是个未知数，尽管中国很有可能会将这场战争与抗日战争类比，认为其广袤的土地、庞大的人口最终会支持其获得胜利；中国人渴望和平而不是战争，从中国大陆民众对攻打台湾的态度看，中国人似乎毫不费劲就压制住愤怒的民族主义情绪。而且朝鲜问题，很难激起中国民众的愤怒情绪。尽管在很多时候，中国会配合苏联的政策，但是有些时候，除非符合中国自身的利益，否则它不会采取行动。在朝鲜，中国不太可能会为了苏联的利益而不是为了自己看得见的好处进行干涉。另外一种可能是，苏联准备发动一场大战，并已做好准备，自己亲自上阵，那么中国可能会被迫采取行动。

综合考虑上述分析，英国认为，中国极有可能会采取第二个方案，即通过外交手段而不是公开干涉，以保留朝鲜作为一个独立国家存在，威胁要公开干涉只会出现在驻华大使的传话或者其他外交手段中。中国对印度释放的强硬信号，只是对印度施加压力，旨在瓦解联合国针对朝鲜的决议案。但是考虑到中国的舆论宣传，苏联对中国施加的压力，以及中国在东北陈兵40万～60万兵力，中国如果在所有外交手段都失败后开进朝鲜，是一个真正需要考虑的威胁。

至于第三个方案，中共已经陈兵东北，如果中国权衡干涉朝鲜战争的弊大于利——目前来看显然是这样的——那么他们就会采取防御措施，因此可能诉诸第三个方案。总体而言，联合国军进攻朝鲜给中共提出一个异常困难的决策选择，权衡各方面因素，英国认为中共不太可能干涉，因为干涉将意味着在与他们关系并不重要的问题上与西方国家为敌的风险。他们宁愿通过外交手段让朝鲜作为一个缓冲国家保留下来，如果不能实现这一目标，中国公开干涉确实会成为一个真正的威胁，如果要干涉，中国比苏联军队更有可能介入。①

此时，距离中国人民志愿军入朝作战还有不到一个月的时间，中国通过印度、英国途径传达给美国的信号，依然没有引起美国足够的重视。英国在对中国可能采取的政策选项进行综合分析后，信誓旦旦地得出结论，中国不太可能会出兵朝鲜，即便出兵也是在各种外交手段全部失效之后可能采取的措施。

---

① FRUS795. 00/9－2850 "The British Embassy to the Department of State", secret, Washington, undated, in *Foreign Relations of the United States 1950*, *Volume Ⅶ*, *Korea*, pp. 813－816.

第二节 中国对越过三八线可能做出的反应

此时朝鲜战场形势出现对以美国为首的联合国军有利的局面，9月中旬，麦克阿瑟亲自上阵指挥，成功登陆仁川，9月27日，仁川登陆的联合国军与韩国部队会合，一举攻下汉城。面对战场上的大好形势，美国决定修改战争初期只打算恢复战前状态的计划。麦克阿瑟极力主张打过三八线，对朝鲜问题来个一揽子解决，只是让朝鲜人退到三八线以北是不够的。在美国军方看来，三八线只是一条假想的线，要摧毁朝鲜军队，必须越过三八线。而美国决策层在朝鲜战争之前，也确实有过实现朝鲜半岛统一的计划，只是他们希望在联合国而不是美国的主导下完成这一任务。因此杜鲁门并不反对麦克阿瑟的建议。因此，杜鲁门采纳国安会NSC68号报告的建议，“在苏联和中共还没有出现介入迹象的情况下，麦克阿瑟将军打算将作战范围延伸到三八线以北，并计划占领朝鲜”。①

9月26日，美国国务院政策规划司成员罗伯特·胡克（Robert G. Hooker）就联合国军越过三八线作战提出建议，认为美国需要采取所有可能的方式向苏联和中共阐明美国的真正意图，避免传递错误的信号：“建议朝鲜中立化，而不是永久性地或者在几年里去军事化，这种中立化应当由包括联合国成员国和中国在内的委员会促成。在这种国际委员会开始工作之前或者朝鲜举行大选之前，联合国军，不包括美国军队，应该留在朝鲜，以执行联合国决议。”以此“向苏联和中国保证，美国无意于利用朝鲜战争发动进攻或者把朝鲜作为以后发

① Dennis Merrill, Thomas G. Paterson eds., *Major Problems in American Foreign Relations, Volume Ⅱ: Since 1914*, Seventh Edition, Wadsworth Cengage Learning, 2005, p. 273.

动其他侵略的基地”。[①] 如果美国开到三八线以北，却没有在政治和外交上跟进这些措施，将会是“非常轻率的”。

9 月 29 日，参谋长联席会议采纳 28 日麦克阿瑟提交的作战计划，向三八线以北挺进。美军第八军沿着西部海岸线走廊夺取平壤，X 部队从东海岸的巫山发起两栖作战。29 日，国防部长马歇尔给远东军司令麦克阿瑟发去绝密电报，指示他“从技术和战略上不受限制地向三八线以北前进”。[②] 而此时美国并未在联合国获得所必需的票数通过跨越三八线的决议。9 月 30 日，美国国务院中国大陆事务科（Clubb）致函远东司副司长腊斯克，就中国军队的调动以及中国意图与朝鲜战争的关系做了评估。根据朝鲜媒体报道，中共军队第 164 师和第 166 师已经在 1949 年 8 ~ 9 月间通过新义州和罗南开进朝鲜，分别编入朝鲜军第 5 和第 6 师。这些军队在进入朝鲜之前，由在中共军队服役的朝鲜人组成，曾作为第 3 师和第 4 独立师，在东北与国民党军队作战。尽管部队调遣发生在 1949 年，但是新近北京允许朝鲜人回到母国参加保家卫国和重建任务。另外一个证据是 1950 年 8 月 4 日广州市一名高官在出席澳门的一次机密会议时表示，如果联合国军在朝鲜开辟第二战场，毛泽东就会打进印度支那，也可能会打进台湾，中共军队将会夺取香港的军事物资，作为其攻防战的一部分。另有朝鲜报道称，中共高层已经表态，如果朝鲜军被打回到中国东北边境一带，中共不等敌人打到家门口来，将会在边境之外开战。另有报道称，中国将联合国军挺进到东北边境视为对其国家安全的严重威胁，中共是否要公开

① FRUS795/00/9 - 2650 “Draft Memorandum by Mr. Robert G. Hooker of the Policy Planning Staff”, top secret, Washington, September 26, 1950, in *Foreign Relations of the United States 1950, Volume Ⅶ, Korea*, pp. 783 - 784.

② FRUS795. 009 - 2950 “The Secretary of Defense (Marshall) to the Commander in Chief, Far East (MacArthur)”, top secret, Washington, September 29, 1950, in *Foreign Relations of the United States 1950, Volume Ⅶ, Korea*, p. 826.

干涉要看联合国军是否真的会跨越三八线，在三八线以北作战。[①] 10月17日，美国驻香港总领事威尔金森（Wilkinson）给国务卿发去的电报，仍然在误判形势，认为采取临时措施可以安抚中国。

在朝鲜战争中，美国对中国意图的评估自始至终是错位的。一开始，美国认为派遣第七舰队到台湾海峡，促成台湾的中立化，可以将朝鲜战争限制在一场局部战争的范围内，避免其恶化成为一场与亚洲共产主义阵营的大规模战争，然而却未能评估陈兵台湾海峡对中国回应朝鲜战争所产生的重要影响。从已解密的档案资料看，当时美国军政高层的往来电文、会议和政策讨论备忘录等资料显示：关于派遣第七舰队到台湾海峡的讨论，无一例外地将关注点聚焦在阻止大陆进攻台湾海峡上，美国军政高层在获悉朝鲜战争爆发的第一时间，马上推断出朝鲜之所以敢于大举进攻韩国，仰赖苏联在背后的策划和支持，否则单凭朝鲜自己，是不可能制造这么大动静的。既然苏联可以支持朝鲜，那么它也可以支持中国大陆攻打中国台湾。在美国决策者看来，美苏在欧洲基本上处于对峙状态，朝鲜战争被美国决策层视为苏联试图在亚洲取得突破性进展的第一步。此外，中国大陆也确实在1950年春对近海岛屿金门发动攻势，然而中国大陆对金门发动攻势时，美国并没有做出回应，甚至没有对运往中国大陆的1B类石油产品采取禁运政策，却偏偏在朝鲜战争爆发时，第一时间做出第七舰队开到台湾海峡这一抉择，似乎非常突然。事实上，第七舰队和台湾中立化，显然是美国对华政策的一部分，但美国是将其置于美国对亚洲政策的框架下考虑的，其目标是针对美国亚洲政策的最大敌人苏联，中国只是

① FRUS795. 001/9 – 3050 "Memorandum by the Director of the Office of Chinese Affairs (Clubb) to the Assistant Secretary of State for Far Eastern Affairs (Rusk)", Secret, Washington, September 30, 1950, in *Foreign Relations of the United States 1950*, *Volume Ⅶ*, *Korea*, pp. 829 – 830.

被作为苏联阵营的一枚棋子。联系到中国大陆对台湾的春季攻势，美国担心中共会在苏联的支持下趁机拿下台湾。如果一旦确认背后有苏联的支持，美国不能坐视不管，这涉及美苏在亚洲的实力角逐。因此，我们看到，第七舰队开到台湾，美国仍然希望尽量减弱中国的敌意，第七舰队接到的任务是有限制的。首先，其功能是防御性的，而非进攻性的，而且同时对付来自海岛和大陆的进攻，要求蒋介石的军队不得采取任何行动。其次，承诺局限于台湾，并未延伸到靠近大陆的近海岛屿。至于9月份美军对朝作战中在东北投下炸弹一事，美国从一开始就希望通过由印度、瑞典与中国有外交关系的第三方对现场进行客观评估，然后根据评估予以赔偿。从高层往来电文中看到，美国高层竭力避免中国认为轰炸东北是进攻中国的开始，因此他们竭力想避免使这次事件成为中国介入朝鲜战争的理由。

然而美国提交给联合国关于解决轰炸事件的提案却被苏联否决了，这实在令人费解。一开始，美国还担心苏联会在联合国借助此事大做文章，但是苏联的态度说明它宁愿解决轰炸事件的路被堵死。当朝鲜向苏联求助时，苏联领导人对金日成说，找中国同志商谈。自始至终，苏联使中国卷入战争的意图非常明显。当时美国的政策明显是将中国和其他苏联阵营国家区别对待，苏联不希望美国对中国的经济手段奏效，但是美国在朝鲜战争中的对华政策恰恰迎合了苏联的意图，美国以非常简单的方式把中国推到了苏联一边。他们本以为苏联需要费很大的周折，才有可能说服它的中国兄弟参加朝鲜战争，但是美国的对华政策却让苏联轻而易举地完成了这项任务。

尽管增兵台湾海峡，使美国对华政策成了亚洲政策的一个不幸的裹挟，但对中国而言，前后的事件联系起来考虑，情形显然不是美国所打算的那样。在中国看来，朝鲜战争、轰炸东北和调来第七舰队以及台湾中立化，所有的矛头都指向中国，联系到美国一直反对中国获得在联合国的席位，中国显然对美国的战略意图做了最坏的估计，美国随后的行动也确实增强了中国的这一判断。先是修改作战计划，越过三八线，打入朝鲜。随后又逼近鸭绿江，中国对美国的旧的疑虑和不信任还没有消除，美国又提供了新的证据。

在越过三八线问题上，美国决策者再次误判中国可能做出的回应。印度作为中美之间的信使，不断向美国转达中国的立场，三八线是中国所能接受的最后底线。然而英国和美国对印度转达的警告置若罔闻，它们更愿意把中国的警告视为中国试图把印度从美国的战略意图中分离出去的一种外交策略，也看作是中国试图对西方八国向联合国提交的关于朝鲜问题的提案施加压力。该提案主张在韩国主导下建立统一的朝鲜，这是美国在朝鲜战争爆发前一直就在酝酿的计划。朝鲜战争爆发后，麦克阿瑟提交的报告强化了美国的这一思路，麦克阿瑟认为，越过三八线，在联合国的监督下，朝鲜半岛很快就能够举行大选。如果最终能够成功，那是符合美国的战略意图的。因此美国军政两界几乎毫无异议地通过跨越三八线的决议，值得注意的是，遏制之父凯南竟然反对越过三八线，认为其对中国的政治影响是破坏性的，但凯南的意见未能引起各方注意。

第三节　中国对逼近鸭绿江的反应

越过三八线的决定对美国在朝鲜战争中命运的影响是致命性的，麦克阿瑟将军在越过三八线以后，自认为获得广泛的授权，逼近鸭绿江，迫使中国做出入朝作战的决定。而正是在三八线以北地区，美军吃了决定性的败仗。9 月 27 日的政策指令蕴含的政治含义是多重的，按照这项命令，“麦克阿瑟的军事目标是摧毁朝鲜的武装力量”。但是又对军事行动附加了限制，“一切非南朝鲜的地面部队均不得用于毗邻苏联的各省份，或者派往沿中国东北边界地区作战”。这一约束显然是为了避免苏联和中国介入。尽管韩国部队不受这一约束条件的限制，但是美国等国家的联合国军受到这一条件约束。按照这一指令，以美国为首的联合国军将在距离中国东北各地50～100英里不等的地方停止战斗。但是麦克阿瑟以韩国军队作战不力为由，下达指令，命令指挥官们不要在这条约束线前止步，继续前进，9月30日，国防部长马歇尔电告麦克阿瑟，在战术上和战略上都不要受到牵制。麦克阿瑟理解为可以不受控制线约束。

但是联系到马歇尔电报前后的电文，麦克阿瑟的这种解读显然偏离最初的政策立场。10月3日，国防部长马歇尔致函国务卿，表示为了尽可能避免朝鲜人对美国的敌意越来越深，应该派遣尽可能少的美国军队参加三八线以北的军事占领和维持和平行动。① 10月15日，在威克岛会议上，麦克阿瑟认为他与杜鲁门总统达成协议，取消约束线的限制，向北推进60英里。10月26日，杜鲁门表示，按照他的理解，只有韩国军队可以进入北方各省。

麦克阿瑟和杜鲁门之间对威克岛会议各执一词，在此我们有必要简要回顾一下这次会议。在威克岛会议上，杜鲁门询问麦克阿瑟对中国即将介入朝鲜战争的看法。麦克阿瑟回答说：

> 总统先生，他们是不会介入战争的。这是我们示强而不是示弱的时刻。我们再也不能卑躬屈膝了。如果中国共产党人越过鸭

① FRUS795b. 5/10－350 “The Secretary of Defense (Marshall) to the Secretary of State”, October 2, 1950, in *Foreign Relations of the United States 1950*, *Volume Ⅶ*, *Korea*, p. 894.

绿江，我将对他们进行人类历史上最大的屠杀。[1]

他接着说，中国共产党人得不到空中支援；而缺少空中支援，部队就难以打仗。他指出，即便我方也只有海军陆战队才有能力就近为地面部队提供空中支援，这种支援对战斗来说是必不可少的。既然中国人不能为他们的部队提供这种支援，他们在我们的空军面前就会束手无策。他最后说，这场战争无论如何都在感恩节前结束。圣诞节时他将把一两个师调回美国，在新的一年里再把一两个师派往欧洲。

以美军为首的联合国军跨越三八线，逼近鸭绿江，突破先前的约束线，一直被历史研究者视为招致中国介入的重要事件，因为美军陈兵中国东北边境，给中国出兵朝鲜提供了关键性理由。而威克岛会议被视为麦克阿瑟突破约束线的关键性会议，麦克阿瑟认为正是在这次会议上，他和杜鲁门总统就这一问题达成共识，而杜鲁门总统事后认为，他并未授权麦克阿瑟突破约束线，只是让他陈兵中国东北边境不远处。突破约束线，也成为后来麦克阿瑟吃败仗的开始，杜鲁门最终将麦克阿瑟解职。威克岛会议到底有没有达成这一共识，难道真的是文官控制武官失败的结果？实际上美国高层是在持侥幸的冒险心理，在军事上捷报频传之际，采取默许态度。

1950 年 10 月上旬，朝鲜战争如火如荼，仁川登陆作战的出色表现更是让麦克阿瑟的威望达到新的高峰，麦克阿瑟希望借助军事上的胜利，一举摧毁朝鲜军队，在韩国总统李承晚的主持下实现朝鲜半岛的统一，然后在联合国的监督下举行大选。但是杜鲁门一直担忧苏联和中国会介入朝鲜战争，中国发出的警告不断通过印度、英国转达给

---

① Charles R. Smith ed., *U. S. Marines in the Korean War*, Washington, D. C.: History Division United States Marine Corps, 2007, p. 215.

美国，杜鲁门希望与麦克阿瑟会面磋商，征询他对这些问题的看法。但是麦克阿瑟以战场战事要紧，不得离开为由婉拒，杜鲁门只好不远万里，飞行30多个小时，到距离麦克阿瑟所在的日本军事基地比较近的威克岛与麦克阿瑟会面。这次会议从地点选择到会前安排再到两位军政巨头会面的过程，一直被诸多研究者认为此是麦克阿瑟藐视杜鲁门总统的重要证据之一，并由此延伸到麦克阿瑟会公然无视总统指令。

首先会议地点的选择，威克岛是太平洋上的一个小岛，杜鲁门需要飞行30多个小时，而麦克阿瑟从日本到该岛只需要8个小时。在机场迎接时，麦克阿瑟没有对远道而来的两位上司行基本的军礼。杜鲁门专机抵达时，按照美国宪法，总统是武装部队总司令，军人见到总统当行军礼，麦克阿瑟只是上前握手。欢迎人群在停机坪等候总统专机落地时，麦克阿瑟安然坐在车里，等总统走下旋梯，麦克阿瑟才走出车外。对跟随前来的参谋长联席会议主席布拉德利，麦克阿瑟也只是简单握手。对麦克阿瑟这种违背常规礼仪的行为，杜鲁门尽管没有当场流露，但是在后来的回忆录中，他对此深感愤怒，以至于背离事实，他的表述与当时诸多随行官员的回忆有很大出入。他指责麦克阿瑟让他在飞机落地后等候了45分钟才肯露面。临行前，杜鲁门打算携主要的军政官员前往威克岛，但是国务卿艾奇逊认为，尽管麦克阿瑟身上具有很多外国君主的特征，但是把他当作君主一样看待，显然不太理智。作为非民选继位的杜鲁门总统，在麦克阿瑟这位立下赫赫战功的战斗英雄看来，是不值一提的。早在1944年，他就被封为陆军五星上将。罗斯福溘然长逝后，根据宪法，杜鲁门继位成为总统，他一直想找机会让这位战斗英雄回国一叙，一直未能如愿。自1945年以来，麦克阿瑟屡屡以占领日本的事务极其复杂和艰难为由，先后5次拒绝来自华盛顿的回国会面邀请，其中三次是杜鲁门邀请，两次是国务卿马歇尔邀请。但就此推断麦克阿瑟突破约束线是僭越行为，也有失客观。这次会议有一场麦克阿瑟和杜鲁门之间的单独会面，这次单独会面没有任何笔录。整个会议仅有的笔录是由白宫随行官员以及参谋长联席会议主席布拉德利所做，后来也成为麦克阿瑟和杜鲁门反目的因素之一，当时麦克阿瑟并不知道这次会议会做笔录，所以当后来笔录被泄露给媒体时，麦克阿瑟发怒了。麦克阿瑟旗下的指挥官们认为总统此行更多的是政治目的，而非军事目的。而参谋长联席会议主席认为这简直是无稽之谈，杜鲁门就是为了朝鲜战争的军事问题而来会面的。

11 月 3 日，参谋长联席会议要求麦克阿瑟对中国介入朝鲜战争的意图进行评估，11 月 4 日，麦克阿瑟回复说他无法评估局势，但是他列举了中国可能会采取的行动：在不久的将来发动大规模的军事攻势，秘密给予朝鲜军事援助，派遣志愿军入朝，或者是只有韩国军队会挺进到鸭绿江。出于乐观的估计，麦克阿瑟认为最有可能出现的是后面三种情况或者是三者的混合。11 月 5 日，麦克阿瑟命令远东空军司令官史崔特梅尔（George Statemeyer）开始为期两周的空中行动，轰炸范围包括朝鲜—中国东北边境，摧毁所有的通信设施、工厂、城市和乡村，麦克阿瑟打算保留水电站、罗津市等地。他提醒“一定不要突破边境线”。此时参谋长联席会议主席仍然没有取消先前避开中国东北和苏联边境的指令，麦克阿瑟认为他下达的战地指令并没有违背命令。因此他认为没有必要就这一作战任务向他的上司汇报。他想借助这次轰炸一举切断中国东北和朝鲜之间的运输线，以此来阻止中国介入。横亘鸭绿江的有 12 座主要桥梁，其中最为重要的是朔州附近 3000 英尺长的铁路和高架桥以及长达 1500 英尺的铁路桥，史崔特梅尔的第一个任务就是炸掉这两座大桥，掐断安东（现在的丹东市）通往朝鲜的连接线。史崔特梅尔意识到此举非比寻常，他越过通常与五角大楼工作人员电话会议的程序，直接告知空军参谋长范登堡将军。后者大为震惊，他马上将这一消息告知空军部长芬勒特（Thomas K. Finletter），后者告知国防部副部长洛维特（Robert Lovett）。洛维特与艾奇逊和腊斯克商量，他们一致认为轰炸鸭绿江是不明智的。他们担心轰炸中国领土，会导致英国不悦，因为英国认为战争一旦扩大，美国倡导的联合国决议要求中国停止在朝鲜继续作战，就不可能产生效力。1950 年 10 月 19 日，中国人民志愿军已跨过鸭绿江，入朝作战。10 月 25 日第一场战役在北镇打响，夺回温井。美国如果轰炸鸭绿江，显然会损害这一决议，而且中国可能会援引中苏条约互相支援的条款，要求苏联援助。马歇尔也同意国务院的担忧。当艾奇逊将情况汇报给杜鲁门时，并强调麦克阿瑟的报告绝口未提轰炸鸭绿江的军事行动。杜鲁门表示，“除非存在对美国军队迫在眉睫的严重威胁，我才会批准这项轰炸指令”。[①] 于是，他命令在麦克阿瑟向华盛顿解释为什么要这样做之前，推迟执行这项轰炸命令。就在战斗机将要起飞执行轰炸任务时，参谋长联席会议按照总统命令，电告麦克阿瑟禁止轰炸距离中国东北 5 英里以内的任何设施。同时，要求麦克阿瑟说明为什么轰炸横跨鸭绿江的大桥。麦克阿瑟愤怒至极，他甚至拟好辞职书准备递交。11 月 6 日，麦克阿瑟向参谋长联席会议递交一份形势评估报告，以近乎绝望的语气描述朝鲜的局势，他警告说，人员和物资不断从鸭绿江涌来，严重威胁到他所率部队的杀伤力。因此，在这种情况下，轰炸鸭绿江桥不会成为侵犯中国领土的行为。在参谋长联席会议看来，这份报告和 11 月 4 日那份略显乐观的报告大相径庭，布拉德利不但不相信中国军队真的能够摧毁联合国军，而且对麦克阿瑟的表述

① Dennis D. Wainstock, *Truman, MacArthur, and the Korean War*, Westport: Greenwood Press, 1999, p. 81.

表示愤怒。麦克阿瑟的报告称参谋长联席会议“那帮傻子”，他绝对不会接受除了总统之外的任何人的命令。作为麦克阿瑟的顶头上司，布拉德利认为这是“严重的冒犯”。

11月6日，美军沿鸭绿江轰炸。11月7日，马歇尔试图让麦克阿瑟悬崖勒马，“我们理解在寒冷的冬日，在有限的条件下，你率领部队在多山的崎岖山区作战所面临的困难，华盛顿的每个人都愿意在我们能力范围内以最为有效的方式支持你……但是，我们正面临着日益严峻的国际危机，这场危机很容易演变成为一场世界灾难”。[①] 麦克阿瑟回复说，他也在尽可能使这场冲突局部化，但是中共天生具有侵略性，因为他们急于对外扩张，也热切盼望获得权力。11月8日到12月12日，海空军联合作战，对鸭绿江沿岸进行大规模的轰炸。尽管后来杜鲁门将麦克阿瑟解职，但轰炸鸭绿江沿岸的负面影响是深远的。

综上所述，朝鲜战争是美国对华政策的分水岭，朝鲜战争爆发后，美国很快将对华政策纳入美苏在亚洲展开冷战政策的框架中考虑，以往希冀与中共建立联系的念头一笔勾销。美国在朝鲜战争中采取的越过三八线、逼近鸭绿江，都是在美国认为中国不可能入朝作战的情况下做出的行动，但是考虑到朝鲜战争前美国就朝鲜半岛统一所做的政策规划，越过三八线，试图一举解决朝鲜半岛问题本是美国政策中的应有之义。从这个意义上说，朝鲜战争爆发后，中美对抗成为历史的必然。第七舰队开往台湾海峡、联合国军越过三八线，这些对新中国构成强烈的政策暗示：美国在构建针对新中国的包围圈。美国决策层未能及时遏制麦克阿瑟逼近鸭绿江，抵消了此前所有的力求避免冲突范围扩大化的努力，加重了美国政策的灾难性后果。

---

① Dennis D. Wainstock, *Truman, MacArthur, and the Korean War*, Westport: Greenwood Press, 1999, p. 82.

第十章

未能建交：失之交臂的机会还是历史的必然

外交史研究者们一直在探索一个命题，他们设想如果去掉一些偶然因素，美国是不是有可能与新中国建交？为了求解这一命题，他们从宏观着眼，以微观落脚，最终将罪魁祸首锁定在一些偶然的人和事上。这种小人物改变大历史的思路，显然不足以说明中美关系最终交恶的历史根源。大致说来，有代表性的主要有以下几种观点。

一种观点是傅泾波论，邵玉铭在其著作《一位在华美国传教士：司徒雷登与中美关系》（*An American Missionary in China*：*John Leighton Stuart and Chinese-American Relations*，*Harvard University*，1992）中，认为傅泾波是司徒雷登调解国共矛盾失败的原因之一。[①] 这种论点被少数国内研究者引用。还有一种观点认为艾奇逊的阻挠致使中美两国失去这次历史性的机会。艾奇逊反对司徒雷登北上访问燕京大学，理由是他的反共理念，但实际上恰恰是这位反共的决策者一直力挽狂澜避

---

① Yu-ming Shaw，*An American Missionary in China*：*John Leighton Stuart and Chinese-American Relations*（Cambridge：Harvard University Press，1992），pp. 261 - 265.

免美中关系在很早的时间就开始恶化。朝鲜战争爆发前，艾奇逊一直保持克制的现实主义立场。他一直在试探着预留退路，主张美国实行“尘埃落定”政策，逐步与蒋介石摆脱关系，他阻止继续援助蒋介石。司徒雷登与黄华联络恰恰是艾奇逊指示的。被指责为反共的艾奇逊，却在华盛顿被他的本国同僚们讥讽为赤色国务卿，是中共的代理人。

陈兼教授则通过研究中国的档案资料，为我们提供了另外一种视角。陈教授避开以美国为视角而得出的所谓在中国失去的机会，他从中国视角研究发现，毛泽东在中美关系中并不是一个被动的角色，进而提出，新中国完全没有可能与美国建交。至少从中共解密的档案资料中看不到这种“机会”，恰恰相反，档案资料呈现的是中苏关系越来越紧密，而黄华、司徒雷登会面只是探索性的、非正式的。毛泽东下定决心要重新改造国家和社会，使中国在国际社会中回到正确的位置。回顾中苏关系，尽管也有许多艰难的时期，但是毛泽东意识到苏联的支持不但对中共战胜国民党至关重要，对于毛泽东打算在全国解放后继续革命的伟大进程也是大有裨益的。美国公使沃德案反映出毛泽东对美国日益增长的敌意，而这类案件则让杜鲁门政府更加不可能承认新中国。因此，新中国与美国建交，更多的是一个神话而不可能是现实。[①]

第一节　中共高层主张应理性对待美国

回顾这段历史，从新中国成立到朝鲜战争爆发这段时间，中共与美国实现和解并建立关系，从很多方面看是有可能的。新中国的领导

---

① Chen Jian, *Mao's China and the Cold War* (Chapel Hill: University of North Carolina Press, 2001), p. 48.

人毛泽东和周恩来都意识到与美国合作对新中国经济建设的意义。应该说1949年前后毛泽东对美国对华政策出现的新情况所作出的估计大致是正确的。但由于长期以来对美帝国主义的不信任，他对美国对华政策微调的意图在理解上存在偏颇，“美国政府的政策，已经由单纯地支持国民党的反革命战争转变为两种方式的斗争：第一种，组织国民党残余军事力量和所谓地方势力在长江以南和边远省份继续抵抗人民解放军；第二种，在革命阵营内部组织反对派，极力使革命就此止步；如果再要前进，则应带上温和的色彩”。[①] 因此，他指示，“务必不要太多地侵犯帝国主义及其走狗的利益”。1949年5月20日，中共中央军委、总前委电告第三野战军副司令员粟裕、参谋长张震：“如有外国军舰在上海停泊未动，并未向我军开炮者，则不要射击。”[②]

1949年4月28日，毛泽东致电邓小平、刘伯承、陈毅，指出：

> 我方对英、美侨民（及一切外国侨民）及各国大使、公使、领事等外交人员，首先是美、英外交人员，应着重教育部队予以保护。现美国方面托人请求和我方建立外交关系，英国亦极力想和我们做生意。我们认为，如果美国及英国能断绝和国民党的关系，我们可以考虑和他们建立外交关系的问题。[③]

两天后，毛泽东在为中国人民解放军总部发言人李涛起草的声明

① 毛泽东：《将革命进行到底》（1948年12月30日），载《毛泽东选集》第4卷，人民出版社，1991，第1374页。

② 毛泽东：《对外国军舰轮船进入黄浦江的处理办法》（1949年5月20日），载中共中央文献研究室编《毛泽东文集》第5卷，1996，第296页。

③ 毛泽东：《关于稳住汤恩伯及外交政策问题》（1949年4月28日），载《毛泽东文集》第5卷，第285页。

中，明确提出新中国的建交原则。声明指出：

> 中国人民革命军事委员会和人民政府愿意考虑同各外国建立外交关系，这种关系必须建立在平等、互利、互相尊重主权和领土完整的基础上，首先是不能帮助国民党反动派。中国人民革命军事委员会和人民政府不愿意接受任何外国政府所给予的任何带威胁性的行动。外国政府如果愿意考虑同我们建立外交关系，它就必须断绝同国民党残余力量的关系，并且把它在中国的武装力量撤回去。①

可见，中共领导人对美国等国家的态度，是非常理性的，指示要保护侨民、外交官的权益，禁止射击没有表示出敌意的外国炮舰轮船，以期在可能的时候，与美国等西方国家建立外交关系。但是除非美国与国民党政府断交，并撤回所有军事力量，以示诚意。

在中共与美国打交道的经历中，美国多次失信，使得中共对美国抱有深深的不信任感。第一次，抗战后期承诺给中共军队提供军事援助后来未能兑现；第二次，赫尔利在调停失败后，放弃他在延安讨论五点建议时的立场，主张全面支持蒋介石；第三次，马歇尔调停失败，中共再次对美国失望。在这些经历中，中共一开始也对美国寄予厚望，并尽最大努力表现出善意并愿意与美国合作，但期待最终都一一落空。中共领导人对这些经历记忆犹新，因此，这次中共不可能表现得特别渴望与美国建立关系。

毛泽东在给黄华与司徒雷登会面的指示中着重强调这一点。1949

① 毛泽东：《中国人民解放军总部发言人为英国军舰暴行发表的声明》（1949 年 4 月 30 日），载《毛泽东选集》第 4 卷，人民出版社，1991，第 1461 页。

年5月10日，毛泽东致电中共南京市委，指示黄华与司徒雷登见面，并提出在会谈中应注意的几个问题："黄华可以与司徒见面，以侦察美国政府之意向为目的。见面时多听司徒雷登讲话，少说自己意见，在说自己意见时应根据李涛（指中国人民解放军总部发言人）声明。"[①] 针对南京市委汇报就黄华与傅泾波会面时所说"空言无补，需要美首先做更多有益于中国人民的事"，毛泽东进行批评指正，他表示：

> 这样说法有毛病。应根据李涛声明表示任何外国不得干涉中国内政，过去美国用帮助国民党打内战的方法干涉中国内政，此项政策必须停止。如果美国政府愿意考虑和我方建立外交关系的话，美国政府就应当停止一切援助国民党的行动，并断绝和国民党反动残余力量的联系，而不是笼统地要求美国做更多有益于中国人民的事。你们这样说可能给美国人一种印象，似乎中共也是希望美国援助的。现在是要求美国停止援助国民党，割断和国民党残余力量的联系，并永远不要干涉中国内政的问题，而不是要求美国做什么"有益于中国人民的事"，更不是要求美国做什么"更多有益于中国人民的事"。照此语的文字说来，似乎美国政府已经做了若干有益于中国人民的事，只是数量上做得少了一点，有要求他"更多"地做一些的必要，故不妥当。[②]

此外，毛泽东强调，"与司徒雷登谈话应申明是非正式的，因为

① 毛泽东：《黄华同司徒雷登谈话应注意的问题》（1949年5月10日），载《毛泽东文集》第5卷，第293页。

② 毛泽东：《黄华同司徒雷登谈话应注意的问题》（1949年5月10日），载《毛泽东文集》第5卷，第293～294页。

双方尚未建立外交关系”。[①]

1949 年 6 月 6 日，黄华约司徒雷登和傅泾波到外事处进行第二次会面，黄华表示，“中美要建立新关系，美国首先应停止援助并断绝同国民党逃亡政府的一切关系”。[②] 司徒雷登回复说，“各国使节留在南京，这就表示了对国民党的态度。如今后国民党政府再由广州他迁，则可肯定美国代表也不拟随往。但因目前尚无一个新政府成立，没有承认对象，国共两党各占一部分地区……按照国际法，美国尚不能断绝与旧政府的关系。如果过去对美国有所谓干涉内政的评论，今天美国更宜慎重从事，不能表明拥护或反对哪一方面。故美国采取被动态度，等待产生了为中国人民所拥护的民主政府，而这个政府也证明了愿意并有力量担负起国际义务时，问题自然解决”。[③]

在这次历史性的会面中，黄华与司徒雷登所表述的中美政策立场说明双方的矛盾是不可通融、调和的，双方的政策立场中都有着对方不可能接受的部分，而这个部分恰恰被双方视为核心利益，是双方都不可能做任何让步和妥协的底线。

因此，这一试探性接触注定是不会取得任何进展的，美国这次与中共进行的接触，和 1944 年那次在延安进行的接触相比，已经大不相同。一方面外部局势发生变化，中共和美国都不再需要考虑要对付共同的敌人而不得不顾全大局，此时双方都在考虑自身的核心利益。另一方面，自从 1944 年接触之后，发生国共内战，在中共看来，美国在其中扮演着幕后推手的角色。在这种背景下，如果美国想与中共建立联系，中共所能接受的先决条件就是美国与国民党政府断交，在这个

---

① 毛泽东：《黄华同司徒雷登谈话应注意的问题》（1949 年 5 月 10 日），载《毛泽东文集》第 5 卷，第 294 页。

② 黄华：《亲历与见闻——黄华回忆录》，世界知识出版社，2007，第 82 页。

③ 同上书，第 82、83 页。

基础上，才可以谈其他事宜。但是在美国看来，无论是与国民党政府断交还是与中共建立联系，都需要一个循序渐进的过程，正如司徒雷登所言，大使留下来已经说明了态度。但是仅仅是大使留下来传达的信息，在中共看来，是远远不够的。美国需要与国民党政府断绝关系，以示诚意。

可见，派黄华与司徒雷登进行非正式的会面，算是中共展现出来的最大程度的善意，中共这次决计不再主动伸出橄榄枝。中共宣布不承认国民党时代的任何外交机构和外交人员的合法地位，对留在南京的驻国民政府时期的外交人员按一般外侨看待。结合此前发生的沈阳使领馆事件，在黄华与司徒雷登的历史性会面中，中共已经在很大程度上缓和了自己的立场。1949 年前后屡次出现下级人员与美国在华外交人员之间的纠纷。比较有代表性的两个案例是沈阳使领馆事件和士兵闯入南京大使馆事件。

1948 年 11 月解放军解放沈阳，11 月初成立军管会，1949 年 5 月，美国公使安格斯·沃德（Angus Ward）与另外四名美国使馆人员被以间谍罪抓捕，审讯后被判刑，后改为驱逐出境。沃德案的前后经过，反映出中共最初在应对涉外问题上是缺乏经验的。1950 年 2 月，沃德在《美国外交杂志》上撰文描述沈阳事件的经过。1948 年 11 月 15 日上午，军管会交来一封信，要求所有未经批准的收发报电台必须在 36 小时内停止使用。17 日，沃德被叫到军管会总部，军管会副主任伍修权告诉他，必须把电台的所有设备交到军管会。沃德答复说，如果军管会觉得这样做合适，他无法抗拒，但对此提出抗议。伍修权说当天下午将派一个小分队去领事馆取电台。沃德回到领馆，马上给驻上海的美国总领馆发去电报，告知沈阳领事馆的电台将被收缴。但是当天和第二天小分队都没有来。18 日，军管会向沃德口头保证，沃德的公务电文可以通过新华社的发报台发出。20 日，军管会来人将电台设备搬走。22 日，沃德交给军管会一份电报，发往美国国务院。1949 年 1 月 13 日，这份电报被退还给沃德，同时附带一封信，信中写道，因为东北人民政府与美国没有外交关系，该电文无法发出。1949 年 5 月，美国国务院决定关闭驻沈阳领事馆，命令使馆人员准备撤出。10 月 11 日，被辞退的中方雇员回到使领馆讨要工资，双方发生冲突，沃德和四名使馆工作人员被捕。埃里克森（Elden Erickson）是使领馆工作人员，他在口述史中讲述当时被软禁的情形，“断水断电，我们没有煤，没有热水可以洗澡。我们只能像中国人那样穿上很多层衣服。每周我们都获准用汉语写一个清单，列出我们所需要的物品，交给门口那帮人。我们不能和他们说话。我们不停地要针线，因为我们的衣服都破烂不堪，负责杂物的人员一直在缝缝补补，这成了一件很要紧的事情。这是我印象中经历的最冷的冬天，零下四十度”。[①] 1950 年初，他们回到美国。回顾这段历史，沃德对军管会命令的应对方式说明这道命令并没有引起他足够的重视，之所以产生这种误会，我们有必要回顾沈阳市长朱其文与沈阳使领馆打交道的经过。1948 年 11 月 2 日，沈阳军管会成立后，朱其文被任命为首位沈阳市长。当天，沈阳市政府给美、英、法三国驻沈阳领事和苏联商务代办发去就职通知。沃德起草一份公函派人送往沈阳市政府的临时办公地点。4 日，沃德接到朱其文市长的回复，邀请英法美三国领事及苏联代办于 5 日前往市长办公室会面。5 日，朱其文向四国外事官员阐述中共愿意为外国使节提供一些保护措施，派兵驻守使领馆以及重要的外国人住宅，另外给使领

① Elden Erickson, “A Hostage in Communist China, 1948 - 1949”, in *The Association for Diplomatic Studies and Training*: *Foreign Affairs Oral History Project*, http://adst.org/2012/09/a-hostage-in-communist-china/, 访问日期：2017 年 3 月 2 日。

馆发放机动车通行证和标示旗等，避免士兵误伤使领馆人员。沃德提到使领馆与美国之间的信件往来是不是可以仍然保持通畅，朱其文事先没有预料到这个问题，因此没有作答复。关于电报收发事宜，朱其文表示盖上市长办公室公章，可以送往电报局。[①]

3天后，朱其文回访美国领事馆。关于这次会面的具体内容，国内资料难以寻觅，但是在沃德9日发给国务院的电报中，我们可以了解大致情况。沃德提到，因为二战和国共内战的原因，美国商团不得不撤走，但是他希望美国商人能够尽快回到沈阳发展。朱其文表示，新政府欢迎美国商人回来继续开展业务，希望美国商人能够在平等的基础上重启与东北的贸易往来。东北需要外国的商品，东北也有外国需要的产品。[②] 在参观使领馆内的图书馆时，朱其文表示中美两国应加强文化和技术合作，朱其文还表示愿意赠送一些共产主义的书籍给图书馆，但沃德对使领馆是否应增加这类书籍，不是很确定，考虑到书籍中或许会包含有亲苏倾向的内容，他认为应当向上级请示。但他认为直接拒绝比接受馈赠会给美国带来更大的损失。[③]

至此，沃德对中共对待外国使节的态度是基本满意的，不过，派兵驻守使领馆和重要人物的住宅一事，沃德感到人身自由受限制，朱其文的表态是否具有政策价值，沃德也不能确定。除此之外，对

① FRUS123 Ward, Angus "Telegram: The Consul General at Mukden (Ward) to the Secretary of State", November 5, 1948, in *Foreign Relations of the United States*, *1948*, *the Far East*: *China*, Volume Ⅶ, p. 829.

② FRUS893. 5151/11 - 948 "Telegram: The Consul General at Mukden (Ward) to the Secretary of State", November 9, 1948, in *Foreign Relations of the United States*, *1948*, *the Far East*: *China*, Volume Ⅶ, p. 830.

③ FRUS125. 6336/11 - 948 "Telegram: The Consul General at Mukden (Ward) to the Secretary of State", November 9, 1948, in *Foreign Relations of the United States*, *1948*, *the Far East*: *China*, Volume Ⅶ, p. 831.

朱其文的表态，沃德认为当初做出滞留沈阳的选择是正确的，他甚至认为沈阳使领馆有望成为第一个与中共建立关系的使领馆。

沃德开始纠结使领事馆内的图书馆内到底能不能放置朱其文市长送来的共产主义题材的书籍，并为此请示上海总领事卡伯特。11月11日，卡伯特请示国务院，认为此举有推销共产主义理念的嫌疑，违背此前图书馆内只陈列美国书籍的传统，而且如果沈阳使领馆在这方面开了先例，共产党控制的其他城市也会效仿。[①]

事实上，让不让放书的忧虑都是多余的，很快，沃德就发现，这个乐观的开篇是没有后续的。朱其文回访美领馆的当天，就受到军管会的严厉批评，“英、法、美外交人员都是些职业帝国主义分子，对他们决不能像对待一般人民的态度一样”。“许多问题，有些不必讲，有些不应讲，美、英、法三国领事留在沈阳的目的，主要是窥探我们与苏联的关系”。[②]

军管会专门就此事向东北局和中央汇报，在军管会汇报朱其文回访领事馆一事的过程中，收缴电台也被提上日程。在解放军解放沈阳之前，东北联军总司令林彪曾经下令在各大城市收缴电台。11月1日，中共中央电告东北局，要求各使领馆不得设立电台，已有电台，应交给军管会和市政府代管，出境时交还。6日，军管会主任陈云向东北局汇报，经公安局调查，使领馆内确实有电台，并且仍在发报。11月11日，陈云向东北局书记林彪汇报时，林彪非常关心使领馆内设有电台的问题，要求进行收缴，统一保管。11月14日，军管会发布第四号布告，要求凡设有无线电台者，限自布告之日起36小时内，

---

① FRUS125.6336/11-1148 “Telegram: The Consul General at Shanghai (Cabot) to the Secretary of State”, November 11, 1948, in *Foreign Relations of the United States, 1948, the Far East: China*, Volume Ⅶ, p. 832.

② 邢继攀、孙会岩：《陈云与沈阳美领馆事件》，《百年潮》2016年第8期，第46页。

将全部电台、收发报话机交由军管会代为保存。隐匿不报者，一经查出，除没收机件外，当事人将依法受到惩处。15 日，军管会派人向美领馆递交布告。

收到第四号布告的当天，沃德就此事向美国国务院做了汇报，从电文可以看出，沃德仍然沉浸在朱其文市长表态燃起的希望之中。沃德在电文中提出："我可以想办法约见朱市长，核实我们是不是必须缴出电台。如果一定要求停止使用发报设备，我尽量争取让朱市长允许使领馆保留并继续使用收报设备。"[①] 沃德幻想着朱市长会把美国使领馆排除第四号布告的约束范围之外。15 日，司徒雷登发往国务院的电报中，也显示出他也被朱其文与沃德会面这个良好的开端鼓舞着，"我们感到幸运的是，我们在沈阳和北平还保留着使领馆……我们可以凭借他们的判断，采取适当的行动，与中共地方政府在更为有利的基础上建立非正式的关系"。[②] 16 日，沃德发往国务院的电文显示，他依然没有意识到问题的严重性，"昨日约见朱其文市长以及军管会主任，想与他们讨论关于继续使用电台的事宜，对方拒绝见面。今日也没能约好。如果规定的 36 小时期限已到（即今晚 10 点钟），他们没有来收缴电台，那么我们就有希望可以继续使用电台"。[③]

沃德在上述幻想的指引下，做出的反应是拒绝交出电台，他还致

① FRUS893.76/11－1548 "Telegram: The Consul General at Mukden (Ward) to the Secretary of State", November 15, 1948, in *Foreign Relations of the United States, 1948, the Far East: China*, Volume Ⅶ, Washington: U. S. Government Printing Office, 1948, p. 835.

② FRUS125.0093/11－1548 "Telegram: The Ambassador in China (Stuart) to the Secretary of State", November 15, 1948, in *Foreign Relations of the United States, 1948, the Far East: China*, Volume Ⅶ, p. 836.

③ FRUS125.6336/11－1648 "The Consul General at Mukden (Ward) to the Secretary of State", November 16, 1948, in *Foreign Relations of the United States, 1948, the Far East: China*, Volume Ⅶ, p. 836.

函陈云，“电台的存在和使用，是中国国民政府承认、批准的。使领馆的存在须依赖继续使用电台。希望军管会批准允许使用电台”。36小时期限过去后，军管会没有派人来收缴电台，沃德以为他发去的公函起了作用。但事实上，军管会那时对派兵进入使领馆收缴会不会引发外交纠纷，尚不清楚，因此，在等待上级机关的回复。在得到上级机关的许可后，就出现前述进入使领馆收缴电台的事。

由此可见，双方的误判是自始至终存在的。一开始，双方就误判了对方的意图，沃德想留下来试图与中共建立联系，中共认为沃德等外事官员想搜集中苏关系的情报。在此，我们有必要回顾美国国务院和驻南京大使馆在决定让沈阳使领馆继续发挥作用时的讨论。早在1948年5月，美国国务院预料到沈阳或许会比华北城市更早被共产党占领，因此向司徒雷登征询意见，是否要在共产党占领之前关闭使领馆并完成工作人员的撤离。司徒雷登在审慎考虑之后，于5月5日致国务卿的电报中，提到尽管共产党占领后使领馆工作人员可能会面临一些风险，比如人身安全威胁或者是行动自由受限制，甚至可能遭到驱逐，但是“这类人身安全忧虑主要取决于攻城战役的情况，而且使馆工作人员不太可能会成为部队的打击目标，攻城部队或许提前会接到上级通知，告知城里有使馆工作人员，并要求保护他们的安全”[①]，在这种情况下，“使馆继续留下来意义重大，将会成为与新政权建立关系的先锋”。[②] 因此，司徒雷登建议，国务院应该准许进行一项大胆的实验，选择一些具有重要战略价值的城市，让这些城市的使领馆继

① FRUS125.633/5－548 “Telegram: The Secretary in China (Stuart) to the Secretary of State”, May 5, 1948, in *Foreign Relations of the United States, 1948, the Far East: China*, Volume Ⅶ, p. 814.

② FRUS125.633/5－548 “Telegram: The Secretary in China (Stuart) to the Secretary of State”, May 5, 1948, in *Foreign Relations of the United States, 1948, the Far East: China*, Volume Ⅶ, p. 814.

续工作，直到中共解放这些城市。尽管他认为中共的攻城目标具有不可预见性，但他推测沈阳会比华北地区城市以及长江沿线城市先行被中共解放。因此，沈阳是一个理想的试验地点。但是考虑到可能存在的安全风险，司徒雷登建议，缩减使领馆工作人数，只留下少部分人，其余人员尽快完成撤离任务。5 月 7 日，国务卿在给司徒雷登的回电中，采纳了司徒雷登的建议。5 月 8 日，沈阳总领事沃德致电国务卿，表示在这种关键时期，他强烈反对减员，非但不能减员，还应当增加使馆工作人员。沃德表示，“此时减员对卓有成效地实现目标毫无裨益，只会削弱使领馆开展工作的能力，沈阳使领馆的所有男性工作人员都愿意留下来，在沈阳易手后，我们仍可以开展工作”。[①] 由此，沈阳使领馆成为沃德所言“在红幕之下继续开展工作的使领馆”。[②] 5 月 27 日，在发给国务卿的电文中，司徒雷登对沃德希望增员的建议，表达了反对意见。5 月 28 日，国务院发给司徒雷登的电文显示，早在 1947 年 2 月沃德返回华盛顿时，他就和国务院取得谅解：即便是中共占领沈阳，沈阳使领馆仍然可以继续工作，并希望在可能的情况下增员。沃德此前预期 1948 年春中共部队就会开进沈阳。不过，考虑到其他使领馆人员紧缺，国务院决定让沈阳使领馆人员维持现有水平。[③]

11 月 2 日，美国国务院致电沃德，表示因为无法预料可能出现的

---

① FRUS125.633/5－848 “Telegram：The Consul General at Mukden（Ward）to the Secretary of State”，May 8，1948，in *Foreign Relations of the United States*，*1948*，*the Far East*：*China*，Volume Ⅶ，p. 816.

② FRUS125.633/5－848 “Telegram：The Consul General at Mukden（Ward）to the Secretary of State”，May 8，1948，in *Foreign Relations of the United States*，*1948*，*the Far East*：*China*，Volume Ⅶ，p. 816.

③ FRUS125.633/5－2748 “Telegram：The Acting Secretary of State to the Ambassador in China（Stuart）”，May 28，1948，in *Foreign Relations of the United States*，*1948*，*the Far East*：*China*，Volume Ⅶ，p. 820.

情形，因此，国务院无法给使领馆提供详尽的指导，只能依靠领馆工作人员慎重判断作决定，但是在与当地的共产党政府打交道时，需要遵循以下几条原则："第一，使领馆在中共解放的城市继续运作，并不意味着承认新政权，和承认相关的任何决定不言而喻应由美国政府决定，使领馆只是承担领事职能。第二，总领事可以自己权衡寻找适当时机面见当地政府官员，告知他们使领馆仍在继续发挥其职能，其目的仅仅是保护美国人生命和财产安全。第三，与当地政府官员的关系应仅仅保持在私人和非正式的基础上，接受当地官员的邀请，应该仅仅是以个人名义，而不是以官方身份前往。不应参加具有官方性质的活动"。[①]

沃德不知道朱其文市长的表态并不能代表中共立场，但是沃德却其视为有望双方修好的征兆。他没有想到朱其文市长的表态随后就受到批评，不具有任何政策价值。后来沃德没有严肃对待军管会的第四号布告，也是因为他仍然沉浸在之前的期望之中。事实上，在解放沈阳前夕，中共中央就制定了"挤走"美使领馆的政策方针。因此，朱其文的做法只是代表他个人的看法，并且被上级机关及时阻止。

因此，沃德的企盼注定是要落空的，但是沈阳事件最终的结局是否一定会出现？确实是必然中的偶然。沃德在收到第四号布告后，他的应对和英法两国领事的应对相比，缺少灵活性。英法两国领事只答复说侨民中并无电台，没有提及使领馆内电台的信息。沃德回复说，如果想让使领馆继续运作，就应该让使领馆留有电台。甚至提及该电

① FRUS125.0093/11 - 248 "Telegram: The Acting Secretary of State to the Consul General at Mukden (Ward)", November 2, 1948, in *Foreign Relations of the United States*, *1948*, *the Far East*: *China*, Volume Ⅶ, p. 826.

台曾为国民政府批准使用，望新政府继续批准。而问题的症结正出在使领馆是国民政府承认的，所以中共不打算承认其外交地位。这种应对，也会给中共留下发出挑战的不良印象。外界也有论者把沈阳事件归咎于沃德的性格以及反共立场。沃德是反对共产主义的，但是这位持有反共理念的领事，在中共占领沈阳之时，却留了下来，并想寻找机会与中共建立联系。可见，是现实而非意识形态主导着他的外事工作理念。他本人一些不为常人所接纳的习惯，也增强了这一看法。沃德爱猫，他无论到哪里都要带上四只爱猫，在最后离开沈阳时，沃德还不忘带上他的猫，在取道韩国抵达日本横滨返回美国的途中，美国爱猫者协会特意为他空运猫粮到横滨。

但是从双方的政策立场看，想建立联系的希望是不可能实现的，美国对沃德的授权和指示说明仅仅是非正式的试探性接触。中共挤走使领馆的政策方针也饱含着深深的不信任。在这样的基础上，建立联系，只能是奢望。

一开始，美国还想方设法想借给沃德解困之机，与中共高层进行接触，但是各种努力都无果而终。1948 年 11 月 18 日，电台被收缴后，司徒雷登与沈阳使领馆失去联系。20 日后，沈阳使领馆的工作人员被限制在使领馆内，与外界的联系中断。此后，美国国务院和大使馆、北平使领馆一直在想方设法与中共高层联系，司徒雷登一开始建议国务院发表官方声明，后来又想游说英法两国大使发表联合声明，期望引起国际社会关注。但是他的倡议遭到英法两国大使的拒绝，英国乐于享受目前中共将英美区别对待的状态，法国大使表示他的母国政府禁止驻外使节发表任何性质的声明。在各种努力无果的情况下，司徒雷登建议美国国务院允许他向美联社和《纽约时报》透露沈阳使领馆的情况。1949 年 1 月 19 日，美国国务院答复说，“考虑到英法不愿意与美国发表联合声明，此时将沈阳使领馆的情况报给媒体是不明智的”。[①] 2月22日，国务卿艾奇逊致函司徒雷登，重申登报无助于解决沈阳使领馆危机，只会让事态复杂化。[②] 大使馆的公使衔参赞克拉克建议，国务院不要在此时关闭沈阳使领馆，理由是“此时如果宣布关闭沈阳使领馆，正好落入中共设好的局中，我们决不应轻易做这个决定。只要我们的人没有生命危险”。[③] 北平使领馆领事克拉布试图与叶剑英、人民解放军总部取得联系，均宣告失败。还想派员前往沟通，但未能取得许可。在多方努力无果后，4月26日，国务卿致电北平使领馆领事克拉布，“无论如何，就目前情形而言，沈阳使领馆不能继续无休止地等待中共改变心意”。[④] 国务院在整个事件中一直保持比较理性的立场，避免激化矛盾，但是中共对美国已经丧失信任，而且美国依然与国民党政府保持官方上的联系，这意味着这些努力终究是徒劳无益的。

沃德事件最终以沃德获罪而收尾，对沃德来说，这是莫大的讽刺。一年前，他主动请缨要留下来，成为与中共地方政府建立联系的急先锋，一年多以后，他成了罪犯。1949年5月31日，黄华向司徒雷登的得力助手兼顾问傅泾波暗示，沃德可能为国民党政府从事间谍活动，

---

① FRUS125. 6336/1 - 1249 “Telegram: The Acting Secretary of State to the Ambassador in China (Stuart)”, January 19, 1949, in *Foreign Relations of the United States, 1949, the Far East: China*, Volume Ⅷ p. 935.

② FRUS124. 936/2 - 2249 “Telegram: The Secretary of State to the Ambassador in China (Stuart)”, February 22, 1949, in *Foreign Relations of the United States, 1949, the Far East: China*, Volume Ⅷ, p. 938.

③ FRUS125. 6336/2 - 2349 “Telegram: The Minister-Counselor of Embassy in China (Clark) to the Secretary of State”, February 23, 1949, in *Foreign Relations of the United States, 1949, the Far East: China*, Volume Ⅷ, p. 939.

④ FRUS125. 633/4 - 2549 “Telegram: The Secretary of State to the Consul General at Peiping (Clubb)”, April 26, 1949, in *Foreign Relations of the United States, 1949, the Far East: China*, Volume Ⅷ, p. 955.

但他没有说明具体情节。[①] 关于沃德是否从事间谍活动，在沃德等人的人身自由被限制之后，东北局破获一起重大间谍案，间谍的主要任务是刺探有关苏联、外蒙和解放区的有关信息，沈阳使领馆提供了发报的便利。有学者认为沃德对这起案件并不知情。[②]

事实上，纵览1941～1950年的美国外交档案，有关苏联、外蒙以及中共的报告比比皆是，苏联是美国在制定对华政策时考虑的一个重要因素，密切关注苏联在华动向，是驻华人员的重要任务之一。从1944年开始，驻新疆迪化使领馆频繁发送关于苏联在华动向的报告，蒋介石对这些报告也感到非常恼火。那时蒋介石拼命鼓噪苏联威胁论，想把美国拉入国民政府与苏联的对抗中，但是使领馆外事官员的报告显示蒋介石是在夸大其词，建议美国应淡化处理。冷战开始后，观察苏联在华动向，显得更为重要。收缴电台事宜同样也是苏联热切关注的原因之一。1948年11月16日，苏联驻哈尔滨总领事马里宁给中共中央东北局书记高岗打电话，要求东北局立即派人去没收美、英、法驻沈阳领事馆的所有电台，强调“这是关系到苏联的很大的事情”。高岗答复说沈阳卫戍区司令部已经采取相应措施，并且告知中共决定采取挤走使领馆的方针，马里宁称苏联领导人将会对此感到高兴。[③]

在特殊时期，使领馆被定性为与间谍共谋在所难免。巧合的是破案的时机与沃德等被软禁的时间非常接近。从积极作用看，间谍案为软禁沃德等人提供了合法性依据，但是中共却似乎留下违背国际惯例的消极影响。使领馆工作人员回美后，《生活》杂志报道了他们所经

① FRUS125. 633/5－3149 “Telegram: The Consul General at Peiping (Clubb) to the Secretary of State”, June 1, 1949, in *Foreign Relations of the United States*, *1949*, *the Far East*: *China*, Volume Ⅷ, p. 959.

② 杨奎松：《美国驻沈阳使领馆事件始末——中共与美国的最初对抗》，http://www.clght.com/show.aspx? id=6711&cid=6，访问时间：2016年12月20日。

③ 邢继攀、孙会岩：《陈云与沈阳美领馆事件》，《百年潮》2016年第8期，第48页。

历的幽禁，舆论大哗。这证实了一直流传的猜测，即中共不会按照通行惯例与西方国家打交道。尽管这已经不是中共与美国第一次产生外交摩擦了，1946 年 7 月 29 日发生的安平事件算是中共与美国出现的第一次对抗。冀东解放区的一支部队与美国海军陆战队的运输车队发生冲突①，当时马歇尔正在中国调停国共矛盾，他需要让国共都作出妥协，以利于开展调停工作，为此，他主张安平事件应大事化小。安平事件，中共的说法是美国海军陆战队协助国民党军队进犯解放区，遭到共产党军队反击。因此，责任在美国一方。在这次冲突中，中共赢得外交上的胜利，置美国于不利境地，尽管死伤士兵有十余人，为了不让安平事件干扰调停，美国不了了之。

但是在沃德事件中，时局已经发生大的改变。此时距离中共获得全国性的胜利已经不远了，美国从中共对待沈阳使领馆的立场中可以预见到中共建立新中国后对美国的立场。驻华外事官员和国务院的电文往来说明，美国尽管力求避免矛盾激化，但是仍将沃德事件作为一个具有标志性的事件来看待。

南京的美国大使馆遇到的情况再次证实了这种猜测，即中共不打算根据国际惯例来对待美国驻华外事官员。1949 年 4 月 25 日，第三野战军第八兵团 35 军 103 师 307 团 1 营营长、教导员进入美国大使馆，当天，美国之音播出新闻，称南京的中国人民解放军搜查美国大使馆。对这类事件，毛泽东是不同意的，他获悉后，马上指示南京警备司令部司令陈士榘和南京警备政治部主任江渭清查处此事，并电告总前委，“35 军进入南京纪律严明，外国反映极好，但是侵入司徒住宅一事做得不好……此事必须立即引起注意”。这种个案的处理方式

---

① 关于安平事件的比较详尽的论述，参见杨奎松《1946 年安平事件真相与中共对美交涉》，《史学月刊》2011 年第 4 期。

显然不足以阻止其他地方出现此类事件。

电报显示，在新中国成立前夕，这类地方没有按照中央指示精神处理涉外事务的情况屡屡发生。1949 年 4 月 30 日，中央军委电告华东局、总前委，“南京电报局不得中央同意，擅自停止外国记者发新闻电是何人处理的，望即查明电复。我们认为，南京、上海两处暂时均不要停止外国记者发新闻电，南京方面应重新开放，让外国记者发电，并且不要检查。看其情况如何，再由中央决定或全部停止外国记者发电，或准许好记者发电，停止坏记者发电”。[①] 这份电报指出，“此次外交政策几天时间内出了很多乱子，就是因为你们过去对于这个问题对下面没有任何文电指示。对有些问题有了指示，但如果没有让各军、各师、各团，各省、各市、各县的领导同志同时普遍看到，或者指示中对一项问题不强调，不突出，不鲜明，不确定范围，则各地仍然不明白，或者不甚明白”。[②]

中共下级官员在处理这些涉外问题时，缺乏经验，他们没有处理外事的经历，更不通晓新闻自由，自然不懂得国际上通行的外事人员享有赦免权的惯例。而此刻，在南京、上海这种仍有大批外国人驻留的城市，中共高层仍然希望让外界有渠道了解中共政策，而滞留的记者就是非常好的外宣窗口，但是下级人员不可能懂得这些。

此类事件在美国驻南京大使馆人员撤离时再次出现，周恩来的指示再次说明中共高层反对这些违背国际惯例的行为。南京大使馆外事人员离开中国时，在离境手续问题上，一开始地方官员执行普通外侨的规定，需要经过觅保检查等烦琐的手续。黄华向中央汇报后，周恩

① 毛泽东：《高级领导机关对下级应加强文电指示》（1949 年 4 月 30 日），载《毛泽东文集》第 5 卷，第 287 页。

② 毛泽东：《高级领导机关对下级应加强文电指示》（1949 年 4 月 30 日），载《毛泽东文集》第 5 卷，第 288 页。

来感到不妥，在给南京市委和华东局的电文中，周恩来指示：

要外交人员离境觅保检查手续，确属不当，与国际一般惯例相违，实际执行上亦有困难。离境后如发现有刑事案件，保人不能代其负责，且极易予帝国主义分子以攻击污蔑借口，故终须更改。①

但是考虑到地方已经表示要搜查，为了避免给外国人造成出尔反尔和怯懦的印象，也避免造成不好的国际影响，周恩来指示按照个例处理。这些不遵守国际通行惯例的行为，会造成不必要的恐慌情绪，也给新中国造成一些负面国际影响。

第二节　美国决策者与中共的试探性接触

从美国的立场看，杜鲁门和艾奇逊也没有完全关闭与中共接触的大门，他们指示外交人员与中共高层接触，试探中共高层对美国的态度。艾奇逊一直致力于说服他的那些立场强硬的同僚，不要对中共采取敌对态度，他的政策立场得到总统杜鲁门的支持。1949 年 3 月，艾奇逊指示司徒雷登大使设法与中共领导人接近，但是他也意识到，这样做会在美国国内招致强烈的非议，因此，他指示会谈的进展情况直接汇报给他个人，避免信息大规模地扩散。

对于中共提出的建交条件——与国民党政府断绝关系，尽管艾奇逊从 1949 年初就主张实行“尘埃落定”政策，逐渐淡化与国民党政

① 周恩来：《中央关于司徒雷登返美问题给南京市委并华东局的电报》，1949 年 7 月，转引自《党的文献》2007 年第 6 期，第 6 页。

府的关系，但是太平洋战争以来，美国毕竟在中国卷入的程度太深，突然转身，难以面对国内决策体系中蒋介石的支持者以及国内民意。在会见英国外交大臣贝文时，他坦承正式撤回对蒋介石的支持是有难度的，但是“可喜的是，国会中那些蒋介石的极端支持者正在逐步增进对现实的了解”。

在这种顾虑中，美国主动与中共接洽。《黄华回忆录》中提到一个细节，是多年以后黄华从周恩来那里获悉的。1949 年司徒雷登多方寻找机会，想与中共高层取得联系，阐述美国此时的政策主张，并试探中共高层对美国的态度。1949 年 6 月，陈铭枢和罗隆基将北上参加在北平召开的新政治协商会议，司徒雷登请陈、罗向中共高层转达想要会面的口信。他对陈、罗表示，如果新中国在苏美之间采取中间立场，不完全倒向苏联，美国愿意一次性借给新政府 50 亿美元。陈铭枢转述口信后，6 月 24 日，陈铭枢致信司徒雷登表示，中共的政治路线是明智的、正确的和坚定不移的，并转达毛泽东的口信，“政治上必须严肃，经济上可以做生意”。[①] 罗隆基到北平时，他通过其他渠道获悉毛泽东将要发表《论人民民主专政》阐释政策理念，这份报告发表于 1949 年 6 月 30 日，其中明确宣布新中国将实行一边倒的政策方针，因此，罗隆基未能将司徒雷登的口信转达给毛泽东。[②] 当司徒雷登询问是否可以回燕京大学过生日时，一开始，美国国务院打算这样回复他——指示他飞往沈阳，解决领馆人员被困的问题。凯南的中国事务顾问约翰·戴维斯认为此举不妥，这样做，中共是不可能接受的，因此作罢。

艾奇逊的“尘埃落定”政策已经让他承受太多的国内政治压力，

① 黄华：《亲历与见闻——黄华回忆录》，第 84 页。

② 同上书，第 85 页。

一度让他变成孤家寡人。艾奇逊的子女回忆说，那是他从政生涯中最艰难的一段时光。但是，我们也应该意识到，“尘埃落定”政策是艾奇逊主张实行现实主义对华政策的体现，并不代表他倾向中共，只是根据当时中国国内发生的政治剧变，审时度势做出的对美国国家利益最为有利的一种政策选择。因此，他不可能在尘埃落定政策的方向上走得太远，比如马上与国民党政府断绝外交关系，而且如前所述，美国外交决策过程是一个复杂的机构运作过程，重大的对华政策转变非艾奇逊一人所能为之。因此，这几次与中共接触的机会，很难指望会有多大意义上的实质性进展。

不过，对杜鲁门政府来说，有一些有利的国际因素，促使美国正视对华政策的现实。1949 年，有很多新的事件促使美国淡化与蒋介石政府的关系，并与中共尝试建立合作关系。第一，南斯拉夫的铁托与斯大林彻底决裂，美国希望毛泽东能够成为中国的“铁托”。铁托和斯大林关于中央集权道路一直存在分歧，而美国的在华外交军事观察家一直注意到毛泽东和斯大林之间在中共政务和中国未来发展道路上存在巨大争议，早在抗战结束时，驻华外交官就曾预言毛泽东迟早会和斯大林决裂，只是什么时候决裂，不甚清楚。第二，中共在战场上胜利在望，国民党军队败局已定，中共掌权是早晚的事，美国需要面对中国的政治现实。第三，迪安·艾奇逊接替马歇尔出任国务卿，在意识形态上艾奇逊是反共的，但是在国际理念上，他是大西洋主义者，和马歇尔一样，认为欧洲与美国的核心利益密切相关，亚洲居后，美国应该把有限的资源和精力投入欧洲，而非浪费在中国。沃德案发生时，艾奇逊极力淡化它在美国国内的负面影响，他说，在华美国人待遇尚可，绝大部分美国人没有受到打扰。艾奇逊一直呼吁要用冷静和耐心，来面对这些偶然事件。在朝鲜战争爆发前，在对华贸易上，美国禁运与军事用途直接相关的物资，对于战略重要性稍微次要的物资，在申请许可证的情况下，在确保不被转运到苏联及其卫星国的情况下，仍可放行。1949 年，毛泽东前往莫斯科，1950 年 2 月 14 日，宣布签订《中苏友好同盟条约》，在第二天的新闻发布会上，艾奇逊表示，中国对苏联的幻想很快就会破灭，他们很快就会发现这个新伙伴给予中国的援助会少得可怜。

但是，朝鲜战争爆发，使上述有利的国际因素变得微不足道了。美国将中国和苏联同等看待，此时，美苏在亚洲合作已经不可能了。先前苏联的不干涉政策对美国的制约已经不复存在，在对华政策上，美国只希望尽力避免中国入朝作战。另外，强大的国内压力也促使美国在和新中国建交这一问题上不得不谨慎行事，接触只能是试探性的。

第三节　美国与新中国建立外交关系的可能性探讨

就美国和中共领导人的政策理念而言，双方实现和解似乎是有可能的，毛泽东的观念，艾奇逊的做法，都给双方建立关系留有余地。然而遗憾的是，当双方都在等待观望的时候，事态的发展却以恶性循环的方式偏离他们预期的轨道。从表面看来，一些外在的环境因素促使双方最终难以建立关系，实际上，双方在政策上都有着毫不妥协的一面，中共和美国领导人都面临着强大的内部政策压力，这使双方的政策都有着强硬的一面。中共的既定原则是，美国必须先同国民党政权断绝关系，停止援蒋，容忍中共实行结好苏联的政治路线，才能同美国进一步谈判。1949 年 6 月 30 日，毛泽东在《论人民民主专政》一文中公开提出“一边倒”的政策，宣布新中国将倒向“社会主义一边”。毛泽东指出：“一边倒，是孙中山的四十年经验和共产党的二十八年经验教给我们的，深知欲达到胜利和巩固胜利，必须一边倒。积四十年和二十八年的经验，中国人不是倒向帝国主义一边，就是倒向社会主义一边，绝无例外。”[①] 可见，新中国下定决心，不会倒向与国民党曾经有密切联系的帝国主义国家。毛泽东的思路是先打扫屋子，重新请客。而美国的尘埃落定政策，是既不与蒋介石断交，又想与中共建立联系，这意味着双方在建交的基本前提上是无法通融的。

与此同时，美国希望新中国能够继承国民政府与西方国家签订的一系列条约，以确保美国等西方国家获得的在华权力和利益不受损害。1949 年 12 月 8 日，艾奇逊召见英国驻美大使弗兰克（Oliver Franks），表示英美应该和其他大国一道，先确定中共政权是否愿意履行他们的国际责任，理由如下：第一，在我们看来，中共打算以苏联为榜样，认为他们的政权并不是一个演进而来的政权，这种演进式政权是由前面的政权发展而来，也因此需要承担起前一个政权所有的责任和义务。中共认为他们是一个革命性的政权，因此可以坐享所有的权利，推卸掉所有应尽的责任和义务。第二，应该先见证中共政权打算如何和外界打交道，看看他们是打算成为遵守国际法的文明国家，还是成为野蛮或者半文明状态的政治实体。第三，那些率先承认的国家不会得到什么好处。第四，就美国而言，还有一个国会讨论的过程，仓促承认是不可能的。因此，不论其他国家采取什么行动，美国不可能马上承认。美国很赞同这样一种安排，即我们虽然预先有磋商，但是没有达成采取一致行动的协议，考虑到各国的国家利益有别，可以按照各自的长短期利益自行决定自己的立场。[②]

---

① 毛泽东：《论人民民主专政 纪念中国共产党二十八周年》（1949 年 6 月 30 日），《毛泽东选集》第 4 卷，人民出版社，1991，第 1472～1473 页。

② FRUS893. 01/12 – 849 “Memorandum of Conversation, by the Secretary of State”, Washington, December 8, 1949, in *Foreign Relations of the United States, 1949, Volume* ix, *the Far East: China*, pp. 219 – 220.

因此，在决定性的问题没有弄清楚之前，美国决计不会轻易承认新中国，建交更是不可能仓促进行的事，美国不但自己不急于承认新中国，它还希望西方国家能够和美国采取一致的立场。为此，艾奇逊展开一系列外交旋风，劝说西方国家在承认新中国问题上，不要单独行动，但是他的努力遭到英国的拒绝。1949 年 11 月，英国驻美大使馆向美国国务卿转交一份英国对华政策备忘录，阐述英国为什么要马上承认新中国，“苏联及其卫星国已经宣布承认新中国，大批苏联技术专家到达华北，苏联很有可能会充分利用他们首先到达而西方国家代表缺席这一事实，诱导中共政府做出对西方不利的决定。如果大批量苏联专家涌入中国，他们与中国人之间产生摩擦不是没有可能，但是如果我们和中共政权没有建立任何联系却指望充分利用这种矛盾，是不可能的。中共希望与西方通商，然而随着时间的流逝，如果他们仍然未能与西方发展贸易，他们会得出结论，他们可以勒紧腰带，在没有西方经济援助的情况下自力更生，而这正是苏联希望他们做的”。此外，英国还考虑自身在华经营已久的巨大的贸易和利益，备忘录表示，英国主张实行“将一只脚留在中国大门内”的政策（policy of keeping a foot in the door），如果这一政策能够取得成效的话，其成果只能是承认新中国。因此，就政治和实际立场而言，英国政府主张从法律上正式承认新中国。关于承认新中国是否符合国际法，备忘录也做了分析，虽然中共政权和国民党残部各自控制着中国的部分领土，并保持影响力，但是“现在留在大陆的国民政府残部的抵抗显然是毫无获胜希望的，他们对大陆任何地区的控制充其量算是名义上的，鉴于此，贝文认为承认新中国是符合国际法的”。[①] 12 月，英国在华外交

① FRUS893.01/11－149 “Memorandum, the British Embassy to the Department of State”, in *Foreign Relations of the United States, 1949, Volume ⅸ, the Far East: China*, pp. 151－154.

机构及侨民接到指示，“应尽量留在原地，与共产党建立事实上的联系，并探索在中国继续发展贸易的可能性”。

1949 年 12 月，艾奇逊请美国驻英大使道格拉斯转交给英国外交大臣贝文一份电报，在电报中，他表示，“关于英国打算承认共产党中国，我深表遗憾。我原本希望，英美两国能够在这个问题上采取一致的行动”。[①] 既然英国打算独自行动，艾奇逊希望英美两国在关乎两国共同利益的重大远东问题上能够步调一致，他特别提请贝文注意，法国在承认新中国问题上的立场。11 月 4 日，法国通过美国驻法大使布鲁斯（Bruce）转述法国的立场，因为考虑到承认新中国牵涉到法属印度支那的局势，法国希望能够尽量推迟承认；而且考虑到如果英国一旦承认新中国，比利时、荷兰、印度、巴基斯坦（澳大利亚和新西兰不一定这样做）会很快跟进，到时候，法国和美国将会陷于孤立境地，因此，法国希望美国能够借助其对英国的影响力，尽量阻止英国马上承认新中国。[②] 12 月 2 日，艾奇逊通过驻意大使詹姆斯·邓恩（James Dunn）向意大利政府传达美国的立场：希望非共产党国家能够保持一致立场，不要马上考虑承认新中国，并建议各国在采取独立行动之前能够毫无保留地互相交换意见。[③] 12 月 8 日，艾奇逊召见英国驻美大使弗兰克，强调英美应该和其他大国一道，采取一致立场。

可见，在新中国如何融入国际秩序问题上，美国是有要求的。美国要求中国遵守国际社会秩序，正如司徒雷登与黄华会面时指出的那

---

① FRUS893. 01/12 - 1649 “the Secretary of State to the Ambassador in the United Kingdom (Douglas)”, Washington, December 23, 1949, in *Foreign Relations of the United States*, 1949, *Volume ix*, *the Far East*: *China*, p. 241.

② FRUS893. 01/11 - 449 “The Ambassador in France (Bruce) to the Secretary of State”, in *Foreign Relations of the United States*, 1949, *Volume ix*, *the Far East*: *China*, p. 164.

③ FRUS893. 01/12 - 149 “The Secretary of State to the Ambassador in Italy (Dunn)”, Washington, December 2, 1949, in *Foreign Relations of the United States*, *1949*, *Volume ix*, *the Far East*: *China*, p. 212.

样，“在新政府表现出证据，证明它愿意并且有能力依据国际标准和其他国家保持关系，到那时，自然就会讨论这事（指承认新中国问题）”。从艾奇逊与西方国家沟通的情况看，美国希望中国能够承认国民政府与美国签订的条约，承担相应的责任和义务。

1949年10月1日，毛泽东宣布中华人民共和国成立，美国国务院仔细阅读新中国发布的通告后，发现条文中没有提到新政权准备履行国际义务的保证，这进一步加深此前对新政权的误判，认为新中国不打算承认相应的国际义务。10月6～8日，美国国务院召集有24位学者和企业界人士参加的圆桌会议，国务卿艾奇逊邀请马歇尔参加，讨论承认新中国并与之建立关系的问题。会议讨论的情况给参加者形成的一个深刻的印象是大家一致认为应该尽快承认新中国，并与之建立外交关系。仅有少数人表达不同意见，认为应该先观察几年，至少两年，等中共控制住局面，站稳脚跟，美国再来承认和建交。会议上少数派提出的这种观点恰恰说明它在美国国内具有一定程度上的代表性，这种认识决定了国务院在承认和建交这个问题上不会草率行事。马歇尔说，“我们现在讨论的许多事情，都是美国公众不能马上接受的，国会也不可能接受……我认为我们应该边走边看”。[①] 此外，马歇尔还从重大决策的时机选择上解释了美国为什么需要谨慎行事。他说，“之前，我经常会思考一个问题，政府在决策上犯重大错误会带来巨大的危险，过去我经常认为国防部总犯这样的错误，他们总是等到局势对我们自己非常不利的时候，我们自身处于防御状态，才采取行动，结局是致命性的。很多时候，我都想我们应该率先采取行动，

① George Marshall, “Remarks at the State Department Roundtable Discussions on American Policy toward China” (Confidential), October 8, 1949, Washington DC, in Mark A. Stole ed., *The Papers of George Catlett Marshall* (Volume 7), Baltimore: John Hopskins University Press, 2016, p. 6.

但是在合适时机到来之前率先采取行动并不能让你很快解决问题，也同样非常危险，因此，我们需要等待合适的时机”。[①] 10月12日，国务卿艾奇逊召开记者会，宣布承认三原则：第一，中共控制中国；第二，承认国际义务；第三，统治得到人民的广泛支持。其中第二条是美国最为关注的，几个月来美国国务院一直与西方大国磋商，试图劝阻其他国家马上与新中国建交，游说的主要理由就是国际义务问题。

新中国成立后，中共非常希望能够摆脱列强控制。二战结束后，美国成为世界上的大国，英法衰落，美国对世界事务发挥主导作用，联合国等国际组织的建立都是美国主导的，在这种情况下，国际秩序从建立到实施都带有深深的美国烙印，在政治上推广民主政治制度，在经济上实施自由市场经济。而蒋介石追随美国意志的结局是丧失民心，丢失政权，尽管实际上蒋介石只是有选择性地追随美国意志。近百年来中国的近代史是被列强支配的屈辱史，民众的民族主义情绪高涨，渴望独立自强，不受任何外来势力控制，也不受西方列强制定的国际秩序制约。在这种背景下，中共领导者希望从内政到外交都能让国民看到一个完全不同的执政局面，毛泽东无论对待苏联还是对待美国，都希望塑造这样一种形象——中共是独立于国外势力控制的，即便是与自身意识形态相同的苏联老大哥，民族利益也是最基本的底线。至于国民政府与外国签订的条约，新中国是不打算承认的。早在1946年12月9日，毛泽东在同三位西方记者的谈话中，就表示《中美商约》是不平等条约，遭到全国人民的反对。毛泽东表态说，“我

① George Marshall, “Remarks at the State Department Roundtable Discussions on American Policy toward China” (Confidential), October 8, 1949, Washington DC, in Mark A. Stole ed., *The Papers of George Catlett Marshall* (Volume 7), Baltimore: John Hopskins University Press, 2016, p. 6.

们公开表示将来一定要废弃”。[1]

从另外一方面看，就美国国内决策机构广泛存在的反对意见而言，美国的“尘埃落定”政策算是美国调整政策的最大限度了，但是这种静观其变、试图两手准备的做法，是中共不可能接受的。国共之间是非此即彼的矛盾，抗日民族统一战线、联合政府的破产早已证明没有任何妥协性方案能够为国共双方所接受。因此，杜鲁门和艾奇逊在国共内战胜负已见分晓的时候，试图在对华政策上寻求平衡方案，循序渐进，应对中国国内的政治剧变，中共显然是不可能接受的。

从国际环境看，退一万步说，即便中共能够接受美国的两手做法，美国既与国民党政府保持联系，又与新中国建立外交关系；即便中共能够做到美国所期望的那样，承认国民政府签订的条约，履行责任和义务，愿意遵守以美国为首的西方国家制定的国际秩序；而美国也一直坚持把新中国和苏联及其卫星国区别对待，美国和中国交恶也是难以避免的。朝鲜战争爆发，让美国放弃所有的克制，对华政策马上被纳入到美苏在亚洲角逐的框架中理解，中国要做什么，怎么做，已经不重要了。这时候美国更看重的是苏联可能会采取什么行动。

综上所述，1949～1950年美国与中国建立外交关系是不可能的历史假设，该命题依赖一系列充满变数的因素，而每一个因素又受制于诸多变幻莫测的因素，任何一个环节出现违背预期的情况，都会引发连锁负面反应，导致偏离目标，因此是不可能实现的。最终中美两国都失去了避免对抗的机会。

① 毛泽东：《同三位西方记者的谈话》（1946年12月9日），载《毛泽东文集》第4卷，第205页。

结　语

美国对华政策与国内政治基础之间的紧密联系

回望这段历史，我们发现，美国对华政策有着非常复杂的国内决策过程，在这个过程中，国内政治通过多种渠道影响对华政策。美国的宪政架构设计赋予总统、国务院、国会以一定的外交权力，决策体系又将军方、院外游说集团等纳入影响因素范围。上述机构对政策目标的优先次序、实现政策目标的手段都有着自己的认识，它们对中国的认知也因为信息来源的不同有所差别，在此基础上的对华政策主张也会有所不同。美国对华政策形成的过程，就是不同决策机构、不同论点之间不断博弈和协调的过程。

既然美国对华政策处于这么多因素的影响之下，这就决定它本身是一个逐步演进的过程，具有很大程度上的延续性、继承性、平衡性，同时它也会根据形势发展的需要，进行适当调整，但是遇到重大国际危机，政策会体现出很大程度上的惰性和不灵活性。从积极的方面看，政策不会呈现出很大的波动和动荡。就政策的延续性和继承性而言，在 1941 ~ 1950 年间影响美国对华政策的决策体系和各种影响因素至今仍然在起着重要的作用，在这段时间里导致美国与中国之间矛盾、摩擦的那些因素，至今仍然在以这样或者那样的形式发挥着作用。这意味着我们回顾这段历史，对我们更为清晰地了解现在和预估未来美国的对华政策仍然能够提供很多有价值的参照。

第一，美国的对华政策传统对这一时期以及后来的对华政策有着深远的影响，这种传统的连续性直接导致政策的后果始终难以如愿。自太平洋战争以来，美国始终没有能够实现政策的初衷，甚至出现最终完全背离政策目标的情况。之所以出现这种悖论，是美国的对华政策传统使然。自第一艘美国商船登陆中国以来，道德的优越感始终是美国扩展在华利益的一道利器。在美国羽翼尚未丰满时，美国借助道德上的优越感让自己区别于英国等老牌资本主义国家，从而赢得清政府的好感，最终在老牌资本主义国家已经站稳脚跟并形成既定格局的广州贸易体系中占据一席之地。此后美国跟在奉行炮舰政策的英国后面，通过最惠国待遇坐收渔翁之利。治外法权、开放沿海港口、获取赔款，这些殖民利益，美国一样都没有少拿。美国虽然获得了殖民利益，但它认为自己并没有像英国那样炮舰攻城，也因此得到清政府的善待。在帝国主义瓜分中国的狂潮中，尚处于资本主义上升阶段的美国无力与老牌资本主义国家竞争，道德优越感再次成为克敌制胜的法宝。美国推出门户开放政策，以维护中国的领土和主权完整为口号，取得其他资本主义国家不排挤美国利益的保证。归还庚子赔款用于资助留美学生，是美国试图传达善意并影响中国未来的一次大胆尝试。进入20世纪，第二次工业革命后，美国崛起为新兴的资本主义国家，其经济能力与其在世界范围内所处的地位变得不那么相称，羽翼日渐丰满的美国越来越对自己所走过的发展道路充满自信，道德上的优越感再加上山巅之城的自信感，促使美国渴望把自己的制度推销给其他国家。在美国看来，中国正在摸索自己的发展道路，中国人能够吃苦耐劳，很像拓荒时期筚路蓝缕的美国人。国民政府时期，美国终于找到改造中国的机会。

在二战进行之时，中国迫切需要得到美国的经济、军事援助，在这种特殊关系的框架中，美国改造中国的努力仍然是屡屡遇挫。无论这种努力对中国是否真的能起到积极的作用，国民政府都通过各种方式规避美国试图施加的影响。中国有着惨痛的被殖民的经历，任何外来的、涉及内政治理领域的建议都会被看作是对主权的粗暴干涉。无论是国民政府时期还是今天，美国一直没有放弃将其引以为傲的制度推广给其他国家的努力和愿望，但结果往往不甚理想，特别是对于发展中国家，这种一厢情愿的推广会招致民族主义的激烈抗拒，最终损害双边关系。按照常规的逻辑，美国既然有山巅之城的自信和优越感，会具有一种自然而然的吸引力，吸引着第三世界的国家主动效仿，一如美国殖民地草创时期会自觉地学习宗主国英国的宪政制度，取其精华，根据自身情况，加以修正完善。但是道德上的优越感，以及建立以美国为主导的世界体系的宏大战略，让美国不愿意耐心等待这种自然靠拢，她试图借助自身的影响力来促成中国向着美国希望的方向转变，让中国在维护美国地区利益乃至全球秩序中扮演一个重要角色，这几乎成为半个多世纪以来美国与中国一直摩擦不断的根源。

第二，决策者的战略认知决定着政策导向。1941～1950 年，美国决策者绝大部分都是大西洋主义者，他们认为美国的核心利益在欧洲，其次是中东，亚洲居后。即便是在租借法案和作战计划的部署上都按照战略的轻重缓急来安排，战后援助上，即便是不知疲倦地进行游说的蒋介石的支持者，也未能扭转美国以欧洲为援助重点的政策倾向。这种战略定位在很大程度上也基于这样一种想法：中国尽管在大战进行之时被提升到大国地位，但是实际上无论是就综合国力抑或是影响力而言，中国仍然不具备一个大国应有的实力，而且在短时间内中国不会成为一个大国。因此美国根据自己国家利益的轻重缓急来安排地区间的先后次序便成为优先选项。即便是在国会提出支持蒋介石政权的重要性并以卡住欧洲援助计划来要挟政府时，国务院最终的妥协方案是同意拨给蒋介石政权一部分援助款项，换取国会完成欧洲援助计划，对蒋援助的款项相对于欧洲援助计划是极小的一部分。但是这笔款项对于增强蒋介石的强硬立场以及加剧中共对美国的负面看法，起着很大的作用。

第三，决策体系内部存在着博弈和张力，各个机构秉持不同的政策主张，并相互制约，这意味着政策调整更为迟缓、滞后，但政策能够保持很大程度上的稳定性。从小心翼翼的援华制日政策到加大援助、结盟，美国对华政策始终受制于国内决策过程。是否控制援助款的用途和使用情况，如何援助蒋介石可以更为有效地实现对华政策的军事和政治目标，两个目标哪一个更为重要，决策体系内部都存在分歧。罗斯福想作出一个一揽子方案，让军事和政治目标互为促进，当军事目标的梦想破灭后，他寄希望于政治目标，但他所采取的方式却折损了其实现政治目标的影响力，想用中国的主权利益与斯大林进行军事上的谈判。而军方和外交圈子存在一个论点，认为实现军事目标和政治目标可以通过分阶段走的方式进行，先在实现军事目标的过程中增强国民政府军队的战斗力，尽快打败日本，在这个过程中，国民政府的军事能力和执政能力都有所提高，在此基础上，国民政府才有可能摆脱其独裁政权的性质，美国才有可能实现其政治目标，即让中国成为有助于维护美国远东利益的盟友。上述论点的分歧根源于他们对中国所采信的不同认识。1941～1950年，各种信息源的报告所集中体现的自由中国印象，构成其基本的政策认知基础。从主张大规模援华抗日，到对援助款的使用进行限制，中缅印战区的曲折合作经历，敦促国民政府进行根本性的政治和经济改革，这些都根源于一种认知，即国民政府存在严重的执政危机，必须进行调整，而美国应该运用自身的影响力促成这种调整。

第四，美国利益集团对外交决策的影响也不可小觑。国民政府的外交圈子深谙美国决策体系的套路，懂得沿着决策机构寻找自己的支持者，通过他们发声，国务院、国会里与外交政策有关的几个委员会、军方、媒体人、学者、传教士等群体里遍布蒋介石的支持者。在太平洋战争时期，他们确实为争取对华援助发挥了重要影响，对支持中国的抗战起到积极的作用。但是抗战结束后，特别是1948年中国国内政局大体已见分晓后，这些人继续主张援助蒋介石政权，严重阻碍了美国国务院试图让对华政策保持一定程度上的灵活性的努力，加剧了中国共产党对美国的不信任。

第五，国际上重大事件在美国国内产生了重要的影响。这表现在以下几个方面。首先，美国决策者在对华政策上非常看重苏联因素，他们认为在战后中国的政治道路问题上必须与苏联取得一致立场才有可能解决国共问题，因此，苏联在对华政策上始终坚持不干涉的承诺和表态，对美国战后对华政策形成强有力的制约。其次，为了冷战的需要，在国内，美国将反共宣传与反苏融为一体，这导致在对华政策上构成反冲力，决策者无法说服公众需要将中国和希腊区别对待，自由中国的形象塑造得过于美好，以至于后来无法向国民解释国民政府是非民主政权的一面，最终对国务院的现实主义政策调整产生负面作用。最后，当美国国务院极力避免与新中国迎头撞上之时，朝鲜战争爆发，以及长期以来对苏联意图的揣测，促成美国最终放弃现实主义的政策努力，将中国列入苏联阵营，把中国与苏联同等对待。

综上所述，美国对华政策有一个复杂的国内政治过程，它受制于诸多国内、国际因素的共同影响，各个因素所发挥的作用都不可小觑。追溯这段历史，1941～1950 年的对华政策之所以最终会走向中美交恶的结局，国内、国际因素合力作用下的国内政治过程是最重要的原因，时至今日，这些因素以及外交决策的国内政治过程依然没有改变，因此，研究、反思这段历史仍然具有重要的现实意义。

当下，美国希望影响和改变中国乃至世界的愿望不但未曾减损，反而有加强之势，美国笃信政治制度、价值观相同的国家在国际关系交往中会按照规则出牌，行为更具有可预见性，因此也更容易相处和沟通，不致产生大的摩擦甚至走向战争，尽管历史上政治制度相同的国家之间也不乏兵戎相见的例子。而对于与美国政治制度不同的国家而言，推广制度和价值观只是一个方面，美国更希望借助这个过程建构以美国为主导的世界秩序。在多极秩序中，大国都想在国际秩序中扮演重要角色，并对国际秩序产生重要影响，这无疑会出现冲突和摩擦，这也可能是对美国和中国的一个巨大挑战。

就全球战略而言，和半个世纪前那段历史相似的是亚洲作为需要重点关注的地区，再次进入美国决策者的视野。半个世纪前日本对美国国家利益的威胁，被恐怖主义、能源安全等来自非传统安全和传统安全领域的威胁所取代，上述威胁促使美国不得不重新重视亚洲。而此时的亚洲，和半个世纪前的格局已有很大不同，中国和平崛起为一个有影响力的大国，在亚洲事务中所扮演的角色越来越重要。美国要想主导该地区的秩序，如何和中国共建平衡、理性而又具有可持续性的共赢关系，变得至关重要。需知，今日的美国，已非初入广州贸易体系时期的美国，因此，它所采取的方式必定不会如当年一样力求通融，事实上，美国推出亚太再平衡战略，是在以美国的硬实力和软实力吸引亚洲国家，向美国靠拢，进而削弱中国的地区影响力。对于中国而言，如何理性而又有效地应对，就需要我们对美国的政策及其政策形成的国内政治过程进行理性的评估，这样既能够避免战略和政策上的误判，也可以尽量规避对我们不利的因素，既避免对抗又能够捍卫我们的国家利益。

参考文献

中文著作

董显光：《蒋总统传》，中华文化出版事业委员会，1952。

林孟熹：《司徒雷登与中国政局》，新华出版社，2001。

毛泽东：《毛泽东文集》第4、5卷，人民出版社，1996。

毛泽东：《毛泽东选集》第四卷，人民出版社，1991。

孙中山：《孙中山全集》第5卷，中华书局，1986。

资中筠：《追根溯源：战后美国对华政策的缘起与发展：1945—1950》，中国社会科学出版社，2007。

华庆昭：《从雅尔塔到板门店：中、美、苏、英1945—1953》，中国社会科学出版社，1992。

黄华：《亲历与见闻——黄华回忆录》，世界知识出版社，2007。

陶文钊：《赫尔利使华与美国扶蒋反共政策的确定》，《历史研究》1987年第2期。

王建辉：《抗战胜利前夕美国对华政策的转折——与项立岭同志

商榷》,《世界历史》1982 年第 3 期。

《世界历史》编辑部编《欧美史研究》,华东师范大学出版社,1989。

时殷弘:《美国与现代中国》,《历史研究》1995 年第 2 期。

陶文钊:《开罗会议是美国对华政策的转折点吗》,《历史研究》1995 年第 6 期。

赵志辉:《也谈开罗会议与美国对华政策的转折》,《世界历史》2000 年第 2 期。

何志功:《试评 1945—1949 年的美国对华政策》,《近代史研究》1985 年第 1 期。

叶江、李少丹:《试论中苏同盟建立前后美国对华政策的演变(1949—1950 年)》,《上海师范大学学报》2006 年第 5 期。

朱军:《从开罗到万隆:战后东亚秩序的缘起(1943—1955)》,《史学集刊》2015 年第 6 期。

陶文钊:《1945—1950 年美国对华政策与承认问题》,《历史研究》1993 年第 4 期。

邢继攀、孙会岩:《陈云与沈阳美领馆事件》,《百年潮》2016 年第 8 期。

杨奎松:《1946 年安平事件真相与中共对美交涉》,《史学月刊》2011 年第四期。

杨奎松:《美国驻沈阳使领馆事件始末——中共与美国的最初对抗》,http/www. clght. com/show. aspx? id = 67118ccid = 6,访问时间:2016 年 12 月 20 日。

陶文钊、何兴强:《中美关系史》,中国社会科学出版社,2009。

魏良才:《国民党最后的美国诤友——魏德迈将军与中美关系》,

《欧美研究》（台北中研院欧美研究所）2003年第2期。

周恩来：《中央关于司徒雷登返美问题给南京市委并华东局的电报》（1949年7月），《党的文献》2007年第6期。

沈志华：《苏联出兵中国东北：目的和结果》，《历史研究》1994年第5期。

中文译著

巴巴拉·塔奇曼：《史迪威与美国在华经验（1911～1945）》，陆增平译，商务印书馆，1984。

克里斯托弗·希尔：《变化中的对外政策政治》，唐小松、陈寒溪译，上海人民出版社，2007。

孔华润：《美国对中国的反应》，张静尔译，复旦大学出版社，1989。

罗斯·凯恩：《美国政治中的“院外援华集团”》，张晓贝译，商务印书馆，1984。

罗斯·凯恩：《美国政治中的院外援华集团》，张晓贝译，商务印书馆，1984。

迈克尔·沙勒：《美国十字军在中国（1938～1945年）》，郭济祖译，商务印书馆，1982。

司徒雷登：《司徒雷登在华五十年》，常江译，海南出版社，2010。

泰勒·丹涅特：《美国人在东亚——十九世纪美国对中国、日本和朝鲜政策的批判的研究》，姚曾廙译，商务印书馆，1959。

唐耐心：《艰难的抉择：美国在承认新中国问题上的争论1949～1950》，朱立人、刘永涛译，复旦大学出版社，2000。

谢伟思：《美国对华政策（1944～1945）》，王益、王昭明译，中国社会科学出版社，1989。

约翰·米勒：《观念对大战略的影响》，载理查德·罗斯克兰斯、阿瑟·斯坦主编《大战略的国内基础》，刘东国译，北京大学出版社，2005。

约瑟夫·埃谢里克编著《在中国失掉的机会：美国前驻华外交官约翰·S. 谢伟思第二次世界大战时期的报告》，罗清、赵忠强译，国际文化出版公司，1989。

中国社会科学院近代史研究所翻译室译《美国特使马歇尔出使中国报告书》，中华书局，1981。

邹谠：《美国在中国的失败（1941～1950年）》，王宁、周先进译，上海人民出版社，2012。

外文文献

"Peter Parker to Sir John Bowring", Dispatch No. 23, Shanghai, August 12, 1856, in *The Executive Documents*, *Printed by Order of the Senate of the United States 1858 – 1859* (Washington: William A. Harris Printer, 1859).

"Radio Address Delivered by President Roosevelt from Washington", December 29, 1940, in U. S. Department of State ed., *Peace and War: United States Foreign Policy*, *1931 – 1941* (Washington, D. C.: U. S. Government Printing Office, 1943).

Andrew Jackson, *Annual Messages*, *Veto Messages*, *Protest of Andrew Jackson*, *President of the United States* (Baltimore: Edward J. Coale Co., 1835).

Barbara W. Tuchman, *Stilwell and the American Experience in*

China, *1911 – 1945* (New York: The Macmillan Company, 1971).

Caroline Kennedy Pipe, *Stalin's Cold War: Soviet Strategies in Europe*, *1943 to 1956* (Manchester: Manchester University Press, 1995).

Chao-ying P'an, *American Diplomacy Concerning Manchuria* (Washington, DC: Catholic University of America, 1938).

Charles F. Romanus, Riley Sunderland, *China-Burma-India Theater: Time Runs out in CBI* (Washington D. C.: U. S. Government Printing Office, 1959).

Charles F. Romanus, Riley Sunderland, *United States Army in World War Ⅱ*, *China-Burma-India Theater: Stilwell's Command Problems* (Washington: Department of the Army, 1956).

Chen Jian, *Mao's China and the Cold War* (Chapel Hill: University of North Carolina Press, 2001).

Committee on Foreign Relations, *Committee on Foreign Relations United States Senate Millennium Edition 1816 – 2000*, 105th Congress 2nd session Document No. 105 – 128 (Washington DC: U. S. Government Printing Office, 2000).

David L. Anderson, *Imperialism and Idealism: American Diplomats in China*, *1861 – 1898* (Bloomington: Indiana University Press, 1985).

David P. Auerswald and Colton C. Compbell eds., *Congress and the Politics of National Security* (Cambridge, New York: Cambridge University Press, 2012).

Donald E. Davis, Eugene P. Trani, *Distorted Mirrors: Americans and Their Relations with Russia and China in the Twentieth Century* (Columbia: University of Missouri Press, 2009).

Douglas J. Macdonald, *Adventures in Chaos: American Intervention for Reform in the Third World* (Cambridge, MA: Harvard University Press, 1992).

Edwin W. Martin, *Divided Counsel: The Anglo-American Response to Communist Victory in China* (Lexington, Kentucky: University Press of Kentucky, 1986).

Eleanor E. Dennison, *The Senate Foreign Relations Committee* (California: Stanford University Press, 1942).

Elmer Plischke, *U. S. Department of State: A Reference History* (Westport, Connecticut: Greenwood Press, 1999).

Eric Larrabee, *Commander in Chief: Franklin Delano Roosevelt, His Lieutenants, and Their War* (New York: Simon & Schuster Inc., 1988).

Forrest C. Pogue, *George Marshal: Statesman 1945 – 1949* (New York: Viking Press, 1987).

Foster Stockwell, *Westerners in China: A History of Exploration and Trade, Ancient Times through the Present* (Jefferson, NC: McFarland Company, Inc., Publishers, 2003).

Francis Pike, *Hirohito's War: The Pacific War, 1941 – 1945* (New York: Bloomsbury Publishing Plc, 2015).

G. R. Williamson ed., *Memoir of the Rev. David Abeel* (Wilmington, Del: Scholarly Resources, 1972).

Gary A. Donaldson, *Truman Defeats Dewey* (Lexington, Kentucky: The University Press of Kentucky, 1999).

Harold Robert Isaacs, *Scratches on Our Minds: American Views of*

China and India (Armonk, New York: M. E. Sharpe, Inc., 1980).

Herbert Feis, *China Tangle: The American Effort in China from Peal Harbor to the Marshall Mission* (Princeton: Princeton University Press, 1972).

Howard J. Wiarda, *The Crisis of Foreign Policy: The Effects of a Divided America* (Lanham, Maryland: Rowman & Littlefield Publishers Inc., 2006).

James Chace, *Acheson: The Secretary of State Who Created the American World* (New York: Simon & Schuster, 1998).

James L. Baughman, *Henry R. Luce and the Rise of the American News Media* (Baltimore, MD: Johns Hopkins University Press, 1987).

James M. McCormick ed., *The Domestic Sources of American Foreign Policy Insights and Evidence* (Lanham, Maryland: Rowman & Littlefield Publishers Inc., 2012).

James Reed, *The Missionary Mind and American East Asia Policy, 1911 – 1915* (Cambridge, MA: Council on East Asian Studies, Harvard University, 1983).

Jeffrey Record, *A War It Was Always Going to Lose: Why Japan Attacked America in 1941* (Washington, D. C.: Potomac Books Inc., 2011).

Joe C. Dixon ed., *The American Military and the Far East: Proceedings of the Ninth Military History Symposium United States Air Force Academy 1 – 3 October*, 1980 (United States Air Force Academy and Office of Air Force History Headquarters USAF, 1980).

Jonathan Goldstein et al., *America Views China: American Images of China Then and Now* (Bethlehem, PA: Lehigh University Press, 1991).

Justus D. Doenecke and Mark A. Stoler, *Debating Franklin D. Roosevelt's Foreign Policies 1933 – 1945* (Lanham, Maryland: Rowman & Littlefield Publishers Inc., 2005).

Justus D. Donecke and Mark A. Stoler, *Debating Franklin D. Roosevelt's Foreign Policies, 1933 – 1945* (Lanham, Maryland: Rowman & Littlefield Publishers Inc., 2005).

Lanxin, Xiang, *Recasting the Imperial Far East: Britain and America in China 1945 – 1950* (Armonk, New York: M. E. Sharpe, 1995).

Lawrence Davidson, *Foreign Policy Inc: Privatizing America's National Interest* (Lexington, Kentucky: The University Press of Kentucky, 2009).

Mark A. Stoler, *Allies and Adversaries: The Joint Chiefs of Staff, the Grand Alliance, and U. S. Strategy in World War II* (Chapel Hill, NC: University of North Carolina Press, 2000).

Maurice Matloff, *US Army in WW 2: War Department, Strategic Planning for Coalition Warfare 1943 – 1944* (Washington, D. C.: Center of Military History United States Army, 2003).

Michael Greeberg, *British Trade and the Opening of China 1800 – 1842* (Cambridge, New York: Cambridge University Press, 1969).

Michael M. Sheng, *Battling Western Imperialism: Mao, Stalin, and the United States* (Princeton: Princeton University Press, 1997).

Michael Schaller, *The U. S. Crusade in China, 1938 – 1945* (New York: Columbia University Press, 1979).

Norman A. Graebner et al., *America and the Cold War*: *1941 – 1991*: *A Realist Interpretation*, Volume 1 (Santa Barbara, CA: Praeger, 2010).

Oystein Tunsjo, *US Taiwan Policy*: *Constructing the Triangle* (London: Routledge, 2008).

Patrick J. Heardon, *Architects of Globalism*: *Building a New World Order during World War* Ⅱ (Fayetteville: University of Arkansas Press, 2002).

Philip J. Briggs ed., *Politics in America*: *Readings and Documents* (New York: MSS Information Corporation, 1972).

Philip J. Briggs, *Making American Foreign Policy*: *President-Congress Relations from the Second World War to the Post-Cold War Era*, the Second Edition (Lanham, Maryland: Rowman & Littlefield Publishers Inc., 1994).

Robert D. Putnam, "Diplomacy and Domestic Politics: The Logic of Two-Level Games", in Peter B. Evans, Harold Karan Jacobson, Robert D. Putnam eds., *Double-edged Diplomacy*: *International Bargaining and Domestic Politics* (Berkeley: University of California Press, 1993).

Robert Dallek, *Franklin D. Roosevelt and American Foreign Policy*, *1937 – 1945* (New York: Oxford University Press, 1995).

Robert E. Herzstein, *Henry R. Luce*, *Time*, *and the American Crusade in Asia* (New York: Cambridge University Press, 2005).

Robert H. Ferrell, *George Marshall*, Volume 15 (New York: Cooper Square Publishers, 1966).

Robert J. Donovan, *Tumultuous Years*: *The Presidency of Harry S. Truman 1949 – 1953* (Columbia: University of Missouri Press, 1996).

Robert J. McMahon, *Dean Acheson and the Creation of an American World Order* (Washington D. C.: Potomac Books, Inc., 2009).

Robert Litwak, *Rogue States and U. S. Foreign Policy: Containment after the Cold War* (Baltimore: John Hopkins University Press, 2000).

Ronald J. Hrebenar, *Interest Group Politics in America* (Armonk, New York: M. E. Sharpe, Inc., 1997).

Shizhang Hu, *Stanley K. Hornbeck and the Open Door Policy, 1919 - 1937* (Westport, Connecticut: Greenwood Press, 1995).

Simei Qing, *From Allies to Enemies: Visions of Modernity, Identity, and U. S. China Diplomacy 1945 - 1960* (Cambridge, MA: Harvard University Press, 2007).

Steven L. Rearden, *History of the Office of the Secretary of Defense: Volume 1, the Formative Years, 1947 - 1950* (Washington: Historical Office of the Secretary of Defense, 1984).

T. Christopher Jespersen, *American Images of China, 1931 - 1949* (Stanford, California: Stanford University Press, 1996).

Tai-chun Kuo & Hsiao-ting Lin, *T. V. Song in Modern Chinese History: A Look at His Role in Sino-American Relations in World War II* (Stanford, California: Hoover Institution Press, 2006).

Tao Xie, *US-China Relations: China Policy on Capitol Hill* (Capitol Hill, New York: Routledge, 2009).

The Chinese Repository, Volume X, from January to December, Canton 1841.

Thomas J. Christensen, *Useful Advantages: Grand Strategy, Domestic Mobilization, and Sino-American Conflict 1947 - 1958* (Princeton: Princeton

University Press, 1996).

Thomas J. McCormick, *China Market: America's Quest for Informal Empire 1893 - 1901* (Chicago: Quadrangle Books, 1967).

United States Department of State, *China White Paper*, Volume 1 (Stanford: Stanford University Press, 1987).

Victor S. Kaufman, *Confronting Communism: U. S. and British Policies toward China* (Columbia: University of Missouri Press, 2001).

Waldo Heinrichs, *Threshold of War: Franklin D. Roosevelt & American Entry into World War II* (New York: Oxford University Press, 1988).

Walter Lippmann, *Public Opinion* (Mineola, New York: Dove Publications, 2004).

Warren I. Cohen, *America's Response to China—A History of Sino-American Relations*, 3rd Edition (New York: Columbia University Press, 1990).

William G. Grieve, *The American Military Mission to China, 1941 - 1942, Lend-Lease Logistics, Politics and the Tangles of Wartime Cooperation* (Jefferson, North Carolina: McFarland Company, Inc., Publishers, 2014).

William O. Walker, *National Security and Core Values in American History* (Cambridge, New York: Cambridge University Press, 2009).

Yu-ming Shaw, *An American Missionary in China John Leighton Stuart and Chinese-American Relations* (Cambridge: Harvard University Press, 1992).

美国外交档案

"Memorandum by the Chief of the Division of Eastern European Affairs (Durbrow)", May 10, 1945, in *Foreign Relations of the United States: Diplomatic Papers, 1945, the Far East: China*, Volume Ⅶ (Washington D. C.: U. S. Government Printing Office, 1945).

"Memorandum by the Secretary of Defense (Forrestal) to the Executive Secretary of the National Security Council (Sovers)", February 2, 1949, in *Foreign Relations of the United States, 1949, the Far East: China*, Volume Ⅸ (Washington D. C.: U. S. Government Printing Office, 1949).

"Memorandum by the Secretary of Defense (Forrestal) to the National Security Council", May 21, 1948, in *Foreign Relations of the United States, 1948, the Far East: China*, Volume Ⅷ (Washington D. C.: U. S. Government Printing Office, 1948).

"Memorandum of Conversation, by Charles E. Bohlen", May 28, 1945, in *Foreign Relations of the United States: Diplomatic Papers, 1945, the Far East: China*, Volume Ⅶ (Washington D. C.: U. S. Government Printing Office, 1945).

"Message for the Commander, United States Naval Forces, Western Pacific (Badger)", June 14, 1948, in *Foreign Relations of the United States, 1948, the Far East: China*, Volume Ⅷ (Washington D. C.: U. S. Government Printing Office, 1948).

"President Truman to the Special Representative of the President to China (Marshall)", December 15, 1945, in *China White Paper August*

1949, Volume 2 (Washington D. C.: U. S. Government Printing Office, 1949).

"Statement by President Truman on United States Policy toward China", December 15, 1945, in *China White Paper August 1949*, Volume 2 (Washington D. C.: U. S. Government Printing Office, 1949).

"Statement by the President Truman on Korea", June 27, 1950, http://digitalarchive.wilsoncenter.org/document/116192.pdf? v = babe0c496366730e23048f0d2ab5edf2.

"The Ambassador in China (Gauss) to Secretary Hull," Chongqing, August 31, 1944, in *China White Paper*, Volume 2 (Washington D. C.: U. S. Government Printing Office, 1949).

"The Ambassador in China (Gauss) to Secretary Hull," Chongqing, January 8, 1942, in *China White Paper*, Volume 1 (Washington D. C.: U. S. Government Printing Office, 1949).

"The Ambassador in China (Gauss) to Secretary Hull," Chongqing, March 1, 1942, in *China White Paper*, Volume 1 (Washington D. C.: U. S. Government Printing Office, 1949).

"The Ambassador in China (Gauss) to Secretary Hull," Chongqing, September 9, 1944, in *China White Paper*, Volume 2 (Washington D. C.: U. S. Government Printing Office, 1949).

"The Ambassador in China (Stuart) to the Secretary of State", November 1, 1948, in *Foreign Relations of the United States, 1948, the Far East: China*, Volume Ⅷ (Washington D. C.: U. S. Government Printing Office, 1948).

"The Joint Chiefs of Staff to the Secretary of Defense (Marshal)",

Washington, December 13, 1950, in *Foreign Relations of the United States 1950 Volume Ⅵ*, *East Asia and the Pacific* (Washington D. C.: U. S. Government Printing Office, 1950).

Annex 37 "Statement by Generalissimo Chiang Kai-shek on Kuomintang-Communist Unity", September 23, 1937, in United States Department of State, *United States Relations with China*, *with Special Reference to the Period 1944 – 1949* (Washington, D. C.: Government Printing Office, 1949).

Annex 43 "Summary Notes of Conversation between Vice President Henry A. Wallace and President Chiang Kai-shek", June 21 – 23, 1944, in *China White Paper August 1949*, Volume 2 (Washington D. C.: U. S. Government Printing Office, 1949).

FRUS 740.0011 Pacific War/5 – 1545 "Memorandum by the Acting Secretary of State to the Secretary of the Navy (Forrestal)", May 12, 1945, in *Foreign Relations of the United States*: *Diplomatic Papers*, *1945*, *the Far East*: *China*, Volume Ⅶ (Washington D. C.: U. S. Government Printing Office, 1945).

FRUS493.119/6 – 850 "the Secretary of State to the Secretary of Commerce (Sawyer)", Washington, June 8, 1950, in *Foreign Relations of the United States 1950 Volume Ⅵ*, *East Asia and the Pacific* (Washington D. C.: U. S. Government Printing Office, 1950).

FRUS493.119/7 – 1650 "Memorandum of Conversation, by the Secretary of State", Washington, July 16, 1950, in *Foreign Relations of the United States 1950 Volume Ⅵ*, *East Asia and the Pacific* (Washington D. C.: U. S. Government Printing Office, 1950).

FRUS493. 419/3 – 2450 "The Secretary to the Secretary of Defense (Johnson)", April 28, 1950, in *Foreign Relations of the United States 1950 Volume Ⅵ*, *East Asia and the Pacific* (Washington D. C.: U. S. Government Printing Office, 1950).

FRUS493. 94/1 – 1350 "the Department of Army to the Supreme Commander, Allied Powers in Japan (MacArthur)", Washington, January 13, 1950, *Foreign Relations of the United States 1950 Volume Ⅵ*, *East Asia and the Pacific* (Washington D. C.: U. S. Government Printing Office, 1950).

FRUS493. 419/3 – 2450 "The Secretary of Defense (Johnson) to the Secretary of State", March 24, 1950, in *Foreign Relations of the United States 1950 Volume Ⅵ*, *East Asia and the Pacific* (Washington D. C.: U. S. Government Printing Office, 1950).

FRUS611. 93231/12 – 1650 "The Secretary of State to All Diplomatic Offices (Confidential)", Washington, December 16, 1950, in *Foreign Relations of the United States 1950 Volume Ⅵ*, *East Asia and the Pacific* (Washington D. C.: U. S. Government Printing Office, 1950).

FRUS711. 93/3 – 2647 "The Ambassador (Stuart) to the Secretary of State", March 26, 1947, *United States Department of State*, *Foreign Relations of the United States*, *1947*, *the Far East*: *China*, Volume Ⅶ (Washington D. C.: U. S. Government Printing Office, 1947).

FRUS740. 0011. P. W. /5 – 2145 "The Acting Secretary of State to the Secretary of Navy (Forrestal)", May 21, 1945, in *Foreign Relations of the United States*: *Diplomatic Papers*, *1945*, *the Far East*: *China*, Volume Ⅶ (Washington D. C.: U. S. Government Printing Office, 1945).

FRUS740. 0011. P. W. /5 – 2145 "The Secretary of War (Stimson) to the Acting Secretary of State", May 21, 1945, in *Foreign Relations of the United States: Diplomatic Papers, 1945, the Far East: China*, Volume Ⅶ (Washington D. C.: U. S. Government Printing Office, 1945).

FRUS740. 0011. P. W. /7 – 444 "The Ambassador in China (Gauss) to the Secretary of State", July 4, 1944, *Foreign Relations of United States, 1944, China*, Volume Ⅵ (Washington D. C.: U. S. Government Printing Office, 1944).

FRUS761. 93/6 – 945 "The Acting Secretary of State to the Ambassador in China (Hurley)", June 9, 1945, in *Foreign Relations of the United States: Diplomatic Papers, 1945, the Far East: China*, Volume Ⅶ (Washington D. C.: U. S. Government Printing Office, 1945).

FRUS761. 93. 2/445 "Memorandum by the Chief of the Division of China Affairs (Vincent) to the Secretary of State", February 8, 1945, in *Foreign Relations of the United States: Diplomatic Papers, 1945, the Far East: China*, Volume Ⅶ (Washington D. C.: U. S. Government Printing Office, 1945).

FRUS761. 93/1764 "The Secretary of State to the Ambassador in China (Gauss)", April 11, 1944, in *Foreign Relations of the United States: Diplomatic Papers, 1944, China*, Volume Ⅵ (Washington D. C.: U. S. Government Printing Office, 1944).

FRUS761. 93/1769 "Memorandum of Conversation, by Mr. O. Edmund Clubb of the Division of Chinese Affairs", in *Foreign Relations of* the United States: Diplomatic Papers, 1944, China, Volume Ⅵ (Washington D. C.: U. S. Government Printing Office, 1944).

FRUS761. 93/1772 "Memorandum by Mr. O. Edmund Clubb of the Division of Chinese Affairs", March 25, 1944, in United States Department of State, *Foreign Relations of the United States: Diplomatic Papers, 1944, China*, Volume Ⅵ (Washington D. C.: U. S. Government Printing Office, 1944).

FRUS761. 93/1779 "Memorandum by Mr. O. Edmund Clubb of the Division of Chinese Affairs", May 19, 1944, in United States Department of State, *Foreign Relations of the United States: Diplomatic Papers, 1944, China*, Volume Ⅵ (Washington D. C.: U. S. Government Printing Office, 1944).

FRUS761. 93/2－445 "From the Ambassador in China (Hurley) to the Secretary of State", February 4, 1945, in *Foreign Relations of the United States: Diplomatic Papers, 1945, the Far East: China*, Volume Ⅶ (Washington D. C.: U. S. Government Printing Office, 1945).

FRUS761. 93/6－2444 "Memorandum of Conversation, by the Secretary of State", June 24, 1944, in *Foreign Relations of the United States: Diplomatic Papers, 1944, China*, Volume Ⅵ (Washington D. C.: U. S. Government Printing Office, 1944).

FRUS761. 93/7－1444 "Memorandum by the Director of the Office of Far Eastern Affairs (Grew) to the Secretary of State", in *Foreign Relations of the United States: Diplomatic Papers, 1944, China*, Volume Ⅵ (Washington D. C.: U. S. Government Printing Office, 1944).

FRUS794. 00/9 – 2750 "Memorandum by the Director of the Office of Chinese Affairs (Clubb) to the Assistant Secretary of States for Far Eastern Affairs (Rusk)", Washington, September 27, 1950, in *Foreign Relations of the United States 1950, Volume Ⅶ, Korea* (Washington D. C.: U. S. Government Printing Office, 1950).

FRUS795. 00/9 – 2750, "Memorandum of Conversation, by the Deputy Assistant Secretary of State for Far Eastern Affairs (Merchant)", top secret, Washington, September 27, 1950, in *Foreign Relations of the United States 1950, Volume Ⅶ, Korea* (Washington D. C.: U. S. Government Printing Office, 1950).

FRUS795. 00/9 – 2850 "The British Embassy to the Department of State", secret, Washington, undated, in *Foreign Relations of the United States 1950, Volume Ⅶ, Korea* (Washington D. C.: U. S. Government Printing Office, 1950).

FRUS 795. 00/9 – 2850 "The Secretary of State to the Acting Secretary of State", New York, September 28, 1950, in *Foreign Relations of the United States 1950, Volume Ⅶ, Korea* (Washington D. C.: U. S. Government Printing Office, 1950).

FRUS795. 001/9 – 3050 "Memorandum by the Director of the Office of Chinese Affairs (Clubb) to the Assistant Secretary of State for Far Eastern Affairs (Rusk)", Secret, Washington, September 30, 1950, in *Foreign Relations of the United States 1950, Volume Ⅶ, Korea* (Washington D. C.: U. S. Government Printing Office, 1950).

FRUS795. 009 – 2950 "The Secretary of Defense (Marshall) to the Commander in Chief, Far East (MacArthur)", top secret, Washington,

September 29, 1950, in *Foreign Relations of the United States 1950, Volume* Ⅶ, *Korea* (Washington D. C.: U. S. Government Printing Office, 1950).

FRUS795/00/9 – 2650 "Draft Memorandum by Mr. Robert G. Hooker of the Policy Planning Staff", top secret, Washington, September 26, 1950, in *Foreign Relations of the United States 1950, Volume* Ⅶ, *Korea* (Washington D. C.: U. S. Government Printing Office, 1950).

FRUS795b. 5/10 – 350, "The Secretary of Defense (Marshall) to the Secretary of State", October 2, 1950, in *Foreign Relations of the United States 1950, Volume* Ⅶ, *Korea* (Washington D. C.: U. S. Government Printing Office, 1950).

FRUS811. 24593/12 – 248 "The Director of the Office of Far Eastern Affairs (Butterworth) to the Acting Secretary of State", December 2, 1948, in *Foreign Relations of the United States, 1948, The Far East: China*, Volume Ⅷ (Washington D. C.: U. S. Government Printing Office, 1948).

FRUS811. 3393/12 – 2647 "The Director of the Office of Far Eastern Affairs (Butterworth) to the Deputy Chief of Naval Operations (Sherman)", December 26, 1947, in *Foreign Relations of the United States, 1948, the Far East: China*, Volume Ⅷ (Washington D. C.: U. S. Government Printing Office, 1948).

FRUS811. 3393/3 – 2448 "Memorandum by the Chief of the Division of Chinese Affairs (Ringwalt) to the Director of the Office of Far Eastern Affairs (Butterworth)", March 24, 1948, in *Foreign Relations of the*

United States, *1948*, *the Far East*: *China*, Volume Ⅷ (Washington D. C.: U. S. Government Printing Office, 1948).

FRUS811. 3399/1 – 848 "Rear Admiral C. W. Styer, of the Office of Chief of Naval Operations, to the Director of the Office of Far Eastern Affairs (Butterworth)", in *Foreign Relations of the United States*, *1948*, *the Far East*: *China*, Volume Ⅷ (Washington D. C.: U. S. Government Printing Office, 1948).

FRUS893. 00/10 – 2548 "The Director of the Office of Far Eastern Affairs (Butterworth) to the Minister-Counselor Embassy in China (Clark)", October 25, 1948, in *Foreign Relations of the United States*, *1948*, *the Far East*: *China*, Volume Ⅷ (Washington D. C.: U. S. Government Printing Office, 1948).

FRUS893. 00/11 – 948 "The Acting Secretary of State to the Ambassador in China (Stuart)", November 9, 1948, in *Foreign Relations of the United States*, 1948, *the Far East*: *China*, Volume Ⅷ (Washington D. C.: U. S. Government Printing Office, 1948).

FRUS893. 00/15376 "The Ambassador in China (Gauss) to the Secretary of State", May 3, 1944, in *Foreign Relations of the United States*: *Diplomatic Papers*, *1944*, *China*, Volume Ⅵ (Washington D. C.: U. S. Government Printing Office, 1944).

FRUS893. 00/3 – 2947 "The Ambassador (Stuart) to the Secretary of State", March 29, 1947, in *United States Department of State*, *Foreign Relations of the United States*, *1947*, *the Far East*: *China*, Volume Ⅶ (Washington D. C.: U. S. Government Printing Office, 1947).

FRUS893. 00/4 – 547 "The Ambassador in China (Stuart) to

Secretary Marshal", April 5, 1947, in United States Department of State, *United States Relations with China, with Special Reference to the Period 1944 - 1949*.

FRUS893. 00/5 - 2448 "The Commander of United States Naval Forces in the Western Pacific (Badger) to the Chief of Naval Operations (Denfeld)", May 3, 1948, in *Foreign Relations of the United States, 1948, the Far East: China*, Volume Ⅷ (Washington D. C.: U. S. Government Printing Office, 1948).

FRUS893. 00/5 - 2848 "The Secretary of State to the Secretary of Defense (Forrestal)", May 28, 1948, in *Foreign Relations of the United States, 1948, the Far East: China*, Volume Ⅷ (Washington D. C.: U. S. Government Printing Office, 1948).

FRUS893. 00/7 - 2146 "The Ambassador (Stuart) to the Secretary of State", July 21, 1946, in United States Department of State, *Foreign Relations of the United States 1946, the Far East: China*, Volume Ⅸ (Washington D. C.: U. S. Government Printing Office, 1946).

FRUS893. 01/11 - 149 "Memorandum, the British Embassy to the Department of State", in *Foreign Relations of the United States, 1949, Volume* ix*, the Far East: China* (Washington D. C.: U. S. Government Printing Office, 1949).

FRUS893. 01/11 - 449 "The Ambassador in France (Bruce) to the Secretary of State", in *Foreign Relations of the United States, 1949, Volume* ix*, the Far East: China* (Washington D. C.: U. S. Government Printing Office, 1949).

FRUS893. 01/12 - 149 "The Secretary of State to the Ambassador in

Italy (Dunn)", Washington, December 2, 1949, in *Foreign Relations of the United States, 1949, Volume* ix, *the Far East: China* (Washington D. C.: U. S. Government Printing Office, 1949).

FRUS893. 01/12 – 1649 "The Secretary of State to the Ambassador in the United Kingdom (Douglas)", Washington, December 23, 1949, in *Foreign Relations of the United States, 1949, Volume* ix, *the Far East: China* (Washington D. C.: U. S. Government Printing Office, 1949).

FRUS893. 01/12 – 849 "Memorandum of Conversation, by the Secretary of State", Washington, December 8, 1949, in *Foreign Relations of the United States, 1949, Volume* ix, *the Far East: China* (Washington D. C.: U. S. Government Printing Office, 1949).

FRUS893. 01/4 – 2547, "The Ambassador (Stuart) to the Secretary of State", April 25, 1947, *United States Department of State, Foreign Relations of the United States, 1947, the Far East: China*, Volume Ⅶ (Washington D. C.: U. S. Government Printing Office, 1947).

FRUS893. 01/975 "The Ambassador in the Soviet Union (Harriman) to the Secretary of State", June 22, 1944, in *Foreign Relations of the United States: Diplomatic Papers, 1944, China*, Volume Ⅵ (Washington D. C.: U. S. Government Printing Office, 1944).

FRUS893. 2553/12 – 1950 "The Assistant Secretary of State for Far Eastern Affairs (Rusk) to Colonel E. P. Kavanaugh of the California Texas Oil Company", Limited, Washington, December 19, 1950, *Foreign Relations of the United States 1950 Volume* Ⅵ, *East Asia and the Pacific* (Washington D. C.: U. S. Government Printing Office, 1950).

FRUS893. 2553/3 – 950 "Memorandum of Conversation, by Mr.

Stephen C. Brown of the Office of Chinese Affairs", Washington, March 9, 1950, *Foreign Relations of the United States 1950 Volume Ⅵ*, *East Asia and the Pacific* (Washington D. C.: U. S. Government Printing Office, 1950).

NSC22/3 "The Current Position of the United States Respecting Aid to China", in *Foreign Relations of the United States*, *1949*, *the Far East*: *China*, Volume Ⅸ (Washington D. C.: U. S. Government Printing Office, 1949).

NSC34/1 "United States Policy toward China", January 11, 1949, in *Foreign Relations of the United States*, *1949*, *the Far East*: *China*, Volume Ⅸ (Washington D. C.: U. S. Government Printing Office, 1949).

NSC34/2 "U. S. Policy toward China", in *Foreign Relations of the United States*, *1949*, *the Far East*: *China*, Volume Ⅸ.

United States Department of State, *Foreign Relations of the United States*: *Diplomatic Papers*, *the Far East*, *China*, Volume Ⅶ (Washington D. C.: U. S. Government Printing Office, 1945).

United States Relations with China, *with Special Reference to the Period 1944 – 1949*.

后 记

这本书思路的缘起要追溯到我的学生时代。2003～2006 年我在南京大学历史系读书，师从南京大学－霍普金斯大学中美文化中心任东来教授，从事美国史方向的学习。那时候，任东来教授已经是国内中美关系史研究领域里的权威，在国外学术界也享有盛名。但是恩师急流勇退，转向美国宪政方向的研究。在不到 10 年的时间里，任老师不仅完美实现了学术方向的转型，而且在美国宪政研究领域成绩斐然：出版多部美国宪法学的专著，其中有著作被国内法学院选为讲授的教材。

2005～2006 年，我和在听任老师开设的一门博士课程——美国宪政研究，任老师提倡广泛阅读，并对重点内容进行精读和讨论。这段经历让我受益匪浅，也正是在这段时间，我萌发出一个思路：既然美国宪政如此深入地嵌入美国内政外交，那么是否可以在美国宪政与美国外交之间寻找一个连接点进行研究？从这个角度研究美国对华政策，可以给我们透视美国对华政策提供一个更具说服力的观察角度。

2009 年初，承蒙我院历史所老所长林华东老师的关照与提携，我得以转到历史研究所，在这样一个温馨和谐的小环境里工作，使我身心受益。我开始重拾已有的思路，搜集美国外交档案，进行一些前期准备工作。2014 年，我以《美国对华政策与美国国内政治（1941～1950）》为题目申请我院年度课题，顺利立项。由此开始书稿的正式写作阶段。

在这本书稿完成之际，我要对那些给予我帮助和指导的机构和良师益友表达我衷心的感谢。首先要感谢浙江省社科院历史所给我提供一方身心愉悦的工作场所，历任所长充满人性化的管理方式以及各位同仁互相尊重、关心的良好氛围，使我能够以愉快的精神状态投入书稿的写作，使繁琐枯燥的档案阅读变得不那么苦不堪言。

我还要衷心地感谢福建师范大学历史文化学院的王晓德教授和浙江大学历史文化学院的刘国柱教授，两位老师对书稿的框架结构和细节内容都提出了宝贵的修改建议。

我也要感谢社会科学文献出版社的杨春花老师、周志宽老师为本书的出版不辞劳苦地工作，周老师提出若干修改建议，使我能够顺利地完成书稿修改。

其次，本书的写作得益于美国外交档案数据库的完备。尽管太平洋战争爆发以来到朝鲜战争爆发这段时间的美国对华政策在学界是个传统的研究题目，但是考虑到档案的开放程度，我们仍然可以找到不少新的有意义的题目进行研究。在搜集美国外交档案的过程中，不胜感慨美国的档案管理制度之完备，一个国家的自信体现在它勇于面对自己的过去，一些标注有绝密（top secret）字样的档案也悉数在公开之列。翻阅美国国安会草拟的政策报告，我们可以发现，梳理某一个问题的历史脉络几乎是大部分报告不可或缺的部分。回望过去，才能够更好地规划未来，这种做法值得我们借鉴。

最后，我要感谢我的家人为我默默地付出。感谢我的父母，在寒冷的冬天，辛苦为我操持日常生活，让我享受着北方的秋高气爽和冬日暖阳，完成部分书稿的写作；感谢我的先生储昭根，这位多栖高手有时候会出手帮我处理一些电脑技术问题，并解决一些数据库的使用问题；更要感谢我稚嫩的小儿储绎纬，在这本书稿的写作过程中，他欣然来到我们的身边，为我的人生和枯燥的读档写作带来无数的乐趣，他小小月龄，便能够独自玩得怡然自得，不打扰我写作，想来实在是感动。想到自己舍弃了那么多本应该带他晒太阳玩要的时间，愧疚感便油然而生。他们的爱与付出给了我强大的精神动力，让我在以后的研究生涯中加倍努力，让他们看到一个在工作与生活中更加认真积极的我。

2016 年春 · 杭州

图书在版编目(CIP)数据

美国对华政策与美国国内政治：1941～1950 / 于英红著. -- 北京：社会科学文献出版社，2017.9
（中国地方社会科学院学术精品文库. 浙江系列）
ISBN 978-7-5201-1067-9

Ⅰ.①美… Ⅱ.①于… Ⅲ.①对华政策-研究-美国-1941-1950②政治-研究-美国-1941-1950 Ⅳ.①D822.371.2②D771.2

中国版本图书馆CIP数据核字(2017)第164004号

中国地方社会科学院学术精品文库·浙江系列
美国对华政策与美国国内政治（1941～1950）

著　　者 / 于英红

出 版 人 / 谢寿光
项目统筹 / 宋月华　杨春花
责任编辑 / 周志宽

出　　版 / 社会科学文献出版社·人文分社(010)59367215
地址：北京市北三环中路甲29号院华龙大厦　邮编：100029
网址：www.ssap.com.cn
发　　行 / 市场营销中心（010）59367081　59367018
印　　装 / 三河市尚艺印装有限公司

规　　格 / 开 本：787mm×1092mm　1/16
印 张：24.75　字 数：307千字
版　　次 / 2017年9月第1版　2017年9月第1次印刷
书　　号 / ISBN 978-7-5201-1067-9
定　　价 / 128.00元

本书如有印装质量问题，请与读者服务中心（010-59367028）联系